BESTACTIVITYBOOKS.COM

PREMIERE ÉDITION

Dépôt légal, Août 2021

Illustration Graphique Extra: www.freepik.com
Merci à Alekksall, Starline, Pch.vector, Rawpixel.com,
Dgim-studio, Upklyak, Macrovector
& Freepik.com Designers

5 ASTUCES POUR DÉMARRER !

1) COMMENT RÉSOUDRE LES MOTS MÊLÉS

Les puzzles sont dans un format classique :

- Les mots sont cachés sans espaces, tirets, ...
- Orientation : Les mots peuvent être écrits en avant, en arrière, vers le haut, vers le bas ou en diagonale (ils peuvent être inversés).
- Les mots peuvent se chevaucher ou se croiser.

2) DONNEZ PLUS DE PIMENT AU JEU !

Un espace est prévu à côté de chaque mot pour noter de nouveaux termes, des traductions ou des observations.
Cette édition vous offre un **CARNET DE NOTES** très pratique à la fin du livre.

3) MARQUEZ CERTAINS MOTS

Vous pouvez inventer votre propre système de marquage. Peut-être en utilisez-vous déjà un ? Sinon, vous pourriez, par exemple, marquer les mots qui ont été difficiles à trouver d'une croix, ceux que vous avez aimés d'une étoile, les mots nouveaux d'un triangle, les mots rares d'un diamant, etc...

4) FACILE À DÉCOUPER !

Les jeux sont imprimés avec une marge extra large permettant de découper facilement la page du livre. Certaines personnes peuvent trouver plus pratique de les résoudre de cette façon.

5) VOUS AVEZ FINI TOUTES LES GRILLES ?

Allez à la section bonus **CHALLENGE FINAL** pour trouver un jeu gratuit à la fin de cette édition !

Simple et Rapide ! Découvrez notre collection de livres d'activités pour votre prochain moment **de détente** et de plaisir, **à juste un clic de distance !**

Trouvez votre prochain défi sur :

BestActivityBooks.com/MonProchainLivre

À vos marques, prêts... Partez !

Saviez-vous qu'il existe environ 7 000 langues différentes dans le monde ? Les mots sont précieux.

Nous aimons les langues et avons travaillé dur pour créer les livres de la plus haute qualité pour vous. Nos ingrédients ?

Une sélection unique de caractères faciles à lire, trois belles parts de divertissement, puis nous ajoutons une cuillère de mots difficiles et une pincée de mots rares. Nous les servons avec soin et un maximum de plaisir pour vous permettre de résoudre les meilleurs jeux de mots mêlés qui soient !

Votre avis est essentiel. Vous pouvez participer activement au succès de ce livre en nous laissant un commentaire. Nous aimerions vraiment savoir ce que vous avez préféré dans cette édition !

Voici un lien rapide qui vous mènera à la page d'évaluation de vos commandes sur Amazon.fr

BestBooksActivity.com/Avis50

Merci pour votre fidélité et amusez-vous bien !

De la part de toute l'équipe

Puzzle 1

ו א ה ט ע ו י ל ב א נ ד ש ב נ ד ג
ר י מ ד ר מ ט י ו ו ר ד ח ◌ א ו ל
כ מ ח נ ע ל נ ל י ר ל ר ר ה ן ק ב
ו ל ל ה ד ע ה ך ד ו י מ ו ו ָ ר ב
ו ו ה צ ן ן ג י נ ד ר ו ף א ש א ר
ק י מ ב ע ל י ז י ם א ג ב ע ש ע ו
ן נ מ ע ת ע פ כ ת י ש ו ט ר נ ו מ
ר ר ו ה י ס י א ה א ע ל א נ כ ת ם
פ ן ו ן י ו נ מ מ ר ף ג צ ן א ך י
ן ו א ו ת ב ו כ ת נ ב ח ש ד ו נ ל
ש ם ן נ ש ו ח ה מ ה מ ו ן ן מ ב י
ב ר ו ג ש ט ע פ ו ו ו א ו מ ו ע מ
ב ו ו ס ת ו ע מ ל ס נ ת י ד י ו מ
ו י ד ב י א מ ו ן ת י ת ה ח ב ת ת
ר ו פ ס ל צ ר י כ ה ג ס פ ה י ן ה

פסיון
הפסגה
מורכב
המחלה
עטלף
שוטר
עליזים
בסגנון
לילך
ורוד
דעה
אוטובוס
הצבעה
דרמטי
נראים
ידנית
נהג
לספור
כאשר
צריכה

Puzzle 2

ח ו ש ק ה ל ו ז ו א א ו י ע ה ה ר
ו א ל י ב נ ש כ מ ע ד ל ר ן ד ו י
מ נ ת פ א ש י ח ב י ו כ ן ש ח · ת
ו פ מ ה כ ד ל ה ד מ ה ָ ר י ר ד מ
ו י ו ס י ו ר א מ ב י ל ך ם ח ש ב
ק צ ה ח ח ן מ כ מ ע ר ת ו ל ק ב ט
ל ח מ ן ב ו ג ב ר פ ר ו ר ח ש ד ן
א ו י ת ר י ו ד י ד ב ק א ג ב ל ל
ר ו ד ח ת ב נ ר ר מ ק ר י ו י א י
ד מ ק כ ל ם א ו ו ע מ י ג ד ח ש א
ט ס י י נ ד פ ם ו ז נ ת ו ר י ח ב
ו ו מ ו ו ה ו ג ח ט י ל ש ן ע ל י
מ נ ר ר ר א ם ה ו פ ז ו ס י ב ל ן
ק צ ר ה ת ר ס ק ו ת ד ל פ כ ר ל ה
ד ו מ ה מ י ל י צ ת ן א ו ג ג ש ל

בקלות
בדרום
פלדת
ארוך
חמור
שדון
קדימה
שליט
מערת
כלי
גם
עז
קצרה
מבט
קשוח
בחירות
קצה
ירקות
התרסקות
רווח

Puzzle 3

ח	ו	ר	ם	ק	י	ף	ש	ע	ח	ל	מ	ו	ח	ט	ב	ן
נ	א	פ	מ	נ	ז	ת	ו	כ	ל	א	נ	ה	כ	ו	ל	מ
ב	ל	נ	ך	י	ל	ה	מ	ב	ה	ו	ס	ר	ם	א	ו	ל
ת	ו	י	ר	ט	פ	ה	ב	ר	ע	מ	ה	ד	ת	ג	ה	ר
ו	י	ן	ב	ר	ל	ו	י	ע	ש	י	ח	ר	פ	ש	כ	צ
ן	ג	א	ה	ל	מ	נ	ק	ס		ג	ד	ב	ת	מ	ו	נ
ת	ה	ב	ת	כ	ו	ח	ו	ק	ו	ס	י	ל	ב	ר	ר	
ר	כ	ו	מ	י	ד	ה	ר	נ		מ	ש	ו	ו	ר	ע	א
ו	ד	י	ב	ר	נ	ן	י	ו	נ	ל	נ	ב	ת	ש	ת	ו
ו	נ	ח	ל	ל	ר	ן	מ	ע	ר	ו	ע	מ	כ	כ	י	כ
ד	ג	י	נ	א	ו	ב	ח	י		ט	מ	מ	י	ה	ב	א
ן	ב	מ	ס	נ	פ	פ	צ	ב	ה	מ	ר	ק	ב	ד	ל	ם
ו	מ	ל	מ	מ	ת	ר	ל	י	ש	ר	ח	ר	ו	כ	ר	י
י	ש	ת	ר	ד	ח	ת	ו	ב	י	צ	ב	ת	ו	ק	ד	ב
ו	ב	ק	ס	ן	ב	ל	ת	נ	מ	ד	כ	ת	פ	ל	פ	נ

פטריות
כתובת
מלוכה
תערוכה
ביקור
שׂוּנָרָה
חכמה
נמלה
מנסה
בדק
ברד
לאומי
להשתלשל
לבן
סדרת
מנת
משב
עסק
פרח
הליך

Puzzle 4

ו	ט	ת	ו	ו	י	ו	ן	ר	נ	ו	נ	ל	ט	י	צ	א
כ	ר	ח	ו	ל	ו	ן	ב	כ	ה	י	נ	י	א	ק	ת	ק
ק	י	ב	א	פ	מ	ו	ת	מ	ר	ל	ב	ב	מ	ת	ב	ו
ע	ק	ב	ו	ש	ח	ב	כ		ם	ת	ו	ו	ל	ל	ת	ו
א	ב	ו	כ	ש	ב	ח	ה	ו	ה	ע	ב	ר	ת	מ	ד	א
ב	ג	ר	ז	ם	ז	ת	א	י	י	ש	ח	ו	ח	ח	ו	מ
ו	ו	א	ן	ד	ב	ו	ן	ו	ב	ס	ט	מ	ר	ו	פ	ב
י	ו	צ	ת	צ	י	ר	ח	א	פ	א	י	ו	ב	ן	י	ו
ג	נ	ג	ב	ל	ו	ט	י	א	ו	פ	ל	ס	א	ו	ב	ל
ו	ו	ו	ו	י	ב	ל	י	ר	ע	ה	י	ח	ת	ם	ה	ת
ח	ד	ל	ז	ן	פ	ר	ם	ג	ם	ה	ל	ע	י	י	ל	ת
י	י	נ	ח	ו	צ	מ	ם	י	ר	ו	מ	ה	ה	ב	נ	ב
ב	ס	ע	י	ף	י	ת	ד	ר	ר	ק	מ	נ	ו	ל	ו	ע
ו	ל	ו	מ	ד	ט	ד	ח	צ	ה	א	ו	מ	א	ש	א	ב
ר	י	כ	נ	מ		ף	ק	ו	נ	ת	ש	ב	י	מ	ע	ה

אדמת
חיבור
משלבים
להיהנות
חיים
יעלה
נכתב
בלוטי
ללוות
העברת
חשוב
בלי
זכו
מקרר
סבון
בפורמט
המורים
רצף
טריק
סעיף

Puzzle 5

מ	ר	ו	ה	ת	נ	ב	ע	ח	כ	ד	ל	ש	ו	מ	א	ת
ל	ו	ר	ר	ם	ר	ת	י	ן	י	ת	ר	ט	ר	ח	א	צ
ו	ר	ב	ע	ש	ת	ו	ע	י	נ	י	י	ם	ד	ק	ע	ל
ת	ו	ר	י	ג	י	ך	ג	י	י	פ	ה	ב	ו	ח	ה	מ
א	נ	ו	י	ת	ק	נ	א	נ	ש	ו	נ	ס	ר	ו	ד	כ
מ	ס	ר	ס	נ	ז	ו	ל	ב	ו	ש	ו	ר	ל	י	ת	ו
ק	ק	ב	ל	ש	ו	ד	י	ו	ן	ב	מ	ת	ד	ז	ו	ד
ט	ה	כ	ם	ם	פ	מ	מ	ו	ת	ו	ש	ת	י	כ	ע	ת
ל	א	מ	מ	ח	ח	פ	ו	כ	ה	ל	ב	ק	ע	א	ו	א
ה	י		י	ל	ה	ת	ת	ג	ל	ד	ו	ד	מ	ש	ע	ל
ז	מ	מ	ו	ו	כ	ע	פ	ל	מ	ו	מ	ל	א	ר	ס	ה
ת	ר	ג	ו	ב	ל	פ	ד	ר	ע	מ	ג	א	ר	מ	ק	ר
ו	ח	צ	מ	ק	פ	ש	מ	ל	ע	ה		ו	ו	ר	י	ח
מ	ק	ד	ן	ח	י	ל	י	ש	ב	ף	ו	ת	מ	ה	א	י
ה	ה	ל	י	ד	ב	ח	ר	כ	ס	ו	ו	ו	ו	ס	ת	ב

נרתיק
מדידת
שמונה
כלפי
שעברו
בניין
אלימות
להרחיב
החובה
חפוז
עיניים
אחד
גשם
זול
בוגרת
טיפש
בתוך
סקי
לסייע
קבל

Puzzle 6

ו	ב	מ	ן	מ	ר	פ	ו	ל	י	ט	י	ק	ה	ת	י	ם
א	ס	ט	כ	ב	ה	ד	ן	ב	פ	כ	א	ח	ש	ק	כ	ל
כ	א	ר	ת	ד	מ	נ	ס	מ	ה	ש	ח	פ	מ	י	ר	ו
כ	א	י	ל	ב		ד	ח	ק	א	ד	צ	ד	ל	ת	א	ו
י	ש	ם	ח	מ	ש	ל	ו	ב	ל	י	ע	ג	ה	צ	מ	ס
ר	ד	י	ף	ח	ו	ב	ו	ל	נ	י	נ	ת	ל	ע	ו	ת
ו	נ	ס	ת	ן	א	נ	ט	ו	ו	ש	ב	ה	י	ו	ש	ע
ת	י	ב	ס	ו	ק	ו	ר	ו	ו	ו	י	ח	נ	ס	ל	צ
ב	ח	ו	ש	ל	ק	ו	ס	י	פ		ם	ל	פ	ל	פ	ו
י	ל	א	ת	י	ה	ח	ב	ב	ד	ו	ת	א	י	ר	ב	ג
ב	ר	ע	מ	ו	י	י	מ	ט	ר	ן	ה	ש	ב	ו	ה	ר
ס	מ	ס	צ	מ	מ	ו	ם	ר	ר	י	ע	ו	ר	ג	ם	ן
ר	נ	ן	י	ו	נ	ק	ל	ר	ו	ח	א	א	ג	ס	ו	י
מ	מ	י	נ	ר	א	י	ן	ר	ו	ו	א	ר	ל	מ	ח	ף
ד	פ	ע	מ	ר	ב	ב	ל	ו	ע	מ	ה	נ	י	ת	א	ל

וילון
ופלפל
תועלת
חלון
עשוי
אגס
מטרים
גור
פוליטיקה
מקבל
מבחינת
טווח
בסרט
קקאו
צינור
ענבים
השמלה
גברי
סביבת
רגלי

Puzzle 7

ש פ ד ג ב נ מ פ ק י ו ם א ק ר ל פ

מ ו ד מ ד ו פ ת נ ן י ח א צ ר ס ת

ב נ י ם ס ג ב מ ו ו ן מ ך ר ע פ ר

ד ו ד א ב פ ך מ ה ח ו ר א ע ו ו ו

ג נ א ה י ה י מ ב ו ו י ק נ ו ר ן

ת ט ו ב ה ע י מ ג ש ו א ל י ם ט ת

ו כ ו ר ח מ ג ת ד ר ח ז פ י ל ר ו

נ ה מ ב ג ב ל ק י י ה ה י ן ב ו ר

פ ו ת ו ר א ו י ר ל ד י ב ו ר ה ה

מ י ר פ ד ל א ת ו י י ר ת ו כ ל ל

מ ת ת ל ב ו · ס ד מ נ ה י י ר ח ו

ש ב ק ט ג ו ר י ה ר ס ב ז נ מ ו ב

פ ב ו פ ן ב ן צ ר ק ח י ח י ל א ג

ק ע מ ו ה ת א ר ה ו ה ע ם נ ל ב א

ך ל מ ש ה ס ד ו ד ת י ה ט ת נ ר ו

שואלים
יהיה
ספורט
בקטגוריה
חמים
שופט
בגדי
להרות
הראתה
דין
דרג
החג
דיבור
תרבות
זהיר
פתרון
ממתקי
ארוחה
גבול
עניין

Puzzle 8

מעגלית
מבינה
חברה
סופשבוע
אתגר
לברך
עיפרון
ממהר
לפחות
להרוס
צהובים
במבט
מתוח
שנעשתה
אף
גס
דם
למה
מטורף
נשא

ב ס ף ת ו ל מ ר ם ו מ ק ו ע ל ף פ

ח ד י כ א פ ת ו י ב א ד מ י ף כ נ

ר ה ר ת ש ח ו ר י ן ל ו ד פ י ו ח

ל ך ג י נ ו ח נ ג א ד י ו ר י פ ש

ה ר צ ל ר ת ה ל ס ו פ ש ב ו ע מ ד

ן ב ה ג י פ א ק ל ס ז ו ו ן ם ת מ

ר ל ו ע א ע ו ל ש ק ה ו ר י ב פ ס

ו ר ב מ ת ר מ מ ע ע ר ו מ י ן נ ו

נ ו י ף א י ג ד ר ה מ מ ח ט ב מ ב

ד מ ם ם ד כ ס מ א ר א ב ע י ב ה נ

ש ק ל ה ר ר ו פ נ פ ר ה א ל ן ש ת

ו ב ע ה ם ה ר מ ו ה ו ר ס ט צ ל ו

כ ש נ ע ש ת ה ר ח י ם ף ר ו ט מ ם

ו ג י ה ן ו ל ש ר ה מ צ א ו ה מ ל

א ר ו י ו ו ם ם ר ו ק ר ח ק ר ה פ

Puzzle 9

י	א	ו	ת	ב	ו	י	פ	ה	ס	ב	מ	ם	ע	נ	מ	ו
י	ע	ע	ב	ד	ר	ו	ז	ש	ת	ו	ע	ד	ר	ב	א	ש
ב	ו	פ	י	י	ר	י	ה	ק	ע	א	ה	ד	נ	ד	ת	צ
נ	ש	י	מ	ו	ס	ס	מ	ע	א	מ	ו	פ	י	ת	ר	ו
ת	ו	צ	מ	ו	ף	ח	ד	ה	ם	ן	מ	ס	ח	י	י	ת
ר	ל	ה	כ	ר	ב	ם	י	כ	י	י	ש	י	ם	י	י	ד
פ	ג	ו	ש	צ	ם	ו	נ	ן	ל	ת	ב	ק	ג	ה	ו	ע
ו	ל	נ	כ	ב	ה	ל	ה	ם	ל	ב	י	מ	ח	ג	ל	ה
ש	ט	ף	ו	י	ב	כ	ט	ם	ו	א	מ	ר	ו	פ	ח	נ
פ	ל	ה	צ	ע	ק	ה	ד	ו	כ	ו	ן	ל	ט	ה	מ	ן
ס	ו	פ	ת	ל	י	ר	ס	ב	ו	צ	ו	ו	פ	ה	פ	נ
ק	ר	ן	א	ש	י	ע	ר	ק	ו	א	נ	ת	ס	ה	ה	ר
◌	ת	ו	נ	מ	ד	ז	ה	ב	נ	י	ו	ח	ר	ל	ע	מ
ב	א	ד	ש	ח	ן	נ	נ	ו	מ	ש	י	צ	מ	ד	ל	מ
ח	ע	פ	מ	ס	ה	ם	ל	י	ב	כ	ה	ב	ר	ג	א	ש

אוצר
פגוש
כלום
אמרו
יכולת
פיצה
צעקה
פסיק
הזדמנות
וכוללים
שייכים
אמן
שנאת
דחף
לתפוס
המדינה
יבש
יחס
קרן
השקעה

Puzzle 10

כואב
שקופיות
אחיון
משכפל
צעיר
חזון
המשפחה
בשילוב
אומדן
אוטומטית
שלילית
היבוא
שארית
בובה
סרטנים
מסעדה
חזק
זברה
מגירת
להבהיר

ב	י	נ	פ	ן	ג	ד	ה	ח	פ	ש	מ	ה	צ	ח	א	ו
ב	ר	ל	מ	ו	ד	א	י	ב	ר	מ	ה	ב	ע	א	ו	ה
מ	א	ל	ה	ז	ת	מ	ב	ו	ל	י	ש	ב	י	י	ט	צ
ז	ב	ר	ה	ח	ר	ת	ו	י	פ	ו	ק	ש	ר	ס	ו	מ
מ	ר	מ	ו	ג	י	י	א	א	ף	ר	ד	ב	ת	ר	מ	ג
ב	ו	ב	ה	ל	מ	צ	א	כ	ו	ה	ח	ו	פ	ט	ט	י
ל	ש	ס	ל	י	י	ל	ה	ב	ה	י	ר	ז	י	נ	י	ר
א	ל	ג	ב	מ	ג	ת	ש	א	ה	ת	ר	נ	ק	י	ת	ת
ת	י	ו	פ	ח	ע	ו	ת	ו	ב	ס	ר	ה	מ	ם	י	ת
ל	ל	ל	ב	פ	ד	א	ת	כ	ל	ו	א	ג	ו	מ	ר	פ
ת	י	י	מ	ה	ח	ו	ח	ת	ח	ז	ע	ס	ר	ס	א	ס
א	ת	מ	ש	כ	פ	ל	מ	י	י	א	ג	ר	ב	ע	ש	י
ר	פ	ל	ע	ר	י	י	ת	ק	ו	ו	צ	ר	י	ד	ד	ה
נ	מ	ג	י	ו	ג	ה	ל	ג	נ	מ	מ	ו	י	ה	ו	כ
ו	ע	י	ו	ו	ה	ע	א	ג	ו	מ	מ	ד	ע	ר	ה	פ

Puzzle 11

ג י ה א פ ה י מ ו ב מ י ו ח ד פ ג

ע ל ש י ם מ ל פ ד ס נ כ ר ו ק ו א

ב ק ז נ ו ו ד ח ו מ ע ש מ ש י ר ב

ה י ו ו ב א מ ו ת ז מ ט ה ש ם צ ד

ל ז ר י ס ר ר י נ ה ג ר ה צ י ב נ

י ח ם ד ה ע ו ה מ ל י ת ס ת א ל ו

כ ה ג ב י כ מ י ש ד ר ן ו ם ו ה י

ק ל ם ח ר ח ר ל ט ש ד ד א י ש ק ה

נ ע ב צ ע ק ו י ר מ י ת ה ר י פ י

ן ש מ ו ל ר א נ ת ד ט י ח ה נ ף ל

מ פ ס ם ק ס ר א י ח מ מ ם מ ם י ו

ו נ י מ ק נ כ ◌ פ ו ן י כ מ ר ת ל

ת פ ב ט ו ו ן מ ר ד פ י ס מ נ ה ת

ת מ ה ר ר נ ן א י ו מ ר ן י י צ י

ד ה י ה ט ו י ל ל ל א ח ח ג ח א ו

משטרת
להחזיק
פידי
חושש
ובמיוחד
ידידותי
מטרה
הסכום
ביצה
ילד
בדיוני
מי
עם
לשים
סיבה
פשע
צבע
לרחרח
נישואים
רוק

Puzzle 12

ו ה א ק ע א ח ה נ י ת ו ו ת ת מ מ

ו ת צ ב ג ב ת ה מ ן ו ה ר ע י ו י

י ו ט ה ר י מ ו ו מ כ ן ם צ ג א ר

ה צ ש ת י ר ס ב ה ח ו ל י ם ד ה נ

ל א י ש ב א ר ג נ נ נ ט ש ר ח י ס

ו ה ב ק א ו ב נ ו ח ו ל פ נ מ א ס

ק ו י ה ה א מ י מ ט ע ש ו י ל ן ל

ק ו ו ן מ פ ה מ ה ן ה ח ח א מ ב מ

א ת ע ט ר ו ה ה מ ת ש ם י ס ס ה מ

מ ן מ ו ד נ ס א ך ה ל י א ע ח צ ה

ל ר ת ל ף ה ף ר צ ל א א מ ה י י ד

ד ט ע ז א צ י צ ת ח ו ל ו ן י ל ו

ר ב י ו ן ט ס ת מ ב צ י ש ל ת נ ב

ת נ ח ט ר ר ע פ י ה מ ה ר פ מ א י

נ ג ל כ ל ו ל ו ל ש ל י נ ו נ ש י

למצוא
גבוהה
המונה
התוצאה
חברתי
לשלול
החולים
מתייחס
מהססים
לכלול
ציטוט
חופשי
ישנוני
מרדף
טחנת
לצרף
רגע
אפונה
התיישבו
אביר

Puzzle 13

ת ו ז ס ל ד פ מ צ ל מ ה ר י ק ס מ
ו ו א י י ו ת ו צ ע כ ג פ א ר ס נ
א ו ב נ א מ י ר מ ד ם ר ר ח ח ר ו
ר מ נ ו ס מ מ י ו ב ל י י ר מ ו י
ת א ן ש ו ו ד מ ו ק ר ט י ב ע נ ר
ה י מ א ז ע ו ו מ ע י ת י נ ע ש ב
ת ח ב י ת ל א ר א ה ש ב ס י ח נ י
ח מ ק ת כ ל מ ב ת פ ת מ ו י ו מ נ
ר ה ת י נ ל ת י ד ב ש ו ל ל ר כ מ
ו ל ק ס י ר י א ו ש ן ע ם ב ש ו מ
ת נ ו ל נ ב ב ו ס ם ט ו פ ו פ י ה
ר ו פ ו י ד ר ח ק ן מ מ ו ר נ ם ע
ת ן ה ו ג ן מ י ר א מ ם י ב ה ו א
מ ל ל מ ז ס י ר ן י ו ב ד ו צ נ ו
א ו ו מ ח ו ו ו מ צ ד ו א מ י ה מ

סקרן
שבדית
היפופוטם
תקופה
נושא
איריס
מאוד
מצלמה
מושב
מוזיקה
דמוקרטי
זאב
התחרות
אוהבים
מה
סולם
מאז
נמר
סקירה
מסחרית

Puzzle 14

בוגרים
למעצר
גרבי
חוסם
המיטה
נוטים
עמוק
בכלל
מעשה
מרחב
קיטור
אש
למד
מקסים
נגד
עשר
פחם
סכנת
שבע
גחלילית

י ח ו י א י ב ח ב ס מ ם י ט ו נ ק
ל ר ר ך ר י מ י ו ל ע ב ב ב ן י ד
י ה ע ד ה ו ל ג ג ע ש ר ר ן ס י ה
י ש ה צ ו ע י ח ר ו ה ת ג י ש א ש
ל ר מ ל א מ ק ס י ם מ י ת ו ט א ו
ו ש א ד ג נ ר ה ם ת ל ם ר פ ט ס פ
ס ל ל מ י כ י ו מ פ ת ו ב ד ע ח א
ל כ ע ל ת מ ו ע ה ת י א ה א ם ה ד
ר מ ת ו מ מ ד ו מ מ ל פ ה ס ה ע ב
מ ש ו ג י י ע ב ש ק י ט ו ר מ ד ב
ך ב ח ר מ ל ו ל כ מ ל ח ד ו מ ע ל
ר א י י ו מ ו מ ד ח ח ל ק א מ א ל
ש ס נ ך ח י י פ ן ע ג ו ט ו ר מ ד
ס כ ה ט י מ ה ו ר צ ע מ ל ת נ כ ס
ז ן י ל ר מ ר ע ת ת פ מ א מ מ פ י

Puzzle 15

ו צ ל ל מ ף י פ ד ד ד נ מ ח פ ט ח

ס נ ת נ ט ף ל ס נ ת ו ע י ס נ ל ח

ב ת ו כ ר ב ע ק ר א א פ י ל ו ו ר

א פ ת פ ל מ מ ה ת ש ו ח ת ם ם פ ג

ו ו ש מ נ ה ף פ ג א ר ב ע י ם כ נ

ת ל ה ן ל י מ צ ר ו א פ ח ד ה ק י

ר ק א ו ד ב ר ר ך ל ה ת פ ר ץ ר מ

ד ב א ב פ ת ו ן ו מ ע פ ב ו נ י ה

ג ק ת א ח ך ס ל ע צ מ א ב י ח י ת

ש ו ה ר ו ב ו ס ר ל י ר ת ו מ ר ר

ר ט ר ב ס ד ת כ ו ה מ ך מ י ע ת ב

ר ן ו ת ר נ ח ד ת א ח ר א י ו פ ל

מ ב ק ע ת י ח ל מ כ מ י נ ר כ מ ש

א מ י ח נ ן א מ ו י ה מ ן ר ה ת ו

ש מ ת ל ע צ ב מ ב ל א ד ת מ ע י ק

להתפרץ

להאכיל

כפול

פסקה

מאמר

חלום

במבצע

תחושת

וסבא

נסיעות

שמנה

אפילו

פעמון

באמצע

לשפר

ארבעים

צפה

ברכות

יורדים

קריירת

Puzzle 16

ה ב ר ה ס פ כ ה ך ל ם ע כ ל ג ד ו

ר ה ז א ר ם ן ו נ כ מ ס ו ג ל י ם

צ ד מ מ ר א ת מ ב ש מ ח ה כ ב ו ד

ה ס ל ה ה א מ א ס ה ו ל ע ת ר ש ל

ב ר א י ל ל ח מ ן מ י א פ ו א נ י

ר ב ו ר ה ם ה ו ו ע מ ר ש ר ל י ת

ע ק ב ו פ ד ו ב ד ב ן א ה מ י ן ה

ו ת ב ת נ ם י ק ח ו צ · ן ת ך ן ר

פ ה פ י ו י י ה י ק מ נ ע ו ו ש ת

מ ע ל ו ת ס ל ל ר ב ק ש ו ק ח א ו

ר ר י ה ק ב י ש ן ק מ ת ו א מ צ ע

ר ל ב פ ב ג ת ו ו צ ר ת ו מ מ ל ת

ב פ ב ס ו ח ל ע ו צ נ י ו ו ן א י

נ ר ב ק א מ ו ה ה ס ב ש ב ז ג ל ר

מ נ ף ה מ ד י ש י ש ה מ א ◌ ו מ פ

מהירות

עצמאות

הרבה

הראש

הפסקה

צוחקים

אפוא

עלות

דובדבן

בשמחה

מאובקת

גיליון

נשוי

הכבוד

זה

בקתה

לשרת

השפעה

להפנות

מסוגלים

Puzzle 17

נ	א	י	ה	י	ן	ם	ו	ק	י	ה	ב	ג	ו	ו	ק	י
ך	ע	נ	ו	ה	ש	י	מ	ש	ר	ש	ב	כ	י	ו	ו	ן
ה	פ	מ	פ	מ	ל	י	פ	ה	ח	י	מ	פ	פ	ג	י	ת
ח	ג	מ	י	י	פ	ז	ָ	ל	מ	ש	ל	ל	ב	כ	כ	צ
פ	ק	א	ע	ה	פ	כ	ד	ם	ו	י	א	ק	ד	מ	י	מ
ן	נ	ל	ה	ע	מ	ר	ש	ג	ש	ד	ר	ר	י	ר	ש	ק
נ	ת	ו	א	ו	ה	מ	ך	ג	י	ע	ב	ו	ת	מ	ו	ל
ך	ו	א	ה	י	ל	ו	ג	ד	י	ו	ז	ו	ו	ו	י	◌
י	ה	ה	א	ו	ש	ח	ן	נ	ה	נ	מ	ל	נ	ר	נ	ה
ה	י	מ	א	א	מ	ת	כ	פ	ר	י	י	פ	ד	מ	א	כ
ר	מ	ע	נ	י	י	ן	ו	פ	צ	ב	ן	נ	ר	ק	ו	ש
ו	מ	א	ע	ו	ר	ו	ס	ו	ו	ל	מ	י	ש	ו	מ	ר
ד	ח	ת	ה	ר	ו	ו	ו	ג	מ	א	ב	י	כ	ם	ה	ת
כ	ה	א	כ	ת	ד	ם	ש	ג	ו	י	א	מ	ף	מ	צ	י
ב	ע	ש	ו	א	ק	ו	נ	נ	ז	ל	ו	ו	ל	מ	ה	צ

כדור
הכשרת
מישהו
אומה
השישי
דולפין
עוני
אקדמי
נדרש
מרכזיים
חקלאי
הופיעה
גשר
בצפון
מקום
לפני
מעניין
זמין
רמת
בכיוון

Puzzle 18

להסתיר
ולצעוק
טכנולוגית
מקומי
רואים
טלפון
פסולת
מגזין
אשר
לנצח
בחירת
מראה
ידע
כמו
ממשלת
הגיע
הוקי
קוף
לכביש
אפונת

ה	ג	ח	ט	מ	ב	פ	מ	מ	ש	ל	ת	ר	ה	ח	ג	ט
ב	צ	נ	ל	ג	ח	ס	ד	ד	ר	ר	י	נ	ל	ל	פ	כ
א	ש	ר	פ	ז	י	ו	מ	כ	פ	ו	י	ר	ו	ל	ת	נ
ל	י	צ	ו	י	ר	ל	ר	ו	א	י	ם	א	ו	פ	·	ו
ר	ב	א	ן	ן	ת	ת	ד	ק	ו	י	פ	ו	ג	י	א	ל
ד	כ	ל	ע	ם	ה	ו	ו	ד	ר	ב	נ	י	·	ה	ו	ו
ב	ל	ו	ה	ע	נ	פ	ש	ג	נ	ו	ל	מ	ר	ו	ו	ג
ל	ס	ן	ש	ק	מ	ם	ש	ח	ש	ק	ו	ע	צ	ל	ו	י
צ	ה	ו	ח	ר	ר	ח	י	ע	ו	ו	מ	ק	ו	מ	י	ת
ס	א	ס	ק	ע	ב	ן	כ	א	ו	ף	ה	ע	א	י	ק	ר
ג	ר	מ	ת	י	י	ד	ו	ת	ו	ד	ת	ה	ן	ת	ו	ל
מ	מ	ו	י	י	ת	מ	י	ש	ו	ל	ר	ע	י	ג	ה	נ
מ	ת	י	מ	ו	ר	ו	י	ל	י	ב	ת	ם	ד	ל	ן	צ
פ	ב	ה	פ	ת	י	מ	ר	ע	פ	ע	מ	ב	ג	י	ה	ח
ם	י	י	מ	ח	פ	ן	פ	פ	ר	א	ו	ן	א	מ	א	ח

Puzzle 19

א	ס	ט	ר	ט	ג	י	ה	ה	ש	מ	ו	ר	י	י	ב	ר
מ	ת	ה	נ	ל	י	ל	א	ש	ו	ד	ר	ג	א	ר	ו	א
ת	ב	ת	ד	ב	ק	ע	ר	פ	ת	ה	ר	ש	מ	ו	פ	כ
ט	ו	ר	מ	ו	ר	ב	ת	ת	ק	ת	פ	ה	י	ו	ע	ד
ם	ש	מ	י	א	י	ן	ה	ב	מ	ת	ט	נ	ת	מ	ק	מ
י	נ	ו	ג	ק	ם	מ	מ	ו	ל	ה	ו	ל	ל	ע	ר	ב
ק	ת	נ	ו	ו	ה	ג	ר	ר	ת	ו	ו	ע	י	ק	י	ה
י	ל	ר	ח	ו	ק	ל	ק	ר	י	א	ת	מ	ח	פ	ה	מ
ק	מ	ה	ו	ד	י	א	ע	א	פ	ו	מ	ע	ת	נ	ו	מ
ל	ש	ח	כ	ן	ל	כ	י	פ	כ	מ	י	י	ה	ח	מ	י
ח	מ	ל	ש	ו	ו	א	י	ר	ח	נ	ה	ר	ל	ת	ל	ת
ה	מ	ש	ל	פ	ג	א	ש	ו	ו	ב	ע	נ	ק	ד	ע	ח
ר	י	ג	ן	ו	ר	נ	פ	ג	ש	ה	י	ו	ו	ה	נ	ר
ש	ד	ה	ע	ד	ם	י	י	ר	ת	א	ב	ת	ה	ה	ת	נ
נ	א	ע	י	ר	י	א	מ	ו	א	י	ן	ל	ת	ו	מ	ב

החלקיקים
התראה
יקרים
אסטרטגיה
לשכוח
דווקא
להתחיל
נפגשה
שמלת
בית
לקריאת
לערב
יש
יתרון
עלי
ענק
שוב
שפת
קילוגרם
מבריקה

Puzzle 20

ל	ה	פ	ו	כ	ת	ן	ב	ל	ב	ו	ע	נ	ד	ו	מ	ה
ס	ה	ח	מ	מ	נ	ה	ג	ש	ב	ד	א	נ	ב	ל	ג	ד
ש	כ	ו	ש	ח	א	נ	ר	ק	ת	פ	ר	ר	ג	ו	צ	ה
נ	נ	כ	ד	מ	ף	צ	ן	ו	מ	ש	מ	י	ל	ן	ש	ק
ק	י	ה	י	ו	ל	י	מ	ל	נ	ל	כ	ג	ל	ו	ח	י
ר	פ	מ	ה	ל	ת	י	ל	ד	ו	י	ו	ס	פ	נ	מ	מ
א	נ	ר	ו	פ	א	ב	ל	ת	ר	ש	ע	ד	י	ד	מ	ה
ת	ל	ק	ת	י	ו	ם	מ	א	ת	י	ס	ה	ל	י	ו	ב
י	ו	מ	ד	ל	נ	כ	ד	ת	א	י	מ	ח	מ	י	ו	ו
ו	ו	ז	ה	י	ה	ם	ה	ש	ה	ם	מ	ב	ן	ת	ת	ט
ה	ת	א	ה	ר	י	ג	ר	ג	ר	ו	מ	מ	ד	י	ל	ת
נ	ב	פ	ן	ו	א	י	ז	ו	מ	ב	י	ר	נ	י	ה	נ
פ	ו	ג	י	ת	ג	מ	ו	א	ל	ד	ח	ה	ד	ב	כ	א
ר	ז	ו	ע	ב	ח	ב	ר	י	ם	ק	ב	ב	ן	כ	מ	ד
ד	כ	ח	ב	ף	ל	ד	א	נ	ב	ת	ה	ס	ו	ד	ק	ל

כועס
החשמלי
לשקול
מילוי
לירות
חברים
תכופה
מנורת
מחמיא
בגלל
שנקראת
שלישיים
בעין
סל
להודות
הנפרד
פתק
ההפוכה
גרגיר
במוזיאון

Puzzle 21

א ו ה ב ש ו י ו ה מ פ ע י ל ש ד ס
ו א ד ת ע ן ר ב מ ל ו ב ז ו ה פ מ
ת א ש מ ו נ ת ה ד ו מ ר ד ב ר י ו
ע י ח י ה ד ו ת ם ק ו ב א ס ח מ ר
ן ר ו ש ק ל י פ י ם ע מ ש ל ו נ י
א ו ו ו ט ה פ ו ג ל י ג י ד א א ן
א ע י ר ו י ל ו ו מ ר ק ו ת מ ע פ
מ ב כ י י ש פ ע ז ש ו ס ל ד ו ר פ
ת ט ד י מ ה א א ל פ י מ ן ז א ס מ
ו ה ש י ה ה ז ב י י ח ם ל ע ר ל ש
מ ל ו נ ק פ ס ר ן ע ו מ ל ש מ ו ו
ע ד ף א ן ה ס ב ח י ט ד ה כ מ ן ר
כ ר ה ה ש ש ו נ י ם ו ן ו ב ל ע נ
ו ו ר ה ש ע ד פ ב ג ל י א ת ת י ח
ב ו ר כ ו ר ה ך ר ו א ח מ ב א א נ

אורך
שונים
וכרוב
לסבול
יסוד
פעיל
אירוע
משפיעים
מודה
מישורי
לזרום
דיג
חיה
טבע
מאוחר
מרק
קליפים
ספר
עיר
גוזל

Puzzle 22

ת ג ן ר ן ו פ ל מ ד ת צ ם י נ ש ה
ל ל י מ י ס ם ה ט ה ח כ ת ף ו ח ס
ת י ל ג נ א ב ש ס ר ת פ ג ר י מ ל
ו ו א ק ג י מ ת ם ק ו ק י ו ם י ו
ר ן פ ה ד פ ר ק מ ט ן ס ב ח ו כ ב
ש ה ד ת מ י ו ק נ ל ר י ה נ א ו מ
פ ט ס כ מ ה ש ר ה נ ת ו ק ג ס י ז
א פ ר ת ל מ ע ש י י ת ב ן ע ו ד ד
ה ל י ל ה ד ר ה ג פ ס ת א ו פ ו י
ה י ק ס נ מ ח ע נ פ ב ס ש א א מ ל
י ו ר א ם י ב מ נ מ ת ל כ מ א ש ג
י ת י ה ה ע מ ז ב ק ה ר י י ע א מ
מ ח ר ב א ה נ ו ל י ב ה ח ט מ ן ב
ש צ ה ה נ ק ב ר כ י ה ע מ ו ל ח א
נ ת ל ו ה ע י פ ו ה ל ה י ל ד ח ת

המדמיעה
אהבה
חורף
מנהיג
אפשרות
אנגלית
קיום
להופיע
החיובי
קרפדה
כתף
קו
קן
הלילה
תחתון
קטלני
קנס
שני
עשיית
זנקה

Puzzle 23

◌ ח ב ר ס י א ר ו ו נ ד נ מ א ח א

ו ל י ר ס י ל מ נ ב ר ט י א ו מ א

ו ל מ ה ס ו ג ח י ל ל ל ס ל י ו ש

נ ע ב ד ל מ י מ ס ג ש ה י ץ פ ם צ

א פ ג צ נ מ ד ח ו נ ו ח ו ת מ ב ן

ם פ מ י ג ד ו ל י ן ם צ ן פ ת ו ◌

י מ ו י נ מ ר ת ע ן י ט ק ל מ נ ח

ת ת ר ו פ ו ה ת ם י ע ג י ב מ ג י

ר י ק ו נ י פ ח ת מ נ ל ו ב ק ע מ

נ ת ז ג ו ר ב ת ד כ ד ט ס ו מ נ ח

ו ב ת ו ה י מ ת א ש ל ו ע ל ו ע ח

א י מ ב מ י ו ק ד פ מ צ ד מ י מ ת

י ב ת ן מ ש ר ן נ ה ו ב י מ ר מ ו

ה ס י א ב מ ח ה ב ש צ ע א ח פ ה נ

ה ח מ ו ו ה ת ש א ק י י פ י ר א ר

מניות
אמיץ
ניסוי
נוחות
וצבעי
מכשפה
לגידור
קטין
מעקב
ניסיון
סביבתית
מהסוג
חי
מחל
יגעים
גדול
פינוק
תחת
ברוגז
ומבוטל

Puzzle 24

י ש ל ה ו ח ך ח פ ד נ ל ו ו ע ד ב

ש ל מ ש ז ה ב מ ה ר מ ו ש ל נ ס ו

א ט ט י ח כ ו מ א ר ש ה פ ן ו ר פ

ר ו ר מ מ י א ה כ ת ו ר ב כ ע ה ר

א נ מ ג נ ר י ו ן ע ו ר ר נ ג ב ץ

א ו ו ל ד נ ר ק ו ב א ש ד פ ב ל ש

ל ב ה מ ח ת ת נ מ י פ י ר ו ת ש נ

ת ק נ כ ה ב מ ל ד ש נ מ ו ר ם נ פ

ה ל י צ א ן י ה ק ק ם נ ד ל ג ה ר

ע מ ש א נ ר ה ך ע ה ר י ל ח י ת ו

ו ל כ א ת ל נ ז מ ל ח ג ר ר כ ב ת

נ כ ס א פ ש ר ו ג פ ח מ ר י ן מ י

צ ש ד ז ק ו מ ג ח ו ת י פ מ ל נ א

ב י י י ב ד ש ה ו ק ו מ ו ו ר ד ה

י ט ק ה ח ן ב ל נ ס ו ת ע ד ו ה ב

רכבת
קדמון
גמישה
העכבר
חזיר
להקשיב
פרות
שווא
לנסות
בהודעת
בוקר
מנוע
נראה
זוג
צנועה
פיתוח
לשנה
שלטונו
פרץ
אצילה

Puzzle 25

ג ש ל מ ד ו ת א ר ך ת ם ל כ ר ד ד

י ו י ר ה ב ו ע ס י ם ר מ ר נ צ ק

ן ן פ י א ש ב ג ה ב כ ו פ ו ע י ל

ו ס ו ש ו מ פ ר ס ו ם מ ת ב צ ע ע

א פ ו ר ה ת ו כ ש מ א מ ר י נ פ ו

ח ר ג ת ל ת ע א ש מ ט ב ע ת י ל ר

ו מ פ ו מ ת מ ל ת א ל ו ג ו כ ד ש

נ ו ח ת ר כ י ז ח ח ה ל ו נ ו ר ע

ו ה ב ו י ח ו נ ס י ל ם כ מ ו מ ר

ה א כ י ה י י מ ג ר ם ו ע ו ר ג ה

ש ת ג י ט ט נ ד ה ש כ ד י א א מ ע

ח נ ב פ ב ב ר צ ד מ ל ל ח פ מ י ר

ם ף ת ל ח א מ מ ו ו ת ט ף ר פ ד פ

ד ך מ ו ה ו ר ת פ פ ג ו א א ר ע ה

ן ו ת ה א פ ן ז י ע ם ה ו י א ל ר

רכוש
אוהל
שליחה
כרובית
הפרעה
מאמרי
כרגע
תרכיז
הגרוע
מידע
אבטיח
החבטה
מנות
טבעת
כועסים
עת
פרסום
עור
רעב
אפורה

Puzzle 26

ב פ ק נ י ה כ ב פ ב ה א א מ נ א ו

ר ד ו ק ה י מ פ מ י ב ב ו ו ת מ ר

צ ש ד מ ר י מ פ ח ת ר ג י ל ח ה נ

י ו ל מ ב נ ק מ ח פ ר י ה ד ט ל ר

פ ה ל ל ד י ר א ד ו ר ע ח ד ו ו ר

ו מ ה ז ו י י ו ל ש ו ל ח ן ת י ן

ת ס ת י ו ר כ ת י ב י א ח ו ם מ ע

י א ת ש נ י ו ו ד ל מ ד ל ו מ ו א

ו ו ע ד ר פ צ י מ א ר ו ו ב ד ח ר

ר ר ל ר ש ו ם ן פ מ א ם ו נ נ מ ה

ש ע ו ק ָ י א ל צ ת ש פ מ ר מ ח צ

ם ס ו ב ג ת פ ו ן י י מ ד ל א ב ס

ה מ י ד ו ל ר נ א ד ה ת ר ו ש ק ת

י ק ר ת ו ך ו ר כ ו ל מ ן ו ע ל נ

ע א ו ל ל מ ד ת ו ל ע ו פ ה י י ו

צורך
ברציפות
הפועל
תקשורת
כתיב
צפרדע
נייר
מולד
פלפלו
עובדים
בכה
תרגיל
כאן
עש
לשולחן
לדמיין
נתח
סבא
להישאר
אדום

Puzzle 27

ש	ס	ב		ש	י	ש	ו	ה	פ	ו	ע	י	י	מ	ק	ו
ב	ב	ח	כ	א	ב	א	מ	ת	מ	ו	א	ע	מ	א	ג	ל
ו	ג	ף	כ	ש	ח	ח	א	מ	ו	י	ד	ת	ע	פ	ש	ה
ו	ו	ר	נ	י	ג	ת	ל	ה	ב	ו	ה	י	מ	נ	כ	ד
ח	א	ע	ז	ח	ו	ב	ר	ח	ו	ת	ל	א	י	ו	ת	ו
ו	ק	ת	ס	ר	כ	ף	ש	ו	ח	ק	פ	ח	ת	ר	ו	ב
כ	א	ב	ט	ת	א	ר	ה	ז	מ	ו	ג	י	ח	מ	מ	ע
ש	כ	ש	פ	ו	ת	צ	ג	ה	ו	ר	פ	ס	ב	מ	נ	ה
ו	ם	ל	ל	נ	נ	ת	פ	ג	ג	ל	ו	פ	מ	מ	ק	א
נ	ש	ל	י	ו	ח	ו	ל	י	פ	מ	ע	ל	ק	ן	ג	ר
י	ר	ב	מ	ת	ך	י	ש	ר	ה	ר	ב	כ	ן	מ	ן	ו
ה	פ	ד	ח	י	מ	ח	ד	ט	צ	ו	ם	י	ג	ד	ע	מ
ו	נ	פ	י	ע	מ	נ	ת	נ	ר	ת	א	ו	ל	ו	ה	ם
ל	מ	ע	ש	ה	ה	ה	ו	ט	ש	ל	ה	ד	י	ג	ם	ב
ר	ו	ם	נ	י	ג	י	מ	ו	ל	ה	ל	ה	נ	י	מ	ז

הפוך
למעשה
למרות
חושף
וחול
דגים
העבודה
שליו
הנחיות
שפות
העיתונות
תרחיש
כאב
אחיזת
וניהול
לשבת
זמינה
השפעת
רוב
המקל

Puzzle 28

ל	ו	ב	ו	פ	צ	א	י	ש	ב	מ	י	ת	ש	י	ג	פ
ש	ת	ו	ש	ד	ח	ק	מ	ן	ל	ל	ד	ח	ן	מ	ו	ס
ד	ל	ת	ו	ד	ש	ח	פ	מ	ב	י	ר	י	ו	ע	פ	ס
ו	ח	ו	י	ד	ה	ש	ע	י	ד	י	ה	ד	ל	ע	ת	ו
ד	ז	ל	ך	י	נ	ל	ח	נ	ז	ע	ג	ו	ב	ש	ח	ק
ה	מ	י	נ	ר	ו	נ	ש	ה	א	ש	ו	א	א	ו	ך	ת
ב	מ	ר		ו	ב	ח	ת	י	כ	ת	ן	ה	ן	ל	ד	ר
ל	מ	ו	ן	ף	א	ב	י	מ	ד	ק	מ	ה	י	ר	מ	ל
ח	ח	כ	ח	מ	נ	ג	ח	ו	ב	ל	מ	ו	ח	ל	ח	פ
ר	ז	מ	ב	י	ב	ה	מ	א	נ	ח	ק	מ	ד	ו	י	ה
ו	ו	ר	ד	ר	ה	ר	י	א	ו	ה	ו	ו	ע	כ	ק	ת
א	ר	ן	ק	ו	ח	י	ב	פ	ו	ה	ר	ת	ו	י	ו	ג
ת	ד	י	פ	ף	ר	ר	ו	מ	ו	ן	ו	ו	נ	צ	כ	נ
ו	ן	ת	ג	ש	ה	כ	ל	א	ר	פ	ו	י	ט	ו	ח	א
ב	ו	כ	ו	ח	ו	ד	מ	ג	א	ו	י	ק	ר	ג	ל	

חריזה
החלקת
פגישת
צנון
לשדוד
מחזור
מודגש
חתיכת
שמחה
בלון
בלבד
היו
חדשות
יחד
כלא
לשחק
פרא
קטנוע
מזחלת
תשע

Puzzle 29

ל ר א י ר ב ג ן פ ש ב ו י ל ה ל פ
י ס ע ו ר ל ד מ י ת כ י ן נ ו ע מ
ת ל ר ח ג ו מ ף ד ה י ו א י ר ט ם
ו ב ב ל ו י ל ו נ ו ת ד פ ף י ו י
ש י ס י ח ה ו ס ת ו ה א ת ר ב ח ל
ב ו ע מ ש מ כ ב ב י א נ ל פ ר פ ע
ה ס צ ת ר א ל ל צ ד ו נ ד ס ע פ ו
ל ו ש מ ת ה פ ו ח ו ו ס מ מ י פ ש
י י ג פ כ ת כ מ ה י י ש י י ל י ה
ר ה י ג א ר פ ו ה ל ת ם ש א ל מ ה
ש נ ז נ ן ד י ש ח ו פ ה נ א ה ב ב
כ מ ן ר ת י א מ ט ד י א י ה ל ר ד
מ ו א ר ה מ ר ו ב ת כ מ ה ר ו ד ד
פ ד מ ו פ ו פ י ב ה ש ג י מ ו ט א
ג ה כ ב ה מ ב ה ע י ב א צ ב ב ו י

גלגל
אטומי
חברת
אננס
יסעור
השועל
מעונן
לפעמים
בבטחה
וידוי
מכתב
לכול
מספר
בכיתה
וילונות
תושב
שמע
ולבסוף
ברחבי
המאה

Puzzle 30

פ מ ר ת ך נ ל ה ע ב ז י ן ר ו ג י
ט ו ה כ י ל ה ש ל ם ת ר ק ד י ל ו
ר ז ו ו מ ב ט נ י ל ד ו ת ף נ ש ק
ו י ס פ צ י פ י ע ו ד מ פ ע נ ה ר
ז א ח ל ו י י י י א מ ש ר ף ו ו ה
י ו ו ג ח ו ל ם ו ה ז י ה ר מ ו ו
ל ן י ם ל ש ק ל ן ל ה מ ו ח נ י ד
י כ ש י מ ו ו ן מ י ס ת ש ל ר פ א
ה ב ו ו ב פ ט ו ש ס מ ל ט ט ק ל א
ו ה נ ק ד ו ר ו א צ י ו ו ר פ ם ר
נ י ב ר א ד ד ע ש א ל א ו ו ו ס ד
ו ה מ מ ג פ ח פ א א ל ו ח י ס א ב
ש ס ל נ ר ו ב ר ב י ת ר פ ת מ ר ג
מ י ב י כ נ י ס ת ת ד ק ר ד ו ו ס
ת ר ה ע ה מ ם ס ו ל ר ל מ ב ה ח ו

משימת
לקרוא
סוודר
וירטואלית
יוקרה
ספציפי
ילקוט
הרפתקן
השניים
מוזיאון
לנער
כניסת
ילדות
ברבור
סימן
הליכה
הבקבוק
שלג
שלם
פטרוזיליה

Puzzle 31

י	ר	ר	א	ת	ה	נ	י	מ	ז	מ	מ	ג	א	פ	ק	ן
ר	ו	פ	כ	ד	ב	ה	ג	צ	י	ע	כ	ל	ב	מ	מ	ס
ת	ה	ה	ב	מ	ו	י	י	ד	ו	ס	ה	ן	ד	י	ט	ן
ר	ע	ב	ש	ר	ח	כ	ו	ע	ר	ר	פ	ה	ד	י	י	ע
נ	ר	ת	ד	צ	ע	ר	ה	ג	ת	מ	ו	ל	ת	ל	ם	פ
ר	י	ע	י	ה	א	מ	ת	ע	י	ח	מ	ף	י	ת	מ	ה
ג	כ	י	פ	ד	ע	ת	ב	ם	ה	פ	ח	ד	ר	ש	ט	ו
ה	ה	ו	ב	פ	ד	ק	ו	ה	א	ה	ת	ל	ד	ו	ק	ח
ח	ג	מ	ת	נ	י	ר	נ	ל	ר	ה	א	ל	ע	ה	ש	ד
ב	ב	ע	ע	ק	ו	כ	נ	ג	ג	ע	מ	ו	ב	ב	ן	ז
י	ו	א	ו	ס	ו	ם	ו	ג	פ	ת	י	א	י	ד	ק	ד
מ	ה	פ	ל	א	ם	י	ת	ז	ל	ד	ו	ן	צ	ר	ט	ב
מ	ה	ו	י	ו	ן	כ	ל	ב	ה	נ	י	ח	ב	ך	ר	ס
ו	ת	נ	ב	י	מ	נ	ד	מ	מ	מ	ב	ו	ר	נ	י	ר
ש	י	י	ה	ה	א	ר	פ	ו	א	ו	מ	ו	מ	ר	ת	צ

עריכה
הפחד
העלאה
הכילו
לדון
קמטים
קופה
לידת
אתה
בשר
דרך
ואן
חשב
בחינה
או
לתל
מכה
מזמינה
רצה
התבוננות

Puzzle 32

משועמם
הקנגורו
ארית
דאגה
אומרת
ירוק
נעלי
זכוכית
ועדת
באזור
הים
מציע
חוט
לפטר
ענן
ארבעה
ובודד
עשירה
האקלים
פעולה

כ	א	ו	ן	ב	ש	ח	ל	ל	א	כ	מ	ח	ע	ה	מ	י
ת	ו	ב	ו	ד	ד	י	ת	פ	ב	ו	י	ב	ע	ש	ר	ל
מ	מ	ח	ר	א	ם	ן	ד	ט	ן	מ	ת	מ	ו	ו	ה	ע
ת	ר	ח	ו	ט	ו	ו	א	ר	מ	ח	ד	ע	ק	צ	ו	נ
נ	ת	ב	ג	ר	מ	ר	ר	מ	ת	ת	מ	י	ר	ס	ח	ב
מ	י	ע	נ	ן	ו	ו	נ	ה	ת	ם	א	צ	ן	ך	ה	י
פ	ר	ת	ק	א	ת	ד	ע	ו	י	מ	ג	מ	ם	פ	ג	מ
ל	א	י	ה	י	ב	ף	ז	ל	כ	צ	מ	ת	ב	נ	ב	י
ו	ח	י	ת	ד	ק	ש	ק	פ	ו	ה	ו	ס	י	א	ו	י
ן	י	א	מ	נ	ר	א	ו	ה	כ	צ	ל	ר	כ	ר	מ	י
ח	י	מ	ה	ל	ה	ד	א	י	ז	י	ו	ל	ו	ב	ב	ש
ר	מ	מ	ד	ד	ש	ר	ל	ו	ה	ו	ם	י	ה	ע	א	ת
כ	ק	ת	כ	א	י	ח	י	פ	ל	ת	ת	א	א	ה	ז	ל
נ	נ	ר	ח	ג	ס	א	ה	ה	י	ה	ל	ו	ע	פ	ו	ו
כ	ד	י	ו	ה	ף		ן	ת	ו	ש	י	ע	ש	י	ר	ה

Puzzle 33

ב ח ה א ק ה ל ק ת ר י ע ל א א ן מ
כ כ ק ע י ע ת ב פ פ ר א ה ר י צ ד
ו ו ע י ו ג ר ו ל מ ח ו ם נ ו ן ת
ר ב ו ג ו א ד א ח ר ד נ ר ב מ פ כ
נ ב ש ר י כ ש ל י י צ ר ת ד ב ו ע
ח ם ר ל ח ק ר ם ו ה ר ד ם ה ל ד י
ת י ב ת י ח ק א ו ב ו י ן י כ נ נ
ף א פ צ נ ס ו ל ר ל מ ו ת ו י נ ה
ר ש ו ר ו א ד ל ה כ ג ו מ ב י ב א
ט ר ת ו י ו ת א ל ל פ ו מ מ ב פ ב
ד ו ג מ ל ח ח נ ו נ כ מ ב ל ל ל נ
ד ד א ו ג ט מ י ו י ך ג ם מ ל א ח
פ ש ד י ש ו א ר ה ת ר ו ק ן פ כ ח
ו מ ו ס נ ק ת ו א פ ח ו כ ר מ י ו
ו י מ ר ן נ ק ג ש ת כ ן ר ב ה ע א

קאובוי
לאחרים
מודאגת
כלנית
יותר
התרוקן
ארנב
חמאת
ולהרוויח
בהיר
מגוון
קיווי
לייצר
מס
על
עובדת
פלא
קלה
ראה
אביב

Puzzle 34

י ח ו מ ל מ ו ג כ ר מ ת י ט א א ה
ש ה ◌ָ ת מ י ח ה ו ן כ ל ה פ ו צ ס
כ י ד ב נ ץ ה מ נ ו מ א י ש י ת ו
ח ש ן כ ו ב ו ש נ מ פ ס ד מ ז ו ר
ה ק ר ק ע ו ג ת ם מ ו ו י ו ם מ ר
י כ ר ו ו ז ◌ָ א י י ר ר ד ל א ח ב
ו פ ר נ ד ס ל ו ד ש ס ג י ל ו ר ת
◌ כ ה ק א ו ל ה נ נ ם א כ ת ב א י
ר ם נ ◌ָ ר ת י ב ס ר י ת ם ז פ ח ב
נ ס ד ע ל ס ה ע צ ו ב י ח י ו מ ק
פ ו ק ב ר ן ו ת צ ה כ ד ג ן ר מ מ
ס ם ש ה ח ש א פ ן א ו י כ י ר ק י
ו ד ב מ א ה ם ר ע י כ ר ב ד ן ו ד
ו ו ה מ כ ב א י ב ד ה ד ו ת ו ר ם
ב ו ו מ נ נ ן ה י א ר ב נ ו ח י ה

אוהב
כוכב
למנוע
ידית
אישי
עוגת
תכונת
ומחר
עצוב
בכמה
הקרקע
הבת
מפורסם
משפט
כהה
לאסור
כן
מיץ
תירס
הסורר

Puzzle 35

ו	מ	פ	ע	י	ל	י	ו	ג	ט	נ	ד	ב	א	מ	ו	נ
נ	ה	ג	נ	ם	א	ח	ב	ה	ת	ן	ו	ץ	ל	י	ב	ל
ש	ר	ה	ו	ז	ח	כ	ו	ו	ד	ב	ן	ו	ב	ק	י	ר
ל	ע	ר	ב	ב	ר	ד	י	א	ב	י	ר	פ	מ	ה	י	ת
ח	ת	נ	ה	א	ו	ר	ח	ף	י	נ	ס	ק	ר	ו	ו	נ
ל	ב	ה	ו	ם	נ	י	ט	כ	ע	ו	ה	ל	מ	כ	ש	ע
מ	ה	מ	א	ל	ה	י	י	ר	ל	ב	ו	ו	ו	ו	י	ו
ר	ו	י	ת	ס	ט	מ	ב	א	מ	א	ך	י	ע	ו	ו	י
ח	ט	ש	ו	ב	ל	ו	ת	ר	ל	ף	ע	ח	ת	י	ע	ם
י	ץ	מ		מ	ח	מ	נ	מ	ת	מ	ע	י	ר	י	ס	מ
פ	ח	נ	נ	י	ה	ם	א	ת	ז	ב	ה	מ	מ	ל	ן	י
ה	ל	י	ש	ת	י	י	ש	פ	ח	מ	ו	כ	ע	א	נ	ק
ד	ב	ג	י	ע	ש	ה	ו	י	ו	ב	ה	ו	ה	ז	ת	ל
נ	ט	ת	ו	ח	ל	ת	נ	נ	י	ה	פ	ה	ף	פ	ו	ט
ר	ו	ל	ת	ר	מ	א	ב	ת	ב	מ	ר	א	ה	ת	ו	ב

החמוס
משימה
סתיו
החלטה
ריקבון
לקפוץ
בנושא
לערבב
מחפש
לתרום
בלחץ
להשתתף
חטיבת
לאחרונה
זוהר
קלט
סניף
תזה
מפעילי
ונשלח

Puzzle 36

ן	ע	ן	ת	י	ל	ח	ל	ל	פ	ל	ר	ב	ז	ת	ש	ר
ר	ה	ר	י	ו	ד	ה	י	ב	ו	ה	א	ק	פ	ר	כ	ג
ר	ד	ח	מ	ן	א	ה	ד	ד	י	ה	ה	צ	ן	נ	ב	מ
ב	א	ו	מ	ד	ם	ו	ר	ב	ר	ג	י	ב	ו	י	י	ו
ר	י	ה	ף	ר	מ	ן	ש	פ	פ	ש	ר	ר	ה	ה	א	מ
ת	ס	ר	פ	ה	ס	ב	מ	ת	ר	נ	ג	ו	ל	ת	ו	ף
מ	ז	ו	ו	א	ו	נ	ה	ע	ה	ת	ע	ע	ל	ט	ה	ו
ט	ח	ג	ר	ע	ב	ה	ס	ט	נ	ד	ר	ט	י	י	ת	צ
ו	ל	ע	ת	נ	י	מ	י	ל	ו	ב	ר	ב	ג	א	ר	ל
ס	ב	ן	צ	ו	ע	ד	ב	ו	ל	ת	צ	ח	י	מ	ב	מ
פ	י	ה	ו	ו	ל	מ	כ	ו	א	י	א	א	י	מ	ו	ת
ב	פ	מ	ר	ת	א	צ	ו	ה	ה	ו	ו	ג	צ	י	ת	ן
ה	ת	ר	ת	ו	י	נ	מ	ה	ט	א	י	ג	ו	מ	י	ו
א	ד	ח	ו	י	א	ה	ו	ט	מ	ן	ע	א	ם	פ	ת	ק
ג	י	ק	א	ה	י	נ	ר	ל	ל	א	צ	ע	ה	ב	ה	ל

אהוב
התרבותית
אווז
הסטנדרטי
בשבוע
פרסת
מטוס
כביסה
המניות
למטה
תרנגולת
מוטיבציה
כוס
לצוף
בד
תא
בקצב
הוצאת
תוף
המרחק

Puzzle 37

א א י כ מ ט י מ ה י כ ם ב ה נ מ ל
ש א י ל ד ת מ ק ר ה פ ם פ א ב י ג
ו ג ס ע ו ל י י ש ם י ב ו ר ק ד ו
י ל ר ל מ ע י ו י ו ל י ד ס ק ב ק
ה ש י ג ה ר ו כ ב ל ת י פ ל ר ר ק
ח ש ב א ר ו צ י ק ש מ ז י ח ק מ ח
ו ק ה ג ב ח ל ס ל ו ד ר ל נ ח מ ע
ט פ ל ת ח ב ח ו ן ר ס פ ה י ה ו ד
ב ו י י ב ר ת נ ו נ י ל ר ב מ י י
פ א ק ס נ כ ו ם ו א פ ט ת א ד ר ל
ן מ י ח ר י מ ש ו ד ו ק ך ו ש מ ל
י ח י נ מ ב ס ר פ ם ל ח י ו ל כ ק
א י ל ג ב ה י ז ו ו י ר ש פ א א מ
ע מ מ ח ו ה א ר מ ב ד ס ל י ת ו ו
א ה ת ת מ מ י ש ל א ל ו ו ו י ן א

גישה
בטוחה
מדומה
צלחת
למשוך
במראה
סיכוי
ילדת
בחברה
אדם
דרום
רכיבה
רק
ליישם
ושלום
קרובים
פרס
קמח
רוחב
להכיר

Puzzle 38

א ו ת ה ד י מ ח ו י מ ב ב כ י ה א
ט ת י י ל ר א ת י י ם ח צ ת ל מ נ
י ר ו נ ן י ה ד ר ק ו ן מ ר ו ה ה
ח ל ב ח ח ל פ ו ג פ ש ה ב כ ס פ ב
ר מ א א מ י ו ג ש ש נ נ ו ו פ ס ן
מ ח ב ר ת ש נ ה צ ט ל נ ט מ ת ת פ
ה ט ר ח ו ק ה ן ו י ו ס מ ס ע ד ת
ל ו מ ר י ע ו פ ס ח ב ר ה ב ח ו ר
ו ש ע ז ל כ מ ה ת ו פ י ך ל ו ם מ
ל א ע א י י מ ה ו ח ר ח י צ ו נ י
ר ל נ נ ו ד ר ת נ ס פ י ר ע ר ד ת
ר ה ר ל ר ן ג מ ג נ ה נ א ל נ ק ת
י ב י א מ פ ל ס ר ו ו ע ה ם ו ל ע
ב ל ס נ ד צ א ש י ד ו ל ל ב ת ד א
פ ד א י ק פ ו ת י ו ס ו כ ת ן ס א

לנשום
אזרח
מוכרת
פסנתר
מחברת
תרמית
רחוקה
פסולי
שטיח
נמלת
בחור
מסעדת
ירח
מחט
לשמחתי
חיצוני
הדרקון
להאריך
ובמצב
בחופשה

Puzzle 39

ש ד ר ר א ה ג ח ב א ר כ א ן ס א י

י י ר מ נ ה ל נ מ צ ש י י ר ד מ ו

י ר ו ג ת ק ו ת ח א פ ה א ע ט ת ו

ן ג ו י נ ב ל ח ת ר ת ש ו ב ש ו ם

י ת מ ו ם צ ו ע ה י פ ר ג ו א ג י

ג ן ת ש י פ ח ל ה פ ה פ ו מ ר ד פ

צ ן ר י ע י ס ו ב ו ן ר ח ל י נ ק

ל ו נ ו ו מ ג ת ר א מ ד ש ש מ ש י

ב ש י ל צ ן י א א ש ו נ ה מ ו ת ה

י ה ע ש י ר י ל ט ה ת ש ו ב ה ו ס

ק א א ◌ ב פ ן נ ו ר ל ב מ י ז ח י

ו ה מ ל ו ב ד ט נ ש י ב כ ר כ ת ג

ר ר ם ת ר ד ס ו מ ת מ ת א י נ ב ב

ת ו י י ם י מ י ש א מ ש ק ל ר ק ר

י ח ל פ ו י ו ח ת ו ק ו ח ר ת א

לקנות
היקפי
אופי
הנושא
תשובה
מאשימים
רחוקות
מוסד
עצום
העשירי
ביצועים
אמת
מנהל
ביקורת
משקל
גאוגרפיה
קשוב
ראש
רוח
כביש

Puzzle 40

מרצון
מעורבות
לחקור
שותף
נסיך
מודאג
אקטיבית
דתי
חבק
תגובה
נדירות
משנה
להמשיך
משתנה
ערש
טניס
הוטל
להכין
בינוני
המשמש

א י נ ו נ י ב מ מ ד נ ת י ג נ ש מ

ק ש ר ע נ כ מ ו ע ע ס ג ר ז מ ו י

ט מ ו פ ד ב ע ד ו ג י ו ה ה ד צ ש

י ש ק ת י ו ת א ר ה ך ב ן י כ ה ל

ב מ ח י ר ו ן ג ב ח ◌ ה ת ק א ו י

י ה ל ו ו ת כ ר ו ב ב ד ח ט א ה ר

ת ס ה מ ת ב ש ו ת ף ו י כ ר מ ◌ָ ו

ה כ י ם ש מ נ מ ו מ ע ש ן ב מ מ ב

ג י מ מ נ ע ס ך י ש מ ה ל ק א ד נ

ג י י ק ן ה ו כ פ ק י מ ל ש י פ ב

מ א ל א ו ב ס מ ו י ב ם פ מ ו ת מ

נ א ן ר ס ת מ ן ו י ג ג ח ת ת ר ה

מ ו א נ ל ש צ ד ו ת ל ט ו ה צ ח נ

ו ר ת ל נ י ז ו ה נ ת ש מ ו ג י ר

י ר ר ה ר ס י נ ט ק ב ח ן ו ר ה ן

Puzzle 41

ש צ ק ב ד ד ק מ כ מ ל צ ק מ ב נ ב
ש מ ת ח ב ט ש י ו ש ו ד י ת ר כ ן
ן ח ר ו ן ת ו י פ ל ע ל ו ל ב י ר
כ ו א ר י ע נ צ מ ו א ב ם ו ג ו ד
ז ס ב י ב ת ן מ ו ע ו מ ד ר מ ב מ
ש ד א י ה מ ב ע מ ו א י ה י ר ו ר
ב ו ת ף ל פ נ ן ו ב ג י ע ב ט ת
י א ו ן ת ר י נ ל א ל מ מ ח י ר ל
ת ו ת נ ל א ם ת מ י מ ז ש ש ד ה ט
ו י ו ם י ט י ה ר מ ר י י ת ב י מ
ה ל צ ח ח ם ג א ר ד א ו ם א ר ו ו
ת א א ס ל פ ח ו ת ו ת י א ו פ ר ל
ם ו ת ו ב ט ח ה ב י ג ר ב ה י ן מ
ל ת ס א ח ל י ס פ ק כ ה מ ע ר ג י
נ ל ו ת ד י ב ע מ ת ש ה ר נ מ ר

מדויקת
מחיר
מטלת
רפואית
וילאות
אגם
הוא
טבעי
סביב
בחורי
חם
להבין
תוצאת
צמח
קטן
שדה
תרד
רטוב
בכבוד
רהיטים

Puzzle 42

ה ס ד א ח י מ ח ד א ל ל ם י י ס ש
ה ב ח ו א פ ס ב ו ח ה ו ר צ ב ר ג
ב ח ב י פ ל י ה ר י ח ש פ ש כ פ פ
ר ב מ ו ר כ ב ת נ נ מ מ ע ר ב ר ו
ו ק ה ז מ נ ת ש ל י א ח כ א מ פ ע
פ ר א ו ד כ א ר ה ע ק ו צ י ס ו ל
ב ר ו א ם ה י ח ה ם כ ב ש ו ר ח
ג מ כ ס ו ל א מ ס ב ב ו פ י ב מ ש
ב ש א א א ר ה א ד י ל ה ד י כ ה ח
ר ן צ ן י ר מ י ת א ש ב ר ד ת י ל
י י ת ו ק מ מ פ ש ל ה ן ף י נ פ צ
ה מ י ח ה ן פ ו ס י נ א מ נ ל ת ל
צ ד ה ר ת כ ב ת ד פ י י א ב ב ו ל
ה ב ו ר ו ה מ מ ד ט ל ה ם ל ו ל ל
ל כ ז ה ב י ה ו א י נ נ ס ו נ י ת

להצהיר
רפורמה
פועל
חייהם
ממערב
מסובכת
רשמי
מורכבת
דואר
אליפטי
אפס
גבר
הרי
הזמנת
כוח
אח
להינשא
מסיבת
רשת
כרכום

Puzzle 43

ל	ת	ר	א	ף	פ	ש	א	ד	י	י	ד	כ	א	ג	ה	נ
ב	מ	ו	ד	י	ו	ם	ר	ת	ב	ו	ז	ק	י	מ	א	ב
מ	ע	ט	י	ר	ו	ר	ך	ע	ו	ת	ו	ש	ב	צ	ד	נ
ר	פ	ר	נ	י	ו	ע	ה	ל	מ	ל	ה	ע	ד	י	ן	ו
ע	ו	י	ש	כ	ח	ל	כ	ה	י	ק	מ	ח	ו	ץ	י	ם
ו	ר	ו	פ	פ	ת	ה	ו	מ	ד	מ	ח	ק	פ	ח	מ	מ
ע	ק	ח	·	ח	ו	ג	ב	ו	ז	ב	ל	א	ו	ד	א	א
ה	ד	ך	ר	ע	ח	ל	ש	כ	ו	ח	מ	ו	ה	ב	ה	ת
ר	ו	א	ם	מ	פ	י	י	ו	ל	ש	ו	ב	ן	ר	ל	ל
מ	מ	ס	ר	א	ב	א	ל	ק	נ	א	י	ו	א	נ	ש	מ
נ	ן	פ	ת	ב	ר	ו	ד	ה	ק	ו	י	ת	פ	נ	ר	ד
כ	ר	ה	מ	ו	ל	א	ר	ג	ר	ו	פ	ו	מ	י	א	ס
ב	ו	ר	ב	מ	ו	ב	ר	י	ד	נ	ל	ת	ט	ל	ק	ב
ש	כ	י	א	מ	י	ו	צ	ל	ל	ח	ת	א	ו	ת	ב	ש
א	נ	מ	א	ב	ד	א	ע	ו	ו	מ	ע	ר	י	ש	כ	ו

רופפת
רעוע
פחות
מלחמה
נדיר
מארחת
לנפול
מחוץ
האמין
בדיוק
העדין
בצד
קלטת
לנקר
טרי
כבש
רך
עלה
ערך
שבת

Puzzle 44

ו	ל	נ	מ	ר	ל	ב	ו	ה	ח	ש	מ	י	ד	ל	י	ל
ר	א	נ	ר	ו	ד	ע	נ	ל	ל	ו	כ	ו	נ	ו	ה	מ
א	ו	נ	מ	י	ר	ד	ל	ו	ם	ם	נ	ו	ת	ח	ו	ג
נ	ן	מ	ו	נ	ו	פ	ק	ש	ו	פ	ס	פ	ל	צ	ע	ו
ד	ס	נ	א	י	כ	ל	ר	ע	צ	מ	י	י	ם	ו	מ	ו
ר	י	ל	ו	ף	ו	ח	צ	ר	ש	ו	ק	א	י	ש	ו	ח
ס	ו	ל	ר	י	ה	ס	ף	ו	ח	י	א	ב	ל	ח	כ	מ
ו	ב	ה	מ	ו	י	ה	ת	ו	ה	ק	ו	נ	ע	ו	ח	פ
מ	י	ו	ר	נ	צ	ן	ן	י	ע	ה	א	ל	ב	ק	ש	א
ר	ו	ס	מ	ר	ו	ט	י	ק	ר	ו	ב	נ	ה	ג	ה	ר
פ	ב	ך	ס	ת	כ	ל	ר	ב	ת	ה	ט	כ	ב	ן	ן	ב
ג	ר	ר	ו	א	מ	נ	ח	ו	ס	ר	ל	א	ר	ש	ט	כ
נ	י	ד	י	ו	נ	ב	ת	צ	ר	נ	ה	ם	ל	י	ב	צ
ת	י	מ	ם	ז	[illegible]	ו	פ	ת	ט	ן	ו	ח	ט	י	ב	ה
ה	ד	ר	פ	ן	ת	ח	ל	ר	ן	ה	ר	א	ן	ב	ו	ח

אוזן
סרטן
לקרצף
עצמיים
ילדי
מכנסי
קבוצת
שחוק
בבטן
גמל
לנבוח
ביישן
לפתח
כף
הבעלים
להחליק
צבי
הביטחון
תות
מסוים

Puzzle 45

מ נ י ר ר פ ש נ מ ע ו ד י ה ל ק ר

מ ו ו ת ו ד ו ף ה ב ס א ח ח ח ו ו

ד נ ה פ ה מ ד ו א ת ל ס י א ו ו י

ל ו ס ת מ י ד ד א פ י ו ת ו ח א ו

ה ן ר ב נ ם י פ ל א א ט ו נ ן מ ד

א פ ח ל ה ע ב י ר ו ן ו ו מ ב ש ו

ד ד א ל ע מ ו ד י ל ט ד ע ב א ד ש

ד ת ל ט ו י ע ג ב ש נ י ע ו כ ס י

ל ח נ ת א מ ב ל ה מ ו ר ד ת ב ר ד

י נ ש ש ה ב ב י נ ן ב מ ז ל א ת ו

ג ע ה ל מ א ש מ ת ו ם ק ז ל י ה ח

ל ת ח ה י א נ ס ה ג ם ש ן י י צ כ

ר ם ב ב נ ם ם צ ש ר ר י ד ס א ו ש

ד נ ר י ת ת ו י א א ו כ ע י ו ת ח

ף ד י ע ד ו פ ו ק ק ג פ ת ן מ א נ

צהוב
אלפים
איות
להעביר
נאמן
נברן
לעמוד
חצאית
ואחותו
לאחר
אשמתו
במזל
שם
בעובי
ערב
ארגון
להביע
סנאי
שכח
גורם

Puzzle 46

ב י ר ע ח ח ח ת ל י ו ש ו ד כ ח ו

ש ו כ נ ב מ כ ח ו ל ש ק ם י נ י מ

ו ס ר ה מ ש ה נ ב ו ו י י א מ ע ו

נ י פ ה י ל א ר ל ח ר ע ח מ א ז ן

ה מ ע ו ת ח י ר א ב א ה ה ס כ ם ו

מ ע י א ת ת ת ל ה ס ו ו ת ל ד ר ן

ק ב ל ד נ ו ת מ ן ק ת ל ה ה ן א ו

ו ה ו ב ד כ ו ז ה ב ש ב פ צ ל ל ל

ת ו ת א ר י י נ ו ד א נ ו ט ב א ו

ש ן ה ו כ ס ב ָ ה ו א ק ג ר ו ו ש

מ ד ש ו ח ל י ג ר ב ל נ ח ף כ ל ל

ו ן נ י ה ו ל ט ח ת י ב ה י ב מ ט

ו י ת ר ל ו ע ח ו ה ר ו א ע ם נ נ

ת מ י פ ל י א א י פ ט ה ש צ ק ן ד

ה ת ת ה נ כ ר ר ו צ י ל ל ה ד ו ב

להצטרף
שקיעה
אנפה
משלחת
צעיף
ליצור
להסוות
ההסכם
אדוני
שונה
מינים
אבא
הגלולה
התה
באוויר
במכחול
לפת
לתקן
השנתי
פעילות

Puzzle 47

מ	ו	ל	ו	ר	ר	ש	ס	ר	ט	מ	ה	ם	מ	ס	ר	ר
כ	א	ח	ס	ו	פ	ד	מ	ם	ק	ע	י	י	ר	ו	ה	ד
ו	ת	י	י	ס	ב	ו	כ	ה	י	י	ח	ך	ו	ה	ל	ן
ס	מ	ו	ה	ף	ד	ו	ו	ר	י	ו	ל	א	ר	מ	מ	ו
ה	ר	ק	ב	ל	ל	כ	ת	כ	ב	ה	ט	י	ו	ל	י	פ
ת	מ	ח	ו	מ	פ	ס	ו	ו	ו	נ	ד	ו	ן	ת	ד	ב
י	◌	ו	ג	א	ד	נ	ט	מ	א	ה	ק	י	ר	א	י	ו
ב	ח	ו	ו	ג	ד	ו	ל	ה	ב	ר	י	א	ו	ר	ט	נ
ה	ו	ו	מ	י	ף	ר	ש	ת	ת	ג	ט	ו	ב	א	ר	ו
פ	ר	פ	ק	ת	נ	ג	י	נ	ו	י	ח	ס	ו	ל	ו	פ
ה	מ	ו	ש	ב	ע	י	ם	ב	נ	ו	י	ד	א	מ	ר	א
נ	מ	ל	ת	א	ש	ע	נ	ר	ל	א	ט	ח	ס	ש	ו	ג
י	ו	ח	מ	י	ש	ה	ל	מ	ו	ר	ד	ה	ו	ע	ה	י
י	כ	ה	פ	מ	ש	ע	א	י	כ	כ	ת	ל	ר	ס	ג	ס
נ	י	ו	ו	ב	כ	ב	ח	נ	ז	ח	כ	ף	ו	ר	ש	ל

העיר
המושבעים
המוכר
לשרוף
חיוני
אובייקט
דוור
גדולה
רגיעה
דפוס
מכוסה
טיול
סולו
לתאר
הביתה
ריק
חמישה
טרור
סבוכה
סמכות

Puzzle 48

ד	ו	נ	ו	ב	ח	ה	נ	י	ש	ף	מ	י	ש	ו	ד	מ
ת	ו	מ	י	ל	א	ה	ו	ל	מ	ס	א	ר	פ	ב	ה	נ
ו	א	ף	ת	ו	ו	ו	ן	ה	פ	כ	ב	ח	ר	פ	ב	ג
ד	ו	נ	כ	ת	ר	ס	ר	י	ה	פ	ו	נ	ת	ו	ל	ר
ק	ל	ף	ו	ג	ז	ה	ק	ו	ף	ו	פ	ח	ל	מ	ו	ס
ז	ו	ו	ר	ב	ת	ה	ר	ח	ק	א	י	ו	ב	ד	ר	ה
ל	ו	ן	ו	ז	ל	י	ח	ס	ש	נ	מ	·	ע	ד	י	נ
ר	ז	ו	ו	ה	כ	ם	ו	ט	ל	י	ד	ה	ס	פ	ט	ל
ת	מ	ר	ה	ת	פ	ר	כ	ח	ם	ק	א	ו	ו	מ	ה	ג
י	ר	ו	פ	י	א	כ	ל	מ	י	פ	מ	ר	ת	ג	ב	ב
ח	כ	ר	מ	ר	ו	פ	א	ר	ב	ג	ט	נ	ו	מ	נ	י
ת	מ	מ	א	י	ר	ש	מ	א	ל	ה	י	א	ח	ר	ם	י
א	י	ק	מ	ח	מ	ו	ד	ב	ס	ב	א	נ	ל	ו	ו	פ
ר	מ	ו	ל	ו	פ	נ	פ	מ	ק	ה	נ	ח	ד	מ	נ	ד
מ	ו	ב	ד	ו	ן	ר	ו	א	כ	ו	י	ד	ה	י	ו	י

תנופה
גרסה
אפור
אורזת
לחפוף
שינה
לטפס
הטרופי
גוף
איפור
לרתיחת
מספיק
חילזון
כסף
כתר
לו
סט
מדד
לשקף
ברווז

Puzzle 49

ת נ נ ע נ צ ף ו ן ל ש ר א ו ת ש א
ל ה ת ר ח ש ו י ח ם י א א ל מ ת ם
ו ו ו י ו ב ע ג ר י ה ל מ כ ר י ך
ח מ י י ש ל ן ו פ ח נ י י י ק ק ה
כ ו כ ר ת כ ו ו ש ק ד ג ל ז ו ה ו
מ ל ש מ מ ל י ס י ל ל ת ח י ת נ א
י ח ו ש י ת ד מ ו נ ו נ א ר מ ה מ
ת ו ו צ ה ב ש ב י י כ ם ל ש י ו ב
ו כ ש ד נ ו ר ו י נ פ א ל פ ה י ו
ר י י כ ו מ ר י ח ק ב י כ ה ש ה א
ש נ י ר מ י נ ה ק ו א ט י ג ו ח א
פ ר מ י ר ס ר א ט מ ל ט ל ן ת נ י
א י ל נ ש ו ך נ פ נ ו ו י ע ש נ א
ה ב פ ה ח ב ו מ י ק ט נ ח צ פ י ת
ו ם ט ו ע ן ש י פ ם ה ו ז ל ם ו י

לנשוך
צוות
נחושת
האפשרות
חזקים
להתרחש
כריך
כלכלת
שתיקה
ממשל
אות
מכחול
חור
טוען
מתוק
נלקחים
סוכן
תלמיד
עוף
להירגע

Puzzle 50

ו ג מ י ו נ ג ו ב ה נ ו ז ל ה נ פ
י ת ל י נ ק ו א ו ם ו י ם ח ן מ י
ו ו י פ ג נ ל ד י ב ו ר י ם ה ק מ
ס ג ח ו ר ח כ א י ד ט ה ש י ש ו ח
י מ א ל מ ו ם ח ל נ ח ת ת ז ו פ ת
ע ת ש ד ס ד נ ע ל מ י ם ג ץ מ א מ
ו ר ח ח כ א י י ל י י ה ז כ ק ב מ
ל נ ר ו ת ט ל ך ג ק ל צ ד ו ב ס א
ר ת א ף ק ר ג ו ה י ת ו ע ג ו ו ל
ה צ ם ל ו ב ס י ת צ ה ר נ ש ס נ ד
ב פ ב ץ ש ר ו ח ק ו מ פ ק ט י ת א
ו א ו ד ה ו ק ש ב ר ם י י מ י נ פ
ו ל ב ת מ ר ע מ ת ג ו ן ר ה ל ס מ
ת ל ד ה פ י ה ר י ב נ ו נ ת נ מ נ
ל ד ה א נ ם ל י ד ד י ו ת ו מ ח מ

ברורים
לדיבורים
הנוזל
חייל
חיוך
קיצור
מאמץ
פנימיים
לדחוף
איילי
נתנו
קומפקטית
לחם
גז
הם
לרוץ
סוגיית
נעלמים
שבר
רוצה

Puzzle 51

ת א א מ ע ם ה ו ס ה י י ל ע י ע ס
כ ו ג ו ק פ מ א ג ו י י ן ע י פ י
י א ו ר ת ע ק ק ר ק מ ו ס מ ן ו ה
מ ת ח י ל י ם ת ע י י פ ו ת מ ע ד
מ ף ע ב ז ו ם י ת ח ה ל ק ב א ח ד
ו ו ה ס ר ח ד ש ו י ב נ א י מ ו ת
י ר ב ה ב ג ו י נ ל ת ל ו ש י ◌ נ
ע ג ו ל ן ב ד ר ת י ת ה י ח ה ב פ
ה א ש ל ה ג ב ח מ מ ר ד כ ת ו א א
ה י ס ר ו ו י ו ג ז ק א ד ◌ ו ת ש
ן · ד ל ו ו ב ב ב ה ר א ו מ ת מ ג
ו מ ש ם י מ כ ח ל ל ה ף ק י ש נ א
ב נ י ס פ ר י מ ו ע ש ן ת ש ו ד ע
י ב צ א ס ת ס ל פ ט ע ו ג ו מ ו ו
פ ש מ ב ת ל ו ס ל ה ו ע ק פ ו ת ב

חכמים
עייפות
מאמן
באסם
אגרוף
עלייה
אבק
להחתים
הפתיעו
להסביר
חגב
מתנות
ברזל
סמן
חשיבת
להקדיש
שמח
תלוש
מתחילים
רחוב

Puzzle 52

ה כ ה ה ו ל ן ס ו ש ר מ צ ל ק ו ט
ר ו ה ר ו פ ת ל ח ע כ ן י כ ס כ ב
ת מ ט י ק מ ח ו נ ל י ו ב ן נ י ד
ר ס מ כ ו ש ר מ י · ח ר נ י ה ל ל
ו פ נ ז נ י ו ט מ ך ס א ק ב ת ו ה
ר ר נ ה ם מ ל כ נ י ס ה ו נ מ צ ו
מ י פ ל ה פ ר נ ל ו מ פ ע י נ א א
ר ח ר ו ל ת ג ב ו ש א ת ו ה ג י ב
מ ה ל ש ש מ ב ו א מ ס י ן נ י ר ש
מ נ ו פ ל ש ע פ פ ת ל מ ו נ ח ו ל
פ ד ט ע מ א ה ב ד מ ו ל ק ת ת ל ר
ו ר נ י נ י ת ד ע ד ד ע ה פ ו ה י
א ח כ י ל ת מ מ נ ע א ג נ ה ב ה ח
ר ז מ ר מ ח ש ב ו ן ו ל ה א ר מ ה
ת פ ה ת ו א מ ק ו ב י ת י ל ח ו ו

עגלת
ארון
נולד
מדען
לשלהם
משאית
שחורים
ולהזכיר
לתפור
חרב
כניסה
טכניקה
מספרי
מול
חשבון
סכין
גבעה
צמר
המראה
מפוארת

Puzzle 53

מ	מ	ר	מ	י	ח	ס	א	ו	ד	ן	מ	ד	נ	פ	מ	מ
ו	ת	י	ק	מ	ו	פ	ו	נ	כ	ו	ה	ו	ו	ו	ו	ב
ע	נ	י	ת	ה	ו	ח	י	פ	ח	ב	י	ו	א	י	ד	ר
ד	ב	ל	ס	ס	ב	כ	מ	ה	מ	מ	א	ן	ו	ו	ת	ר
ו	ח	ח	ל	ה	כ	ח	ב	ל	ע	ן	נ	י	כ	מ	ח	ר
ן	ל	מ	כ	ו	ך	ה	ל	ך	ר	ו	מ	י	ל	פ	מ	ב
ט	ל	ס	ק	ו	פ	ב	ב	ה	ל	ת	כ	צ	ב	כ	ל	ד
נ	מ	ח	ש	ה	ם	פ	ן	י	ג	פ	ה	ל	ק	י	נ	מ
ג	נ	מ	י	נ	ר	ג	ש	י	ת	כ	ר	ע	ה	ל	מ	פ
ל	ט	ו	י	י	ק	ש	ס	ס	ו	ה	ת	ע	ר	ו	ב	ת
פ	ו	ד	ג	א	ע	ו	ב	ו	נ	ר	ר	ד	מ	ח	מ	א
י	צ	ר	ו	ח	א	ו	ג	ל	ש	ה	נ	ו	מ	ח	א	נ
מ	י	נ	י	ה	ד	מ	א	כ	ר	ר	ת	ד	ע	נ	מ	מ
א	ָ	ס	ד	פ	ק	ע	ת	ו	פ	ח	י	ר	ש	ד	נ	א
ח	ת	ח	ד	ב	ן	ל	ח	א	פ	מ	ד	ת	ק	ש	ה	ו

להפגין
פרשנות
ציין
הערכת
תערובת
ובכך
חמוד
מדבר
מועדון
נרגש
הלך
אוכלוסייה
התיבה
כפל
לב
מחר
טלסקופ
קרם
קשה
כבאי

Puzzle 54

ב	ר	ח	ח	י	ו	ה	ו	ת	ו	כ	י	ג	י	ב	כ	ו
ו	ז	ן	ר	ל	פ	נ	ש	כ	ל	ו	ב	כ	ר	י	ם	ח
ד	ת	נ	ו	ו	ה	ש	ל	ר	צ	ח	ו	ר	י	פ	ף	ש
מ	ו	נ	ה	ד	ו	מ	ע	ב	ש	ד	ר	ו	א	ג	ד	מ
י	כ	מ	ט	ן	ן	ו	ג	ה	א	א	ו	פ	נ	ו	ע	י
ד	ל	ת	י	ר	י	ג	ל	ב	ע	ע	ו	נ	ג	מ	צ	ר
ב	נ	ב	ש	נ	ל	ו	ו	י	י	ת	ן	א	ם	פ	ב	ר
ו	ל	ע	פ	ד	נ	ר	ה	ב	ד	ף	ת	ר	ב	ר	מ	ב
נ	פ	ש	י	י	י	ט	ל	ח	י	י	ך	ע	ע	פ	ו	ו
ו	ע	ר	צ	ד	נ	ו	י	ת	א	ר	ל	צ	ף	מ	י	א
ח	ת	ב	נ	ב	ת	ת	י	ת	ת	ח	ה	י	ו	א	ו	ד
ק	ן	ע	ו	ב	פ	ע	ת	מ	ד	ה	מ	ס	ן	נ	א	ל
א	ל	י	נ	י	ט	י	פ	ו	ס	י	ב	ס	ו	ל	ו	י
י	ח	ה	ס	צ	פ	י	ר	ש	ו	ו	ת	ת	מ	ר	ד	ה
ה	א	ב	י	י	פ	ה	כ	נ	מ	י	ל	כ	ש	י	ו	פ

דומיננטית
כלוב
החריף
אופנוע
טיפוסי
במהלך
מבצע
גירית
שיטה
תחביב
נפשי
ביצי
דלת
ילידי
בפינת
בר
זר
בעמודה
רכב
לווייתן

Puzzle 55

מ מ י ט ר ק ו מ ד ה ר ה ו מ ל ש מ
א ע א ם י ח ק ו ל ל ג ג ו ת א מ ש
ת ל ב ד י ו ו ס ח ו ח ו פ נ ן ג ו
מ ג ן ק ג ט פ ו ב ח י י ע פ י ו ו
ר י כ ו ו ב ר ז ג ע ל ס ח ח א ק פ
ר א ה מ פ ו ב מ ב ת ל ם ו א ת ע י
כ ך מ ו ס ר י ו מ י א ו ו ה ה ד ל
מ כ ו ל ל ט ד ח ך י ו א ש י ש ס ה
ן ט ש ש ה ל ל ה א ש ר פ ש י א ז ו
כ ב ר ל ה י כ נ ס מ נ ש ל ת ת ו נ
ר ו ש מ א ה ר ל ן ח י ר ו י ת נ ל
ד נ צ ע ם י ל ת ד פ ו א ל ה ש מ ג
צ י ב ו ו ל ר מ ח ל פ מ ש ל מ ת ו
א י ו ת ו נ ת י נ ש ר ח ך ו ר כ י
ו ד ז ה כ ם ו כ י ס א ז מ מ כ ו ך

כולל
מוקדם
להיכנס
חולה
מוסרי
לשרוד
סיכום
מיטה
דיבר
בטוח
לוקחים
יכרוך
שניתנו
להמציא
כבר
הדמוקרטי
אך
אם
כל
ספוג

Puzzle 56

ח ת י ו ס ע ה י ה ה ל ו ת י ד ה
א י א ח י ש ס ש ו ה ג ב ת ה ח י א
מ ת ת ק י ף מ ף ע ו ב ש צ ק ל מ ד
ר י נ ר ב י ן י ק ת ו י ה מ ב י ן
י ל ש ד ו ו ד ס ר פ ה ם ע ש ב ע ה
ק י מ מ ב ת ח ו ק ס ה י צ ו א ב י
נ ת נ ו ו מ פ ה נ ש ת מ ר ר ו ר ת
י ו ה נ י פ ס ל ף נ ה י ו ב י א ר
ת מ ב י ה ל י ה ק ב ב ע נ ק ל ל נ
ק ד א נ מ ו י ב ס כ ח ט פ ◌ פ ן ה
ר ק נ פ ה י ד ד ו ג ח ר ע א ר צ מ
ז ת א ו מ ל ת כ ל ו כ ל ו י ה נ ס
מ ה ר ע ד ו ש ב נ ג ר י ב מ ב א ה
י ד ו ת ק ח י ר ש ה נ ו ל מ י נ ח
נ ה נ כ ר נ ה מ נ ת מ ח ר ו ן כ ו

התקדמות
ספינה
תקין
פחדן
טעימים
אמריקני
ארבע
שבעה
כוכבי
יצוא
הגבוהה
בין
מזרקת
מיומנות
כול
קרקע
ספת
דיבורי
בקהילה
להוסיף

Puzzle 57

א כ ה ה כ ע י ס ל ה פ ר י ע י ג ב
מ ו א ר א ו ן פ ק ש א ש ז צ ק י ע
ל ו ו ה צ י ו ר ח ו י ו ח ב נ ש ו
ד ו ו מ ב ד ו י א ח ב י ט ל י פ מ
פ ו ח י י נ ע י ת ת ו ף א ו מ י מ
ו י ת ר י ה ד ת ר ה ו ס ו ט פ ט ב
ק ד ו ל י ב ו ה ל פ מ ס ד ה ד ר ר
ה ר ע ת מ י ש א ע י י א ח ע ט כ ו
ו כ ש ב ר ר ו ל ו י ו ל ר פ ת י א
ב נ נ י ל מ א ו ע ב מ ש ר י נ ח ס
א ו ז ש ו מ ו א מ ב פ י ל א ר ג ן
ע מ מ ו ז נ ו מ א ו ה ח ה י ה ו מ
ו י י א ל ה צ ר י ל ש פ ו ך ש פ י
ג א ב כ ת ח י פ ו ש י ת ל י א ס א
ס י ה ר מ ס ג צ ר ב נ נ ל מ א ל ז

- לשפוך
- לדפוק
- בינלאומי
- אחריות
- להוביל
- צמחי
- לארגן
- הכעיס
- ירצה
- לבצע
- תחושה
- שעות
- דהירת
- ספריית
- יפה
- לאסוף
- לספוג
- טיפשי
- להפריע
- חיפושית

Puzzle 58

- במדינת
- אוקיינוס
- מנעול
- כנרת
- תיקון
- נתונים
- מעולם
- מגניבה
- מגבת
- מהלך
- לאתר
- פתוח
- במחבת
- צופים
- פנימי
- מלח
- סוף
- תלוי
- גומי
- מסוכן

ש י א ף ג פ א ה נ ב מ א ש י ך ל ר
פ ן ע [illegible] ש ש ה ש ף ע ן ם ר י ל ן ג
ל ה ר נ מ ל ן ת ו מ ג נ י ב ה ו א
ל ם י פ ו צ ו ל ס ס נ א ר צ מ ק ה
ז א ו צ ת פ ם נ ו י ו י י י י י ה
ס ע ל ו י נ כ ל נ ו ו ב מ ח ב ת ט
מ ס ת פ י י ת נ י ד מ ב ו ל ו ו ו
ו ע ג ו ל מ ב ב ש מ י ת ו מ ב ם מ
י ת ת מ ה י ג ת ו כ פ ם י נ ו ת נ
כ ו א ב ב ג מ ו ה ד ג ד ט ן מ ר נ
ד מ ו א ל ו ן ב ר ה ב ו ג ח ע נ ח
נ נ ו ר ת י ל ב י י ו ו מ ס ו כ ן
א ע נ ה ו ר ת א ל ס ו נ י י ק ו א
פ ו נ ט פ ל ד ה י י י ש ה ת ל י ל
ן ל ו נ ס ק ב ח ר ה ו ו ד ת מ ת י

Puzzle 59

ק	י	ר	ה	נ	נ	ת	ש	כ	י	ד	ב	ר	י	נ	ב	מ
י	ר	ד	ה	ה	ה	ט	ב	ג	פ	מ	כ	ה	מ	ש	ט	ח
ל	ה	א	י	ל	ה	ש	ו	ל	ש	מ	ח	ו	י	ב	ו	ת
ן	ו	ָ	פ	ט	ת	ש	מ	מ	ו	צ	ל	ח	ה	י	ל	ם
ק	ן	ד	ו	ע	ו	ה	ע	ו	צ	מ	ת	ד	י	ר	ל	ט
ת	ו	ם	פ	ב	מ	ב	נ	ת	ם	ן	י	א	ו	נ	ו	מ
ס	ס	ו	ו	ר	ה	א	מ	ו	ס	א	מ	י	ל	ס	נ	י
נ	ל	נ	ט	י	ח	ס	י	ם	ן	ב	ס	ה	ו	ת	ש	א
א	ו	א	מ	א	ח	פ	ה	ר	י	ח	ת	ל	ק	י	א	ש
מ	ו	ק	י	ג	ב	מ	ל	כ	ר	ר	נ	ת	ב	ס	ת	ב
י	ו		ם	י	ח	א	ד	ה	צ	י	ם	ל	ע	ת	ה	ל
ן	ל	ש	א	ו	ל	ו	א	ו	י	א	ב	ל	ר	א	ה	א
ג	ה	ר	ס	ו	נ	א	ן	ו	ת	ו	ש	ש	ו	א	ת	ה
ו	נ	ר	ו	ד	י	ו	ן	ש	ח	ק	ב	ע	ן	ק	ב	ד
ג	ו	א	ן	ו	ר	ו	מ	ד	ה	ח	ו	מ	ה	ך	ש	מ

העוצמת
להתעלם
מוצלח
שלושה
רצון
אסון
התאוששות
אשתו
שווה
מחויבות
בשיחת
יחסים
אין
דבק
ההיפופוטמים
משטח
בקול
משך
סחר
להימנע

Puzzle 60

ל	ג	ח	מ	מ	ו	ו	ט	ס	ל	א	ב	נ	ת	י	א	א
ו	ו	ו	ן	ם	י	י	ר	ש	פ	א	ל	י	י	ו	ו	א
מ	ש	ל	ד	נ	ט	ר	פ	ר	ה	ל	ו	ג	ע	ה	ג	ב
ע	כ	צ	ם	י	ק	ו	ל	ב	ה	כ	ל	מ	ק	ו	ו	ם
ב	י	ה	ר	ש	מ	ר	י	מ	ת	ו	ו	ש	ז	ב	ע	ו
ר	ו	פ	פ	ו	א	י	צ	ר	ו	ש	ו	ל	ת	ע	מ	ר
י	ד	ך	ר	ת	ה	ב	ה	ש	י	נ	ש	י	י	ר	י	נ
ן	ל	ו	פ	ו	ל	ב	א	ג	נ	י	ו	ו	ל	ח	ל	ע
א	ד	ת	ע	מ	ר	פ	ת	ד	מ	ב	ו	א	ת	ב	ל	צ
ה	ו	ף	מ	ם	ם	א	ן	י	ד	י	ל	ט	ט	ע	ר	ה
ו	א	ר	ת	ע	ל	ד	ה	ו	מ	ו	ו	ל	נ	י	ם	י
ל	ה	ד	ח	ה	ת	פ	ש	ט	ו	ת	י	ת	פ	ד	מ	ן
ש	ו	ק	נ	א	נ	מ	ה	ח	ד	א	ם	ד	ח	ה	ת	י
ר	ס	◌	ר	ב	ר	ו	פ	ס	מ	ד	מ	מ	מ	ה	א	ת
ב	י	ד	פ	ח	י	ו	ל	ו	ב	נ	ר	ס	י	ר	ת	ו

בבירור
פריט
שוות
פרפר
בובת
בלוקים
מלכה
אפשריים
מעבר
חדה
דומדמניות
נפח
פרט
צלב
שלד
שמר
התפשטות
העגולה
אגוז
חולצה

Puzzle 61

א ו ב מ ק צ ר ם כ ש ו כ ט ו ע י מ
ע י ל ר ו ת ו נ ח פ י ב ו ד ר פ ו
ם י כ א מ י מ י נ ג ר ו מ י ו י ר
ת ת ע י ק י ד י ה א ד ד ו כ ד ב א
ח מ ת ל ו ס ח ת ו ת ר ת ו כ מ ר ק
ב ו ו ו ם נ ו ם מ ת ה נ ג ח א א ע
י ת נ ס ה כ פ ע ד ה מ ן ש ח נ ב ו
נ ל ר ב ג מ ש ב א ב י ב ו ד ל ו א
מ ם י א מ ש ז י י ע ו ץ ח ה ו א י
י ד ל פ ל ס ה ם ר ן י ם ס ו ט פ ע
ו א ר י י צ ל ו ב ו ש י א ו א כ ב
ה ל ו ז ג ן ל ר ש ה ח ש א ן ב ק ך
ח ט ת מ ד ו ה י ם א ש ו ה ק ע ו ל
ן א י ה פ ו מ ל י נ ת ל ע ה ו א ו
א ת ל ע ו פ ב ו מ ו ס ש א ש ת ה י

קומקום
חופש
מכנסיית
חנות
מיעוט
כותרת
בפועל
לטאת
ייעוץ
הון
לצייר
פי
מדע
בריא
מחשבון
שיא
להסיח
באביב
כבוד
שלושים

Puzzle 62

י ח ד ר ר ר ע מ צ ט ע ר ח ן נ ח ה
ו ז מ ח ר ד מ ק ל י ו ל כ י ס א ל
ן ק ש ש ד ש ד צ י ב ד ו ר ו צ ו י
ו ג ן ר ש ל ה ת ל ל נ ל ס י י ם ו
א ת ד ר ת ת נ ה ת ו ר י מ מ ו ת ו
ע ש ו א ש מ ב נ ו נ מ א ר ◌ פ מ ש
מ ר מ מ ה ו ת י י י י מ נ מ פ ס מ
ו מ ו ח פ ו ר ג נ ל ד נ ל ת ה ז י
ת ל י י כ ו ו ב ב א י פ ח ב ב ה א
ח ט ו א ח י ס מ ג ב ו ה ו ו ר ב כ
ג א ב ך כ ד ו ל ע ו ק ך ב ת ג ה ה
ו ו ב ה ז מ י ט פ ס ת מ י ע י ו מ
ש ל ו ת ו י ת ר ד ק ח צ ל ר ר ו פ
צ ט ו ו נ ל ה ל מ ח ם י ב ר ל ח ו
ו ו ר ע א ה י ת ה ר ב ה ה פ ז י א

עגבניות
כיסא
לנווט
עמדה
חמלה
בלוני
כותנת
דיוק
צלילת
גרב
זהב
מצטער
זבוב
סוס
לסיים
צחק
בגינה
רבים
קצת
שלה

Puzzle 63

ת נ ד ק ד ל מ ש א ב ד א פ ו א צ י
ת ג ח ש ל כ ח א צ ב ו מ ח ו צ כ פ
ל ן ת מ ת ב א ד ו נ ר ב ן א ר ה ב
י י ש ז י ה ב ת ג ו י ה כ ר ע נ ש
ו ה ו ד צ ס י ר ק צ ד ת ד מ ח ש ק
ת פ ד מ ה ר נ פ ת ל ר י ח ס ח ת ה
ם ע מ מ ה ח ו י ה ב ק ו ע מ ר כ ע
ה ם י ו ח מ ת ג מ מ ר ת ס ח ק ע ו
ד נ ח ו י ר ר ן נ א ב ה ב ו ג ב פ
ד י ת ק ע א ט ח ת מ ק ע ל ח ס ש ו
ה נ מ מ ו צ ע ת ק י ך י י י ו ח א
ק ש נ ו ו י ם ו ס ב י ח ר כ ה ג ג
ד ו ת י ס ם ם פ פ ח ל י א ו ל י מ
א ף ל מ ו ח נ מ ה ו ה ך כ ה ד מ א
נ נ ◌ י א ס א ד ק ץ ת ד ה ל ג כ ב

במקום
הפסקת
הכרחי
ממוצעת
פותחן
ינשוף
להגר
בחוץ
מסמר
תהליך
חמת
חסת
טעם
מילואי
די
שנערכה
רע
תג
בגובה
להוכיח

Puzzle 64

ר י ו ד ש ת י ל ר ו ב ד מ מ א ת ה
י ה ב י ש ה ד ם ו ה פ ם ד ד ו ב ח
ף ח י ו ו מ פ כ ד ו ר ג ל ר ת ק ו
ד ו ת ו א ב ל ו מ ו ט ה א מ פ ד ן
ג מ ד מ צ ד ם ר ת ו ל ש י ג ה ל ו
ו י ן ו מ צ ו ו י א פ ב ם ד ה מ ס
ם ת ע ע ו נ ת ה ל ו מ נ ב ו נ ג ל
ד ו ר ב ש ו ו א נ ר ו ו ו ו ש ח ב
כ ס מ ע נ מ י ס פ ר י י ה ש ת ת ו
ע ד ח מ ו ת ד ת ב ה ו נ מ ד ו ח י
ק נ נ ל ר ם י ל ח נ ת מ ב ר ל ל פ
י ת מ נ י כ ו ל ש מ ר ב ו ע נ ק ד
ע נ ל כ ר ל א ש י ר ו ת כ ת פ מ י
ג י מ ו ו ל ר ל נ ע ג ב ז ו ו כ מ
ר י י ן א ח ו ל פ י א ח מ י ב מ כ

שירות
מקלחת
נכון
לגנוב
ולשמר
ספרייה
כדורגל
בפרט
מתנה
לוח
להתנועע
מצא
בתורו
אגורת
להגיש
פני
ראוי
מתנחלים
רכי
באותו

Puzzle 65

ו ע מ י ד ג ר ו ו ו א ל פ ג מ ם ו
ד ד ז ו ר ת כ ד ו ת מ ת נ ו י מ מ
י ת ל א ה י ה ש א י פ ה י ך א א מ
פ ו ג נ ז י ם י ד ל י י י ע ל מ מ
ת מ י ה ר א ו ל צ ח א ג פ ט ח ש מ
ב ז ר ם ו ק ב א מ ת ה ר ו ז א ת מ
מ ל ת ו ע נ ב ר מ י ו נ נ פ מ ה ב
ר ן א ד ו ת ו ב פ נ ד א ה נ מ ר מ
א ה צ ו ח ה ר ו ו ד י י ע ב ף ה ד
ד י צ מ פ ל צ ת ל י ב ל ב מ מ ר א
ו ר ת ה ס ה ו ע ת י כ ל ו מ ר א מ
ו ת מ ה פ מ ש א ה ל ה ל ר כ ו י ח
ב א כ ה כ י ◌ ו ת י מ ה מ ח א ר א
י מ ד ו ט ר ת א ב ה י ו י ב ע י ה
ב ר ח פ פ ו מ א ל א ל ו ש י י ח ד

כמות
זרועו
מאבק
אנרגיה
החוצה
באתר
מזלג
עפרונות
מפלצת
מרובע
ילדים
אז
הר
תה
מזל
השאיפה
נעל
ציד
הכאב
הכבידו

Puzzle 66

ה ש ו ד ◌ ה מ ת פ ך ו כ ע ט ל ו ש
פ ו ד כ כ י ע ר ד ו ס מ נ ר ט ה א
ו ק ר י ש י ן ו ד נ כ ר ק ג צ ש ה
א ל ס ו ב ו ל ג ל י א ש י י ז נ י
מ י ו ה ן ת ש ז ת ח ר ח ת א י י ל
ת ם ח פ ס ת ב ד ע ק ע ו מ ה י ו מ
א נ ו ו מ ו י כ ו ר ו ד ה ר ו מ ן
ע א ח ב ר ד א ב ד ב כ ן נ ע ו ת ל
ה י צ ק א ר ט נ י א ן ת ת מ ר ל מ
ט ר ו ו ן י י פ מ ק כ ב ת א ל ח ג
א ה צ ח פ ע ה ר י מ ש א ו כ ד י א
מ פ ו צ ג י ת מ ה נ י פ י ש י ב מ
ת מ נ ל ה ו ל כ י ם א ד ש פ ב א ו
ל ס נ נ ש מ י פ נ ק ע ל ג ר ב ל א
י ח ו א ף ך ל י י י ח ש ר ת ג ל ו

שמירה
ידוע
רקוב
נהמת
ורודה
הולכים
גלובוס
ענקית
שוקלים
אינטראקציה
לצחוק
יער
קמפיין
רגשיות
לזכור
חינוך
שכן
טרגי
מתאים
מסודר

Puzzle 67

פ נ ו י ל ל ד ל ב פ ו י י ר ד ו ם
ש ה ו ט ד ר ה נ ו ק ך מ ד ף ד ת א
ו א ה א ד צ ו נ ה ו ו ח ש ו פ י ח
ט ב ש י ת ו ע ש מ ס מ ר מ ק ן ב ר
ג כ מ ן ר ת ו י ו ע נ ע ו ש ף ר כ
א ר ת ו א ד ק ה ל ו ב ט ב נ כ ע מ
פ ה מ מ ו ה י י ב ש ק ר י צ ת מ ר
מ מ מ כ ו נ נ ת ח ר ה ח ו ל ו ש ו
ו ר י ב ב ו ע ר ן ר ר ו ם נ י מ א
ם ל ש ל ה ע י ג ה ז ל ת י ת נ ת ה
א נ ף כ ק ר צ ו א ד ג א מ ל י מ י
נ ה פ ן ו ש ה ת ו כ ח י ו ת ד ו נ
ח י ב ם ה ג ל ל י ר ה ם ק פ מ ה ת
ל ז ה ו י ד פ ב ל ו א ט ע ע א ל נ
מ ר ח ה צ ר ט ר ל א ד י א ר י ס ב

ריצת
מערבי
חווה
בעמוד
עסוק
פשוט
נמוך
ביום
אחר
הגיעה
שקוף
לרצות
מדיניות
מדף
לשלם
נשי
בשקר
חיפוש
עקומים
אזרחי

Puzzle 68

פ ס ו כ ש א ל ה מ מ ה ה ז ו א ל א
ק ב ו י ב נ ת ח ת ך ח ג כ ד ק י ק
מ ת א ג ק ע ע א כ י י י ו ר ב ח מ
ב ת א ו ז ן ש ע ו ע י ת ת א א ף ל
י כ ד פ ת נ י ט ו ת י י ח ג ת ר ח
ת ה ר צ י נ י ה נ מ ל א י ת ו פ פ
ש מ מ י ק ו ת מ י ג י ש ר ה ו ו ש
ה נ כ ו מ י י ע ם ו פ מ ב ן ת ו ג
ל פ פ ת נ מ ש ב ב א ס ה ש ב י ש ב
א ו מ ו ח ר ט ת מ ן ו מ נ י ק א ו
ן ו ר א ב פ ע צ ו נ מ י ו א א מ ו
ה ש ו י ו מ ת ת ו ו ו ר י ע ה ג ג
ע ה ב פ ד כ פ פ ד ו ח ד ו ר ב י ת
ו י י ת ו ה מ פ י ק ל ד ל כ ז ח מ
ן ד ר ח ו ו ר י כ ו ר ע ה י ו ו י

כותב
מתכוונים
קינמון
מוכנה
שאלה
בארון
מחבר
שעועית
לדלקי
לנקודה
לחפש
חתך
ירד
תעשיית
רציני
עשרונית
זכות
בריחת
חומוס
המשאית

Puzzle 69

ו	ת	י	נ	ת	ל	ש	ג	ר	ז	ר	ל	ג	ו	כ	י	נ
ח	מ	ו	ע	ל	ה	ע	ש	ת	י	כ	ש	מ	ם	נ	ש	ר
א	ת	י	נ	מ	ח	מ	מ	ל	ב	ו	א	כ	נ	י	ד	מ
ו	פ	ץ	ס	ר	א	ח	ג	ג	ן	ו	ת	י	י	ס	נ	כ
ש	ג	ר	י	ם	ד	ה	נ	ו	י	ה	ח	א	ם	ר	י	ת
ר	נ	א	ת	נ	מ	ו	י	ב	ר	ש	פ	ה	ן	י	ג	מ
ה	ל	ו	ר	נ	פ	ו	נ	י	ח	מ	נ	י	ו	ת	י	י
ת	פ	ל	פ	ס	ע	נ	י	ו	ת	א	ו	ח	ל	ו	י	ד
נ	ר	מ	ו	ח	ח	ל	ל	ב	מ	ת	נ	י	ן	ו	נ	ס
ה	ק	ר	מ	ו	י	ש	ל	י	ל	כ	ר	י	ש	ת	ה	ו
ל	י	ת	ל	י	י	ן	ע	ה	י	ו	◌	ל	מ	ר	פ	כ
ו	י	ת	י	ת	ף	ה	מ	י	ט	ב	ח	כ	ה	י	פ	ר
ת	ן	נ	י	נ	ר	ר	ד	ה	ק	פ	ו	ו	י	כ	ד	מ
	ו	י	ג	פ	ו	ע	ר	פ	א	ת	י	נ	ו	ה	מ	ע
ב	ד	ו	ל	א	ר	י	ה	ו	ו	ת	ם	ן	ג	ל	ת	י

תנין
כנסיית
חמניות
פוני
חומר
אריה
לוויה
זכאים
שגרים
שלנו
ארץ
לכונן
האי
מפרש
סוכר
התנהלות
ספל
פרק
כרישת
תמיד

Puzzle 70

שולחן
התרבות
להכפיל
חודש
הססגוני
ריקוד
במדרגות
כלכלי
בגוף
זריקה
קונה
אבד
עורבת
סגול
ברוקולי
עד
לשיר
בזהירות
טעות
זעקת

ה	ב	ז	כ	ת	ח	ס	ח	ב	נ	כ	נ	ו	ז	ך	ר	י
נ	ס	ל	ר	ל	א	ן	ו	ז	ל	ז	ע	ק	ת	א	ב	ד
ו	י	ס	ו	י	ב	ן	ד	ה	ב	ג	ו	ף	מ	ת	ת	ע
ק	ר	י	ג	ל	ק	ל	ש	י	ר	צ	ל	י	פ	כ	ה	ל
ו	ן	ח	ל	ו	ש	ה	י	ר	י	ר	ר	ב	ו	ג	ת	ד
פ	ב	ס	פ	ק	נ	ש	ה	ו	ס	ו	כ	ן	א	י	ר	א
ב	ל	ר	ד	ו	ק	י	ר	ת	ר	ס	ל	י	ג	פ	ב	ל
ג	ש	ע	ו	ר	ב	מ	ד	ר	ג	ו	ת	ת	א	א	ו	ל
ק	י	ל	ת	ב	ר	ו	ע	ס	מ	צ	ו	ו	כ	י	ת	ר
ח	ר	ר	ו	י	י	ג	א	מ	ח	ע	ד	ו	ו	א	ט	מ
ס	נ	ה	י	ו	מ	ת	י	ל	פ	ד	א	ב	י	ה	ע	ר
ג	מ	א	ג	נ	ו	ה	א	י	י	ה	ע	ם	ט	א	ו	ב
ו	ר	ב	ד	ת	י	מ	ק	◌	י	א	ק	א	פ	ח	ת	מ
ל	נ	י	י	ד	ה	ל	ת	ת	נ	ש	פ	ש	ד	ד	ר	ק
ל	ו	ו	א	ן	ן	ד	ת	נ	ת	ב	א	ו	ש	י	י	ו

Puzzle 71

ת ש ר מ י ג א ב ה א ל ו ע ת ו ◌ ד
י ע ך ן צ ש ג ע פ ל ש ם ת ם ע ש א
ו ב י ח ע א ו מ ו ר ו ו ב מ י מ ן
ל ר ר א א ג ו ד פ ו י ו ח ח ו ב ו
ו נ ע ד י נ ה ת ו ו ר מ נ ב ת א ב
נ ו ה י כ ת פ ע ל ד ח ו ו ו ש נ ל
ט ק ל נ ב ת ת א ר ו י ד מ ר מ ע נ
ו ר צ י פ ד ע י י א כ ד ל ל פ י ב
ג נ ה ד א ש ה ו ת ז ו י ש נ ה א א
א מ י ד ר ת ב י י ה ת י א ו מ י ת
א י ת ר נ י ב ה ל ת ו ב ל ת ר ש ד
ה ש ח ת ת י כ ב ח י ו ב י ו ו ס ח
א פ ל י ד מ מ ר ב כ ע נ ל ע י ז ל
ב ם ס י ת ש ב ט ל פ ו ן ח ר ל ה ר
נ ת ם נ ם ג ע נ ג מ ה ו ד ו י מ ב

מונית
כיתה
שעברנו
חיובי
הפתעה
בטלפון
עכבר
בעמדת
הפופולרית
דחליל
באמת
ישנה
לדכא
שמפה
בכיתת
כי
משם
נטו
להעריך
עדינה

Puzzle 72

מ נ ו ל ח ת ר ו כ א פ מ ו ב ן פ מ
א מ נ ל ב כ ל ר נ ה פ ר ש י ב ח א
ע ד מ ל ה ר ש ו ת ב ס ב ת י ר ה מ
פ ב ת ט ח ה ש ל ט ו ן ל ב כ ב ש י
י ר כ ל ל י ת ו ו ג ט ן ג ג א ם ן
פ י מ ח ש ל צ י י ת ע ת כ ם ר ס ה
ו ם ד ו ר ל פ ת ו ב ח ע ר ס ח מ ל
ן ר ח מ ק ה י ל ת מ ד א ח י ש ו ו
ו מ ש ר א י ל ב מ מ ל ת ק ו ף ע ו
ל ח ל י ר מ ה ר י ע ו ד ל ם ו מ י
ס ג ב נ ו מ ו ן כ ש ד ש צ ה י ח ו
נ מ פ א צ ד ח ע ה ה י י י ח מ ק מ
נ ו ו מ א י ד ר ו מ ו ה י ה ה ר ק
י י ם ש נ ר ה ו ב ו ב ת ו ה נ י ר
מ י ש פ נ פ ר ם ו א ח ר ב ו מ ה פ

תמיכה
להרשות
עומס
מחקרי
מאמין
כללית
מוחלט
עפיפון
לתקוף
המשולש
לציית
השלטון
בתגובה
חלש
שרפה
אנושי
לקח
מדברים
קהילת
אומללות

Puzzle 73

ש נ ו ע ו ד ל נ ו י ו מ ת ד מ צ ן

ב י ח ס י ף פ ל נ ב י ן מ נ פ נ י

ל נ ש י ח ס ל ק ל ק מ פ ן מ צ מ ז

ה י מ י ב ל ו י מ ו ת מ ו מ ל ש מ

ר ש ל ב ב ו ש ם ק ח ק א ל ת ו ע ב

א מ י ס נ ו ש ש ר ו י ש ל ר י ו ק

ו ה ק ו נ י ת ר י צ ס ה נ ל פ ו ע

ת ר מ י ח ם א פ ט נ פ ל ה ס ם ר ק

ק פ נ מ ה י ר פ י נ מ ח א ו פ ה ל

ו ה ה מ נ ל מ ע ו צ ד ט י ד ד ו ע

כ ל ב ה ה ק ק ם ו א ג ל ה ג כ ר נ

ר ב ל מ ג א ר ר ל צ ר כ ד א ר ו י

מ ר י ו ה ל י נ נ ש י ו ו י ר ה ג

פ מ י א כ ן · י א ו ה ת ע ד ח ד ו

ל ל ו ד פ ש ע ש ו כ ה מ ש א ר מ ב

הנהג
פסיקת
תינוק
לאקלים
עונש
להראות
מהיר
שיני
ביחס
גדר
חשמלי
מפתח
לפלוש
כלב
קר
מהר
פעם
שאר
קריטי
להמחיש

Puzzle 74

א ש ת ו מ ר ה ק ג ו ר ע ע ז ג ר ו

ה ו נ י ס נ פ ד ד ק ש י ו ע כ ש ח

מ · ו ל ד נ ש ד מ מ צ ש ב י נ נ ב

ד ס ע ה ת ס א ט מ ו ו י ע ר ח ש מ

ש מ ת ר י א ע ע ב ר ח ל ק ה ו ק ל

פ פ ד ס ח מ ד י י א מ ז ב ג א ה ב

ב ס ו ו י ו ו מ פ ו א ד ו ע ע ב ר

מ ג ב ו ע ף י ב א פ י י ת ס ל י א

ל נ נ ר ר י פ ה צ ה ר י י ם ו ח ר

ח ו י נ ו ת ח י ר פ ב ק ר מ ש ם ד

מ ן ס ת ת מ ו י ו פ ה י ל ע ל ב י

ק ו י מ י ק ל ח ד ו ן ו ס פ ח ב מ

פ כ ו כ ף ל א ש כ י ר א ש נ כ כ ל

ו ד ן ס י ה נ ד מ א מ ט מ נ נ י מ

י ע ר ד ס ב ו ר ב ד ר ו ל פ ר י ש

סגנון
תנועת
זעירה
בפריחת
חיבה
שחייה
בניסיון
אשת
גאה
אפיית
חלק
בסדר
לפשט
הצהריים
סלרי
בעקבות
עדכון
שיר
עיצוב
להעסיק

Puzzle 75

ו ל ו ד ד ק ל ת ר ג ל ח י ב ל י ק
ז י ף י כ ה י ל ר נ ה ה ו ו ו י ו
ה י ו ו ב ע י ג מ י ד פ ב ל פ ל ה
ו ר כ ק ש מ י ח ם ב ג י נ ו ח נ ד
ת ט י ם נ מ ו י ע ש י ן ד ה ב ס א
ד ע נ פ י ל ע ב כ ג ש ע צ ו מ ש ר
ו ט י ג ם ק י ט ס ל פ נ ם ר ע כ ב
י ל ך ב ש ל מ ס כ א ן ק פ ר י ג מ
ח ב ר ג ו ב ה ר ה ו ת ו מ ח י מ ח
י ח ב י מ ס ב ל מ נ ת ס מ פ א ש כ
ת ד מ ו מ ח צ [illegible] ו ן ם ת ז ר ת ש י
י ר ק נ ר ל ל כ מ ת ע ד ו ה ב כ א
ג ז ה ע ת ל י מ י א ה נ י נ ח כ מ
ר י נ ל ב ו ו ן ה ל ם ר ו נ ז י מ
ש י א ו ר ו ו ע ש א א ה ו ח ד ת ר

כיור
הודעת
קיפוד
מגיע
בוגר
בחדר
שנים
בעל
המומיה
ברך
חלל
להבקיע
לייךט
כיף
זהות
הבצל
להדגיש
רגל
פלסטיק
חנינה

Puzzle 76

ר ה ו ת ג י י א ב ח ה ט ה ח ו ם ב
י ו י ס א ו נ ד ש ל ו ג ב נ י ש נ
ם י י נ י ש ו י ו ו ר נ ש ת ק ן ק
ל ב ע ל ש · ו פ ר ס נ פ י ר ס ה י
ו פ י א נ ג ב ו ה י ך ר ס ו י ש פ
א ה ב ן צ ת ה מ א ל מ ו ד צ ד ו פ
ר נ ר ש ו ן ש ת ח ל צ ב ו ב ש ש ל
מ נ ה ג מ מ פ נ נ ו ק ו ו א נ ס נ
ם ר מ ב ו ע מ ת ל ו ה ר ד ש ד ו ן
ף י ב כ מ ר פ י י ע ת מ ו מ י ע ר
א ה ה י ב ב ש פ א א י נ ב מ ו פ ל
ד פ ם מ ה ק ו ר ל ש י ו י פ ו ה ר
י ס ר א ם י ל ק מ נ ה ט א מ ף ח ל
ל ח ר ע ע ד ו ו ש נ ד ד י נ פ ע ה
ר ח ח ה א מ ת ב ר ח ל ר ח ת ח ת מ

אולם
יצווה
דבורת
בשורה
הייתה
שיניים
בצלחת
מנהג
פעמים
נשיא
הרביעי
משאב
מתחת
שן
מלא
הבמה
נקי
גבוה
סנפיר
בצורת

Puzzle 77

ר י ד נ ש ע ה ל ל נ כ מ ה ל ם מ ש
ר י ל י ך מ ב ר ה נ ס ו ר ע י ח ה
פ ה א ו ר י ת ה ל ר ס ב צ ם י ד ד
נ ע י ט ג ה פ ב ק ת ם ע כ ג ק ד א
ר ת ד מ ע פ מ ד ד ו א ד ל י י ו ו
ג י ב ד מ י א ב ב י מ מ ל ט ה ל מ
מ ק א ט ה ו ר ר צ ב א ד א ר פ ל ח
נ ה ה ת ה ר ה ח ל ח נ ע ב י ל ש ל
נ ל ע ן מ ד ה ו ט פ ו י ר ד ל ע ע
ח ה ו ל ש מ ל ו פ ן ס ב ו ת כ ו ש
מ ט ל ה פ ו ל ק ל ו ר צ כ נ ב ו ל
ה פ ם א ל ו ה ר ד י ק מ י נ ו ל ו
ך ת א ר ו ם ש י פ ל י ד ש י א י ו
ל ם י ק ה ל ו י א ע ו נ א ו י מ ה
ל ה פ ח י ת י ג י ה ר ה ת ו א פ ג

העליון
להפחית
שלווה
יסודיות
מגיב
הפולקלור
העולם
מחדד
להקים
ביותר
מצביע
מסרק
ולא
להתיר
כמה
מטל
מפת
נחל
צרה
העתיקה

Puzzle 78

מ ל ל נ מ ב ח ן פ ה י ן ר ש נ צ ד
ר י ו א י צ נ ר ס א ה ר א פ ב א י
ן ף ם ת ד ל ש כ נ ע ב א ה ה ם ת ע
ד ק ר מ י ו ש ד ן ר נ ל א ה י מ ש
מ ר נ כ ו ת א ר ו ס פ ו ר פ ז ו ו
מ י ל ו נ ח ק ו א ו פ נ י י ם ג י
י ס ד ע א ו ע א ב מ ל ב ן ר ו ו ר
ס ת א ה ת ת י ס ר ב ע פ י ו ז ו א
ו ו א ת ת י נ פ מ ה ו נ י כ ו ל ד
ן ה ב ע מ נ ת ק פ מ ר י ס ב י ש ו
י ז י מ ד מ ו ת ם י מ מ ו ד א א צ
מ ל פ פ ו ן ע ח ת ב י ל פ ר ו ו ה
א [illegible] ה ן ר ה מ ו ב ו ד ז מ מ ג ה ר
ב ם י נ ו ח ר ק כ ת י ה נ מ ב נ י
נ ל ג א ל ו ך ו ו ס ם ל י נ ר ה ת

צהרי
לזהות
יכול
קרחונים
אופניים
מלפפון
לשכנע
מזין
דמות
חתול
בצל
דשא
בסיר
ואספקת
ליד
נשר
פרופסור
ניתוח
שלו
קריסת

Puzzle 79

ס ו ו ב ר ה פ ם ו י ת ו ת ת ג א ד

ו ע ה ל י ג ל נ ו מ כ א נ ר ד ו ו

ח ת ו י מ א י מ ר נ ר ת א פ ר י ב

ג ו ל מ כ ח נ א ו צ ח י ח א ת מ ל

ל ד ו ח ס ר ש ל ה ל ו ו ת פ ק נ ל

מ ל א ה ו ב י ע ח ת י נ ד ו ה ה ן

ל ר פ ג ק ב ק מ י ן פ י י פ ו ת י

ח א כ ד ב ו ה י ש ת מ ש ו ר י כ ג

ק ש נ ו ת ק ל א ל ס מ מ י י נ מ מ

פ מ א ל מ ר א א ש מ י ם ה א ר ו ו

א ק ח ג ו י ם נ ו ו ם פ ס פ ס ה ב

מ ל פ א ר ב ש כ ה נ י ד ב נ ג ח ב

כ ס ד י ת י ד א ו מ ח ע פ פ ז נ ל

נ ת ת ח ת ו י פ ל ר ו ת מ ר ו ל פ

ן נ נ ל ו ג נ ר ת נ ש פ ה ד מ ל ל

בתמורת
ללכוד
מנומסת
דאגות
תרנגול
שינוי
בבוקר
אשמים
שיחה
לגיל
ללמד
בחזרה
הגדול
נר
ראיות
מעל
הורים
נשק
נשיקה
להלוות

Puzzle 80

ת ה ש ת ח מ ז ג ו ל מ ב ד א ל ש י

מ מ מ ר כ ש ר ה ה ג ש ו ן ה ת ת א

ס נ ה ו ע א ל ב ב ו ו ל מ ף ס ו נ

ו ת נ ס י ע ה ד א צ ת י פ י צ פ ס

ם א מ ד ו א ע ת י ו ן ו ד י פ ו ק

י ו ע ע ד ר צ פ ת ב ר י א ו ת י ב

ב מ ע ר ה ב ו ג נ מ ר ח ב מ א ן ת

ש ב ג ם ד ר ד ר כ י ו ש מ ב ק ר י

ו ד ח ב ו מ ח ז ב ס ר ל צ נ ו כ ר

ח א ה ע ו ר ל א ע מ ו ה ר ש ל א א

ש ח ו פ ת ת ה מ ד ו ב ם פ י ג ה מ

ת ד ו ג ר י י ר י מ ת ת ו ת ד י ב

ב ה י ר ע פ כ י ו ל ו ת נ ף מ ו א

ת ק ו ן ס ת ש ל ם ו ב ף ק ה ה ה ד

ש ר ש ב ה ב ל א נ ר י א ח ו א מ ל

תפוח
קופידון
להיכשל
רצפת
ספציפית
חושבים
נוסף
מכונאי
מבחר
שלהם
בקר
בריאותי
דגל
הבא
ציפור
נסיעה
עדר
קול
צבאי
סערת

Puzzle 81

ב ש פ ח ב ת נ י ב ג ב ל ב ק מ מ נ
ת ש ד ג ט ב ד ג מ ל א ב י נ ד כ מ
י ש י ו ק א ע מ ג ג ח ד ש ה ר ה ר
ר ן ק פ ס ל ם ל ת ל ר ו ו ר מ י ו
מ י פ כ ט ס ו ו ב י א ק מ י מ י נ
ח ר ת ר ד ת ל ו ר ע י ו ן ד י נ ב
י ה ב נ י ד ש ד ה ש ן ל ד ס ע א נ
י מ נ ה ט ר א נ ת ד נ ו מ י ל ח כ
ר ו י ו מ ר ק ו ר ה א ב ב ה מ ק מ
ו מ י ק א ת ו ז ח ל ב ו ז ד ק פ ס
ת ד ד ן ו ד ר מ ג א ת ד ו י ב ל א
ו י מ ד ע ר י ח ו כ ח צ ח ח ף ק ק
ל נ נ ד ה נ ר כ נ י נ ן ם י פ פ ד
ו ח א ם ר ת נ י פ ס ה י ר מ ב ו א
ו ה ה מ ל ב ש צ ה ח צ ן א · כ מ ג

לימונדת
ספינת
גבינת
תפקיד
רעיון
אחראי
נחמד
נייד
לבדוק
שלום
בלב
לגלות
לחזות
חדש
לפקח
בתחנה
יחידה
קנה
בטקסט
סדירה

Puzzle 82

ו ו י י ע ט ר ע ר ו פ ר א א ק ב ו
ק ח מ ה י מ מ ק ח ל ר א מ כ י ו ש
ד י ו ק ן ת ש ה ר ס ב י ה י ב ר ד
מ ק ו ן ו ד פ ו · א ר ר ש ה ו י מ
ו ת ר ת ה ה ע ש ו נ ש נ י ת ◌ י ע
י כ ו י ה ר פ א ו י י ר ר ח ש ל ו
ת כ ש י מ צ ן ת נ ת ו נ ת י ר א מ
ו ם ד ר ו ד ו ח ג ו ע י ם ל ד פ ח
ל ד ו ג א ד פ ו כ ו נ מ מ ש ו ת פ
צ ר מ מ פ י ג ז ע נ ו ה ו צ פ מ ה
נ ת ד ד ו ם ל א ו ק י ס פ ה ל מ ב
ת כ ף י ל ם נ כ נ פ ל ל מ ל מ ל ל
ה ב י א ו ב ל ע ת ס ו י פ א ל ר י
ן ר ר ם ל ח ס א ח ל א ד י י ו פ ע
ע מ ו ק מ י ע ו ש ם ן מ ש ב ו ת ו

אולי
התנצלות
שליחת
מועמד
ולשחרר
עונת
דיוקן
צדדים
לכוננית
לבוא
אלה
גזע
ביישנית
לספק
הביא
עין
פרה
להפסיק
שאת
גודל

Puzzle 83

א	ט	מ	ה	ם	ר	ת	נ	ק	א	נ	ש	ן	ו	ל	י	ח
י	ו	ת	ו	כ	ן	מ	ג	ר	ב	ו	י	א	ו	ו	מ	ו
מ	א	א	י	ח	י	ה	ח	ר	מ	א	ו	מ	מ	ו	מ	ס
י	נ	ב	ח	י	נ	ה	ל	א	ת	ב	ה	ם	ר	י	א	ד
י	ת	ש	נ	ד	י	ב	ה	נ	ד	י	ו	ק	ד	ג	ס	פ
ו	מ	ו	ט	י	ף	ז	ס	ר	י	כ	ד	ל	ת	ו	ו	י
ו	ו	י	נ	ס	ו	ע	ב	ל	י	ע	י	מ	ו	ו	ש	ב
פ	ה	מ	ד	ו	ו	ג	ו	ת	כ	א	ק	ב	ל	י	ו	ו
ח	ח	ק	ו	ס	ז	ל	ן	ש	ק	ב	ר	ס	ו	ס	ר	י
ל	א	י	ט	ח	ת	ס	ר	ה	ב	ד	ל	ת	ן	י	צ	ק
צ	מ	י	ס	ק	ה	ל	נ	ל	פ	ו	ת	ד	ר	ש	מ	ב
ן	ו	י	ל	ב	ע	צ	ל	ב	ח	נ	י	י	ו	י	ה	מ
ך	פ	י	ן	ת	ח	ר	מ	ד	ן	ה	ן	ת	ת	ב	נ	נ
ב	ר	י	ש	ט	מ	פ	ר	ט	ו	ר	ה	ע	י	כ	מ	ס
ס	י	ע	ן	ה	מ	ל	ל	י	ר	כ	א	ב	ע	ע	ו	ו

יושב
במשרד
עזבה
לחמנייה
סטודנט
עכביש
בעתיד
הרס
חכם
טמפרטורה
יקר
רכיבת
לבד
קצין
לסלוח
נהר
הבדל
תוכן
להניח
הסבון

Puzzle 84

ת	ח	ר	ז	מ	ד	◌	ד	ר	ו	ו	ת	פ	ר	א	מ	ע
מ	ו	ק	י	ב	ס	מ	ש	ל	ח	ש	ב	י	ע	י	ן	ת
א	ד	ך	ל	י	ו	ו	ו	מ	ו	ר	ש	ה	ו	כ	ו	ש
ן	ר	ר	ה	ד	ו	ו	ז	ה	ת	כ	פ	י	ת	ל	ו	י
מ	א	ד	ן	ל	ע	ו	מ	ל	ה	נ	ע	צ	ה	א	ו	ל
ל	ג	ח	ו	מ	י	ת	פ	ת	מ	ר	ר	ק	ע	ן	ז	א
א	ב	א	ל	א	ל	ח	ז	י	ד	ו	ס	נ	נ	ר	א	י
י	ע	ו	ת	מ	ק	פ	י	ת	צ	י	ב	ו	ר	י	ת	ג
ת	ת	ב	ר	י	א	ל	ב	ה	ס	ר	י	פ	מ	ק	ב	ה
ל	ה	ן	ו	מ	י	ש	ח	ב	ע	ו	מ	ש	ל	ר	ר	ם
ה	י	ע	ל	נ	ה	ת	ן	ו	ש	א	ר	ה	ת	ו	ע	ה
י	א	א	מ	מ	ל	ו	פ	כ	ל	מ	כ	ל	ב	ט	פ	ו
ט	ר	פ	ה	ת	ו	נ	מ	א	ך	א	ת	ה	כ	י	ט	נ
נ	ו	ר	ו	ס	ג	פ	ל	ס	כ	מ	ו	ד	ר	נ	י	ו
ב	נ	ל	י	ס	ס	ל	י	ש	ו	מ	י	ש	ה	י	ת	ן

הפרט
שביעי
סגולה
לפנות
הרכבת
מזרח
לשמוע
שימושי
ערבת
שימון
חתלתול
טורקי
בסיס
בשפע
ציבורי
פונקציה
גברת
מודרני
הראשון
נוראי

Puzzle 85

נ	א	ר	ב	ל	ה	נ	ז	ן	כ	ד	י	י	ר	ר	נ	ב
י	ת	ד	מ	ע	ה	ו	ח	ל	ו	נ	ך	ק	מ	ם	ל	ף
ו	כ	ר	ו	ב	י	ת	מ	ח	ת	י	א	ס	ב	י	ד	ס
מ	ת	ז	ר	י	ד	כ	א	ו	ל	מ	ל	ה	ק	צ	ו	ת
ב	ת	ג	ו	ק	ת	י	ה	ף	מ	פ	מ	כ	נ	ת	ח	ד
ה	ס	ו	מ	מ	ו	ס	י	מ	ט	ח	ל	ד	ל	ע	ר	צ
מ	י	ל	ח	מ	ס	ת	נ	ו	א	ד	כ	ל	ל	ן	א	ח
ו	ע	ד	ב	מ	ת	ו	ע	ל	ע	ה	ב	נ	מ	ל	ו	ה
מ	ע	צ	י	כ	ו	ב	ד	פ	י	ל	ו	ו	ל	מ	י	ח
ת	ב	ה	ר	ש	ע	ע	י	ר	ו	ב	ש	ו	כ	ו	ו	ל
ב	ך	ס	ם	ו	ד	ל	ו	ש	כ	ו	ח	ף	מ	ש	מ	ם
נ	ר	ו	ו	מ	ל	ש	א	ל	כ	ו	מ	ת	ע	פ	ק	י
א	כ	י	ל	י	ל	ל	ס	ג	נ	ו	מ	ן	ט	ו	ר	ת
ב	ג	ה	ד	ש	ד	ל	ו	מ	י	מ	א	ו	ב	י	י	י
מ	ו	ג	ו	ף	ו	מ	ד	ד	ש	ח	פ	ו	א	ס	ר	ר

הסקי
אכיל
כמעט
חמאה
שבור
עניה
שימוש
מלאך
לחוף
עשרה
גזר
מעצר
מפחד
להקצות
ומסודר
לכל
קריר
סיכת
וכרובית
לכבוש

Puzzle 86

חמנייה
במירוץ
כובע
צורת
הראיון
כיוונים
השחור
מפורשים
להסכים
שרשרת
לקבוע
שמים
מעדיפים
אבן
צפופה
עץ
נוסחה
כרגיל
קיר
שער

ח	נ	מ	ל	ע	ו	ב	ק	ל	ב	מ	ש	ח	ו	ר	ב	כ
מ	מ	י	ץ	ץ	ל	ה	ו	ל	ב	·	צ	י	ד	ד	ב	י
נ	מ	פ	ו	ר	ש	י	ם	י	מ	ש	ל	פ	ת	פ	ן	ו
י	ד	ת	ר	ו	צ	ה	ג	א	ב	ן	א	ו	ו	פ	י	ו
י	י	ד	י	ע	י	ח	ש	ר	ש	ע	ר	י	ק	פ	ה	נ
ה	ז	ל	מ	ב	ב	ס	ש	ח	כ	ו	י	ח	ו	ו	ה	י
ו	ח	ע	ב	ו	כ	ו	ר	ס	ו	ל	ה	ס	כ	י	ם	ם
ה	ר	א	י	ו	ן	נ	ש	ת	מ	ר	נ	ו	פ	ו	י	ה
ת	ב	א	כ	נ	ג	ס	ר	פ	ב	ו	צ	ו	ד	צ	פ	ד
ע	ת	ת	ש	ת	ר	נ	ת	ל	ן	ו	ד	נ	ו	ד	י	ד
מ	ו	מ	ו	ג	ת	ר	ו	א	י	ב	ג	ב	י	ו	ד	צ
ו	נ	ת	ס	ו	י	ו	ו	ר	מ	ס	י	ג	ב	ו	ע	א
י	ב	י	ג	ם	ל	ו	ח	י	נ	י	י	מ	י	כ	מ	ו
ש	ג	ד	ש	ש	ת	א	כ	ל	ו	ת	ר	נ	ד	כ	ב	פ
ש	מ	ו	י	ב	ש	ע	ת	ן	י	נ	ר	ה	א	ל	ג	ם

Puzzle 87

ל צ מ ש ח ל ו ח ג י צ כ פ ע ק נ ב
ן ת ב פ ה ר י מ ר מ א נ ב ת נ י ע
ה מ נ י ל מ ת ד ד ו ב מ כ י ח נ י
ו ו ה ר ב ל מ מ ב י מ א ו ק ה ת ח
ק ו א י ו ח ב ת ת ק ◌ צ ש ש נ י א
ע צ י ת ה ר ו ה צ ל ו ט ר ה ת ר ל
א ם ר כ ן ש ע ו ן ו כ א ש ן י א א
ל ד ק ה ב מ ע ן ן ק ר ו ב א ט נ ו
ת ד פ ת ע י נ ח ו ד ד ר ו ל ד י ק
מ ק ע ש ד ל ל ה נ ל ע ו ס י ב י ב
ק ק ו ל ב ם ע ב י ע מ ◌ כ ת ר ן ע
ו ד ד ◌ָ ר ר ח ה ו כ ו ס נ פ ו צ ת
ע מ ס ו פ ד ן מ ז נ ו ת י ב ם מ י
מ נ ד ש ש ו מ י ח א מ ן ר ב ע ו ו
ב מ מ ר פ ה א נ י ה ו ן ך ב ו ד ס

לוטרה
מבנה
נפוצת
שפירית
בוהן
עתיק
אור
בנק
שעון
מעדר
לנהל
מבודדת
שש
קרוב
עצי
עצם
מקצועי
המתנת
בכושר
קריאה

Puzzle 88

ש ב ד ה ב ל ח ג ש י א א ן י ד ו ר
ו ן ל י ע ד ה י ק י י א ל ש ב פ נ
ה מ י ו ף ו ט ש ל ו ד ם נ ו ר ח פ
ת א פ ת ר ו ע ו ה נ ל י כ ר ח ד א
ת ה ה ו ה ק ש ת ב י ת ע ק ש כ ת ו
ר ע ו ל ל ה ר י ס ל א ת י פ כ מ ס
ו כ נ ה מ נ ה מ מ ל ה ק ב א ש ם י
ע א ו ב ר י ו ר ח ם י ה ז מ ת ש ו
ו ם י ד ח ו י מ ל מ ש ח ע מ ו י ל
ח מ ב ה מ ו ו ת ם מ ו ו נ ש ט ר ד
ו ל י פ ע ה ל מ י מ ת י ה ר ו ב ד
ח ו י ג י י ב ס מ י ח פ ן ח ר ה ף
ן א פ ו פ ג ח ק ת י י ת מ ב פ ל מ
מ ע ד ו א ת ט נ ם י נ ר י כ ם פ ס
ן ד ו נ ו ס ס ה ה י א י ו ך ל ו ה

מיוחדים
דליפה
משמעותית
דבורה
כפית
היותו
פרוטות
מניחים
יתוש
לשטוף
להוט
מאפשר
דבר
מסקנה
עט
זהים
מאה
הולך
קשת
להעפיל

Puzzle 89

י	פ	י	ע	ב	צ	ב	ת	ד	ר	ד	ו	ו	ר	ך	פ	ש
נ	ב	ע	ה	י	י	ו	ה	ו	ו	מ	ח	נ	א	ל	ד	ר
ב	ע	נ	מ	ן	נ	ק	ט	ד	ל	ו	ו	ר	ל	ו	מ	ס
נ	ש	ח	ל	ו	ן	ל	ו	ר	ב	ק	ר	ו	ב	ה	נ	ח
ע	ו	מ	נ	י	ש	פ	ל	כ	ד	פ	ר	ע	כ	ל	ר	פ
ר	ע	ה	ר	ז	ע	ת	מ	נ	ד	ם	צ	ר	פ	ת	ב	ל
ט	נ	ק	ו	מ	ו	ו	צ	ת	י	ר	ח	ו	ר	ח	ב	י
נ	ו	ב	מ	מ	מ	ת	ב	ל	ס	ב	ב	ה	מ	ה	ה	ח
ת	ו	ד	ו	ר	ח	מ	ע	ב	נ	י	ג	ו	ד	נ	ו	ר
כ	ה	ח	צ	נ	מ	י	נ	ע	ו	ב	ס	ת	ו	ק	ח	ל
ת	ס	י	י	ם	י	מ	א	י	ע	א	ל	כ	א	פ	ע	ח
י	ד	ג	ר	ת	ו	ב	מ	י	ת	י	ל	י	י	ל	ח	ט
ו	ו	ר	ו	ג	נ	ק	ת	ל	י	ג	ן	ל	ל	ת	ד	ו
ר	ר	מ	י	י	ו	ו	ש	י	ה	ו	ג	ה	ד	ל	כ	פ
ם	י	י	ק	ל	ן	ש	מ	י	ל	ב	מ	מ	ט	ש	נ	ס

לקיים
בקרוב
עזרה
דבקה
חמוס
בניגוד
לחקות
ערפד
בחצר
בכפר
למעט
טופס
מים
מצב
עשן
הליכת
בעיתון
שפך
בצבעי
קנגורו

Puzzle 90

ם	ת	ל	ז	מ	ה	ר	ט	ת	ט	ו	ע	ה	ג	ע	ר	ו
ו	י	ת	מ	ו	א	ה	י	ע	ש	ת	ד	ש	ש	ח	צ	ע
ס	פ	ה	ס	צ	ו	ר	ג	י	ל	ת	מ	י	ס	ע	ד	ל
[illegible]	ר	ו	ב	ו	ז	ט	ת	פ	ך	י	ר	ר	ו	ד	צ	י
ו	ק	י	ט	נ	ן	ד	ו	ל	ר	ק	ג	ד	י	מ	ו	נ
א	ש	ף	צ	י	מ	מ	ה	ו	ב	ש	ר	נ	ו	כ	ל	י
מ	ר	ו	ג	ח	ן	ר	ב	ר	ן	מ	ף	ש	ר	מ	נ	ל
ד	ב	נ	ב	ר	ם	מ	נ	י	ו	ה	ו	מ	ת	ם	כ	נ
ל	מ	ר	ם	פ	צ	ח	נ	א	ש	ר	ש	ש	ו	ו	ש	ג
ש	ה	ע	ד	ב	ל	נ	ק	נ	י	ק	י	ו	ת	ע	כ	ל
ו	י	נ	כ	ח	ד	ו	ם	ו	ר	פ	כ	ת	מ	י	ש	ר
ק	ר	ד	ש	מ	י	א	י	ו	ה	ו	י	ג	ו	ו	ז	ל
ו	ו	ב	ל	י	ת	ב	ך	ו	א	י	מ	ל	ו	צ	ר	ד
ל	ת	מ	י	ו	ו	ח	י	ה	י	ח	ם	צ	ל	ר	ב	נ
ד	ם	א	ג	מ	י	ט	ן	ת	ב	ע	ם	ר	ו	ל	ח	ת

רשימת
נקניקיות
חגור
לזווג
גשמי
האוזן
כישוף
פרחי
נכחד
לחשב
גרף
במצב
טועה
שקית
דרישה
שוקולד
גל
רגיל
שלך
במהירות

Puzzle 91

ק מ ל ה ג י י ה ש א כ פ ת ו ר צ ב
ט ה ע ו ר ב ק י ץ מ ת ס ח י י ת ה
נ ג ח ת ח ח צ ו ו א ר ו ה א מ נ נ
נ כ י ע ו ל ה ם ו ם י ב ה ד כ ר ו
ה י ז ה י מ ו מ פ ל ב ו ו מ ת ו ו
ם י ל ע ו י י נ י ח ל ט ב ב י ת ו
פ מ ה ס י ל ב ש י ש מ ו ו ד ח מ ו
מ ס ר י ו מ מ י ש ו ל א ת ע א י ה
ד ה ו ל ו ו ה י ר ף ו ה ם מ ד ת ג
מ ט ב ע ש ו פ ת ש י נ י נ · ת ו ח
ק פ ח ו ק י מ ל ר א ן ח ו י צ צ ל
ח ו ז ר ק מ ב ס ר כ ל י ר ו ל ה ב
מ ד ו ב ו ה נ ג ר ר י מ ט ס ש י ח
א ש ר ו צ י י א ח ח א ג ה י ו מ ת
י ו כ כ ר מ ב ת ל ה ת נ ג ד מ ר ל

להתנגד
חוזר
עורב
בצרות
העורב
מטבע
לחשוף
פתאומי
מכנה
להשיג
בירת
דוב
ייצור
הגייה
צוואר
בקיץ
מחק
היום
התייחס
האוטובוס

Puzzle 92

תנור
ציפיותיהם
לחלוטין
ביולוגית
ירידת
לקרות
משפטית
אישית
לבוש
עצמה
תצלום
בשיפוע
חלוקה
למשל
לייצג
כדורסל
להחליט
פיל
אודישן
שנת

ט ר ע ל צ א ד ב צ כ א ו י י מ ט ס
ס ת צ ל ו ם ש ע ק ד י מ ע י ב ש ע
ח ה ד ד ו י נ ו ו מ ה ט י ל ח ה ל
מ ל י א פ ה ת ע נ ת ל ו ל ס ל פ א
נ ש א ו כ ד ו ר ס ל ש מ ל ן ב י ב
ן צ ע צ ט ב ר ו ל כ ו א ע י ה ו א
י י מ י פ א ק נ פ ה ב ם ו ה מ צ ע
ט פ ו מ ן ק ל ת כ ו ל ל א י ל פ ו
ו י מ ב ה ה ק ו ל ח ו מ א י ש י ת
ל ו ש צ ד ו מ ג ה ג מ י ל י ן ל ·
ח ת פ ג צ י י ל י פ ב ע י ש י ל נ
ל י ט י ר י ד ת ע ב ה מ ד י א ר ס
ם ה י ו ו כ י נ ד ן י ח ל ב ת ן מ
י ם ת ד ו ש ש ש מ ו ל ח ו א א ל ס
ו ו מ ל ת מ נ ו י כ י מ ת ך ו י ר

Puzzle 93

ח	ל	ש	ס	ב	ת	א	ב	מ	ן	ל	ח	מ	פ	פ	ח	ת
א	ת	א	ו	ש	ל	מ	ס	ו	ג	ל	ו	ק	ד	ש	מ	ו
מ	ע	ר	ו	ט	ק	ח	י	ר	ה	א	ף	ס	ר	ו	ת	ת
ס	ל	ד	ן	ו	ר	ד	ס	מ	ב	ף	פ	י	ל	ו	ח	ס
ר	ו	ב	ו	ח	א	י	נ	ח	מ	ה	ו	מ	י	ה	ל	ש
ל	מ	ל	ה	א	ב	ע	ד	ג	ש	ע	מ	ל	ר	י	ת	ע
ל	ו	ה	ת	ם	ט	ו	פ	ק	ז	נ	ב	י	ק	א	א	מ
ר	ת	א	ב	ק	ח	א	ו	ת	פ	ר	ש	ת	ו	ל	ש	מ
י	ת	ש	מ	פ	ת	ע	ל	ו	ת	ה	ר	י	כ	ב	ו	ס
ל	י	מ	ו	ן	ל	י	ת	ו	נ	כ	ו	ס	מ	ר	ע	ל
ר	ב	מ	מ	ה	ה	ל	י	ע	מ	ס	ח	ת	ן	י	ו	מ
ה	ו	ל	ב	ל	א	ם	ו	ו	ו	ת	י	ר	ט	י	ן	י
ע	ר	כ	ב	ו	כ	כ	י	כ	י	ד	ג	י	י	ס	ג	א
פ	ו	י	א	ר	ו	י	ב	ה	ס	ג	ה	מ	פ	צ	נ	מ
ה	פ	י	ו	צ	י	ב	ג	כ	ל	ל	ש	י	ו	ד	ת	

לתעלומות
תולעת
תעודה
מקסימלית
שטוח
אבטחת
במסדרון
פדרלי
מעיל
בכירה
חוף
חלב
לימון
סבתא
לה
מסוכנות
קפה
ריח
רעל
מסוגל

Puzzle 94

העשור
תמונה
מסולסלת
ההיסטוריה
ההשראה
אגרסיבי
לבחור
לאכול
רפואה
חבר
חמש
שקטה
הרופא
הגנת
סירת
פגז
רופא
אקראית
מברשת
חמורה

י	ס	י	ד	י	ת	נ	ג	ה	א	ר	ש	ה	ה	ר	ט	ן
ח	ו	נ	ה	ר	י	ת	ת	ש	ר	ב	מ	ט	ה	פ	ע	פ
מ	ת	נ	ד	ו	ר	ם	א	א	ר	ו	ח	ק	ה	ו	ת	י
ו	כ	ה	ע	ת	ו	ב	נ	ס	י	מ	פ	ש	ו	א	ר	ד
ר	י	ע	ע	י	פ	פ	ה	י	ו	ז	י	א	ב	ה	א	כ
ה	ת	מ	ת	ש	א	י	ק	ר	א	ג	ר	ס	י	ב	י	י
מ	ג	ס	י	ת	ו	ת	י	ת	מ	פ	ו	מ	נ	ב	מ	ת
מ	ט	ה	ת	י	א	ר	ק	א	ף	י	ח	צ	ה	ו	י	ל
ב	נ	י	א	מ	צ	ב	ר	ת	ף	ו	ב	פ	ת	ב	י	ו
י	צ	א	ב	ו	ו	ת	ל	ת	ל	ס	ל	ו	ס	מ	ב	מ
א	ר	ר	ן	פ	ש	נ	ב	א	א	ש	ד	ר	ח	ד	ר	ד
ח	ב	ר	ל	י	א	ד	ה	א	כ	י	ר	ת	ש	ע	ע	ו
י	ך	ב	ו	ב	ו	פ	ח	מ	ו	י	ת	פ	ק	א	ת	מ
ה	ה	י	ס	ט	ו	ר	י	ה	ל	צ	ר	ק	ו	י	ל	נ
י	פ	י	ר	ק	ס	ו	ל	ר	ע	י	ו	ר	ה	י	פ	

Puzzle 95

י ר מ ח א ש ה א ה ש ת א ש ק י ב ו
ה י ל ה ט ע ו ת ב ש ו ק מ ח מ ו פ
פ ר ח ל ו ס ה ו י א י ד י ס ו ג ז
ם ב י י ף ו ה ד כ ו ל ח פ י ת י ל
י ל נ ג ת ו י ר ר נ כ ה ר ך י פ נ
ו א ח מ ד ו ד ד מ ד ל ה י ס ר נ ש
ו ד ו ד ו ל ק ן פ ו כ נ ש כ י נ ה
מ ח ף ו מ ב ו ד · ר מ נ ן ו נ פ ע
ן י נ ן נ א מ ו מ ם כ ה ט ו א נ ו
ה ן ו נ ד א צ י ל י ן ר ל ח י ה ל
י ת ש ג ד ן י פ ה ר ת י ח ב ס ב ה
ת ע ר ר ד א ס ה ג ש ו מ ה ת ק ף פ
מ ס ה ס ד א ו ב א ע נ י ב ד ו ו כ
ר ו ד י ג ג ח ן ת א ב ר י ו ר י ה
ו ה נ ב ה י ס ו ה צ ע מ ו ו מ ח ש

אוסף
הפכה
התקף
אקדח
נואש
להטעות
מוקד
דודו
כלכליות
בנו
דוד
עשרים
גידור
מרכיב
בהחלט
בשוק
אצילי
עניבה
הגשומה
צביה

Puzzle 96

הארקטי
אמון
טורקיה
שלוש
בוחן
עבודת
חקירת
נתיב
בננת
בספר
בעוד
נץ
נוף
סרט
זירת
זיהה
תוכי
ארנבת
המחק
המוזרה

א א ח ש פ ת ל פ ע מ ב נ מ מ ו צ ס
ה ן ל ל י ל ש מ ו ת ו ן ע ש נ ו ת
א ו ן ד ו ח ק י ר ת נ נ ב ו ל ו ה
ש ד ו ע ב נ י י ג ד מ ט ה ו כ י ד
א ו מ י י ן ז ש ב ו ח ן מ י י ו ל
י ה א ר ק ט י ל ר ב ג י ו מ ח ן ס
ה ה ת פ ו ר ם ת ו ע ס י ז ק ח מ ה
פ י ו ס צ ס ה י ק ר ו ט ר פ ת נ ב
מ ז צ ב ב ו ד נ פ ר ת ע ה נ נ ץ ע
פ ו ד ל ו ו ג ת ע ו נ י י · ו ו ל
נ ט ר ב ו ב ל י ט ר מ ע ל ו ש א ל
נ ע ף ו נ נ י ב ם ת ב נ ר א ז ו כ
ל ע א מ י ן ס י צ ר ג ו ו ר ת י ר
ח ו ד ו פ י צ ה ה נ נ י י נ ס ל א
ת ש ב ד ו ה ל פ ן פ ק א י ב ת ד ו

Puzzle 97

ו	ו	ר	ב	ע	ע	ה	ד	·	ד	ו	מ	ה	מ	י	ת	ת
ע	ו	ד	ק	ס	ל	ע	ב	ו	ד	ה	ת	ת	ת	ת	ק	י
ת	ש	ו	ה	ו	ה	ב	ו	ה	ב	ח	ר	ק	ת	ו	ו	נ
ד	ע	ד	ן	ן	צ	מ	ת	ת	ב	ח	ו	ו	ר	ש	ל	ו
א	נ	פ	ו	ש	י	ג	ר	ה	מ	א	ז	ה	מ	י	נ	ו
ס	ה	י	ח	מ	ג	ש	ש	ק	ר	ב	א	ן	ן	א	ו	ו
ש	ל	ם	י	ם	ל	פ	ו	כ	ם	ת	ל	מ	מ	ש	ע	ו
ן	נ	ה	ו	ן	ב	ל	א	י	י	ד	ן	ל	ל	א	ו	ד
מ	ר	מ	י	ו	א	ן	מ	ו	ש	מ	י	ו	מ	ו	ף	ל
ת	ה	מ	ח	ו	ת	ם	ן		ו	ס	נ	ד	ת	ת	ש	י
ד	מ	מ	ו	ן	ש	ת	ו	ו	ט	ו	ו	ג	ג	ם	ב	י
ע	מ	ש	פ	ו	ת	ך	ל	ת	ה	י	ק	נ	ע	ך	ת	ו
נ	ם	מ	ת	ו	ל	ד	ג	פ	ד	מ	ח	מ	ש	פ	א	ס
ה	ח	י	י	נ	מ	ה	ה	ל	ו	ת	ג	ב	פ	נ	פ	ו
ס	ש	ת	צ	ה	ג	י	ט	נ	ל	ל	ת	ל	ה	א	נ	מ

ללמוד
אותם
הרגישו
יתושי
מסוימת
קולנוע
חותם
תפוחי
אמורה
ענקי
שומן
דומה
מאושרת
להציג
עבודה
לאזור
כבד
לתת
עוד
קרח

Puzzle 98

נ	ה	ע	ס	י	ו	י	·	י	ם	א	ק	ש	ח	ה	ה	ת
ו	נ	ה	ו	מ	ס	מ	א	נ	ת	ר	ו	פ	ת	ע	ר	ק
י	פ	י	פ	ת	ש	ו	ו	נ	ה	ק	ט	א	ל	מ	י	ן
נ	מ	ל	ו	ך	ה	מ	פ	י	ת	נ	ה	ש	ה	נ	ב	מ
ו	ת	ס	י	ר	כ	נ	מ	ן	מ	י	ש	מ	ע	ו	י	ח
מ	מ	ם	ד	ו	ו	ת	ד	ה	י	ל	ת	א	ל	ה	ה	א
ר	ש	ן	ד	ק	י	ה	ד	ק	ש	ב	ו	ט	י	ל	נ	כ
ע	מ	ב	פ	ר	ט	י	מ	ו	ה	ק	פ	מ	ב	מ	ו	ז
ת	ש	ו	ר	ס	ה	צ	ל	ח	ת	ש	ב	ם	י	כ	ו	כ
כ	י	מ	כ	ה	צ	ע	ד	מ	ע	ה	ה	ב	ו	צ	י	י
	ח	כ	מ	ר	ה	י	ב	ת	ש	ע	ה	מ	ב	ח	ן	ו
ל	ל	ב	ו	ק	י	ל	א	מ	ץ	ר	ו	ל	ן	ש	ס	ד
ד	ה	ב	ז	ט	מ	ש	ל	ת	נ	ו	פ	פ	ו	ו	ה	פ
ב	ר	ג	מ	ו	י	כ	ט	ם	ר	א	ה	מ	ח	ר	ח	ב
נ	ה	מ	ן	ת	י	ח	ת	ו	ר	ר	ל	נ	פ	ר	ה	פ

רקטות
תשעה
הבוצי
הצלחת
כמובן
מבחן
פרטי
לאמץ
לאבד
להגן
תרופת
טוב
משבר
בקשה
להעליב
ערמוני
ההפך
צעד
רחב
שמש

Puzzle 99

ט ח י ת ע ו מ נ י פ ק ש מ י ר נ ח
כ מ ק צ ו ר כ ו ד י ל ס ה ד מ י ח
נ ו מ ו י מ ו ל ט ע מ מ ח מ א ל ח
ו ך א ם י מ ב ה ז ו י ו כ ו ש ת ד
ל פ ר ג א ל י מ ב מ ם א ם ה ץ פ ק
ו ב ש ה נ י ס מ ב ר ם ל ה י ח א ו
ג ד ש ו פ ץ ק כ ב ש ו ח ז כ ר מ ב
י ל ח ע ו ר ד ר ה ף ל ב י ל ק ט ן
ה ל ם ו מ ת נ ה ג ת מ ט ם ש ח ע ו
ן ו ן א י ד י ר ה ת ח ב ר ח מ ת ב
מ מ ו ה ש מ א ה ר ש ר י ה ו ר פ ה
ל צ ר ד ע ו מ ז ע מ מ ח ו ת ו ע ל
כ ָ י ו מ פ מ א ד פ ך ם ו ר א ל ם
נ ג ל ל ו י כ ט ב ו ת ו ר ד ט ל ם
י ת א ה א צ א מ ת מ א מ ר ל ל ז י

אזהרה
טכנולוגיה
ממליץ
במרכז
חושב
כפור
פנאי
מתנהגת
מחקר
לשחות
עצמך
מכרה
מעשי
אינדקס
הלם
משהו
משקפי
נוח
משתתף
קפץ

Puzzle 100

ם ו ת ת ב ו ק ה ל ל ב פ ע מ ה ר ו
ב ח ה ו י ה מ ר ב ה ה פ מ ש ס ב י
ק פ א ל א ש ב ר ט י ס ג ה ח כ י ה
כ ח ו ר ר ו ת פ ל ט ח ק ח ק ם ה א
ק ו ד מ ת מ ה י ת ו ל ס ר ן ל י ד
ת מ ש ק ר ן ו א ו ח י נ ה י ש ד ר
מ ק א ק י ת נ ת ו ר ה מ ד ג ו ו י
ה צ ל כ ע ל ה נ י ב ה ח ן ג מ ו ג
מ ו א מ ח ר ה ר י ך נ ו כ ז ו ה י
ה ף ח ב י ה ת ל א ח ל ד ו ה ו ה ד
ו ד ג י ל ו ש נ ח מ ו ד כ ן ת ת י
נ ו מ ן ב ב ו ר ב מ ו ת ט ת ם פ נ
ת ה ן ו ע ל י ז נ ס ש כ י ד נ ה א
מ פ ר ץ ם ה מ ח ש ו ר ד י ו י פ ו
י ק פ א א ב פ ס ש ג פ ר · ס נ ש ח

הסכם
מחודדת
עליז
קודמת
מבין
במלון
הובלה
לפתור
להיט
מפרץ
משחק
לעכל
משקה
כרטיס
קרובות
סוג
הבינה
מושלם
צוף
רבה

Puzzle 101

ב ת ח ב ר א ר מ ר ו כ פ י ע צ ו ר
נ ל ה י י י ע ע י ש ע ל נ ת ג ת ח
ד ף מ י ת ב ת ד ן ת ג ן ב ר מ ר ב
י ה ח ה י ה ת י ב י מ ט מ ו ר ע מ
ב ר א ו י ו ב ף ש א ר ל ן י מ מ ב
ו נ ר ב מ י ל ת ת מ ל מ מ ז י מ ט
ת ה ב ר ו ו ז ו ן צ ן ו ו ל נ ר י
ד ו ד י ח ו ט ח י ע ו ן ה י י ו ח
ו ו ל ן ו י ד ל ה ג ד י ר ג מ ב צ
ס ק ו ל ק ו ח י י ה ר ט ע ס ט ד י
ו ת ת י ו מ ל ו ך נ ו ק א ל י י ו
מ נ ל י מ ב ו ף ל ט י ה ר ס ו ח ל
ג ו ע א י נ י פ ב ה ל ל ת ח ב ו ל
ש מ ד ו פ ל ן ב ו כ ו ה ת ו ת נ ש
ן ת ו ח ק ט מ ש ה ע ח ר ו נ ג ר ת

גישת
תקווה
תמונת
חוסר
עצמאי
מבטיח
מעדיף
מזון
דיון
מילת
להגדיר
הברווזון
לחות
להקטין
היה
צב
מגע
נדיבות
ויטמיני
הלכה

Puzzle 102

למפות
למנות
אחרי
צפוי
כרוב
מוזר
מחשב
מטבח
עצמו
לזרוח
מצחיק
חמה
הנכונה
קשר
טיפול
זמנים
להשוות
במסלול
הקפאה
פעולת

ו ו ש מ א מ מ ל א ר ל מ ח א ש ע מ
ז ד ס א ד ה ת ל נ ק ה ן מ כ פ ט י
פ ד נ ר ק פ ל א ו ת ד נ ו ו ב נ ר
ר מ ק ו נ ע א ם ם ל ז ר ו ח ש ד ע
א ן ש ו מ צ ע י ה ו א נ צ ר ח ך ש
ש ת י ס ת ל ב נ ה ע ן י א פ מ ל ב
ו ר מ ב ת ו נ מ ל פ ה ו ח ט י ב ם
י ג י מ ו ז ר ר ר ש ק י ח ו א ש
י ח פ ס ו ו ת ו פ מ ל פ מ צ ח י ק
נ י ת ל ש ד י ר ח א ו ד ר פ ב ל ס
נ ו י ו ה ן א פ י ל ה נ כ ו נ ה ו
א ס ל ל ד א ו ף ר ד ת ר י ל א ח
ה מ ח ר ס נ נ ן י ו י כ ד נ י פ ל
ל ת י י ע ו א י מ מ מ ו ב ג ס ק ג
ד ו ב ס ו ק נ ט פ י ו ה ו מ ה מ ל

Puzzle 103

ג נ ו ת ה ר צ ר ג ו ל צ י ה נ ש ן
י ץ · ו ם ש כ ו צ ל ע ק ו ר ו ק מ
ן ו ח צ נ ו ח ו ה ח נ ב נ ר מ ם י
י צ ב ן מ ת ו מ י ס ת ו ◌ ר צ ו מ
י י ל י ף ה ל ה ו ד מ ת נ מ ו ה ה
ד נ ה ת כ מ ש ו י י פ צ ה ו נ ח נ
ע ב ו ח ר ש ה י ט ח ע ו ר י מ א ו
ק י ח ב נ א מ ת כ י ח א ו ש מ ש ה
ת ה ג ו נ ד ת ה מ צ מ צ ד א ב א מ
צ ס מ ן א ל ה ב י א ח ב י י מ י י
ו ל נ ד ו ע ד צ ל ו מ ע מ ו ם א ו
ז י י ע ת ו כ י א ן ב מ ש ס צ מ ע
מ ל א ף י נ ה ר ל פ ה מ צ י ק ר ח
ג ג ן ג ו מ ר ה פ ו ש ח נ כ ו ר ת
י ר ח ע ל ר ר פ ח מ מ ל מ ו ד א י

כחול
ניצוץ
רגולציה
השמש
רשות
אצבע
וחצי
מוצר
לעקור
נצחון
איכות
בימָמה
חרד
מקור
כיסוי
עף
נחש
להביא
שנה
עדיין

Puzzle 104

ט ב כ י מ מ ב ו ל פ ר ח ט ט פ ה ה
ח י ר ו ם ס ר מ נ ת ד ר ט ל מ נ ה
ו ש ו ח י ו נ ל ח א ד נ ת ו נ מ א
ו ת ד ס נ ב ב ק ב ו ק י כ י ר א י
י פ י ן פ ד ק י ו ם ו א ד ג ו פ ו
ת ת ש י ע ו ל ל א י ל ה ח י ל ו ו
נ פ י ר ר ה מ ר ה ח מ ו מ ל א ן ו
נ ת ט מ י ב ו ד ת ר ו ש ד א י ב ר
ה ע פ ן ו ו ק נ ז מ ד ר ה ר ר ז ע
ת ס ד ץ י פ ה ל י ן ה ה ח ו י ב ן
צ י ו כ פ א ר ת כ ש ק ן ר ת ב מ ה
ק מ ד ו פ ו ב ע ר נ ו ב ם ת י ם ו
ו ל ת ן י כ ה ר ו ר נ ג ו ו מ נ נ
נ מ י ד מ ס י י ן א ◌ ו ו מ א ו נ
ו מ א ר א ל מ ג ד ו ב כ ל ר צ י ש

מומחה
פטיש
בסיסית
פנים
שידור
מבול
יריב
שוחי
דודת
בקבוקי
פתאום
אמנות
בילה
גיל
להפיץ
יין
זיכרון
ברור
להחיל
חירום

Puzzle 105

ת ב ו ף ו נ צ ק ה ת נ ר נ י ח פ ו

ו מ ש מ ל י ס א ו י נ ו ל ת ו ב ן

פ מ נ ל ל ה ל י ר ו כ ה נ י ל ב נ

ם מ י ש ד א ל י י ח ע ת ז י צ ו ן

מ ך א ג מ ם ג ת י ד ר ע פ ו ת ד ר

מ מ ו ד נ נ ו ם ר נ צ ו ה י ד א פ

י ח מ צ כ ך ע י ש ר פ ר ף ק ת ו פ

ה א מ ד ח ר פ ח י י ד ר י י ן א ו

ם ד ר ר ל ג מ ל ו ד ל ם ל ה א י י

ד נ ר ח ד ר ק פ מ י ן י מ ו ש ו ו

ת י פ ו ס ו י ב ר ב ת ל נ ו נ ר י

י ו ד פ י ב ח ב א ו ו ו ע ר כ י א

ו י מ ד י מ ד ח ו ם פ ת ה ח מ י י

א ב צ ש ט ה ח ד ג ל פ כ ו ז י ל ו

ו ל כ ת ו ב ע ב ר ג כ ן ק י ר ו ה

אוגר
מדחום
איכר
המבורגר
שרפרף
דברי
לכתוב
נוכחים
האם
שצבא
כפפות
דקים
בעבר
דג
טייס
ברכת
הוריקן
סופית
התעורר
חולצת

Puzzle 106

ר כ ר י ש ב ן ו י י ו נ ק ל ע י ה

ן ק ח ש ת נ ו כ מ ע מ א ע ה ר ו ת

ב ו ד ה ב מ ח ה ע ת י ב א ת ג ן ד

צ ס י י פ י ל ו ן ד י ה מ ל ו ר א

ע ע מ ו ט ה ב נ י ב מ כ ק ע ר ת ס

ל י ל ה ת ר ק ו ב ט ק י ו ר פ י מ

ו [illegible] א ב י ו ל ת ק ש ר י ב ס פ י פ

ה מ ו צ ר ח ש ל ו ר ע ה ו ו [illegible] ע א

ם נ ר ו ב א ת ר ע ל כ א ר ו י ב א

ן ו א ע ד ו ג ד א ב ל ו פ י י ת ו

ו ר י ו מ ס ו ך ו ת ל י ל ו ס ז ב

כ פ נ ד ב ר ן פ מ ק ל ב ם א ת ו ו

י ר ז נ ו נ א ר ד ת י ת ר ו ס מ ו

ס ר ן ו ו ח מ ת ח ו ר ן ס י ו מ ר

ה ת ן ב ד ו ג פ נ א ם ח ל ו ב ו ו

להתבונן
המוצר
במדבר
חיטה
האויב
פרויקט
שחקן
לעצבן
אחורה
לתקשר
הסיכון
קערת
בעיית
סביר
מכונת
לקבל
מסורתית
לתוך
סיפור
אביו

Puzzle 107

ה ו ו ש ק כ ש פ ת ה ל א כ ה ו ר ה
א ל ו ח ל ע ו ש ו ז ם י י כ מ נ מ
ת ן פ ל ל ה ר י ן ו פ פ ו ן ו ו ו
ר ה י ָ ◌ ת ב ב ו ש מ ר נ כ ק ח א
ת ל ו ו ל ח ל ש ו ר פ ל ח ל ר ג ה
א מ ר מ ל ש ה ד ר ג ת י ת י צ נ י
י כ א מ ר פ ו י ב א י ו ו ל ו ל ת
ח ו ב ת ת ל ו י ו ם פ ל פ ח ו כ ם
י ר ה ו ז ת ל מ כ ב ס ג צ ט ו א ב
ז ת ה ו י י ס ל מ ו כ ר ל ת ח א ב
ר ר א י פ ס נ כ ש ל ה ש כ ר ה י ו
ר י ח ת ו נ ב ל י א ו י ו נ ת מ ר
פ ק י ם א ד ע ת ע צ ל ן ל א א ל פ
נ ן פ ב ד ר ו ב ס ך ק ו ח י ן ר פ
ו ו ת ק ד ו י ד ע ט ן כ ו י ה ם י

לבנות
גלוי
כמשי
לפרוש
אחרון
האומה
שועל
למכור
הכספי
שובב
מוכר
עצלן
דקת
הדרגתית
לצפות
הנוכחיים
כנס
הורה
להשכרה
שלב

Puzzle 108

נ ה ה פ י י ע א ק ת ח י מ צ ת ר ו
ר ק ה ט ק ש ו ר ח ו א נ ת ו א כ ן
פ ע י ל ח ל נ י ל ו כ מ ר ו ו ה ו
מ י ע ך ל ף ה כ ו מ י ו ת י פ ה נ
מ מ פ ו ק ה ט ז נ ה ל ל מ ו א ט פ
ש א ר ח ר פ ה מ ת ו ו ל ב י מ י ת
ן ו א ן פ ג ש י מ ו ב ח ט ם ש ת מ
ת ע ו צ ר ה ה י ת ש א צ נ ו ע א ע
ו ן מ ם ם ה ח ב א ח א ב ת ו מ ם ל
ג פ ך ו ו ש י ו ו ר א ק ז ר ע י ש
ה ם ו ס ח ל פ ת ו י ד ב מ מ נ ל נ
נ ו ק ו ש א ן ר מ ו א ר ת ש י ב י
ת י ס א ב ו ך י א ע נ ע נ ל ת ו ב
ה א ל ן נ ק י ל ן ר י מ ס ט פ ס ב
ל ש ל ג ו א ו א י א ש ה ו נ ט א ב

אחות
איום
צנוע
עוזב
צמיחת
לחסום
סובלים
שיער
נענע
איך
אכן
רצועת
קשור
קרנף
לשמר
פטל
מזכיר
התנהגות
תאו
אומללה

Puzzle 109

ל ע ף ה כ ח כ מ ן א ע ח ה ה ו מ ע

ק ו ם ד ר ו ר ס ע ב ר ו ן א צ ר פ

ו ב ו ד ב א ח ו י ב מ ב ת ט י ו מ

ח ב א ס י כ ב ק ע י ו ה י ה ז כ מ

ו ר ש ר ח א י ש ט ד ס י ד ע ב ו ר

ת כ ה כ ח ו ל ת · י ן ו ת ב מ ד פ

נ ת ס מ כ י מ פ ל ו ד ל ע ע נ ס

ה ל ר מ י ן ל ש ר א ג ב א ד ק ו ת

ר פ ז ה ר ס מ א ע מ ע ל ב ת ח י ר

ש ת ל א ן ג ל ר ו ה ת כ ו י מ ב ל

ל ת ק ש ר ו מ ב י נ י ת ו ו כ י נ

ו א ח ו ה ר מ מ פ ו ה ר י ז ב ם ו

י ת ה ה ו ו מ נ ל ק ל ז ב ש ל מ ל

ב ל ד י ן ת ס ש ו ש פ מ א נ ע ב ע

מ ל ת ב ד י ע ו ת ה ב ס ר כ א ו ט

לקוחות
מצטיין
לשעבר
בברכת
חובה
רשלן
מרפסת
הכחול
הנוקשה
באחו
לדין
מיטת
בכיס
מסוק
דקות
כזה
תן
מסע
בזירה
רבע

Puzzle 110

ן כ מ מ כ ו מ ו מ ו ת ו ד י ל ח ל

צ ו ר ו ת א ב ד ד י ו ת ת ו ס ד ב

ל ש ל א י ו ו י ף ע ◌ ה י ה ע צ ה

ב ס ב מ י ק ר ו ם ן נ ב ה נ ד ר ש

ל ל ב ש ר ו ד ס ת מ ו ם ו ס ד ו י

ב ד ף מ א ד ו ח ו ל י ג ם ק י ד ב

ל ח י נ פ ו א י ם פ ב ן ו ז י ב ר

י ו ז ו ר נ י י כ י ד ו ח ם י ע ב

ו ת ש מ ת מ ד ת נ ל ת ר א ג ג ו ה

ך ל מ ו ס ו ע ה ע ל ב ש ל ד ן ו ח

נ ע ו ו ל ו ל ל מ י ד ב נ ע ל מ ת

ת ק ב א ל ש ה ר ק ף י ל א ו י ה ו

ו א צ ו ב ע מ מ פ ר מ מ י י ש ר נ

א ת ל מ י ס י י ס פ ת ד י ח ד ה ת

ם ת ה ח י ל י ב ע ד ה ס י א ל י ד

גבינה
לבלבל
הצעה
כשרון
חתונת
דורש
שזיף
לבשל
אופני
קדרה
לדחות
ביזון
דור
חום
מתמדת
יד
רכישה
מלך
להתייחס
אבקת

Puzzle 111

ר ק ד ר צ מ מ פ ו ב פ פ ד ה ח ל ג
ס ל ל א ק א ש ה ל ו ע א ם י א פ ל
ה ס כ ס ו ך ת פ ק ב ו ע מ צ ה י ל
י ת ל ח ך ת ב י כ ק מ פ א כ ש ד ן
ד ב ר ב ל צ ד מ נ י א מ ו ו ח פ נ
א ת מ ר ב ז י ת ל מ י ו א מ ו נ ל
ס י ז ת ו ב ז כ ו א מ א א ן ה ז כ
ג ר מ צ ל ר נ ג ת ת נ ל י י י ל ה
ר ק ן ל מ פ ר ד ס ש י א ז א מ מ ף
י י ב ו ת א ו ר י ה י ח ה ה ו י ן
ת ע ח נ ב ת ו ם ש ר י מ ו ת י ח ג
מ מ ד ר ו מ ס ל ו ב ה ס ה ם ע ו ז
ם ר י י מ ו ק ו ו ד י ל ר ע ש ה ל
ר ד ר נ י ס ה מ ד ר פ ה ש ח ח ל ת
פ ד א צ ר ש ו ת ד נ א פ ר ס ק ב ה

איזה
תאוריה
מלוכלך
אפרסק
כתום
אנשים
מאוכזבות
מרכזית
הסינר
זמן
הסכסוך
לא
צל
מאוחרת
זועם
סדר
עיקרית
סמור
רעש
שחר

Puzzle 112

ח ת א ת ן ה י ב י ע ר י ר ו ח א מ
מ ב נ ע ל נ א מ מ א ה ם מ א י א ו
ו נ פ ל ח כ ם א ה מ ן י ע ו נ ד ו
ו ל פ ו ע ת ח ל ו מ ת א ס ב י מ ג
ן מ ב מ ס ר ל ו ת מ ט ף ק ד ע מ ב
ו ח ם ה י פ ר ל י ש ב כ ה ת י ו ו
ו נ ד ם ח ס צ ו א א ע ג נ מ י ב פ
ח ה ו ע כ מ י ר א ו ת ש ח ו י ל ל
ס ל ב צ ו ה ל י כ ג י י מ כ ש ר ק
כ ע ש ר נ ל ב ו מ מ ט ד ב ש כ ת א
מ ר ו צ ה י ד ב ח ד י מ ל ב ד ה ב
ג ר ק ת ש י ר ב א ו ל ם י י ש ב י
ן פ א ר ע ג מ ו פ ש ו ו ד י ו ו ר
ש י ת ל ע ו פ ט י מ פ ד ל ת ר ו ת
ם ב נ ר ש נ א ח ד ל ו ש י פ ם ו ד

יבשי
המספרת
יניח
אחרים
להתאים
עסקה
לבדר
במחנה
מלבד
מרוצה
מאחורי
פוליטית
פועלת
תעלומה
הנוכחי
לרכב
אתמול
תואר
באולם
כבשי

Puzzle 113

ע י מ ב ע ס ד א ח ת ל ת ו ל ע ח ב
ש ר ל ז ק ל ג ה ג ב ו ה ה פ ס ב א
ר א כ ו ג ש י ו ה א א ב ה מ ו ר י
פ מ י ב ב ע ס א ח ן פ ת ל ת ק ס ת
ס ו נ ו ו ן א ר ו י ע ל ו ב ו ב ה
נ ר א ר ל ו ו ו ל ט ב א י ד י ז ר
נ א ו ג ש ן מ ח ו פ ל י א ש ו ו מ
מ מ מ ס מ פ ו ח ו י ד י ס כ י ע ה
א ק ל ן י ת ה י ל ל נ ב ן ן ר א ן
כ נ ל ח י י מ ר ל א ר י ו כ י י ב
ז ס ה מ ו ר י ו ר ו ד ב ן ו ר א ב
נ ו נ ת פ ש ף ו ק מ ש ר ת ס ח ו ש
ו מ ש ל ת נ נ ב ו ע ו ע נ מ ק ש ב
ט ב ו פ ן ו ח ט י ב ה ל י ר ו ל ר
ו ם ג ו ת פ ה א ד ל פ א ן ח ס ה ב

בובה
יסוד
קנס
בד
אליפטי
הביטחון
הגבוהה
מסוכן
דיוק
שכן
עסוק
בארון
תנין
להכפיל
חתלתול
חבר
בננת
אחרון
אומללה
עוזב

Puzzle 114

כ מ ו ב ן א ן ש צ ח י ג ת י ל ג ד
נ כ ס ע י ת ס ר י ר ה ע א א נ ו ה
ה ח י ו ב י מ ס י א י נ ש נ ו כ מ
ו ל מ ב ט ב ע ו ד י ת ג ס א מ ד ל
נ י ת י מ ק ו פ ה ד ן ה מ י ו ד ג
ו א ו ד ר י ה ד מ פ י ב ת ר ל מ ה
ר א ל ק ו ט ו ו ר ב ל ל ר ס ח פ פ
ע ת ה ה פ ץ ו ר ל ו ג פ ח ה ד ל ד
כ א ר נ ב ב ו ת כ ל ו נ כ פ ס ש א
ש ג ר ו כ י ה ת מ א ס ל ע ט נ ר ה
ג ר ל מ ש ב ח ד י פ מ י י מ ר ד ד
ו ב ח ש ו ת ל ת ר ק ד ק ל מ מ פ נ
ו ד י א ו ל ז ל ב ב ם ש י י ל י ר
פ מ ש נ ג ח ר י י ח פ א מ ע ו ל ם
כ ו ר מ ס א ה נ ו ר ח א ד י ק פ ת

בפורמט
שמונה
החיובי
קופה
ארנב
הקרקע
ליישם
רפואית
בעובי
דפוס
לרוץ
מעולם
ידוע
אחר
פלסטיק
תפקיד
פיל
מסוגל
כמובן
לכתוב

Puzzle 115

ו י ב ת ו ו ו ם מ ח ו ת מ פ ל ח ק

ל ו פ נ ה ן ו י א ר ה ף א א ח י י

ב א מ ו ו מ ה ה ב ק ן ת ש ל ר ע ר

צ ת ב ר ן ו ם ז ו מ ל ר י ק צ י ש

ע נ נ ח ו ש מ ח פ מ ן ה מ ד ו ה נ

ג ו ָ מ פ ב ר ה א ר ק ט י ו ו ה ב

ר ו י י ם מ י א ת ל י ת ם ה ו נ ו

כ ד נ ש ק ד ק א ן ח מ ח ו כ מ י א

ד י י ה נ ב ם ס נ ט מ י כ ס י ו ו

כ ו ז ה ו ת ר ש ל ז פ ף ל ר ה ו צ

א ק מ ע ח נ ל י פ א ה י מ ל ו ו ל

ו ן ש י ר י ל ת כ ם ר ע ס נ ו מ י

ל ה ל ג ע ד ו ו ש ב ל ם י מ ת ב י

ש ש ר ר י מ כ מ מ נ א ן י ו ו י ד

פ ו מ ת ד ב ק ת ת ט ו פ ת ת ר ר מ

משכפל
לשרת
כרגע
אוהל
רחוקה
מאשימים
חמישה
רגיעה
לבצע
במדינת
הון
זהות
דיוקן
שליחת
קיר
הראיון
זהים
תנור
הארקטי
שומן

Puzzle 116

מבחינת
התראה
חורף
השפעת
השועל
פסנתר
שדה
בחורי
במכחול
עוף
חמניות
מונית
העתיקה
נחל
מבחר
שעון
לה
התקף
הקפאה
פנים

ב ה ח ל ה י ת ה נ ו ו ל י ד ו נ ד

ח ת ח י ש ח ת ח ם ה נ ש ו ה ק ו ה

ו ר ו מ ו נ י ת ק ק ה ד מ ר ל ש ל

ר א א ש ע ו ן פ נ י ם ה ו ן פ ד ו

י ה ש ב ל ו א י ה ת ק ף ר ע ו ף ח

ה ל ב פ ח ה ע ו ד ע מ מ ת ה ו ו ב

ר ו ם א נ ף מ י י ה ד ת נ י ח ב מ

א ר כ י ל כ ל נ ר ד ת ו י נ מ ח ב

מ נ ר ר ו ד ט פ ל א ס פ ת ש א ר ב

ב ד ה ע א מ ס ה ד ד מ ה ב מ ת ה ו

צ פ ל ת ת נ י ב ד ו מ ו ס צ נ ק צ

י ו ש ף ת מ ו ה ד ל מ ה ה ס ז ר ת

מ ב ח ר ו ר ע פ פ ח ו ב ב ר ר ט ל

ו ל ם ו ו ת ן ל ר ה ג צ ב ע ו ן ת

ר ת ס ח ל ו מ ר י ו ה ו י י ד נ ר

Puzzle 117

ת י נ ו ר ש ע ל מ ל ף מ ד ת ד ח מ

ב ק ט ג ו ר י ה ס צ ב ן ש י י ו ן

ו ד י ה · ר ו א מ י ה י נ ע ר נ ו

ד ע ח ס י ח ג ר ם י פ ו ם כ י ב ח

ו מ ן ל א א ש י ד ר ו ה ב ז ש ו ע

ל י ו י ת נ י ך ה ל ד ג נ ה פ ש ת

י ה י ת ו ם י ק ו ל ב ש כ ש ל ל ח

א ו כ ח כ נ ש א ו מ מ ר ו ב ד ו ב

י פ ש ם ו י ר א ש ה מ ת ץ י ק ב י

ל י פ מ י מ ל ת ל ב ו א ח ר ח ר ל

נ ע נ נ נ ק ת ד ל פ ן ל ש ר ו ב ג

נ ה א ת ו ף ל מ ר ו ת ב ם מ ה י ר

נ ב י ד ש ו ל ה ר ע ב ל ס ק י נ ו

א א ב מ ב נ ק ס ס ל ו ם ו מ ב י ד

נ ל ף ב ר ל ו ה ת כ א א ר ר פ י כ

מורכב
בקטגוריה
לרחרח
גשר
הופיעה
למרות
להאריך
ראש
בלוקים
לצייר
בפועל
כדורגל
עשרונית
עניה
בקיץ
נוף
משתתף
פנאי
רשלן
סמור

Puzzle 118

מ מ ן ח ל צ ד א ו א מ נ י מ י ר נ

ע ת ו פ צ ל ל מ ס ח ב י ע ו ר ב ו

ק י י ב ע פ נ ו ש ר ד ג ב ח ר ו א

ב א פ ס ו א י ע ן י ק ו צ ן נ ן ת

ר ח ס נ נ א ן ס מ ו ר ר כ י ה ו ל

ע ר ת צ ת ק ס פ ה ו ס י פ ג ש י ב

מ י מ מ י נ י ס ד ר מ ו ק פ ת ה ו

ד ו ש מ י י ד ה ה ת ה ה ח ה נ ן י

ד ת מ ו ר ב ל נ ה ח ג ה ו ל נ א ב

ע ד מ י ת א ת א ע ק פ י כ ה ד ך ב

ה ל א ג ו ב ו י ו פ ו ע ת ר ד א י

ת פ ן ב ס נ ם מ ל ל ל ו א ו ן ל י

ה ח ס ב ל ה ק י ם ו א ר ב י א נ ס

י ו מ ס ק ל כ ן ו א ב מ נ מ מ א ע

ו ש כ מ ק ו ב ל ב ם ס ט ר צ ר י א

פלדת
החג
צבע
מעקב
אננס
סנאי
נברן
מדד
להפגין
אחריות
הפסקת
ורודה
מסרק
להקים
העולם
לפקח
עורב
לעכל
אחרי
לצפות

Puzzle 119

ק ר ה ד ל מ ס ו א נ ב ש ש ו י ג א
ו ן ש ר פ מ ע נ ו נ ח ד ב ב ל ג ע
מ ו ה א ע מ פ א ח נ ס ל ר ד מ ו מ
ק ס ב ו כ ה ל ח צ נ ה נ י ה מ ל ת
ו מ פ ג צ מ ו פ נ מ י ג ח ל ן ג ו
ם ו ל ח ק ו ת ב ת כ מ ת ר ב ח ו ו
ל ת ו ם ת ד ו ק כ ב מ ף ד מ כ מ ע
ק ו ש ב י מ ס ת כ ן מ י ז ו ך מ ו
ל ת ב ר ג ר ו ב מ ה נ ו ו כ ע ם ר
ך י י ל ו ר ם ג פ צ ל ר ת ג צ ט ע
ש ו ק ו ל ד ו ש ס א ע ן ש ת ב ת ח
ה ה מ ת ו ר כ י ת ת ו ר י ה מ א ו
ח נ א י י מ ◌ מ ס ב ב ו א ו ע ו ד
ו ל ד ו ב ר ו ב י ד ק א ז ש י פ ה
ש ס צ ר ב ו ח ר מ י ל ת ו ת ט י מ

דיבור
מהירות
מכשפה
מכתב
חברת
מס
מדומה
אנפה
סבוכה
קומקום
מדף
מפרש
כי
לקבוע
לחקות
שוקולד
ביולוגית
בשוק
המבורגר
מיטת

Puzzle 120

מקבל
גס
לשפר
ספר
אצילה
חריזה
משימה
לצוף
שם
רחוב
גירית
אנרגיה
אזרחי
המשאית
כיף
תוכן
ייצור
עדיין
מצטיין
הסכסוך

י ו ה י י ה ה ח ו ר ת ר י מ ק ב ל
ה ג ס ס ה כ ו ר ר ח ו א ח י ס ש י
כ י כ ו ט ת ה ו ן ו ל צ ת א פ פ מ
י ז ס ת ג ו ו א פ ו א י ח ר י ז ה
ף ג ו ו י כ ר ו ו ו א ל פ פ ח ח ה
ע ו ך א ר ן ח ת ו ש י ה כ ס ר ד פ
י ה כ ד י י ו צ מ ר ן מ מ י ז ד ו
ב א ו כ ת י ב ה ע ד י י ן ע א ו ש
ב נ ד ו ג ט ס י ת ה ו ש כ ג ד ם ס
מ ר ו ו ר צ י ד ר ר ר מ ו י ל מ ח
נ ג ל מ ן מ ע מ ו מ ס פ ר ב ל ן ב
נ י ו פ ד ל ו י ל ת ל כ כ ע ו א ל
ד ה ת ו ת צ ר ו צ י י ב י ש נ ה נ
ו ל ב ה ס ו ש ר י ר ק ו ח ו ר ל ם
ק נ מ ו נ ף א כ ו ל ע י ו י ת ו ו

Puzzle 121

א י ב ר ע ב נ ן ב נ ת ן ו ח ת ל פ
ר ע ה כ י ק ת ס י ט ר כ מ ר ל י מ
ב ג ר ס ש ו ש ר א ג ת פ ש ה ג ס ל
ע ו ג ו ע ו ו ה ב י י ת ז ש ו ק י
צ ע ה נ ח מ ו מ י מ כ ד מ צ ה ר ר
מ ש פ י ר מ י כ כ ה ח ל ט מ י מ א
א ת י ב ח ר ב י ה נ י מ ז מ ו ן י
ב נ א כ ה ע א א נ י א ג ו פ ס ל ר
ו ה ש מ צ י ם נ י ק ת נ א א י ש ו
ב ע ה ו מ ם ב ש ג מ מ ש ס ש מ ת ד
ו ב ב ן ו ז י ב ו י ו נ ו י פ י י
ס ר ע מ מ ז ו ש ה א ל ר ו ל מ ע ג
ר ת ה נ ב נ ל ז מ י ו ח ד י ם ב ל
ה ב ע ל י ם ו ר ק נ ג ו ר ו ש ם ת
כ י נ מ ם י מ ל ע נ ח מ ו נ י כ מ

העברת
באמצע
לגידור
ברחבי
סוודר
מזמינה
רשמי
הבעלים
נעלמים
ארבע
לספוג
השאיפה
יער
מהר
מיוחדים
קנגורו
מושלם
כרטיס
ביזון
אתמול

Puzzle 122

דרמטי
למה
התיישבו
גחלילית
אורך
פיתוח
שלין
חשב
לאסור
בלחץ
טניס
לדחוף
סוס
שלהם
אישית
משפטית
שלוש
משקפי
פרויקט
כתום

א ו מ ת ס ל ה ג ת ר י י ל מ ה ש ו
מ ש ו ע ע מ ר ש ד י ה ח ך מ ת ל ס
ע ק ל ב ח ר ב ר ל א ס ו ר מ י ו ט
ד מ ן ל פ פ ר ו י ק ט ת ו א י ש ר
ה ל ד ח ו ף פ ש ט ב ה י א ו ש ם ר
ה ה ר ץ ט נ י ס מ ו נ פ כ ו ב ה ש
ל ג ב ה ה ת ע נ ר ו ת י ו ה ו ל ב
א ת י י ◌ ע ק ה ד ו ס ב ג ק י ש ב
ר ד ה ת ו ן ו כ מ ר ו ג ב ו פ ת ו
מ ו מ נ ד ו א ו ד ם ח פ ו ש ק ו י
ת ה י ק נ ק ו ן ג ל ה ר ן נ ש ד צ
ח ו א ע ח ח נ ח י ת י ט פ ש מ י ס
ט ח ס ו ס ש י ל צ ר א ר ך ד ל פ י
מ ת ר ו ב ב י נ ן ס ב ר ר מ ר ב ר
א ח ה א ח ת ה ת ר א מ ל ם ו ת כ ד

Puzzle 123

ב	ר	ו	ה	ע	ת	א	א	ו	ב	מ	צ	ח	ר	ד	ב	ל
ב	ל	כ	ל	ת	ו	א	ר	י	ל	ה	פ	ו	ה	ב	ה	א
א	מ	ו	ר	ה	ט	ל	ח	ה	נ	ו	מ	ת	ח	ק	מ	מ
ג	ו	י	ב	ת	נ	צ	י	ע	כ	ט	נ	ש	י	ק	א	י
ר	מ	ש	ד	ם	ו	י	ו	ס	י	נ	ר	נ	ד	ב	י	מ
ג	ח	ב	מ	מ	ח	פ	נ	ו	ע	צ	ה	א	ל	ר	ה	ם
ד	ם	כ	נ	ש	ו	י	ו	ו	ב	ו	ד	ד	ק	ו	ד	ח
ן	ב	ה	מ	א	ז	ו	ט	ו	ל	ב	ח	נ	ח	צ	ת	ב
ל	נ	י	ו	ד	ב	ת	ל	ב	פ	ר	ח	ש	ו	ת	י	צ
ה	ה	ת	מ	ו	פ	י	ש	ב	ם	ו	ח	י	ד	ע	ה	ה
ת	פ	ת	פ	ר	ח	ה	ה	פ	ו	ב	ת	ה	ת	א	י	ה
ת	י	י	ע	ו	ר	ם	ו	ל	ח	ש	ו	ף	ס	ו	א	נ
ה	ת	ה	ו	ל	ש	פ	ב	ר	י	ו	ו	מ	י	ר	ה	ל
ת	ר	י	ד	ד	ם	י	י	י	ר	ק	נ	ח	ה	ת	ע	י
ר	ה	ק	א	ו	ת	א	מ	ל	ר	ה	מ	ס	פ	ר	ת	ב

מאז
צוחקים
ניסוי
שלטונו
בכה
ובודד
החלטה
אות
כלכלת
מדבר
דבק
להתעלם
אינטראקציה
נשי
לחשוף
ציפיותיהם
תמונה
אוסף
אמורה
המספרת

Puzzle 124

ב	ל	ק	ח	מ	ה	מ	א	פ	ם	פ	ת	ו	ו	ח	ר	ו
א	ס	ע	י	ש	ש	י	ה	ד	ת	א	ו	ת	ד	·	מ	ח
ע	ה	ד	א	מ	ד	ק	מ	א	י	ל	י	ה	ז	ר	ו	ב
ב	מ	ס	ר	ע	מ	ו	ז	י	א	ו	ן	ב	ל	ו	ן	ע
ב	ו	ם	ח	ו	ו	כ	ש	ר	ל	ס	י	י	ח	פ	ע	ת
מ	ש	ק	א	ת	ע	א	ו	ת	ג	ק	ה	ן	א	ג	כ	י
פ	ע	ת	ע	י	י	ס	ל	ת	ר	נ	ר	ד	ם	מ	י	ד
ו	ה	ו	מ	ת	מ	ר	ב	ח	ר	ב	ט	י	י	ר	י	ו
ל	נ	ק	ו	ד	ה	מ	ל	ת	ח	ל	ו	ל	ש	ל	ן	ה
ן	מ	י	א	ל	ם	י	ד	ו	ש	מ	ל	ת	ת	ר	א	ו
י	ב	ו	י	ש	ו	כ	ת	ן	ל	ע	ה	ר	י	נ	ת	ו
ת	ג	ל	פ	ו	ל	ע	ס	ג	ו	ז	צ	מ	א	ס	ו	י
מ	ו	ו	ו	ה	י	ח	ר	ה	ר	מ	ו	ו	ת	ק	י	ג
מ	ח	ן	ד	ק	ע	ש	ק	ל	ת	פ	ו	א	ש	ג	ל	נ
ש	ט	ו	ה	ו	י	ת	ס	ח	א	ל	פ	ת	ו	ר	ו	ל

עז
לסייע
תרבות
לשלול
תחתון
בלון
מוזיאון
אומרת
לנקודה
בסדר
אחראי
ולשחרר
בעתיד
בנק
לוטרה
משמעותית
המחק
להגן
לפתור
הסכם

Puzzle 125

ל מ ו ו ר ש י ן ל א נ מ י ו י ע ו
ח ת א י ס ו ר ה ל ל ש ת מ ח נ מ ג
ו ח א ד נ י ה ל ו ב כ ע ד י נ ה ו
י ר י מ נ ק ד י ר ח ו כ ס ס ג ש ח
ש י ו א ן י ו ל ת ע ב ו ר ת ו ע ט
ל ב ד ה ד ש א י ו ה ע י ח ל מ מ כ
מ ל ה ו ר נ ן כ י ב ר ל י ה ל ל מ
ו מ כ כ מ י ע פ פ ם צ ו ב ב ף מ ל
ד ד ש ל י ש י י ם ב ש מ פ מ נ ז פ
ר ם צ ח ח ב נ ת ר ן ו ע נ י פ א י
ה כ ר ד ה ו א ו י מ ו ב פ י ב ן ר
ו ו ב ר פ ר א ס ח י י ת ה ל מ ו מ
ס מ י ל ו ר מ כ ד מ ו י ן ג ל מ ת
ת ס ם ב מ ל ה נ ל ש ך מ צ ג י כ פ
א ר ל י ל ע י ו י ר ז פ ה ת ל כ ל

להרוס
שלישיים
למעשה
ואן
יותר
ירח
לפת
רבים
חמת
פוני
טעות
עדינה
בצלחת
דשא
לכל
כובע
לנהל
כפית
משבר
להתייחס

Puzzle 126

ר ן ש ו ש ו ע נ ן י י מ ט ל ת ד ו
ה ה ו ב ב ל ם פ ו ץ ו פ ק ל ו ר א
צ ה ל ח ש י מ ו א ב ף ק ט מ פ נ ב
ו א מ ח מ מ ת ל א ש ך פ ל פ י מ א
ו נ י ו נ ש מ ע ל ם ז ל א ש צ ע ה
ר כ ל ח ב ה ו צ מ ר ה ו ו ו ר י ת
מ ב ל ל נ צ ל נ ו ק ה ה מ כ ב ם מ
כ ח ס ה ל ו ע פ ש י ד ה י ע ת ש א
נ ד מ ו ק ר ט י ט ד ו ד ש ל ו ש א
ה ת ט ל ק ר ב א כ ן ע ל ה נ כ פ ו
ה ב ל ו ג י ע כ נ ר ת ו ד ל ט ה ו
ו ק ג ו ש פ ב ש י ש י ה ת ק ר ז מ
מ ז ח ו ר ע נ ס ק ע ע ו ש י ו ן ד
ה ג ח פ א ם ע ד ה ו ה נ י ד ד י ס
ב י צ ו ע י ם ו נ ח ל ן י ו ב מ ר

לאומי
דמוקרטי
להקשיב
ברציפות
לשדוד
פעולה
לקפוץ
ביצועים
מטלת
קלטת
רוצה
חגב
טכניקה
קרם
מזרקת
כנרת
כותב
מכנה
תעודה
ללמוד

Puzzle 127

```
ק ד ת כ ן ו מ ח ן ל י ח מ ו ו נ ו
ן מ ו ש א נ ו ת ב ה ח א ר ח נ מ פ
ח ל ג ת ח ו ס ו פ מ ח י ו ל ר ר ר
ל ע ר ק ר ן א ה ח נ ט ב א מ ל ו ו
כ מ ד ע ו ל ת ח ו מ · ל ו א מ נ ו
ר ת מ ב א ו ה ב ל ד ו ד נ ה ה ח ג
ד ה ב י ו כ ת ט ה ר י ל ה ב ר מ ש
ר י כ ז ה ל ו ה ו ק מ ק ג מ ו ד ק
ל ו ת ה ל ר נ ל ג נ מ י ו ג ל כ ל
ה י ל י י נ ו ל ת ק ו ף ן נ ן מ א
ב ע ה ק ר א ר ק ט ן י ב מ י ג ח ה
י ג צ ת ו ש פ ו מ ס נ ה א ב ר ק ב
י ח י ה ו ד ע ת ו פ פ פ ר ה ת ר ג
ע ו ג ו ו ב פ ה ר ת · י ח מ ה ש י
ל מ ב ל ת ת ל ר כ י ת ל פ ג ם ל ה
```

גשם
החבטה
אוהב
קטן
ולהזכיר
חולה
כולל
להוסיף
מגניבה
עפרונות
לדלקי
במדרגות
לתקוף
הודעת
מעל
בקר
נחמד
להציג
רבה
מבין

Puzzle 128

```
ו י ל ה א נ ל ר ת ר ו ה ס ו ח י ב
כ פ ה כ א ת צ ת ה ת ב י ל ה ה ק מ
א ת ת ר ו ג ר ר ח ר ן ב מ כ ל ה מ
ש פ א ח ל ו ף ח ת ך ר ו י ר נ א ד
ר ד י י ק ע ו ד ר ע מ א נ י ס ו ס
י ו ם י י ו ל ז י י ן פ ש ד ל מ ה
י מ ב מ ח ר ה י ס ו ד ל ת ר א ח ד
נ י מ ו א ה י ו ע צ מ י י ם ל ש ל
ב ל ק ט ר מ מ ו ד פ ו ר י ו ל ל א
ו ל מ א ב ף נ ע ל ם א ו י נ ו י ח
ה א א צ מ ק ע ו צ א א ב ו ג ב ן ע
א ו א א נ ש י פ א ו ת י ז ו נ פ פ
ר ש ט ל ב ת א ד ו ב י ד ה ת ט י י
נ מ ו ל י ה ל י ה ן ס ע ו ח ו ו כ
ך ו ר כ י א מ נ ק ן ט ד מ ף ו ו י
```

היבוא
אומדן
לצרף
אטומי
קלה
עוגת
ביקורת
רך
עצמיים
ערב
חיוני
יכרוך
דיבורי
להימנע
הכרחי
מצא
לשלם
חתך
סירת
להתאים

Puzzle 129

ן י ה ר ב ק ב · ה ס ו ר ר ל פ ר ה
י ר צ נ ו י ת ו · ל ע ו ע ת א ש י
ד י ב ט ק ס ט ל י ט ל מ ו ג נ ו פ
ע ג צ ל ר ק י מ ָ ו ה ב ע ת ו ז ב
ה ת ר ב ו ת י ת נ ב ר ו י פ ם ע פ
ע ל נ ח ס מ ו ר ל י כ ט ו ב צ ק ב
י ת ש נ ו י ו ו נ ס מ ל ד ו ק י ר
ק ת ב ג ו ת ם ג ך י ם ג ו ם ן י ב
ש א ב ר ו ו ע א ש י ט ך ש ו א י כ
ד ל ת ו מ ו צ י י א ב ט ב ש מ ש ה
א ב ש ד י י ָ מ ר נ ו י ו ה ה ל ו
ת ה ו ה י ס ק ר ד ה י ד י ט מ ד א
צ כ ג ד ו פ ל ל ר נ י ר ה ל ת ו ר
י ת ח נ ד נ נ י ל ב מ ן ו ר ה ש ו
מ ן ה נ כ ו ן ל צ ע ו ת ו ר י ח ב

בחירות
כלום
ומבוטל
בוקר
הסורר
בקצב
התרבותית
עלה
העדין
רעוע
שחוק
השנתי
שקיעה
אגורת
נכון
ריקוד
פעם
בטקסט
השמש
עצלן

Puzzle 130

ח ח י י מ מ ט ל ר ח ן י מ י ס מ ן
ר ו מ ח ד ל ן ב ן ו ק ו ו ו ו ר ט
ד ו י ד מ פ ו צ י ש ו ס צ ח ב ת ה
ם ל א מ פ י י ו ל ב מ ק ל מ א ה ב
י א ר ל ס פ צ י פ י פ ט ש א ח ק ר
ה א נ ג מ ע ם ל נ ם ק ך ם י א ר נ
ס כ ל ע ז ן ה א ס ר ט ן ת פ נ י ג
צ ו נ ת ה מ י י א י י ש א ת נ מ ה
א ו א ת א ג ו ט א מ ת י ת ן י ב ע
ג ח ת ו ת ך ו ש מ ל ו ד ן ו ז א ת
ו י ל ל ב א א ו פ ר א ו פ ת ף ל א
נ י ש ס ר ש י ל ו א מ א א כ ה ר נ
ש ת י י ע ת ד ח ו ל צ ת ו ן מ ה ב
ת ר ט ד ע ו נ נ ו נ ע נ ל כ ך ר ק
מ ה ן י ל ד א ת ו ר ל ד ח א ע ה מ

נראים
אחד
עצמאות
ספציפי
למשוך
אמת
תות
סרטן
קומפקטית
סמן
משך
אשתו
מוחלט
בסיר
חושבים
ערבת
אודישן
חולצת
תאו
לא

Puzzle 131

מ	צ	נ	ס	י	ב	ה	ס	מ	ו	ָ	ת	ש	א	צ	ח	ה
ל	ש	י	ל	ו	ח	ו	ת	ר	ו	ס	י	ה	ת	ד	ב	ס
ש	ו	ק	ע	ר	ת	ן	ו	ו	פ	י	ו	מ	ה	ד	ע	צ
ל	ו	ו	י	ב	כ	י	ת	ת	ב	ר	ק	ו	ל	ק	מ	ה
ו	א	ף	מ	ה	נ	ב	פ	י	נ	ת	מ	ז	ן	ו	ר	י
ו	ן	ו	פ		ל	מ	ם	ה	מ	ו	כ	ר	ב	ר	ר	ח
ה	ב	ף	ח	ב	א	צ	א	ע	ו	כ	כ	ה	ת	ן	מ	ל
פ	נ	ג	ד	ע	ש	ה	ב	ת	נ	ר	ק	ע	ו	ח	ע	ח
ו	י	י	ו	ש	ב	ה	ן	ג	ה	מ	ו	ת	מ	י	ע	י
ב	ק	ח	ק	ו	ע	ת	ד	ת	ל	נ	ן	ו	א	ת	ו	ָ
ע	י	ג	ת	ו	ה	כ	י	א	ש	ת	פ	ה	י	ו	ר	ג
ס	י	י	מ	נ	י	ת	י	ק	ח	פ	ת	ר	ה	ה	נ	ת
ב	א	י	ו	מ	א	מ	ו	א	מ	ו	ס	ן	ג	ר	א	ל
ה	מ	נ	י	מ	נ	מ	ה	ד	מ	כ	מ	י	ג	פ	ר	ן
ג	ש	ד	ן	ט	ו	ע	י	מ	ד	ב	א	נ	ת	י	ו	ה

שייכים
סיבה
שווא
המקל
המוכר
בפינת
החריף
ספת
שבעה
לארגן
פי
מיעוט
הר
בכיתת
שלווה
מלפפון
יושב
המוזרה
צעד
קערת

Puzzle 132

מ	ם	נ	ט	מ	נ	ו	ר	ת	א	ל	ה	ו	א	ר	ח	ר
ס	ד	ד	מ	ר	ה	י	ו	ו	י	ב	ז	ג	ת	ו	י	א
ו	ע	ה	ו	י	ש	נ	ל	מ	ח	ו	ו	ו	מ	מ	ת	ח
ג	ר	ד	כ	ח	ח	י	ר	ם	י	ע	ב	ר	א	ל	מ	א
ל	ח	ע	י	ח	ו	צ	ע	ו	ו	ת	ו	נ	מ	ל	י	ש
י	ה	נ	ש	ל	ר	ר	ע	מ	ם	ד	ו	ב	כ	ה	ו	ל
ם	ש	ע	ו	מ	ה	ש	ר	א	ת	ש	ח	ו	ג	כ	פ	ת
מ	כ	כ	ו	ר	י	ה	ב	ח	ו	ר	ע	ח	א	ה	נ	י
ו	ס	כ	פ	מ	ט	ה	ה	ח	ק	ל	ו	ר	ד	ב	מ	י
י	ו	ש	ו	ו	י	כ	י	ב	ס	א	ה	י	י	נ	מ	ח
י	ר	ל	ס	ו	ם	ת	ל	ס	ר	מ	ת	ן	י	ת	י	ב
פ	ה	מ	ג	פ	נ	כ	ה	א	ת	ר	פ	י	ר	מ	ד	א
ר	מ	ת	ן	ט	ד	נ	צ	א	ה	מ	ס	ש	ת	ש	ל	ל
נ	ח	מ	מ	י	ר	ר	ב	ע	י	מ	ל	ר	ש	ט	י	ו
א	ע	י	ו	ו	ש	ק	ו	ר	צ	ע	מ	ל	פ	ח	מ	ל

התרסקות
ממהר
למעצר
ארבעים
מסוגלים
הכבוד
נדרש
מנורת
לשנה
מנות
רוחב
רהיטים
איות
משטח
חנות
רציני
סלרי
חמנייה
ריח
פטל

Puzzle 133

י ד ח י מ · ר ש ה ה ש ה ה ו ם ל ה
מ ו ן ו ו ג מ מ מ ע ר ב ס ב ר ע ב
נ ל ו ס ו ת נ ל פ נ ה מ ק מ ל מ י
א פ ק ק י ש ש ת פ כ ו ה ב צ ה א נ
ת י ס פ ט י נ ו ו ט י ה ר ב נ א ע
ב ן ג ל ר ו י ו ו א ד נ ש ע י מ נ
ת א ל א א ב ג פ ל מ י ת מ ו ב ר י
ו י ע ל ו ו י ת א ד ם פ ח י ג ל ו
מ ש ו נ ת פ ד ר מ ד כ ח · ל י ע ·
כ ם נ ש ז נ ש א מ ק ס י מ ל י ת ר
פ ת ה ו ס פ ם ה ו ח ה כ ג ת ב ש כ
ן ע ו ל ן מ י ל ע מ ה ק ה ב ו ג ב
ו ה ן מ ג א נ ח י ת ל ל ל ו מ ת ח
ד ר ת ב ח ו פ ש ה ע כ ש ר מ פ ם ה
ר · א ן ע ב ל ל ך ד ת מ כ נ ב י ה

מי
מה
לפני
דולפין
ראה
מגוון
בחופשה
ובמצב
ממערב
ההסכם
מול
בגובה
לשיר
הבמה
מחק
מקסימלית
עניבה
קולנוע
הלם
גבינה

Puzzle 134

ח מ ר א ן ת י י ו ו ל ה י כ ו ס ד
ו ו ו ג מ ר ו ן א ו י ר ו ו ה מ ז
כ ו ל ד ז ח · ר כ ל ת ב ב כ צ ה כ
מ ו ט י ב צ י ה ע ו ט ת ו ק ד ס ו
א מ ד ר א מ ו ו ן ו ע א ד ה מ ס ן
ה ו צ ל י א פ י י ת ע ו צ ר י י י
ס ש ה ז ו ג פ מ נ ר ר ן ן ב ש ם ק
ל ד ת ב י מ ו ג מ י ר ו מ כ פ מ פ
ק ו ש ב י פ מ ת ר ג ן נ ע ע ע ה ר
ו ס פ ל מ ג ד ת י מ ל ן כ ן מ א מ
מ ר ן כ ו ס ז ה מ ח י ה ח מ ו פ ת
ק ד ו מ מ ה ר ב ר ן ש ו ר ב פ ת י
ו ע ד ד ת ו י נ י ד מ ד ה ן ח ו ע
מ ו ת ש ב ק מ מ ק י ף י ו ת ם ד נ
ת נ ו מ פ ד ו ט י ד ר ע פ י פ י ט

זכו
מגירת
מרדף
מהססים
כן
תזה
מוטיבציה
גמל
סוכן
מאמן
לווייתן
כול
מדיניות
עכבר
אפיית
טועה
חמה
רצועת
דקות
זמן

Puzzle 135

מ	א	ל	מ	א	ס	ב	ם	ל	ת	י	ח	ו	א	ל	ק	ו
ע	ב	כ	פ	ב	י	ק	ל	ה	פ	פ	פ	ל	י	ו	ח	ן
ו	ס	ר	ד	ל	ו	מ	ר	ן	ת	ד	ד	ו	ב	מ	ו	א
ר	א	ה	ו	י	ו	ו	מ	ן	ר	א	ס	ש	מ	ו	י	פ
ד	ה	ז	כ	ו	ת	ש	ש	ד	ו	ד	ג	י	ם	ר	פ	ד
ח	ו	פ	ש	י	ג	ו	ל	ח	ן	ו	א	ח	ו	ת	ו	מ
א	א	מ	כ	י	י	ל	ו	פ	כ	י	ו	ר	ל	נ	ה	ו
נ	ש	ב	ו	ס	ה	ת	ש	ש	י	ט	ה	ת	ס	פ	כ	ד
◌	ח	ג	כ	ל	פ	ו	ל	נ	ש	ס	מ	ט	ב	א	ה	
ל	ב	י	ל	מ	כ	ו	פ	ע	ת	מ	פ	ע	·	ו	ע	פ
מ	ל	ח	ה	י	י	ס	ת	ז	פ	ש	ר	נ	י	א	ו	ל
כ	ל	נ	י	ת	ת	י	ט	מ	ש	א	ה	ה	ו	ל	ר	ל
א	א	ו	נ	נ	ד	ש	ת	ת	ו	כ	י	ל	י	נ	ל	צ
ו	ו	א	ל	ך	ו	ו	ה	ב	ל	א	ר	ת	מ	ק	נ	מ
ט	ח	ט	ת	ש	ת	מ	ל	ה	י	ר	נ	ל	ד	ש	ס	ע

להשתלשל
פתרון
לתפוס
חופשי
סקרן
עור
סבא
מולד
תרחיש
דגים
כלנית
ואחותו
שיטה
פחדן
מלח
ולשמר
זכות
לפלוש
מלא
מבודדת

Puzzle 136

ח	ב	י	ג	י	ל	י	י	צ	ג	ל	פ	ש	ט	ר	ס	ב
ת	מ	נ	ו	ל	ע	פ	ו	ן	ע	ל	י	ך	ר	ו	צ	ע
י	נ	ל	כ	י	ג	ה	ל	א	ב	י	ב	ע	ו	ש	ו	ב
ב	ת	ל	ק	צ	א	ל	ע	ש	ו	ל	ן	פ	פ	א	ל	ב
ת	ו	ר	ה	א	ר	ש	ה	ה	כ	ם	א	ג	ס	מ	י	ז
ע	ת	מ	ח	ה	ל	מ	ל	ו	פ	ו	ב	מ	ר	ז	ב	י
ת	י	ל	י	מ	ה	כ	א	ר	ו	י	ח	ס	ו	מ	ק	ר
ן	ו	נ	כ	ה	י	י	ח	ו	ע	ב	ב	כ	ב	ס	מ	ה
ח	כ	ד	ד	י	ב	ק	ל	ס	ל	כ	ק	ס	ע	י	ל	א
ק	ר	ע	ו	ה	ד	ל	ד	ו	ת	ו	ך	ר	ר	נ	א	ד
ו	ו	מ	ה	מ	ת	ע	ת	א	פ	י	ל	ו	ר	ר	·	ת
ק	ב	ב	ו	ו	מ	ן	ר	ו	ע	א	ו	ר	ג	ג	ם	פ
ן	י	צ	ק	צ	ו	ק	ה	ר	י	ל	ע	ו	ת	ש	ע	פ
ב	ת	ג	פ	ת	ש	ב	ל	ת	י	ק	י	ה	פ	מ	א	ק
ן	י	ג	ה	פ	ק	ח	ק	מ	ג	ח	א	ה	ט	ו	ש	ס

בסרט
ספורט
אפילו
חקלאי
לשכוח
צורך
כלא
חתיכת
גלגל
אביב
נרגש
ביום
לפשט
קצין
וכרובית
לייצג
ההשראה
אצילי
בזירה
פועלת

Puzzle 137

ו ר ג ר ש מ א ג א ו ג ר פ י ה ו ת
ש ד ע י י ש פ ח ב ע ת ב ע ת ז ב ר
ס ב ב ל נ ט ר ת ת פ ו ה נ ן ד ך ב
י ע ג נ ו ר ס י ע ר צ ה ך ת י כ פ
ע ג ה ד י ת ק י ח מ ל ת ו מ י ל א
ט ה ס י ב ו ן מ ל ו ת ו י ו ו ל ו
א מ ב ב ס י ו ר ת ח ן ב ח ק ב ב ר
ח ת ד ו פ ק ל י ר א ח ק מ א ו ח נ
ת א ג ת ם י נ מ ז א ע ת ל נ נ ה ת
א ו ן ד י נ פ ב ל ו ס נ ב י ק מ ל
ב ח ב ש ר ק א ר ו מ ח ל ת י א ם ד
ו ח י מ ח נ ב ד נ ל י ל י ד פ ם פ
מ ע נ ל א ט נ ע ב ת ר ו ט ל ן ר ב
ר ד ו כ מ פ ס מ ר ה נ ו ח כ י ע ד
ר כ ע ה ר מ ש ח ו ן ת מ ר ת ר ש ת

חמור
אלימות
משטרת
זה
עוני
רעב
גאוגרפיה
חיוך
מלכה
התנהלות
שינוי
מעדר
נקניקיות
נדיבות
זמנים
הסיכון
שיער
רעש
אפרסק
אחרים

Puzzle 138

ב מ ק ה פ ו נ ב נ ו ב י ר ת מ כ ח
ח ו ל מ א י א מ ו מ א ז ו נ ל ד פ
ו ש ת ו ז א מ י ב ר ו ב ע ו נ ב י
י ר ד ז ת ס ע ו ב ש ב א כ פ ו ר ה
ו ל ה ר ו ו י ח ש ם ע י ת ה ו מ י
ה ו ו י ב ג נ ת ד י ש ם ו ד י ר ב
ד ק ם ד ע מ ק ע מ מ ו ו ר ג י מ ל
ח ה צ נ ה י ו ת י ט ל ר ח א · מ ק
ו נ ל ש ן ר א ר ג ו י ד ב ף צ ר ו
ח ה ר פ נ ר ה ר ר פ ת ב ם ו ל ש ח
ו ר י ר ד כ ת ו ב ו ◌ ש ס ר ט פ ו
ם י מ א ו כ י ו ש פ ד נ ל ו ש י ת
א ע מ ג י י ב ת פ י ו ח ר י ו ל א
ב ז ל ן מ מ ב ו מ ה ו נ ה ו ה פ ת
ב ק ס ל ש ל פ ר ל ה מ ד ש ח מ ו א

בדרום
רצף
בכיתה
ולהרוויח
בשבוע
נדיר
מסוים
תנופה
תקין
ההיפופוטמים
שמירה
שלנו
זכאים
זעירה
שלום
פרה
בירת
רחב
מוזר
לקוחות

Puzzle 139

ח א ר כ ה מ ה ק ש ו ל ע ו ש ו ו ב

פ י ת ז ו ש א ט פ ו ה ו ו ק ת ר י

מ י ע צ ו ו ז נ ת י ו ן ר ע ו ו ב

ס ו ר ה י ע פ ו מ ח ל ק ו ג ע ע ס

א ן ו מ ת מ א ע ד ס י מ ז ר נ ו ו

ב ב כ ה ו ם פ א ו ג ק י ו י י ע י

ל ג ה ג מ ב ר ר א ו ד י ו ה ת ס מ

נ ו ע ר ו ח ש א ר ל ל ד ר ל מ ד ג

ח ש ר ן א ן י ח ו י ע ר ב צ ו ד ס

ל א פ ם ק ן מ ו ל ה ר ץ ר פ מ ת א

מ ו ה ל ד ח ת ת ת ו ת ר כ ו מ ג א

ד ר ח צ ח ה ו ש ל ו ח ב ז ה ר ו י

י כ ו ו מ ב ת נ א נ ן ר ו י פ ב ד

ח ב ל א ם ס ן נ ס ו מ ך ו ו ה ה א

ב נ ח ה י פ ד ע י כ ו ו ע ו ה ב ה

תערוכה
יחס
ברוגז
פרץ
הפרעה
קטנוע
משועמם
מוכרת
תגובה
סביב
דואר
ברווז
להירגע
רכב
ברך
רשימת
אקדח
תקווה
שועל
אחות

Puzzle 140

ו ם ג א ת ט מ ו פ ר ח ו ל מ י ו י

מ י פ ב ת ש ו ח נ ב ת ג מ ס ע ד ה

ש נ א כ ו ה ב ע ר ש נ ה ל ל ר כ ר

א ט ם ה ר ן ק ל ו ו מ נ ע ה ס ו ש

מ ר ב ת ו מ ר ה ב ו י ר ם פ מ ל ע

ע ס ף מ מ כ י ר ן ש ם י י ע י נ ו

צ ר ו ע י מ ס א ו ח ק ק ק ד ו ע י

ר א ל ג נ ם ת ש י א ח א ד א פ ר ד

א ל מ ן ג מ ס ח ם נ ה ו ב א י ח פ

צ י מ ם ח ב ח מ י ב ם ה ע ג מ ו ר

נ ר ה י ק ר ו פ י צ ה ו ח ק ב א מ

י מ ש י י ג ת ה כ א ס א י י ע ו ן

ת ע ו א ת ל מ ס כ ל ש מ ס ק ◌ ז ל

מ י ו ה מ כ ר נ ◌ ש כ ע ר ו ה ס פ

ב ו ה ה ך ט פ ו י ש ק ק נ ע ת ו ב

פרח
מסעדה
סרטנים
ענק
נתח
אגם
ריק
נחושת
שבר
קרקע
שווה
לגנוב
מאבק
שן
קריסת
ציפור
מעצר
עשרה
דקים
הכספי

Puzzle 141

ו	ק	ב	ש	ו	ת	מ	ב	צ	ח	ט	ל	ח	ה	ב	ן	פ
ר	ש	ו	ז	ו	ע	נ	ק	י	ק	ו	ס	ר	ק	ל	ב	א
ע	ד	מ	פ	ה	ב	ש	ו	צ	י	מ	פ	ק	ס	ט	מ	פ
ר	צ	פ	ת	ם	י	ר	ו	ה	ו	נ	ו	מ	פ	ו	ק	ר
ס	ע	ר	נ	ז	א	ר	ו	א	ת	ע	ר	ת	ה	ת	י	ל
ג	ד	ע	כ	ז	ב	מ	ו	פ	ס	א	י	א	ע	ת	ת	נ
א	ז	ה	ר	ה	צ	י	ת	ת	ו	ה	נ	ל	ד	פ	ו	ק
ל	ר	א	י	ע	ר	נ	ס	י	ע	ת	ו	ת	מ	ק	מ	ל
ו	ב	ה	נ	מ	ת	י	ד	נ	ו	ד	י	ל	ל	י	ו	ת
ת	ה	ו	ד	ו	ו	ם	ן	ש	ת	ר	ד	ח	ל	ן	ן	י
ב	י	נ	ל	א	ו	מ	י	י	י	ל	ב	ע	ע	א	ע	ף
ו	מ	י	ע	ל	ה	פ	מ	י	ט	ע	ם	ה	מ	ו	ת	ת
נ	א	ו	ו	ס	ב	א	ז	ב	ה	מ	ק	ל	ס	ב	ו	ל
ן	ה	ר	ד	פ	ר	כ	ב	א	י	פ	ר	ב	ב	מ	י	ת
י	ן	ט	מ	ה	ו	מ	כ	ל	ו	ל	ס	ר	י	צ	ך	ה

לספור
בדיוני
וסבא
הפסקה
מודה
לסבול
מינים
בינלאומי
לדפוק
טעם
בזהירות
הורים
ללמד
צבאי
רצפת
ביישנית
מקצועי
בהחלט
קרח
אזהרה

Puzzle 142

פ	י	ר	ם	ת	ה	ת	ק	ב	פ	ש	פ	צ	ב	ו	ח	ן
ם	ר	א	ל	ה	נ	ע	ל	ס	ו	ך	מ	י	צ	ח	צ	י
ר	ט	ו	ר	מ	א	ש	י	ב	ב	כ	ל	ל	ס	י	ב	ר
י	פ	א	פ	ס	כ	י	ב	ב	י	ה	ה	ד	ת	צ	י	ש
כ	ל	ר	ו	ס	ש	י	כ	כ	ן	מ	ת	מ	ו	ו	ב	א
ר	י	ה	ר	ט	ו	ת	ו	ד	ו	ב	נ	פ	ל	נ	ה	ו
ו	ס	א	א	ע	ו	ר	כ	ו	נ	ש	ג	מ	ס	י	מ	א
ל	ה	ת	ת	ד	צ	מ	ר	ר	מ	ח	ד	ו	ב	כ	ב	י
ג	ר	ל	ל	ד	מ	פ	ט	ע	א	ל	ג	ר	ו	ב	ה	י
ס	מ	נ	נ	ס	ז	ל	ו	י	ת	ו	י	ש	ק	י	ר	ח
ה	ת	מ	ב	ן	ו	ב	ר	ת	ת	מ	ז	ר	א	ת	ו	מ
י	י	ו	ה	כ	ו	ס	מ	מ	◌	ל	י	ו	ט	נ	י	נ
א	ר	ר	ו	ב	ק	ג	ו	נ	י	א	ת	ר	ו	פ	ת	י
י	א	ש	ו	ו	ש	מ	מ	נ	נ	כ	ו	כ	ו	כ	ג	א
נ	י	נ	ש	ד	ו	ן	פ	ק	ן	ר	ד	ב	נ	ו	כ	ר

שדון
אמרו
אוטומטית
בקתה
כדור
לכביש
בית
שמלת
לפטר
חיצוני
צבי
במהלך
כוכבי
כבוד
תעשיית
פרופסור
לחשב
להתנגד
בוחן
תרופת

Puzzle 143

א ו ע ו ק ד נ ל ש מ ט א מ ת מ צ צ
פ ן א ד י פ ד ר י נ ו א ו ל א א ו
ן ו ב ז ח ו ה ב י נ ו ו ו ה מ ו ו
ה ן פ י ר מ צ י א ס ח כ ו מ ד ב א
נ י ר ל י ג ע י ו ל ה י א ת י ן ר
כ ה ט ה ר ג א ד ו מ ן ר ק ב ו ה י
ו ף ש א ת ו מ ם ו ו ו מ נ מ ג ד ל
נ ה ד ו ב ע ה ל ג י ק ו ב ק ב כ ת
ה ר ב ז ד ה ר ד י ר ד ה ו מ ס ג א
ו כ א ו ת ה ו א ד ט ל ס י ל כ י ת
ש ו א א ס פ ד ן י ת מ י ת ה פ א ה
ס י מ מ ג ב ל נ ד ם נ ת ד ש ו ש נ
ו ו ב ת ח ו פ ו נ מ י ק ס י ק א נ
א ר ף צ ו ר ת י ר ב ן א א ג ל ע כ
ה י ע ר מ כ ח ח ב ח ו נ ו ף ו ק ש

מלוכה
סקי
טווח
אגס
דיג
העבודה
מודאג
טרי
לפתח
נפח
בפרט
שקוף
אבד
צורת
גל
צוואר
להשיג
הנכונה
בקבוקי
מסוק

Puzzle 144

הזדמנות
פעמון
חלום
בשמחה
אומה
לשחק
אח
חרב
להסיח
פני
מזל
חיבה
בחזרה
סערת
גודל
במהירות
עבודה
כרוב
ניצוץ
לעצבן

ר כ ר ו ב ע צ ו י ח ל ו ם ץ ל ט ו
ר ט ו ח פ ג ב ש מ ח ה מ ו ת ר ע ס
ר ב ז ל ו ה ד ו ב ע ס צ ז ה מ ד א
א ר כ ד ח ב ו ד פ נ י צ ד א ו פ נ
ה מ ל ע ת י נ ב י נ ח פ ת ח ס ו נ
מ ס ה ס מ ח ו צ ר ך ל מ ב ל ת א מ
ו ו י א י ו מ י ו ע מ מ פ ש ח מ ר
א ו ע מ י מ ה ד ע פ כ ר ע ח ר ח ח
ח נ ה ו מ ו ג מ ק ל ו ב מ ק ב ן א
י ו ר מ ל פ כ ר י ב ל מ ו י י ת ו
מ ב ר ו ר ל י ת ל כ ע ה ן ח מ י א
ל מ ש ג ן ת ר א ו ב צ י כ נ ל ד כ
ב ה ו ה ש ש ו פ א ו ב ר ל ז מ ר ן
א ה י ה ו ח מ י י א ן ו ג ן ת י ד
ד י ב ר ט ה ז ד מ נ ו ת ו ב י ג פ

Puzzle 145

ע ג ן ו ע ש ל א ס ב ו ָ ג כ ל ג ר
ל ו פ ה ו ד ח ל ס ה י ע ה ה ו ת ק
י פ ק ם י ל י ח ת מ מ ס י ה ח ה ש
ז ף מ מ ו ר מ ו ה ר א ם ל ו כ ק ב
י ל ר ב י ר ל ה פ כ ה ב י ז ר ם ק
ם ם ש מ ב ח ק ס ל י ר ח ל מ ה ו ס
ת י מ ס י ב ת ו י א צ מ ו ה ט ה ל
ו ד ח ת י ט ה ט ה ל ק ו א ג ג ו ל
ו ל א א ו ל ט מ פ א ר ת ו ט ק ר ה
ש י ל ל כ ו ד י ח ת ה א ן ח ז צ י
ו א ו ת ן ל ר נ ב נ ת ק ד ו ה ס ו
כ י י נ י נ ד ח ח ו מ י ג ר ד פ ע
פ ר ו פ ס ת ד י ג א מ ע צ נ ת ע ר
א ו ה נ ה ג מ ל ן ב ת ן נ ס א י פ
מ ע פ ו ◌ פ ע ו ר ג א ת ח י ו ת ד

עליזים
קצרה
אירוע
זוג
מטוס
מסיבת
מתחילים
ילדים
בשקר
משם
רגל
ללכוד
דליפה
ערפד
הפכה
רקטות
כחול
איכר
דקת
מרפסת

Puzzle 146

פסקה
לשבת
וידוי
לידת
קלט
האמין
משלחת
נולד
מנעול
נמוך
מערבי
להלוות
לגלות
ציבורי
בשפע
הלכה
קשר
בימָמה
יין
במחנה

מ ד ע ו ו ה י מ ו ל כ צ ו ת י ל נ
ה א ל ה כ ל ה ל י צ י ב מ ח נ ה ת
ב ו ג מ ל ר ל ד ל ב ש פ ע ש ו ל ל
ו כ ל י ש ת ת ו ו ת ב ו ן י י ו ב
ב ת ו ל ב ק ש ר ע ה כ כ י ה ע ו ה
ת נ ת ג ת ת י ל נ ן ף ו מ כ ס ת ב
י ו כ ו ו ב ו ה מ מ י ב א ס ת ח ד
ה ל י ד ר מ ד ה ק ס פ ס ה ת פ ל ת
א ד ד ע נ מ י ם ר צ ב ה ר י ה ש ס
ח ל מ ו מ מ ו ק ה ל · ו י י י מ ן
ק ז ה א ל צ פ ל מ ג מ ר ו י י צ נ
ו ה ד ת ו נ י ט ך ו מ נ ת ג י נ פ
ם מ פ ו ר מ ו ף י ו ף י ע מ ת ר ט
פ ק ר ת ו מ נ ב מ ב ק ט א ו ה ו י
ש ש ל א ב נ ד ה ז ה מ א ש ו ו ע ב

Puzzle 147

ל ו ו ל ל ה מ צ י א ג ה ו ר ם ו ח

ד י מ ל ת ה ד י י ר ד ו י מ ח ת ו

ק י ב מ ל פ א י כ ו ת י ל ש ט ו ף

נ ל ו מ ס ו ד ר מ ח ו פ ג נ ש א ד

ן ו ל ו י כ י ע ב ה ו ג נ מ ו ב ק

ח ת ג ה מ ה ב פ י צ צ י ר ש פ ב ן

ע ם ת ל ע י מ ל ל ק ג ש ל ך פ י פ

ם ל ר ש ג ו מ ו ס ע ב מ ח ב ר י ב

י ת ק ג ד ח מ ב י ו ק כ ה ז ר ב ו

מ י ר ב א נ י ם ב מ א ת ב א ח נ כ

ו ב ו מ י ק ת ר ע א ו ש א נ ת ד א

ק י ש ה מ ר מ ב י ו מ ם א ן ח ח מ

ע ל מ ו ה ל ת ל ו ג ר ג ב ף י ט ת

ג ג צ ר ח ת ת ס מ ו א ה ב ל ב ק ו

ב ן ר ב ך פ ם ן י י פ מ ק ע א מ י

קצה
ארוחה
נשא
עם
ההפוכה
יגעים
תלמיד
צוות
להמציא
באותו
קמפיין
עקומים
בעמוד
ומסודר
לשטוף
שלך
מטבע
איכות
כמשי
חום

Puzzle 148

ד מ ו ר צ ו ש ע ו ב כ ז ע ה י ו ת

מ ה ד מ ב ו כ י א א י ת ב ל פ נ ד

מ ס נ ר י ש צ ו ו מ ס ו כ ר ט נ נ

ו ל ה מ ב ת מ ז י ן צ מ י ק ש ש מ

ת ל כ ו מ ס ע י ח י ר ו ם ר ב ה ו

י ע ת י י כ ל ם ו ט ו ל ח ת נ ת ן

נ נ י ב ד י ר א ט ק ש ע ף ל מ ח ק

ד ב ה ו ת מ ו פ ש ה ע ת נ ו ג נ ת

נ ר א ן ן מ א ק ה ל ה ל ס ע ע פ ח

ד מ י ר ו ם ח ר ד ר ו ה ו פ ה ף ו

י ק ס ה ר י צ ת ב ד ם ה ב ת ו מ ן

ו י י ה פ ט ס ח ל ע ל ו ו ן ע ד מ

ע צ מ ו פ ו ש ב ב ח ר י ד ת ט ת ן

ש ה ש י ג נ צ ו ב פ ח ע ו מ ו י ח

ם ר ס ה י ר ו ע ר ח ד ת ר ש א א ו

נוטים
היו
בלבד
שבת
מדען
חיפוש
ריצת
סוכר
מזין
הסקי
שטוח
לתעלומות
העשור
הבוצי
להקטין
פעולת
עצמו
עף
חרד
חירום

Puzzle 149

כ ו ד ח ת ב ה ק ן ו ך מ ר פ ו ט ע
פ י ת ש ו ב ו ם י א ו ר א ד מ י ח
א י מ ב כ ט ב ו א ח פ ט מ ס ר ח י
ח ל ת ב ג ח ל מ ל ק ש ו ב ן ע ע י
א י ק ח ל ה ה מ ו ר ל ש ח א א מ י
ו ג ע ב צ י ע ם י ב ו ר ק ו ח ו ז
מ י ן ע ב ו כ י י צ פ ח נ מ צ ב ע
ל כ ל ס ר י ת ל ת ק כ ל ה מ פ ו י
ל ו ל ב י ש נ ח ם כ א ש ח ן ר ת ד
ו ל ו ם י ת ן נ ו כ ל י מ ך ר ב ל
ת ת ר נ ב ר ר ת ע ת ו ש ש ו א ת ה
ו א ר ד ס ו ל מ י ע י ר פ ה ל י י
י ת ת ל פ ג ל ב מ ח ת ב ן ו נ ו ו
מ א ו מ ק ל ה נ ו ק ת ו ר ה ל ו י
ב ת מ נ ו ם ע ע ע ת מ פ ל ה ס י ה

שוטר
להרות
לברך
רואים
עיר
שמחה
בבטחה
קרובים
קשוב
מעורבות
להפריע
צמחי
לשפוך
התאוששות
מתנחלים
לכונן
קונה
אומללות
חלש
הובלה

Puzzle 150

ו ר פ ת ח ו ש ת כ ו נ כ ה ב ל י ל
ד צ מ ו ל א ס ו ף י ל י ל ל ז ל ו
ו ל מ ל ו ו ו נ ק י י ב ה ה ה ר ל
י ל ע ק ל מ ב ו ר ר ה א נ נ ו פ ל
א ב א ב ח א ר ת ן כ מ מ פ א ת ת ח
י ת ו א ל י ו י ו י ל ה ר א ח ש ש
ח ו ג מ ח ן ה ע ן ס ר ר ד ר ש ע ב
ס צ ר ל מ ה י ה ו ז כ ר מ ב ל ד ו
ב ק ס ו ר א ב ג ל י צ ש ב ל ב מ ן
א ה י י נ מ ם ע ן ר ן א ו א מ י ד
ו ל נ ר נ ד ל פ י א י ש י ו ת ו ו
ד י מ ו כ ל ד כ ה מ ת ו ג ב פ ה ע
ו ה ח ד י ל צ ו מ ד מ ל ה ע י ס נ
ר ח ו י ת ל מ ה ה ד י ו ש ג ד ו מ
ל כ מ ן ו ש א ר ה פ ח פ ס ק ס א

כלי
בקלות
תחושת
אשר
הנפרד
העיתונות
תשע
מודגש
וילאות
חשבון
דלת
לאסוף
רכי
נקי
לזהות
נסיעה
הראשון
להקצות
נוח
במרכז

Puzzle 151

כ ק א ץ ו ח ב נ ב ב כ י מ ו ה ב פ
ל ו נ ם ל ש נ י ס מ ס ח ר ע ח ו ל
ו ב ל ג מ נ ד ו פ ר י ח ל ר ר ה ת
י ת ח ב י ב ח ד ר א ז פ פ א מ ר א
ו ו פ ה ץ ו א ו פ ה י י ם ש כ נ ו
ו מ ט ג ח ו ת מ פ ה ה א י י נ ס ן
י ל ר ר ן מ כ ר ס ש ה ך ז ה ר ם ן
מ ר ו ו ס פ ש י ל י י א א ל פ ר ו
ך ב ז ע נ ת מ ט י מ נ ס ה ח ח א מ
ר ב י ו ג ו י ב ת ל נ ס ק ו פ י י
י ג ל פ ק מ ם כ ו פ ה ש א ע נ ע נ
ה ה י י כ ד ו א מ ש ע ת ו ק ח ג ע
ו י ה ש ך נ ת ב פ מ א מ ב ס צ ס ר
ו ח ת ב ה ר ר ו ד י פ ו ו ו ב ב ב
ל מ י ן ש ד ד מ ל ת ע ל י ו ר ס ו

מתוח
הגיע
הגרוע
תרכיז
להישאר
כאב
פטרוזיליה
קאובוי
מיץ
במראה
להמשיך
איילי
תחביב
בחוץ
בחדר
שמים
בשיפוע
זיהה
בספר
נענע

Puzzle 152

ו צ ע מ ל ה ה מ ו ת ז י ח א ו ו ל
ד ר ד ח כ ב ד ל ק ר ו א פ ו נ ה י
י ו כ מ א צ ר ב ם ף י ל ן ר ק ו ע
ו ש ו ד ב ל ג ת ו ק ו ח ר ד ש י מ
פ ל ן א נ ו ת ח ק כ ל פ י פ ט ו ה
נ כ ל י י ה י ם מ מ ר ש א ד מ ת ב
ה ג ע ר י ל ת ב ח נ ע ל ח ל ע י ה
ו כ ד ן ן מ נ י ה ב ו ח ה ו ב ד י
מ ו ת ו ה ל ו ת ו מ ש ה ר ג ו ו ט
ל ן ח א ה ד ל ב ו פ מ ר כ ס ו ב ם
מ ח ל ב נ נ ל פ ע ו י ל ר ר ח ד ר
ס נ מ ת ה נ ל ת ק ל ד ב ה ר ר ב ד
מ ע ה ז ו ל י ת ת ק נ ב ו ה צ ן ח
ת י ה ר ו ר א ב ו ש ו ו ז ו ט י ל
ך ה ת ה י ת י ל ל מ ז י ו ב ן ש ן

אדמת
החובה
בניין
כלפי
אפונה
דובדבן
מקום
אחיזת
לקרוא
זוהר
רחוקות
שכח
צהוב
להקדיש
עדכון
הבצל
הבדל
מעיל
התעורר
הדרגתית

Puzzle 153

י ר פ מ ע ב ר א ש ב א ם ת ו ב מ ו

ן ח ר ר צ ר ש ב כ י ס ת פ מ ו ג מ

פ ת ת ב ב א ק ק ק י ו ם כ ר ה נ ו

ת ד ו ב י ע פ י פ ו ן ד ת י ל ל ב

ן ס ח ח ה י י ס ש ה א ת ס ל י ל ו

ר מ ג ס ו א ח ע נ ע י ש מ ר ו ת ל

ר מ ו ח ה ר א ה ם צ פ ש ו ד ר ש ף

י כ י ר ס ו מ ל ך ו ב ת נ פ ש ו ח

מ י א ר ת ר ע מ ה ב ן ג מ ד א י ל

ד ן י ל פ מ כ י ו ר פ ת ל ש מ מ מ

י ב ת מ ו ו פ ב ק י מ ה ר ם ב ח ל

נ ל ף ו י ס ק ל ר ד ל ו ו ש ז ל ו

ע י מ י ת ר ל ן א ל ב ע ל ו י ש ר

ם ש מ ר ה ח א ת מ ו י ו ר נ י נ ת

ו ו י ה צ ש ק ת ח פ א י ה י ם ו ו

ממשלת
קיום
מחזור
ונשלח
תא
מכוסה
מוסרי
אסון
מעבר
שוות
עפיפון
כללית
שאר
להעסיק
מנומסת
נהר
פדרלי
צביה
בכיס
מלך

Puzzle 154

א ע נ ו ש ח ר ת ה ל ב ר י א ד א ו

ת י ע ח ו ה ו פ ת ל ו ו י ו ת ם ע

ה ח ג י כ ד א ו ם פ ו ת ד פ ס נ נ

נ ן פ ו א ב ט ס פ ל ר ע ן נ פ ן ג

ו ר נ א ו ג י ו פ ת י מ מ י י ן ד

מ ת ת ל צ ו א ל ו ע י ע א ו ה ו ן

ה ת ח פ ק ק ה י י ר ו י ל א ל ה ע

ע י ר י פ י י ג נ י ד ב ה ה נ ש מ

ה י י ם כ א ח ר נ ט ח נ ת ר ב ח מ

ו ד י ש מ ב ר כ ו מ ף ו נ י ב ח ה

ד ב ל ד מ פ ר ף ו ר ש ל ת ז ר · ב

ל ת ק ו ו ת ח י ר פ ב ו ו ח ע ה ו

א ל ל ר נ ס ו י מ ר א ו כ צ ל ס ו

א ת ד מ ו ח ת ו א מ ת ד ד ו ח מ י

ב צ ל ס ט ח ד ה ו ל י ן ש ר ל י נ

טחנת
המונה
נגד
חזיר
אתה
לערבב
מחברת
משנה
אלפים
לשרוף
להתרחש
לב
בריא
כותנת
בפריחת
להיכשל
כרגיל
דוד
מחודדת
אופני

Puzzle 155

ן ו מ ו ל ת ב ו ב ח ב ש ו ח ר ט ב
נ ל ו ה ה ו ו ו א ד ו ל ן ל ג ח פ
צ י ת ס ר י פ ד פ י ו ב מ ה ה י ת
ו ז ר ט ח נ נ ך צ ט י ד מ ל ט ר ס
ע י ט ו י מ ו ע ה ר ן י כ ל ז ת י
ל ש ע ו ב ה ה ו ה ת י ל ק י פ ו מ
ו ו ו ה מ י ב כ ק ו ר ד ע ה פ ס ל
ה ח א ל ו י ב נ ו י ח ה כ י ל ה ח
ת ר ר י י י ת פ ב ד נ ו א ש ל ב מ
י נ ר ם ד ח ש ו ו ו צ מ ז ז מ ו ה
ת ו א ו ת נ ר ע ת ס ה ו ו ד ת ו ח
ו ע מ כ ג ל ג ל ל י מ מ ה י ט פ מ
ש נ ד ס א ג י ו ב כ ב ע ג מ ח ב י
כ ע ר ה פ י פ ש נ ◌ ד י ר ש ב א ה
ל ר ט ו ט ו א ש ל ה ר ו א ר ל ר ר

דעה
להרחיב
רוק
ילד
הסכום
תחת
הליכה
המניות
רשת
פועל
מלחמה
זר
בובת
הכבידו
אז
יסודיות
יתוש
נואש
סרט
חושב

Puzzle 156

ק א ג ן ב ו מ נ ר נ ע צ ד י ז א ע
פ י ד ד ח ו פ ש כ ב פ ק ר פ ע ר ו
ב ב ר כ ת ו י ו מ ו ל ב א מ פ ב מ
א נ ש פ ט נ נ י פ ר ב כ ת ח ד ע מ
ן ע ה פ א ב ל ה ב י ע ר נ ם ה ה צ
ה ן פ ו פ י ו ד ש פ ח ו ר ס נ ל ח
נ מ ת ג ר ל י ף ן ע ב ח ת ם ת ק
ו ר ר י ו א ס ח ק י ר ת ע ד ו ה ב
כ נ ס י י ת מ י ח ד ה ד ן ץ ו ח מ
ו ב ן ז ל י ב ה ל י ר ל כ ר ת ה נ
מ א ה נ ק כ נ ן ר י ק ל ו ר ח ו נ
י ר ק ח מ ק י ש ו א א נ א י ש ס ר
ר ד י ה י ו י ב י א ח ה ג י ל ת נ
ב ת ש י ל נ ק ג ו ח י נ ע ר ד י ו
ד כ ר ט א נ ס א ח כ ק ו ב ם נ ג ב

בדק
נשוי
בהודעת
ארבעה
מחוץ
להביע
חופש
צחק
כנסיית
מחקרי
גדר
יחידה
צפופה
מאה
חקירת
במסלול
כפפות
דברי
בברכת
איזה

Puzzle 157

ף פ ש ל ם ש ה מ ם ג ו י י ה ד ז ו
ד ס ש ט י ח ו א נ פ ו ר ד ו ה ק א
ר י נ ן מ ק ח ו ת ה מ ו ג א מ ל נ
ס ק ע ר א ן ס ב ג מ פ ו ת ת ב ג י
ל ו ל ה ה ש ו ב ע נ ו ר ה נ ד ן ק
ן ת י ר ס צ פ ו ו ש ג פ ס מ נ י ל
ו ה נ ז י י ר ש מ פ ו ז ו מ ן כ א
ל נ ק ע נ פ ס א א פ פ פ ו ד ר ג ע
ו ט י ד ר פ ת י ו נ ס מ ט ב ה ר מ
ו י ר ר נ ג ת ל ן י ב ה ל א ח ד ר
ל י מ פ מ ב ר ד ו א ר ש ח ל צ ת פ
ה א א צ ה י ל ר פ מ ע כ ל ד ה מ א
ר ו   מ ת ת ה ת צ ש מ ע ס מ מ א מ
ר ר י ה ו ע פ ה ב ש ח ד ז ו ח ב ס
י נ ח נ ב ע ו ב ה י י ו צ מ ג ו ב

פסיק
בצפון
צפרדע
שלם
תירס
פרסת
שטיח
להבין
ספוג
אמריקני
הפופולרית
עיצוב
חלל
מים
עזרה
לאבד
שחקן
שובב
אכן
הסינר

Puzzle 158

ה ב ס ש נ ע ר כ ה ו ס י י ו ו ו ת
ל מ פ י י ו מ מ ו מ ו ב ע י ת ה ר
ו ב צ ו נ ף ש ו ו נ ש ל ע י ל ן ה
ל צ י ג י ד ל ת ה ל ל ב י י ד פ ד
ל ע פ ב ד ב ח ח ל ש נ ש ש פ ח ו ב
ו י י ק י ת ת ר ע א ר י ו ס ס ט מ
ה ס ת ר ד ח ו א י ב ת ם כ ן ב ה ל
ר פ ד ו ו מ ל מ ע כ ל ו ב ש ל ת ל
י נ נ ב ת י ח ר פ פ ן י א י ל ע ל
ן ת ו י י פ ל נ ע ר ו ל ך ל מ ת א
ל ן ו ג א ו נ ו ח ת ל מ ה ו ך י ד
ר ך ע ע ל ח ק ו ר ל ח ש ד ע ו פ ו
ג י ר ת ה ו א ר מ ת ב ח פ ע ו י ל
ר ד ם ם ס פ ו ב ד ל ר ה י ב ח ל ק
ל ב י ת ו ו ו ד מ ס מ ג ש ד ד ו ג

יעלה
חלון
ידידותי
במבצע
החשמלי
לנער
לתל
לחקור
מארחת
לעמוד
לו
שנערכה
תה
כמות
ביותר
ספציפית
בכפר
בקרוב
פרחי
לשמר

Puzzle 159

ל ס כ נ ת י ם ל ת ה ן ד ו נ ב מ ע
ד ו ב ע מ ו ד ה מ נ ד מ ע ו ש נ ד
י ו י כ א ר ו ח ש ק א ה מ י ל ב א
מ ס ב נ ב ף ו ל י ם ל מ ו פ ט מ ו
מ מ א ו ש י נ י מ ה ת ב ר ד י ר ר
ח ס ב ו ט ע כ ט ל ו נ א ו ח פ ה ב
ו פ ר ר ן צ י ר ח ק ו י ו מ ש י ב
ז י פ ו ג כ ב פ ו י פ ת ה י י צ ת
ר ק ד ט י י ל · ח י א ה י ה ד ה מ
ם כ מ מ י א ג נ ג ו ה י ד צ ק ג ק
א י ה ת מ ד ו ע ל ב ד ר ל ב פ י ל
ט ל ן ג ש ח ו ש ד ח ו ה ס ע ן ע ן
ל ל מ ן פ ת ס נ א ָ ש ק ב ה י ה מ
ע ן כ ע ו ד מ ר ע ה נ ש י פ ו ה ו
ש ע ר ל י ד ר כ ל פ ח ר ר ם ח ל ב

הצבעה
לפחות
סכנת
אפונת
הוקי
בצד
צעיף
מספיק
לחם
בעמודה
טיפשי
באביב
הגיעה
באמת
שיני
דוב
חוזר
להחליט
פרטי
סביר

Puzzle 160

נ מ א ה ל נ ת מ ב ן ח ש ו ב פ ד ק
מ ע פ כ ו ח י א ח ע ו ל ט ו ה ד מ
פ · ו נ ל ס ו פ ת ר ח ג ו ל א ר ע
ק ו ר ה נ ם י ב ע י ן ו ק י ר ס י
ף ה ה י ו ב י ן י כ מ ד ל ש מ ר י
ת ל נ מ ל ס ח א כ ה ל פ י ב ה ר ל
ל ט י ק ש י · י ו ה מ ו ת ס ג ת מ
ו כ כ ב ה ס א ק ן מ ש ח ק ל ל פ ה
צ נ ו י נ י ש א נ ב ח ד י ו ו י מ
ע ו ט מ פ ת ת ל ו ג נ ר ת ו ה ש ו
מ ל ף ת ק ב ו א מ י א ל ר י ת נ צ
ו ו ת ס י נ כ י א א י א ח ל ד ם ר
א ג ג ם ו ן ר י ר י י נ ע ו ש י ר
צ י י ה ב ק ט ח מ כ ב ו ק מ ס נ א
מ ה א נ ר ל ד מ מ ן ת ב י ט ח ו ה

חשוב
רגלי
בשילוב
מאובקת
בעין
אפורה
כניסת
ילקוט
עריכה
חטיבת
תרנגולת
מחט
הוטל
המראה
נכחד
אינדקס
טכנולוגיה
משחק
בסיסית
המוצר

Puzzle 161

מ ה ל מ ס ו ר מ י ד ר ת י ה ג א ד
ר ע ס כ ב ד א י ו כ מ מ ש ג י ו ת
ו פ ח ו ו ת ש ו ב ר ח ס ט מ ס ו ר
י א י נ י ט ו ת ל י ל א צ ש נ ה ד
ר ג י ת ס ג נ ו ן ה ט ו ן ם ן י ח
א ר ה ו י ה ר פ ת ו ה ו א ז ח ה ה
ו ר מ ת ו מ ד מ א ו ר ו ח ה ל ס ו
ח ו צ ב ת כ נ ל ח י ת ו ב י ו ח מ
ח א פ ת מ ג י ג ה ש ק ו נ ה י ו י
א י מ ח ט ן ש ר ה ם ר ח ל פ ר כ
כ ו ב ו ר מ ו ל כ ק מ א ע ו ב ב ו
ן ת ו ק י כ ב ו מ ג ע ב ע ק ב ן ה
ש א פ ו כ ד י ח י פ ו ש י ת ח ו ר
ח ד ב ת ו ת ה ו ר ת נ ד ס מ ל ח ש
ט א מ פ ת ל א ר מ ל ש ל ת ה נ ף י

נכתב
תקופה
מרק
רכבת
דאגה
כהה
רוח
חיפושית
מחויבות
חומוס
עונש
סגנון
דמות
גשמי
תוכי
מגע
למפות
מכונת
באחו
הנוקשה

Puzzle 162

פגוש
פחם
אש
בגלל
פרות
לכול
בשר
נדירות
טרור
דוור
המושבעים
עגלת
מזלג
באתר
להסכים
חגור
חלב
לאכול
מוקד
רכישה

נ ד ק ו מ ר ו נ ד י ר ו ת ל ג ע ק
ת ו י ם כ ו א י ג ם י ע ב ש ו מ ה
ק י א י פ ר י כ ר ו מ א ח א ד ר ל
ל א ש כ ר ט ק ד ר ג ל ז מ ש ש ל ב
א ה ו ס ת ו ר פ מ ו ו ל ו כ ל ג ו
כ ח ג ה א נ ש ו ד ד ו ה ן ג ל י ד
ו ח פ ל ב ח ב ה ו מ ם ה מ ל ה ו פ
ל י ה ד א ד ל נ ם ו נ ר ד י ח א ס
ב י ו פ פ נ ד י ת ר י ר ן ו ו ו י
ל ד ס י ת פ ו ת ר ו ג ח ל א ת ו ק
ש ו ו ג ח ו פ ע ת ל פ ל ה ח ו ב ן
ת ו כ ם נ י ף נ פ ן ר צ ו י י ה ת
כ ר ם ד ה ב ח כ ה ן פ ה י ק ק י ס
ה מ א פ ה ל ר ד ו מ ח ל ה ו ס ב ב
ל א ם ב ת ת ב ע ה ו ר ר פ ת ב ל ח

Puzzle 163

ד א ו א ו ח ה ס ם מ ר כ ת ד ס ו ש

ה ו צ ב ן ו צ ר ל ו ג ת ב ע מ ו ע

י ר פ ק י ד י ב ו ו ן ז נ א ר ד ק

ר ו ש ת נ ר מ ר ל מ מ א מ ל י ע ק

ר מ מ י מ פ י ח ר ל ן א ן כ ה ל ע

א א ה ט י י ס ר נ ה נ ש מ ו ר כ מ

מ מ ס פ י נ ה מ ב ד ס מ ו ג ב ו ש

ג י ט ש ד ו ח ף ע ה ד מ ע צ ו ח ו

ו ב נ ז א נ ת ה ל ה ב ש ר ע ת ק ל

ק ו ד ד ה י ל ח ם כ ל י נ ל ה י ת

פ ר ר י י ב ד ו ת צ מ י ח ת ה נ נ

ל ו ט פ ד ה כ צ ם א י א מ א ש מ ו

א ד י כ י ו ל ה ל ן צ ש ל ר ח ו צ

ע א ה ר א י מ ח מ ת ו ב ו ר ק ן ל

א ל ת ל פ י ר ג א י ט ר ק ו מ ד ה

עניין
שוב
מחמיא
הסטנדרטי
בינוני
לתאר
תלוש
הדמוקרטי
ספינה
דהירת
רצון
החוצה
קינמון
חודש
בעל
אור
קרובות
טייס
צמיחת
אבקת

Puzzle 164

ג ר ו ת ת ו ג ד ל ש ע י י ש פ י ן

ת ו ת ד י כ ס נ ב ו ר ג ע ה ש ק ב

י י י ו צ ש א ד מ ה ד ב ע כ ה פ ם

ג ע ש ח ו ר י ם מ ן ן ב ב ת ז א ה

י ה ה א ע ת ל מ ש ל ל א ן נ ת מ מ

מ י ן ן ו נ ג ס ב ה ב ק ר ל פ צ ו

ב א ז ו ר כ ף כ ע ג ל ב מ ל י ל א

ד כ א מ ז מ צ ש א ר ב ע ק ש נ י ל

כ נ כ ו א נ ר ם ת ף ל א ו ה ן ח נ

ס ב ו ק ו י ק ל פ י ע ס ו ב ו ל ג

ו ב ב ד ם ם ל מ · ת י ד י ו י נ י

ב ל ן מ ת ר ו ע ה ך ר ג ר כ ל ש ו

ן ו פ ג נ ת ד פ נ ה ו י ו א ע י ר

ב א ל ל ו ו ה ו מ י ל ש ק ף ה נ ה

ה ת ך כ ב ו כ ר י צ ר ת ט י ל ש י

בסגנון
רווח
שליט
שבדית
או
באזור
ידית
לקרצף
לשקף
שחורים
ובכך
להגר
זרועו
גלובוס
העליון
למשל
עשרים
בקשה
גישת
לבלבל

Puzzle 165

ה י פ ב נ ק ש צ כ כ ר ל ש ז נ י י
א נ ו ת ז ה מ ס ע צ נ ד ש ר ד י פ
ו ל נ ר ו ל י פ ד ו ק ע י ו א ם ה
ז מ ע ו ד נ ק ם א י ת ן ו ו ש ס ה
ן א ן י ב ר ן י מ ר י ו מ כ ח נ ב
י ר פ ד ג ו מ ל ד ח ו ת ד כ ל ף ל
ר ח ל פ ו ט א ל ב ו ב ג ן י ה ו כ
ו ל ש ע ב ר נ ו ל ג ת ה ר י ל ו פ
ח י א ג ד פ כ ב מ ל פ נ ד ו כ פ ב
א ע ד פ נ ח ק ו כ נ ת ת ס פ ב ת ש
מ פ ל ו ו ת מ כ ת ל מ ן ע ל י מ
ר ת י א נ ת פ ס ל ר ו א ס ו ע נ ט
ף נ ו י כ כ נ ע ה נ ט ו י ו מ א ב
נ ק ת ת צ ו פ נ מ ש ת ס ע מ ש מ ח
י מ ל א ב ז ה ע ת י ח ו מ ח ר מ ב

ללוות
וכוללים
פעיל
פחות
נאמן
בין
יפה
שעברנו
קר
תינוק
שלו
נפוצת
האוזן
מתנהגת
מטבח
מסע
יד
לדחות
מאחורי
מלבד

Puzzle 166

צעקה
חזק
עשיית
כתף
לשולחן
להכיר
כביש
סולו
הערכת
להעריך
חנינה
יצווה
ליד
דבקה
צב
לזרוח
מקור
לבנות
תן
מאוחרת

י ל ל ף ת כ ן צ ש ר א מ ה ו ן ע ב
י ה ב ן ת מ ר מ מ ל מ ו מ נ ו י ה
ד כ נ ו ס ן י ח ז ש ב ה נ מ ת ד ח
י י ו ע ו א נ ר א ש ה ה י ח ד ר ח
ח ר ת י ל ש ו ל ח ן ת מ ב פ ו ה ם
א ר ב ל ו ח ד ו נ ר פ פ נ ר ה ל ד
ל ו ר ו מ ס ו פ מ ת נ י ר ת י ב מ
ם מ ע א ן ה י י ו ל א נ מ מ מ י ל
ש א ה א מ ח צ י צ ח ל י צ ו ו ה א
מ ו ר ש מ נ ה ק ב ד ת פ נ ת ע ק א
י ח ת כ ב י ש ז צ י ת י א ר ל ע מ
א ר ק ש ן נ ל ח י ל ש מ י א ו צ ק
י ת ל ו א ה ח ש נ א ד ך נ ם כ י ו
ש ן ה ת י ה ע כ ו א ו ה ו ו י ו ר
י מ ע נ י נ ה ס מ ב ת ו ו י ם ד ע

Puzzle 167

נ ש פ מ י ב ה ד ר ק ו ן ו ר ו נ ל
ת ל פ ת ת מ ר ו ה מ י ל ן נ י נ א
ב ד ר ת ו ר צ ר ה מ ר ח ק ו ת ו ד
ע ל ו ע ר ל א ָ י ע ט מ ה ג ש ז ו
ו כ ר ו ב ש ו מ נ י ו ת ח ז ע נ ם
ל א ו ה ב ו ן א פ ו א ה ו נ ץ ת י
נ ר א ב א ב ר מ ע מ ל ן ל ק ו פ ת
ל ם ו מ ד ק נ נ ג פ י ר י ה ר ל ש
ל נ ח ל ת ו י ש ג ר ת נ ם ו ר ר ו
א ו ח ו נ ס מ ל מ א ה ל א י ן ח א
י כ ל ן י ו כ פ ע ש א ק א ר י י ל
ו ק ב ו ה ו ת ס ה ח ו ח ו פ ק ה י
ח נ ת ד ז מ כ ה פ מ ש י ט ש נ י ם
ג ו נ פ ג ל כ ו ת ש ל ם ס נ ב ב ו
ז ה ר ל ח ו פ ו ל ב ג פ ג ק א ד ד

שואלים
החולים
מושב
אפוא
וכרוב
זנקה
מניות
אדום
וירטואלית
המרחק
הדרקון
תרד
נלקחים
רגשיות
עד
שמפה
שנים
מפת
נץ
במלון

Puzzle 168

ה י ר נ ל ם ת מ פ י ר צ ח ב ס ב ח
פ ל פ פ ת ו ל י ו ו ב ת ו ו צ פ ה
מ ס ו ל ר ו ו ס מ פ ח ו ו ל ד מ מ
א ל ו ד ו י י ת ב מ ו א מ ס ע ד ת
א ת י ק ם ב ר ו ב פ מ ת ו ו י ר נ
ו ה מ ל ת ט ע ס ו ו ת א ח ל ש ו ת
ה ק צ ס מ מ ו ב ק ס כ נ א ל ה ו ו
ג מ ה ש ה ב ת י י ס ג ב ר מ ג ת ש
ו ת ל ל ל ד ב ק ב נ ק ו ע מ ד ת ר
נ ה ב י ת ה ל ר פ ש פ ק ◌ י ר ן נ
ו פ ם נ ר מ ד ב ר י ם פ ח ת ח י מ
ל ב ע ו ג ר ו ג ט א א ל ה ר י י ב
ל נ צ ד פ ד י י נ נ ו ב ח י ם ג ש
מ א ם א ו ש ו א מ ל נ פ ל ו ק ש ל
ר ר צ ל ל ר מ ו א ם ע ו ם י א ת מ

גור
צפה
לשקול
לתרום
מסעדת
אדוני
הביתה
אבק
פרט
מתאים
מדברים
נשיא
ולא
נייד
המתנת
עצם
בחצר
רשות
נוכחים
סובלים

Puzzle 169

ח	ת	ש	י	מ	ו	ן	מ	ע	נ	י	י	ן	ד	ב	ה	ב
ס	ו	מ	מ	ב	ת	י	ב	נ	ר	י	פ	ו	ם	א	י	ו
ח	ט	פ	ל	ה	ב	ה	י	ר	ע	צ	ו	ב	ה	ר	ו	נ
ג	ו	נ	מ	ו	י	ו	ר	ב	א	ל	י	נ	ע	י	ר	ה
ב	ר	ו	ן	נ	א	ח	ם	נ	ו	א	ו	ה	ו	ו	י	פ
ר	פ	ת	ג	ר	ה	ל	י	ל	ה	ק	ן	מ	ח	ת	ב	ו
ן	א	י	ה	ה	כ	ת	ב	א	מ	ר	צ	י	ב	מ	ג	ע
ד	מ	פ	ו	י	ב	ס	ו	ל	נ	א	ד	א	ב	י	ו	ל
ר	ה	ו	ו	מ	ר	נ	ה	ש	ת	י	ד	ג	י	ו	ו	ס
ר	ל	ת	ו	ע	ש	ר	צ	ה	א	ת	י	ח	מ	ס	ז	ו
א	פ	ו	ק	י	ו	ע	צ	ר	ל	ל	ם	ז	מ	מ	ל	י
ו	ח	ה	ו	ל	ו	ו	ט	נ	פ	ה	ג	ם	פ	פ	מ	נ
ל	ה	ר	ש	ו	ת	ן	נ	ג	ו	ם	כ	א	ת	ג	ר	ה
י	ב	י	ו	·	מ	ו	כ	ט	א	ה	ב	י	ו	א	י	ט
ב	ו	י	ק	ל	ם	ה	נ	ח	ר	ח	ו	ה	ן	י	ב	מ

דם
צהובים
להבהיר
עשר
מעניין
הלילה
הפועל
עצוב
החמוס
להכין
סט
כבר
להרשות
נר
צדדים
שימון
פרותות
לזווג
אקראית
מסוימת

Puzzle 170

א	ד	ת	י	ק	ת	·	פ	ש	י	ו	פ	ד	ק	א	ו	י
ק	ג	ה	ל	ח	נ	ש	ק	י	ש	ב	ל	ש	א	ב	מ	ב
ו	ד	ר	ה	נ	ס	ה	נ	נ	ד	ף	י	נ	ס	ט	ב	י
ו	י	ב	ס	ה	ש	ן	ב	ה	י	ה	י	ק	ע	י	י	י
ד	מ	ש	ל	י	ד	ו	ר	ש	ל	ט	ל	כ	ו	ח	ד	נ
ו	ח	ה	ן	ו	ב	א	ך	ס	י	פ	ו	ר	מ	ר	ב	ס
א	מ	ל	ח	ו	ו	י	מ	ר	ח	ב	ה	ח	ה	ג	נ	ר
ת	א	ו	ו	ל	ש	ז	ו	צ	ש	מ	ע	נ	ח	ס	ח	ש
מ	נ	ק	ם	י	נ	ו	ו	י	כ	ב	ת	ק	ט	מ	ש	ר
ב	נ	ס	ת	ת	ח	מ	י	ח	ב	ה	י	א	ח	ה	י	א
ל	ל	ד	מ	ש	ע	ב	ו	ס	ג	י	ו	ה	מ	ס	ל	ו
פ	ב	מ	ק	ה	ל	י	כ	ת	ב	ת	ש	ו	י	י	ע	מ
ס	ם	נ	ך	ת	ר	א	א	ש	ר	א	נ	ה	ה	ו	ו	א
ב	ש	ג	ה	ב	ת	ת	ה	י	ח	ה	נ	ו	ק	ב	י	ה
ף	ו	ו	ח	י	ה	ה	ע	ר	ע	ר	ו	מ	ת	נ	א	מ

ביקור
יהיה
מרחב
דווקא
במוזיאון
אבטיח
הבת
סניף
שינה
לנשוך
בר
לשרוד
לוויה
נשק
כיוונים
הליכת
אגרסיבי
סיפור
שלב
להשכרה

Puzzle 171

י א ו ו ו י ד ו ש צ מ ס ב ו י י ט
נ ב ג ג ל ו ת ה ו נ א ג ב ל ו ש ח
ע ר ו ה נ י ח ב ל ו ת ל ע ר ח מ צ
א ב ו ו ה י מ א מ ע ע ו ד ס מ ו ל
ש ש ו ה נ נ ו ח ס מ ו ר כ מ ק ב פ
נ ח נ מ ד ד ם ד כ ד ך ל ד נ ר ת מ
ל ן י ת מ מ ח כ ה פ נ מ ו נ י א א
ח ו מ ש ת ע א א א מ ח ד נ מ ם ש מ
ר ד ו ב כ ו ש ר ל ת ד ק ו ל ם נ ד
י י ר פ ס מ ת ו נ י ש ד ו ת כ א ב
ק פ י ש מ ת א ה ד י ו א ר ק ח מ ר
ר ו כ פ ו ל ר ר ד ם ת א ב ל נ ר ד
ו ק פ ו ע צ ס ו ו ט י ו ת ח ד ו ח
ב ן ל כ ל ו ל ה ב ס ס ר צ י נ י ט
א נ ו ת ו מ ב ה מ ל מ ת ד מ ב ל ה

ברד
לכלול
חדשות
דרך
נמלת
צמח
מספרי
כפל
עומס
אשת
אולם
קול
קופידון
מועמד
בכושר
קרוב
רעל
עוד
מחקר
צנוע

Puzzle 172

ג ל ת ל א ק א נ א ש ה ו ן נ ו ח ב
כ ה ת ק צ ג ר ג י ר ד ו ף ת פ ת ו
ה ם ש מ ב ח א נ מ ש ו ר ו ג נ ק ה
י ו ז א ע ש י ר י ר ס ב ג ו א ת מ
ר ס ה מ מ י ף י ל ת ל מ י מ מ א צ
ל ח י ר נ ב ב ב ק ל א ר ו ה י ל ע
פ ל ר י ב ת ך ו ר א ק ו מ י ל י ח
ם ח ו ד ו י ם י ו ה ל י ה י ת ר ו
ה ג ש ב ף מ ו ד ר נ י ר נ ו ס י ע
מ ו ש א ק ר ח ו נ י ם ה נ ש ו ש ר
ע ז ק ש ר ף ל ח י ף נ ג י ד י פ ו
ב ל ד כ ש מ כ פ ם א ו ל נ ר ז ה ע
ה ו ו ו ה ה י ס ט ו ר י ה ו ב ל מ
פ ת ד מ כ ו י ו פ ד פ פ ש ש א ו א
נ ו ד מ פ ק ש י ם ס ד ר א י ן ד מ

ארוך
זהיר
גרגיר
גוזל
מאמרי
כאן
עשירה
הקנגורו
על
גוף
חשיבת
לאקלים
קרחונים
מודרני
שרשרת
עצמה
ההיסטוריה
אצבע
קשור
לחסום

Puzzle 173

א ע ח ח נ ר מ ל ר ש ת ו ן פ פ א י
ו י ח ר ד ו ן מ ו י מ ו ר ו ק ש י
נ פ ד כ ש ב כ נ צ ה ו ת ל ם נ ר נ
ב ר ר ח ם נ ה ו ר ו ב ר ב ו ע ו י
ו ו ו מ ע ר ב ע ד ר ב י נ ן נ ר ל
מ ן ד ה ו נ ל ב ל ו נ י א ת א נ ח
ו ת י א ן ק ב ו צ ת ת י ע א נ ל ו
ל ג ד ב ל ו ס ר ח ב ס ש ל י ש ו ת
מ ל ב ש ה ק י ר ב מ ן נ ע י י כ ב
מ ה ט י א ס ח י ת ע צ ו מ מ ו ו ח
מ ס ס ד ג ש ו כ נ ת ח ת מ פ ס מ מ
ה ת ו ו י ע א כ ה ש ח ע ה ו ה ת פ
ל י ה ר ן א ש ף ב ת ח פ ס ש ך נ ח
ג ר ד א ן א ר י ב ח ל ח נ מ ל ס ו
מ ה ס י י י מ ו ו ג ו מ ב ו ל ב

מנסה
עיפרון
ישנוני
להסתיר
מבריקה
תכופה
ברבור
ענן
למנוע
כבש
קבוצת
בלוני
ממוצעת
בתורו
גאה
מתחת
דגל
שידור
רבע
שחר

Puzzle 174

י ו ע ה ו ד ה ס ב ו ן ו ה ו ט ה א
ו ב ו ח ח מ ת ד ד ר נ ו ה ט ז ע ח
ר מ י מ ר ו ל י ו מ ה י ק ב מ כ ש
כ ט ו י ב ר י ר ט ו ם ע ת ב ב ב ת
ה א ל ו צ ש ו ה ר ה ח י ל ש נ ר ס
ל ה ע ם נ ז ב ו י ר י א ו ל ן ג ר
ו ו י ו א ד ד ל ו נ מ י ו ת ל מ מ
מ ב י ל פ ה א ש ו ה ד ף ת ו ש ל ב
ח א ם צ ש י ז י פ מ ו ד ב ל ה ת ק
ש ו ש ת י ע ו ע ש ו ל ש ן ו נ ט פ
ת ח י ש ב ל מ כ ו ר ת ד ח ת ד ח ה
ע ו ב ו ו ת מ ש א י ת מ ת כ י פ מ
ל ק נ ר ש ב ח י י ם ב ס ע א ל ע ף
ו י ו פ ן ח פ נ ג ג ח י כ ש ו מ י
ת ר ו ל ו פ ם ו א ת י ל ה ב נ ת ס

ורוד
המורים
חיים
פיזי
העכבר
שליחה
אהוב
שותף
משאית
בשיחת
שעועית
סדירה
הסבון
תצלום
קפה
תולעת
לאזור
למכור
לפרוש
כזה

Puzzle 175

א ה מ ע י ב צ מ ת ת כ ל כ ת ה ג מ

ב ת ה ה ר פ ע י ל ו ת פ ג י ה נ מ

מ ק ה ה ק ד צ ד ת פ ו נ ח ל נ א ק

א ד ב ה פ ת י ע ו ל ר כ י ג י מ ת

ת מ ל ט ת ס ד ר ע פ י ב א ע ד א ו

כ ו ר ר ג ו ש ע ו ו ן י ם מ מ ק ר

מ ת א ל ה ג י ש מ ד ן נ ו ל ה י פ

מ ה ו ן ר ר י ל ד ק ו ה ר מ מ ש ר

ק נ י ח ת ע י ה ת ע מ ת מ פ ע י ע

ב נ ו ש א מ מ ט א ש י ו ו ר ו ר נ

ק מ י נ ו כ נ ע ל י י ר ט ו ו ת מ

א ש ו ו ר ע נ ו י מ ס ל י ת ד ו ו

ג י ע י י ה א ת ה ם ם כ מ א ח א ת

ת מ ר ג ה י ת ת ל ג א ו פ ו כ ה ל

פ ת ף ם ו י ה מ פ ל ן מ מ נ י ק ר

מעגלית

המדינה

כפול

מנהיג

משימת

מפורסם

בנושא

פעילות

הפתיעו

לתפור

התקדמות

ראוי

להגיש

לייֵרט

מצביע

שער

היום

להטעות

סדר

תאוריה

Puzzle 176

מתייחס

מקסים

מראה

ולצעוק

קילוגרם

לירות

חוט

מציע

כוכב

בחברה

חבק

להינשא

באוויר

טלסקופ

לצחוק

התנצלות

לבד

גברת

שנת

נחש

ג נ ן ו מ נ ש מ ש מ ר ט ה א ב י י

ז י ת ג ע ד ע ע נ מ ו ת ו ש מ ש ק

ב ן ל ב ד מ י פ ת י נ ו ה נ ק ו ק

פ י ת ר ה ק כ א מ צ ר מ צ י ע ה ח

י ו ו ת ס ס ו ר ל ת א י ל ה א ן פ

ו א א א ו י נ ו ה ו ד ו ו ל י כ מ

א י ה א י ם ת נ מ ה ג ו ר פ פ ה מ

ר נ י א א כ י ח מ ר ם ת ר ס ח י ל

י י ו כ י ר ל ש ם ב ח ו ה צ נ ו צ

י צ פ י ב כ א א ט ח ן ח י ה ז ר ח

מ ת י ב כ ו כ ל כ ב ו ה ה ת י מ ו

ר מ ת י י ח ס ת מ ה ל ה ס ל ה ח ק

א ל ו מ ן ק י ת ו ר י ל פ ה ת ו י

ה י י ו ו ם ק ב ח ר י ו ו א ב ט ו

ב ן ס פ ק ו ע צ ל ו י ז כ ו ו ו מ

Puzzle 177

ה י א ב נ ו מ י מ א נ ח ו ת ח כ ס

א ס נ ת ל ך י א ש ה ו מ ל כ ד ו מ

ו ה מ ו כ ר נ ת ל ב ד ו ק ר פ ר צ

י ק נ ס ה י ו א ב ל ו י י י ת ת ל

ב ם י י נ פ ו א י ו ן פ ת ה נ א מ

ו י מ י ל ל ס כ ם ט ף ב נ ש י ק ה

א ה כ נ ה י י מ א י נ ו ת ו כ ר ב

נ ח ב ל ר ק ל ל ל ח כ ש כ ב ר י ו

א ו ו ו ל א ו ב ל פ א ז ר ע ט ת ת

ע ל ב פ ב ט ו ח י א ל ט ב מ ם ב ם

ת ב ו ר מ מ א ו כ י ה ח ל ח ר א ג

ף ו ק פ ב ק ו ר ת ר ש כ ה ו ר ו א

צ י ד ר פ ב ת ע ת ר ב צ י ת י מ נ

ש ב י ס א ר ב צ ר ת י פ ל א א נ ל

ו ק ח י פ נ י ב מ ת ו ם ב י ש פ ו

מבריק

בלוטי

משלבים

יבש

מצלמה

ברכות

הכשרת

הים

הרי

כף

בטוח

אופניים

נשיקה

לבדוק

לבחור

סופית

ברכת

האויב

מוכר

איך

Puzzle 178

נהג

דין

חמים

פיצה

טכנולוגית

גמישה

רצה

ועדת

סתיו

אפס

מדע

נעל

בריחת

עצי

מסקנה

לימון

מרכיב

טיפול

וחצי

מבול

מ ר ע ב ן ף פ פ ט פ ו ן י ו ו צ ט

ח ח ב ה ב ו ה מ ע ו ר א ו ע ד כ ו

ן ג ה נ ן ו מ י ל ו ד ו ד א נ ג ו

ו מ ל ב צ י צ מ ע ו ע ת י ו י י י

ר ל פ נ ו ע ו ד נ מ ב ו ל ו א י צ

ר ב י ה צ ר ח ע ה מ ג ו ו ה י פ ל

ו ו צ ר פ ם צ ו ד ק ג א פ י ל ו ק

ו ב ה ד מ ו י ס ד י ח מ י ם מ ש צ

ו ו י ל ס פ א ס ת א ט ו ט ל ב פ ב

ו ל ה נ ק ס מ ת ח ו ר ו ג ו ו ל ר

ח ש ש ו מ ד ח י י מ י ו נ י ח ו פ

א א י ת ו ת ע ו ר ל ח ו ן י ד מ ת

ר ו מ ו ב כ ו ח ב ה ה ה ב י כ ר מ

ו ן ג מ ה ר ו נ ח ש ל פ ל פ מ צ ח

מ ע ן מ נ ל ל י ס נ ר י ת ר ח ד ת

Puzzle 179

ל י י נ ת י ס ב י ו מ ו א י כ ו ל
י ר צ ה ו ש י ר מ נ ר י ו ק ר ה ב
ס ל ב מ ל מ צ ו א ר ק ו ה ע ע ו ע
פ א ו ת ם י ו ק ס ף ו ח ל פ ו כ ו
ר מ מ ל י ג ל ו י מ י ן י נ ח ל ד
י ץ ג ו ר צ ר ל כ א ד ל ו ה ה נ ו
י ע ה א ז ה ו י ר ת ב פ ר י מ ג א
ת י ר ה י ו כ צ נ ב פ ש ה ש ר ת מ
ל ק ע ל ר ע ר ר נ נ ב נ ת מ ו ר י
ר ס צ ז א ו א ז ה א ו י מ ח פ א ח
ש ר מ ה ע י ד מ ה ת ל א ד ק ר י ר
י א ך י ל ל י ה ת י ת ל ח ך י ה ש
ו צ ש ו צ ו ו מ מ ן נ ה פ נ י ל ש
י ל ן ם ה נ ר ה ו ג ע ו א מ י ח ע
ל פ ת ו צ ר ל ח ח י ן ל מ ת ר א א

להיהנות
למצוא
מאוד
חי
יוקרה
רפורמה
בדיוק
ספריית
ירצה
נהמת
לרצות
ברוקולי
שיר
לגיל
לחוף
להעפיל
בעוד
אותם
לאמץ
עצמך

Puzzle 180

מדידת
זברה
המשפחה
זאב
השפעה
לנצח
לערב
תשובה
המשמש
נסיך
כתר
מיטה
לטאת
חומר
מטל
במשרד
האוטובוס
עליז
הברווזון
לבדר

י ה ו מ מ ד ע פ ת מ מ ד ו ל ת ל ה
ל י ח ת מ י ת ו ו ט ב מ ס ן ג מ מ
ו ה ט י מ מ ו ו א ל י ה ג ו ש נ ב
ו ע ו ו ה ם מ ד ו ס ה נ ד מ ט ר ש
ו ת ן ל ס ו ב ו ט ו א ה ש ל א מ ס
י ה ע פ ש ה ב נ ת ד י ד מ ר ל מ ו
ו ס ה צ ו ל ל י ה ח פ ש מ ה נ מ ת
ת ר ז ל ל ט ו ה ר ב ו א ו א צ ק ב
ז א ב מ א ש ג ה ב ו ש ת מ ר ח א נ
ר ד ע ת א ב ל ב ז ה ח ג י מ ת ח ת
ר ן ו ז ו ו ר ב ה ס ח ו ב ס ו ג מ
מ נ מ ל נ ך מ ר ח ו י ם ל ג ן א ל
ו ב ד כ ז י ל ע מ ד י ◌ ה ל י ש ב
ח ק ג ת ו ס ק ל ח ל ה א נ ע א י ל
ב מ ש ר ד נ צ ד ד ו י ב א א ב ת פ

Puzzle 181

ו ת ל כ ג י ב ב ש ה ו ב מ ם י ט ר
י ק ב ה ל ס ד ו ת ו א ע מ ד ס ו מ
פ מ פ ה ד י ז ש ב ב ל ת ג ו ש ו ע
ד ו מ י נ נ ט י ת ת א ע ד ר ◌ נ ש
ה ף מ ה נ ו ש א ח מ ח ר נ ת ר ל מ
מ ת י ל י ל ש ב ר ן ו ך ב ר פ ר פ
מ ה א ת ו ת ת ו מ ו ו ו ג ל נ א ל
י מ ג ר י ח א ב ח א מ ל פ ע ל ן ץ
י ב ע י נ ע ף א פ ו ג ה ה ת י י ה
מ ל ר ה ו ו ה ש מ ו א מ ל מ ל ט כ
י ח מ ר ב ת ק ה פ א י כ ו מ ל ו נ
מ י ב ד מ מ א ג ה ר פ י מ ב י ל ר
כ ת ע א ן ו ש י ו ה ת ל א א ר ח י
ד פ י ו נ ר צ ש נ ל א כ ר מ ע ל מ
ע ה ק י ז ו מ ם י ת ן ל ל פ ת ו ת

שלילית
מוזיקה
להאכיל
קוף
עת
מוסד
הנושא
ערך
מחר
דומיננטית
פרפר
שיא
לנווט
תג
עורבת
הייתה
בתחנה
לחלוטין
משהו
ממליץ

Puzzle 182

וילון
חיה
וצבעי
אמיץ
כביסה
אזרח
אגרוף
הכעיס
אפשריים
מכנסיית
חינוך
האי
עין
מברשת
רפואה
קפץ
מדחום
התנהגות
מלוכלך
תעלומה

מ ר פ ו א ה ה א ו ר מ צ ח ב י ל ו
א ר ד מ ב ר ש ת צ ב א א ל ן ה ל ב
ג ח י נ ו ך ל ל ב מ ן ר ו ב ו פ ה
ר ץ ן א צ ל ו ג ע ב י ל א פ י מ פ
ו ע מ ו ת כ ן מ י ח י ה ם ו ח ד מ
ף מ ן י ע ו ל ע ט ו י כ י א ר פ ע
ה ד ד ס ר ל ץ פ ק ם ו ע י ל ז ל ו
פ פ נ ו מ מ ו מ ע א ר י ר ס א ע מ
י נ מ ח י ר ל ן פ ו ◌ָ ס ש ע י כ ת
ש ר ו מ א ש ו ף ן ח י ע פ ו נ צ מ
ח מ ◌ י ל י ת ו ג ע ל ר א ס ר ו י
ן ג נ ל ת ר ט י י פ א ו י ע ו כ ו
מ ר ו ק ה ל ה נ ת ש פ י ר ע ב ר ה
כ ב י ס ה ת נ ה ג ו ת ו ש ו ה א
ו י מ ן ו ה מ ו ל ע ת נ ד ס ג ש י

Puzzle 183

ף ח ל ן ר ש י ר ב ע ב ה ע ק ו י ל
ל מ י מ ו כ ש ש ח ד ו ו ו מ ש נ ר
צ ו ר ר ה מ ו א ו ן ר כ ב י ר ת ע
ת ר ש י ת י ק ן כ ן ש נ ד ה ו ל ס
פ ה ף נ ו נ ה ב פ ג ב ב י פ ט ה ר
ו נ ו ה ב ר ה ח ו פ י מ ם א ב ש ן
ח ת ס ר נ ך כ ע ל ו ו מ ר ב ד נ ר
י ו ב ו ה מ א ש ר י ו פ ד א ן י ן
ב ם ל פ ע ו ר ל ט ן ו ס פ ח ד י ד
ו ק ו ט ם ב י י ש ן ם א ש מ י ם ר
ל ו א א ו ב י י ק ט י ס · נ ו ף י
ז מ ר ו ה ם ת ת י נ נ י ת ק ל ח ה
כ י ך ע ע ל פ ד ר ו ס כ י ב ה ח י
ו ת ס ם ו ר מ ת ט י ל מ ן ן ת ה ן
ר מ ע ש ה ק ש מ ר א ו ת ת ב י כ ר

טריק
מעשה
עובדים
החלקת
ולבסוף
השניים
הרפתקן
ביישן
אובייקט
מתנות
כיסא
לזכור
אשמים
רכיבת
כמעט
חמורה
תפוחי
משקה
בעבר
תואר

Puzzle 184

נ ס ל ס ד ו ב מ ח ד ט י ה מ י ד י
ו פ ק ו ת מ ע ה ה ה ש ע א ס ה ק ב
כ ר ב ו ו ד ס ר ב ב כ ש ר ו ן נ י
ר י ת א י ן ח ל ה ו כ י ח ר ח ו ב
כ י ג ף ו ח ן ה פ י ה פ ו ת ו פ ל
ו ה ו ר ת ת ו ר ח ד פ ל ל י ל מ ד
ם ת ב ר ב ד ר ד י פ ם מ צ ת ר י נ
י ס ה · ה ו ה ס ה ת י ב ה ח צ ו ת
י ו מ ח ב ר ק נ ל ל ו ז ם ד ק ו מ
י ו ל ר ן ן ס ו ם ר ג ר ק ע ת פ פ
צ ו ה י ה ל ת מ מ צ א ה נ ה ע ב ג
מ ט ע פ ו ת ו ג י ג ב י ו ר י ו ק
מ ב כ נ ו · ו ב ח כ י ב ת ת י ב א
י י י ז ו ש י ת ו מ צ ל י ל ת נ
ר ל ו ה מ ו ב ח ל ו ג ת י ח ו מ ו

קבל
זול
כרכום
כוח
לנקר
מתוק
גבעה
התיבה
מוקדם
מגבת
חולצה
חדה
צלילת
להוכיח
ספרייה
מחבר
בתגובה
מעדיף
מסורתית
כשרון

Puzzle 185

ו	ל	מ	ב	א	ו	מ	ל	ו	מ	צ	ר	כ	ן	ם	ם	נ
י	כ	ת	ל	מ	ח	כ	ם	כ	פ	ד	ו	מ	ה	ז	מ	ב
ו	ם	צ	ק	י	ב	ו	ק	י	ו	ד	ל	ב	ד	פ	ז	י
ח	י	ל	ז	ו	ן	ט	ס	מ	ר	י	מ	ל	ב	ו	ח	ח
מ	ע	פ	ו	ב	י	ו	א	מ	ש	א	ע	ט	ו	א	מ	ס
ח	י	מ	ג	ו	ט	ח	כ	א	י	ב	ד	י	פ	ע	א	פ
ת	פ	ו	ת	י	ט	מ	א	ו	ם	ס	י	ס	ב	ק	ה	ח
א	ש	ד	ק	ר	י	נ	מ	ל	א	ו	פ	י	ו	ָ	ָ	פ
י	מ	י	ל	ת	ו	ך	י	י	ד	פ	י	ד	ת	ע	ל	פ
ע	מ	ת	ה	מ	י	ל	ה	ח	מ	ש	ם	ה	ו	ט	ר	ג
ש	ל	ו	ש	ה	נ	מ	ק	ג	ו	ב	י	ה	ה	פ	ך	י
ש	ק	ו	ג	ב	ה	נ	מ	ל	א	ו	ט	ת	ו	ה	ה	ש
ד	ח	ם	ו	צ	ק	ן	ע	ו	ו	ע	מ	ר	ש	ש	ש	ת
כ	י	ש	ו	ף	ד	ה	נ	פ	כ	פ	ק	י	פ	נ	א	מ
ב	י	י	י	מ	א	ד	ל	ה	א	מ	ה	ל	ח	ן	ע	ר

במבט
סופשבוע
אחיו
רמת
משפיעים
פגישת
קמטים
חילזון
שלושה
מפלצת
ביחס
הפולקלור
אולי
חכם
מעדיפים
מפורשים
כישוף
דומה
ההפך
לתוך

Puzzle 186

ע	י	ע	ד	ת	ה	ר	ן	ש	ן	ע	מ	מ	נ	ה	ר	ע
ל	א	מ	ב	ק	ל	י	כ	ר	ל	ו	י	פ	ת	ת	ב	נ
י	ר	ו	ש	י	מ	ו	ד	פ	ד	ל	ם	ת	י	ח	ע	ו
ת	ב	י	ב	ס	ר	ה	ש	ה	·	ו	ו	ח	ב	ר	ה	ש
ח	ו	כ	מ	פ	ת	ר	ה	ד	ס	ו	ס	ט	ו	ו	ן	ו
מ	ל	ר	מ	ב	ע	ח	ו	ה	כ	ה	ל	מ	ת	ת	ו	א
ש	כ	פ	ק	ס	י	י	פ	ם	צ	ת	ו	נ	ו	ר	מ	מ
ל	ו	ר	ו	א	ו	ל	ָ	ר	ל	ר	ל	ר	ר	א	ד	ר
א	מ	ת	א	ן	ע	ב	ף	ד	ת	ב	ר	ר	ק	ב	כ	ב
ה	י	ל	ו	ע	ו	ר	כ	ת	ע	ו	א	ל	א	א	ו	ע
ו	נ	נ	ר	א	ה	א	ג	ת	ל	ת	פ	ר	ס	ו	ם	י
ן	ם	י	ה	ד	ס	ס	ח	ל	ט	נ	ד	ו	ט	ס	ק	י
ם	ו	מ	ה	ר	ע	ח	מ	א	ה	ב	ב	ל	ש	ר	י	ת
א	ו	ק	י	י	נ	ו	ס	צ	ו	נ	מ	ו	ג	ב	ב	ן
ח	ן	ח	ל	נ	צ	ב	ר	ן	א	ה	א	ר	ח	ו	ל	ת

סביבת
התחרות
עלי
מישורי
פרסום
לשמחתי
מסובכת
לנבוח
אבא
כלוב
אוקיינוס
מסודר
התרבות
שרפה
מפתח
פסיקת
סטודנט
חמאה
נתיב
בעיית

Puzzle 187

ב ה ג פ י ה ס י א מ א ב נ מ י ג ל
ת ע ה ב א ו ר ת נ ע י כ ר ד י ר ה
ל מ ו ק ל ר ב י נ ו י ן ד נ ש י פ
ן ך ל ם ב ת מ ר נ נ ך ש ע ל י ב נ
ל י ו י ל ב מ א ו ן ת ר ג ן נ ר ו
ם ל ע ו ד ן י ו ו ל ד ע כ ר י ש ת
ש ה ו ו ו ס ש ע א נ ו א ם י י ס ל
ו ת ח ה מ ם ה ה ש ו ה ן ל ף ד ו ב
כ נ ו פ מ ח ו ו ו נ י ן י ו ם ן ו
ה מ ו מ ר ו ה ב כ ל ו א ש ג ה כ ד
מ ג א ס ם ז ג ד מ צ ל ה ס ב י ר נ
ל י פ ש ה ג ל ש ו ע כ ל כ ל י י ר
א מ ת ת מ י ל ו א י ו ו נ ש ח נ ד
ש ל ו מ ה מ ָ ו ס ר ק ד ה ב · ו י
י ת ל י ג א ב ס א פ מ ב כ ר ב ק ה

מנת
צעיר
סולם
להפנות
מישהו
כמו
מעונן
שלג
האקלים
חייהם
גז
להסביר
לסיים
מילואי
תהליך
כרישת
בגוף
כלכלי
הבא
דרישה

Puzzle 188

שׁונרָה
טיפש
ממתקי
נושא
להופיע
בחינה
הכילו
הוצאת
לנשום
סמכות
להחתים
פתוח
זריקה
עונת
לכבוש
עתיק
רגיל
בכירה
קודמת
מומחה

ר ר י ק י ת ע ף ק ו ע ו כ ת ה ד ע
ד ע ה ו ק מ מ ב כ י ר ה כ י ל ו ג
ת ו ו ח ה ד מ פ ו ת ו ת ר א נ ן ה
ד ר ג ב י ו ת א ת א צ ו ה ת ש ק ת
ת ו כ מ ס ק ק י י ר ך ו ב ת ל ג ט
ו י ר ת מ י י ם י מ ג י ק ל ן י א
ר ר ם י ב ך ו מ ם ו י ת ח ו כ ר ר
ן ת ב ס ל ת א מ א מ ר ם ל כ ב ו ש
ב ח י נ ה ד פ ת ו ח ו י ן א ג ◌ ה
ו י נ ג ו ל ו ה ע ה ח ל ק ט ו ר ל
ס ש פ י פ ש י ד כ ד נ י א · ב ג ן
י ש א ס י ל ל ג א ש ו נ נ ח ס ו ט
י ח א ם ע ם י ת ח ה ל ר ת ר ד י ג
ד י ח ת י צ ג ל ד פ ָ כ ן ג פ ח מ
ם ו ש נ ל ז ר י ק ה ו ע ב ש פ ה ס

Puzzle 189

פ ס ו ל י ו פ צ ה ט ר ו פ י ת ם ן

ע ר א ב ו ס ה מ י ט ה ו ו ח כ ה מ

א ה י א ג י ע י ל ו ם ל ן נ י ר ס

ל ב מ ו ר כ א צ א ח ג י י ב נ ח ר

ב א נ א ל ד מ ר ו ש ו ס י פ ק ו י

ו ר א ו צ ע א ל ח מ ה ף י ת ג א ד

ס מ ו ק ם א נ י א ל ו צ ו ד א כ ש

מ ש ו ת ר ו ב ט ן י ר פ מ ל ה ת ת

ה ו ז י ר ת ה ל ס ל ה מ ח י ש ת ו

נ ר ל ת ו ן ו פ י ע ב ט ל ל י י נ

י ו ל ו ת ה ס י כ י ף י י ח ם ט נ

ו ל ה ד י ש ק י ת ח ל ק מ ו ה ה כ

פ נ נ ר ב ק י ן ד ל מ ע י ב ד ע ס

א מ י ך ח ר א ן ש א ר ו י ו ס י כ

ר ב ח י ה ע י ל י ת מ ד ה י ה ד ה

גם
דחף
המיטה
מחל
אווז
ילדת
פסולי
טבעי
הטרופי
כניסה
מקלחת
חווה
להמחיש
חשמלי
דאגת
להניח
שקית
צפוי
כיסוי
גלוי

Puzzle 190

הראש
זמין
כוס
פרס
סיכוי
צלחת
לקנות
מדויקת
להצטרף
אך
בקהילה
בטלפון
בניסיון
שאת
עכביש
דבר
להעליב
מפרץ
מחשב
להביא

ת ק י ו ד מ ת א ש נ ו ה ן ד ס ו ב

מ ר ר י ה ו ר פ ו י ו ה ו א ר ח ב

פ מ ד ת ו נ ק ל ו פ ו א ר ר פ ק ש

ר ל ד ף י ש מ צ ר ו ב ב א ג ה ל ח

ו ת ל ר ב פ ל י ר י א ז מ י ן ו מ

ו פ א ה ט ב ם ו ו נ ן י ל ת ו ש ב

ב ר מ ס ל ף ר ט צ ה ל ה ה ץ ר פ מ

ב פ ָ ג פ א ע נ מ ה נ ר י ו ב ל נ

ח ע י ה ו ל ו מ ק ס א י י ב ד פ ע

א ף ת פ ן ב ד מ ם ש א פ ן ו י ן ה

י צ ו מ ו נ ש ל ו ג ר פ ז ז ד ר ע

ב ה ו א מ א י ב ה ל א ך א ף י כ ל

ל ח פ ת ח ל צ ג כ ל ה ע ל י ב ו ל

א ג נ י נ ו מ ת ט ב נ י ס י ו ן ו

י ת ף ח ר מ י ו כ י ס נ ש ל ז ע ר

Puzzle 191

ן ב ת ל מ ת ר ך מ ב ר ב ת ש ע ה ל
ל צ ב ר ר ט ו ן ש ב ש ד י ו י י ו
י מ ו ד כ ב א ו ל ם י ל ר ר ח ק ח
ל ת מ ר ז ע א ב מ י ב ל א ן ל פ ל
ה פ י ס י ת ב ק מ מ י ן י ט ק י ע
ו ע י ה ת ת ב י ח י ח ו ס ב א י מ
ם ז ג ל ו ק ב ר צ פ ל ו ש ב א נ ן
ר ב מ י ה ב ח ר ן ה ש י ק מ ר ק א
פ ה ת מ נ ם י מ ע פ ל כ ו נ ו י ו
ג ב ו ח ז נ ו י ב ב י ב ו ב ש כ ב
מ ה ף א ו י ב ד ל ח כ י נ י ר ר ק
ד א ח צ צ ע י ת ו מ י י ר מ ה ט י
ג י כ ת ד כ ר ט פ ך ת י ו ס ל ת י
צ ג פ ש ד א פ י ד י ו י ן נ פ ת ו
ל ר י ן ת מ ם ו ק א י י י כ ו י פ

בכיוון
קטלני
אהבה
קטין
טבעת
לפעמים
לייצר
ריקבון
תוף
היקפי
בבטן
בקול
לוח
אריה
בצל
עזבה
תשעה
כנס
מרכזית
באולם

Puzzle 192

לילך
נמלה
מטורף
אפשרות
קדמון
קיווי
משתנה
בכבוד
פרשנות
סיכום
נתונים
פשוט
סגול
אנושי
כלב
קשת
בצבעי
מבטיח
שצבא
קדרה

ד ז ע ו ו ו ו ר ל ו כ ר ס ן מ ד כ
ו מ ו ס ו פ ה ל ו ו ר ח ו ק ף ל פ
ה ח צ נ ה ש ן נ ן א נ מ ל ה ר ד ק
ר ע ח פ ס ד ו ב כ ב א מ נ י ו מ י
ה כ ר י ס ר מ ל ת א ר י ו ד ט ב ש
פ ל א נ ב מ ד ב ב א ב צ ש מ מ ו ו
ר י י ו ו י ק צ ה נ ת ש מ ב ג י י
ו ל ש ח ו צ ב ן מ ת פ ש ו ט א מ א
ע ך ו א ר ע ב ל כ נ ת ו נ י ם פ ר
י ד נ נ י ד י כ ח ס ש י ו ח ש ת ג
מ ב א ז ב ב ף ח ג מ ק ה ו ר ע ו א
ן מ ב י ח נ ד ו נ מ ו ת ו פ ר ו ע
מ ה ר י א ה ל ד ל ח ר ת ם ו כ י ס
ל [illegible] ו ו י ר ד ע ה מ ת ת ו נ ש ר פ
ף א ש כ ת ה ן ה ל ו נ ר ת ל ו מ ו

Puzzle 193

ד ב ו מ פ נ ד ו ל א ד ר ז נ ש ד י

מ ו ר נ ג ב ו ה ה ה פ ד ג ה מ ר ד

ח י י ל ם פ ש פ ת ר ל י פ ה נ מ י

ח מ ת ה ת מ מ א י ה ל ר ת ך ה ר ס

י ד פ פ ק ש ה ט ר ר ת ל ע ו מ ש ל

ל ל נ ח ת ג א ד ו מ ס ח פ י י א פ

ע ף י י ר ה ב ר ע נ י ל ע נ מ ס ו

ר ר ר ת ו ז ס י ו נ י י ב ו ו ה ר

ו ר ת מ ב ס ו ת ל ע ו ת ט ל צ פ א

ת י ר ו ד ן כ ל ה א כ ו ת ו ח ח ר

ה ט י ס ב ל ת ר נ נ ן י מ ג ו ע ז

א י ח ר ע ן ה ע י ו ל ל ק נ ר ה ה

י י מ ו פ ד ה מ ב ש ם כ כ ר ל א ב

ל ב ה ח ח נ ו ע ה מ א ל ו ת ר נ י

א פ ל ן א ר ח ס א ו ז ב ו ה ה כ ד

תועלת
גבוהה
שמנה
פסולת
שפת
טבע
נעלי
מודאגת
פנימי
זהב
דבורת
להתיר
להפחית
תרנגול
הרס
לשמוע
פגז
כלכליות
גיל
דג

Puzzle 194

מ מ ת פ ק א ר ו ו ה נ ו ש ע מ ד ה

פ ל ה ל ו ת ו מ פ ל ש ס נ פ י ר ע

ן א ח נ ר ע ט צ מ ם י פ י מ א ע ת

ל ך מ ח ד ד מ ף י א י ו מ ת ח מ פ

ד ע ל ת ה י ת ס ר ת מ ע ה ר ק ר ה

נ ו ו פ ל מ ר ג ר ד ג ו ל א ב ש ג

י ס ק ו ה מ ו ג פ ע י י פ ו ת ן ף

י ב ם ח ע ן ר ל ה ר מ א מ פ פ ב ו

ש ג ק פ ב ל ב א ת ל ר ל ה מ ב ן ה

ל י נ ו י ע ע א ה ר ד ר י ת ת מ ת

ל ו ו ו ר א ש ב ט ו ב ו י מ ו ח א

א ח ק ו ב ק ב ה ן ף ת ת ש ה ל ר ו

א ל ר א ר ר ו ת י פ ה ח מ ר ו ל י

ב ל ח ב ר ו נ ר ר מ כ מ ם ו ו כ מ

ת נ ו ב ה ה צ ל י מ ר ו ג ת נ ד

שעברו
הראתה
מאמר
מידע
הבקבוק
לדון
להשתתף
ארגון
להעביר
התה
שונה
עייפות
מפוארת
מצטער
עמדה
הפתעה
סנפיר
מחדד
תפוח
מלאך

Puzzle 195

א ל ה א ו ל ת ן ד א י נ ו ו מ ן ח
א כ ו ע ס ג ם כ ר מ ב ט ו ע ן ל מ
ו א ל ז ר י ח ט פ י ג ב פ כ ו ר ל
ת א כ ג ע י ר מ ן ן ו י ד ק צ ל פ
י ו י ו מ ד נ י א י ף ה ה מ ר ל ר
ע ד ם ה י ל נ ף י ל ב ו י ה מ ש ב
ס ה ל י ו ל ן ש ע צ י ד י ל ל ר ס
מ ך ו נ א ד י י ה ק ע ת נ ך ס מ ן
פ ר ל ה ס ו ו ת ו ב ק פ מ א פ ש ד
· ר ו ר י ב ב ו א ם מ ג ח ר ק ר ו
ש נ ש י ר ר מ ש ו ו ל ר ל כ ס ך ד
ט י ר ב ב י מ י ף נ ת ר ו ת ו ע ב
ו ב י א ת ו ר ש ד א י ר נ ה א י ו
ש נ ש פ ו ן א כ י ת ע ד ש ו ת ו ד
ף ר ג ע נ י ד ג י י ר ה נ ף ו ע י

אביר
כועס
מרצון
להסוות
טוען
הלך
אם
מהלך
בבירור
הולכים
משאב
לספק
גזע
אלה
לחמנייה
עשן
גרף
חלוקה
יתושי
דיון

Puzzle 196

מ ה ח ו ק י י ש מ ל ל מ ה ר ו פ ש
א ר כ ש א נ ס ח ד פ ל ל ר ת ש א ס
י ג ו ו ד ה מ י י מ ש ס כ ג ע מ ת
ן י מ מ ל ה ק י י ס א ן ה ד י ד ת
נ ש ב ר ו ע ה ה ק ר מ ש ה מ כ א ט
י ו פ ק י א מ ש א ד ד ע ת ר ע מ ד
ד מ ש ג ת ו ג ב מ ע ש ת ר ח ב מ
י ע מ ה י ת ס א א י א ב מ ד א ת י
ו י ח י כ פ ם י ר ג ש ב ב א י ל ת
ע כ ן ה י י ל ו ל י י ר ו ב ש ו ת
ד ו ד נ ד ל צ י א נ ת ל ה ו ע י י
א נ ת ר מ ו ו ב ה י ר ה ן מ ד ט מ
ד ר ו ם ל ד ב ג ר נ ב ע ה ה ח ו ו
ו י ע ב ר ג ל נ ד י ח ט ו ט י צ י
פ ר ס ח ס ה י ר ר ח ב ב ה ש ן א מ

מערת
מבינה
ציטוט
חברתי
למד
יורדים
תושב
דרום
טיול
שגרים
שחייה
כמה
הגדול
ספינת
בוהן
העורב
הרגישו
היה
צל
יניח

Puzzle 197

ך י י ו ת ב ס מ ש ב ב ן ר כ י מ ף
ו ו כ ב ט כ ו ק ר מ ר ו י ר ך ז מ
ו א ק מ כ ן ף ה ס מ ל ח ת י ו ח א
ו י א ע ר ש ל ד כ א ס צ מ ת פ ל נ
י ק ד י ל ב ר ן ג ת ז נ א י ה ת ע
ן ר צ ו א ו מ ב ק ר מ ף א ל צ ו צ
י ש י ף ן ס מ ע ש י ו ה ם י י ק ל
פ ל ד ש ג ן ר ר ר י ו מ א ל ב ר מ
ר ד ר י ה ק י ת ש ר ת ר ר ש ג נ י
מ ן ו ת נ ב ו ב ז ק ו ו נ ע ר ל ו
ו א ו מ ח ע מ ק נ ל נ א ג ב י א מ
ס ר ה ר כ מ ד ר ה ו ◌ ק ת ר ר י נ
א י ל ע פ י מ ו ס מ ח ד ה ק ת ה ו
ר נ ט י א מ ד י מ ד א ש ע ם ח ג ת
ב נ ח ס צ י ו ן י י ל ר ל א ד א ר

בלי
אוצר
ביצה
קריירת
הפוך
מזחלת
רק
שתיקה
מיומנות
סוף
שלד
זבוב
חסת
לדכא
מהיר
לקיים
במסדרון
מעשי
נצחון
לשעבר

Puzzle 198

ט ה כ מ ד ו ג י נ ב ס ח פ י ס פ ן
ו י ה כ ד א נ ח ל ח ת ו ה ד מ פ ה
ש ג א ו ן ב ל ה ה ו ו כ א מ ל ו ל
ק ר צ ת א ח ד א א ך ת ת ר ן ד ד ט
ת ט ס כ י ג ב י ל י ע פ מ ה ל ג ו
ת ר ו מ י ן ר ח ע ר ר י ף ר פ ר ש
כ י ג ש ו ב מ י ה כ ס ל ל ו ו ס ו
ו ר י ו ל ה ע ט ו ת מ ק ה ב פ כ ו
נ ד י ו ש כ י ה נ ח ה ג ל ת ת ד פ
ת ת ת ם ה ו פ ה ר מ ו ר ב ר ס ב ת
ב ח ע ר כ ת ש ה ה ו ם מ ל ק ח ו ן
כ ה ה י ו פ מ ל ד ל א ח ט ל פ ס ח
ר ה ר ו ח א ב ד ן ו ה ה ו י ו ע ל
ה ה ל י מ ו נ ד ת ח נ ר א י ז ת ת
ו ר צ ג י ש ה ש ב ר ח י ח ו א ש ל

לבן
חפוז
סימן
מכה
העלאה
תכונת
מפעילי
גישה
כריך
סוגיית
להדגיש
לימונדת
הרכבת
אבן
מבנה
עט
בניגוד
שרפרף
אחורה
חיטה

Puzzle 199

ה פ מ ו ל ר י ו ת ס ד ת ן ל ו ת מ
ו י מ ת ד ו ד מ א ו ש ר ת ל ה נ מ
ו ו ש ו ב ג ד ח ל ח ל ק ש ר ו ה א
פ י ק ר ו ר א ש מ ן ן י ע י ב ר ה
ו ו ל מ ג ש כ ו ל ב ו ש ד ו צ א ו
ד ל א ח ר נ ת ל א ח ר י ם ת מ ב ב
ר י א ה ע מ ר ת ה י ו ש ב ה י א ג
פ ד ה א ו ה ש ק ב י ד ה ת ם ג ע ו
ל י ו פ א ש ל א מ ש ר ר א ב ו ו ה
א ש י י ל ת י ו י מ ב י פ ו ק י ב
ו ב מ ן א פ נ א ס י צ מ ו ו י ב א
ע ם ו ר נ מ י ע ר ד ר ן ר ר פ מ ד
א ו י ו ת מ ל ו ת ק מ ע נ ס פ ח ל
ש ו ב מ ל ג ל מ א ע ל מ ל ר כ ד ו
ו ל נ ה ו ו נ ל ר ו ו ר י ד ג ה ל

השישי
המאה
פלא
לאחרים
משקל
מנהל
לאחר
לתקן
אפור
קשה
חלק
בוגר
גבוה
הרביעי
לשכנע
לבוש
מאושרת
להגדיר
דודת
אביו

Puzzle 200

ו ו נ ו פ ת ב ו ב מ נ ו ע ד א ש ש
ב י מ נ י ס ע ו ר נ כ ט י ת ם ל ב
ק ם ו א א ב ו י י ה ל ק ם א ר י מ
ב ד צ ת ה ר ו פ א ף ב ע י ת ו ן ד
ד ג ל ל ב ש ב נ ו י ת י נ ר ר ק ה
ל ה ח ל י ק ג א ת נ ה ה ו י ה י ר
ק נ ל ר ש ם ף ו י ז ל ש ג כ ה ר ר
ה מ ו ע ס ו ל ב ת ש ו ח ס מ ר ו א
מ ד ע ן ו צ י ו ר ל ו ו ס צ ט ה ש
ש ר ל ח ז ו ת ת ת ר מ ר ה ו פ ה ע
ש פ צ ל ב ח י ס ש א י י ב ת ◌ ק ו
מ ה ר ו ל ן ק ל ו י ק ת נ ש ת ו ת
ד ה א ש ב ל ו ם י ק ש ו ב ב ו ת ד
צ ה ש ל ט ו ן ד ת ל ו ב נ מ ר א ל
א נ ן פ ו ד ן ה ו פ ח א ם ד ד ו ר

עטלף
קשוח
מנוע
יסעור
ערש
להחליק
שעות
תיקון
מוצלח
הססגוני
שולחן
השלטון
כיור
מנהג
בריאותי
לחזות
השחור
בעיתון
הרופא
הוריקן

Puzzle 201

ע ך ו ל י א נ צ ו ר ד ו ר ם ת ר ח
א מ ר ק ל ו י ש ו ז פ ו ח ר ו ל ם
ד ח ב ב י ו צ ה ו י א ה ו ל פ ל פ
י ו א ל ע ו ס נ מ ד ל ב ד ו מ ר י
ק נ ח ק נ ו ל מ נ י ש ו א י ם נ א
ר ה ר ב ח ס ה ר ו ר ק ו ב ב י מ ש
ת פ ו ש ו ב י כ ז ל ר ה כ י נ ב ק
כ ה ו מ ו ו כ ג ו ע ד י י כ ו י ש
ה מ ת ת ו ן ח ן י כ ס צ ק ר ו פ א
ם י ש א ן ו כ ד ב י ח ק ג ל כ ה ה
ט כ פ מ פ ל מ ב ת א ו נ ו ו ת ר א
ת א ש ו ם מ י ח ח כ · ו ם ר מ ו ד
ר ט פ ן ל ס ם ו נ א ש פ ו ש ה מ ח
י ה ל ש ש י ן ג ב ש ד ד ק ע ם י י
ס ג מ א מ ס ו ד ו ר ת י ת ב י ב ס

כאשר
סבון
חברה
נישואים
נמר
ידע
סביבתית
פלפלו
חכמים
סכין
שלה
מתכוונים
פרק
בבוקר
יקר
פונקציה
גזר
שבור
רופא
לקבל

Puzzle 202

ת ך ג ן י ב א ס ת ם ם ר ו מ מ ע י
מ ח ב ה ו ר ע מ א מ י ק ח י ב ו ו
ר נ ר י ע ו נ ר ר א ר ז א י ח ת ע
נ י ה י י י פ מ ד ו ו צ נ ו ן נ מ
ח ר ת ר ל ג י ו י ן ב א א ת ע ו ו
י י ה ו ת א ל ו ו מ י י ע ח ס ע א
ד ב ע ל ה פ ס י ק ם ד ר ח מ נ ד י
ע י ב מ ו ח מ א ד י ל ג ף ם ד פ ת
ג ח ו ת ב מ צ ב י ק ר ו נ י צ ע י
פ א ל פ נ ו ת כ מ ז פ ס נ ש י ה א
ס ז ת ת ד ד ה ל ה ח ז י ק ל ת ו ו
י ו י ת ה ד ◌ ש ל ה ו ש נ א ה ר ה
פ ה ה ◌ָ ד ת ל י ה פ א פ י ל נ מ ח
ן ס ו ו צ ם ו ל ל ר כ נ ו ד ה ת י
ס ו ק ל ש ו ד א א ל א א ו א ו ב ק

קדימה
צינור
חזון
לשים
להחזיק
צנון
גבר
לחפוף
חזקים
לדיבורים
כבאי
חמוד
נפשי
כל
להפסיק
לפנות
במצב
מבחן
סוג
יריב

Puzzle 203

ו	מ	ו	ק	ל	ו	ש	ת	ו	ו	ת	ו	ד	ל	ו	י	ת
ת	א	ס	ם	ת	ד	ח	ל	מ	ב	ו	ח	מ	ל	ו	ל	ל
ו	מ	פ	י	ה	ס	י	י	ל	א	ח	ה	ו	ה	ו	ל	מ
פ	י	ה	ע	י	ב	ר	ק	ה	נ	ה	ג	ל	י	ו	א	נ
ו	ן	מ	ו	ש	ל	ו	ש	ח	י	י	ר	ד	א	ל	ה	ה
פ	ק	ו	ש	ש	ר	ל	ב	ת	י	מ	ס	ר	נ	ו	נ	ב
ב	י	מ	ר	ו	ק	ע	ל	א	ר	י	ה	ט	כ	מ	ז	ת
ו	ה	י	ף	מ	ב	ל	ר	י	ת	ר	ו	ן	ו	ת	ב	ב
מ	מ	ה	ס	י	מ	ץ	ש	פ	ח	א	ב	י	ן	ק	ל	מ
י		מ	ת	ש	ק	מ	ד	י	ל	מ	מ	ז	פ	ב	ל	י
ד	ד	ו	ה	ו	ו	א	ל	מ	צ	י	צ	ג	ח	ו	כ	י
נ	צ	א	א	ם	י	מ	ו	ו	ה	נ	ק	מ	ד	ת	י	י
י	ן	ה	ג	ח	ו	מ	ה	ר	פ	י	ל	ח	ו	ש	ף	ו
ת	י	ח	ח	ח	ב	א	י	ת	נ	ר	י	כ	ז	מ	מ	ה
ל	י	ה	ו	ת	ס	ן	מ	ר	ו	מ	ו	מ	ע	ח	ל	מ

ידנית
מגזין
יתרון
קו
חושף
גרסה
מאמץ
ירד
ארץ
נטו
מאמין
הנהג
המומיה
בלב
שימוש
חמש
הצלחת
לעקור
האומה
מזכיר

Puzzle 204

ד	ה	א	ע	ם	ט	ת	ו	ד	ו	ה	ל	ו	ע	פ	י	ה
ת	ה	ט	מ	ת	נ	ג	ה	ף	י	ט	ל	נ	ע	מ	ק	מ
ם	ס	ו	ר	י	פ	ה	מ	ס	ק	ר	ב	מ	ט	כ	ר	ש
ת	א	מ	ט	ק	י	ל	י	כ	א	י	פ	מ	א	ב	י	ו
ב	ה	י	ת	ע	ח	ו	מ	ל	ם	ע	י	נ	י	י	ם	ל
ב	א	פ	מ	ו	ד	ח	ר	ה	פ	ו	ן	ד	ב	ז	י	ש
צ	ג	ב	ל	ד	ו	כ	נ	ת	ר	ר	ל	ר	מ	ר	ח	ו
ו	ת	מ	פ	מ	ו	ה	ו	פ	ח	ע	ג	ר	י	ל	י	ש
ר	ו	ד	ה	ם	ו	ב	ח	ר	ו	א	ל	ו	י	ח	נ	ת
ת	ט	ז	א	ג	י	מ	ו	ץ	ן	ר	ח	ס	מ	א	מ	ן
מ	ר	ת	פ	א	מ	ה	ת	ן	ן	ב	ח	ל	מ	א	ק	ד
א	א	פ	ש	י	מ	ד	ק	א	ל	ל	ה	ק	ת		ח	ה
י	ה	ת	ר	ד	ש	ו	ו	ג		ם	ו	א	י	נ	ב	מ
ל	ס	ה	ו	כ	ה	צ	י	ב	ר	ס	מ	ש	י	ך	ה	י
ם	ד	ר	ת	ל	י	ו	ם	ל	ע	ל	ה	י	ו	י	ד	ב

עיניים
ענבים
אמן
רגע
להתפרץ
אקדמי
יקרים
להודות
נוחות
כסף
האפשרות
דיבר
סחר
חמלה
המשולש
בצורת
אכיל
מניחים
הגנת
הכחול

Puzzle 205

ה י ם ן י ב ר ג ט ע ר ה ס ד ש י ל

נ מ ק צ נ י ג מ מ מ א י פ ו ת ה ש

ו ס י ס ב ר פ ט ו צ ח ת ו ל ל ט ו

ז ב ר י ב ר ד ע ת ב ו ק ט ה י ע נ

ל כ ש ו ט ח מ י מ א ו ר ז ת נ ק ג

פ ל נ ו ו ו י מ צ י ו ש ר ח ע א ע

ד ל ר נ ד א ש י ת ל י ל ד י ה ו ס

ב ה פ ב ו מ ו ם י מ ד ה י ל י ד פ

ו ת נ כ פ מ נ ו י ו מ ו י ה ח ת י

ח ש נ ו ל ו ל ו ת י ת ל ת ל ש י מ

פ ע ו ח ו י מ מ ם י נ ס ע ו ו א ק

ו נ ד ס י ח ת ג ו ה ע ה ד ו ת ב ו

ת ש ש מ ו ר מ י ב א ת ת · כ נ ש א

ן ו י ס י נ פ ב מ ע ה ת נ ו ת י ל

ו ק א פ נ ק ר כ נ ם י א מ מ ת מ ו

שנעשתה
בכלל
גרבי
יש
להתחיל
מאוחר
ניסיון
דתי
ילדי
אורזת
הנוזל
טעימים
גרב
מגיב
חתול
טמפרטורה
בסיס
מצב
טופס
בנו

Puzzle 206

א ל י ת ן י ש ל י מ ל ל י ם ה נ ל

י ח ת ל ר י ק מ א ו כ ז ב ו ת א ת

פ ו ב י ו נ ו ש י נ ל ב ר י ו ם ב

ו ת ד ל ו כ פ ן י ס ס ה ו א ד ג י

ר ת נ ח ק מ י ו ו ן א ע ח ו ל ו ח

ן ד י ד ה ט ו ר ק י ה י ש ז י ף ד

ס מ ק ה י ל ת נ ו ה מ מ ו ו ה ת א

ע ל ת ש י מ ח י נ א ק ד ר א ש ו ו

י ת ו ל ע צ מ א י ר ג מ ב כ ת נ ד

ת י כ פ פ י פ י פ ו ד ה ח ד נ ו א

ס ג ה ס ו צ פ ד ל ו ל ש ש י ל ח ה

ה ח ו ר מ ו ה י ס ס ר י ק ו ר ר מ

ס ן ח ו ה ב ב מ ן ן פ ר ר י ש ע פ

ו ד ע מ ב צ י י ת י ן ו ש מ י ה ל

ד ן כ ח י ר ן ו מ א ש ד י ל ל ת י

שקופיות
עלות
קרפדה
המדמיעה
פינוק
ילדות
איפור
חור
ספל
דחליל
קהילת
ירידת
טורקיה
אמון
לחות
עצמאי
הורה
איום
שזיף
מאוכזבות

Puzzle 207

א א מ ק נ ה ו ו ן ת א נ ש א ר ת ס
ו מ ז ר ד ג ה ב י ח ק פ ו ס א ת ס
ל י י י ן ל מ ת נ ה מ י ל י ד י ה
ד ו ן ז ב ו כ י ת ל ח מ ח מ ם ל נ
ה צ ו ר מ ל מ ר י ק ר כ מ מ ה ג ח
מ א ר י ש ה ו ד נ ר ה ל פ נ ת נ י
י ס כ ו י ק ד ו נ ו נ ח ו ל מ א ו
ו ט י מ ן י ב צ ו ת ד כ ה פ ר ג ת
י ר ז י צ ג ב מ כ ה ח ל ו מ פ ר ב
ח ט י ל ל ס ע ר ל י ת צ ר י ב ב ש
מ ג פ י ל א ש י י צ א ו נ ◌ ד מ ה
ש י ש ל ו ש י ם ל ב ר ד ד י ו ט ל
ה ה ג ה ו ו ם י ק י ק ל ח ה י ו ד
כ מ מ פ ל ר ל ש ש י ו מ ו פ ל מ ל
ח י נ ס מ ב ב ר ת י א מ ר ר ה מ

שנאת
אסטרטגיה
החלקיקים
אנגלית
הנחיות
זכוכית
התרוקן
קמח
אדם
הגלולה
ילידי
שלושים
מתנה
קנה
לכוננית
מפחד
לקרות
זיכרון
הנוכחיים
מרוצה

Puzzle 208

ל ו י ב ו ח מ פ נ פ ת ו ת נ כ ר ש
ה נ א נ ש י ם ו ו ן י מ ה ב ם נ ו
ת י ר ק ו ב פ ר ר ב י ע ש ו י א ר
נ ה מ ם ו ו ר ת א מ ו ו פ ת מ ו ד
ו ו ה י י ר ג ה י ל ע ב נ ק ע מ ו
ע ל פ ו ע י ב ש י ב א ו נ מ פ צ ש
ע ל י ח ת ה י ן י י מ ד ל ע נ ו פ
ק ע ס י ז ב נ כ ע ש ה ל ב ת ק ס מ
מ ז ס ו צ ל ת ו ק ם ל ו ל י י ל ב
י ו א ד מ ח ר ו ה פ ד נ ע ו מ ו ל
ה נ כ ו מ ט פ ו ש ת ו · ן ב ו ו ה
נ ו מ ס ע י ו ה ה כ פ ק ב ל ק ת ו
צ ת כ ל א ש ה י ה ן ר ב ו מ מ ר ב
ר י ל ם ה ו ע ר ר ה י צ ל ו ג ר י
ר ו פ י מ ג ר ג ו מ ם ת א ר ו ע ל

פסיון
חיבור
עשוי
שופט
מקומי
לדמיין
וניהול
בהיר
הם
שניתנו
להוביל
להתנועע
רקוב
מוכנה
פעמים
גבינת
נוראי
עבודת
רגולציה
אנשים

Puzzle 209

א נ מ ת י ו ח ו ב ן כ מ ד ר ק ו ב

ל א נ י ל ו ת ש ח א ד ה ו ה ר ל ר

ו ו י ב ט צ ו נ ה נ ל א מ מ י י א

ש מ ש ו ג פ נ ו ת י מ ה ד ח א י ד

ל ל ו מ מ א ת ם ך ח ח א מ כ ה ס ו

ד ד ת ו נ ו ל י ו כ ב ה נ ה פ ה י

י י ב ה ל י ב ב ר ו ר ה י ה ל מ ס

ד ו ן פ ע נ ק ה כ נ ת ת ו ם י מ ל

כ ש ר ו ר ז י ו ם ה ה י ת ה ח ס ק

ב פ ר ע ו מ ו א פ ו פ י ש פ א ב ר

א ק ט י ב י ת ס א י ב ח ש י ל ת י

פ ו פ · י נ ר ד ב ג י ס ר פ ת א א

נ ר ש ס ש ה ת ה י י ס ו ל כ ו א ת

ו י מ א פ י ל ב ד ח ו ת י ר ת ו ה

י ה ל י נ ש ת ה ו י מ ג ◌ מ י ח מ

הליך

אוהבים

לקריאת

זמינה

וילונות

ירוק

משפט

מחפש

אקטיבית

אוכלוסייה

דומדמניות

קריאה

התייחס

סבתא

שמש

ברור

בילה

לבשל

חתונת

הנוכחי

Puzzle 210

ד ו ד ר ד ד א ה ר ב ה ר מ מ ו ו ח

ר ל י ח ה ל מ ת מ ד ת ל ר ו ב י ט

ר ב ר פ ר א ו ט ו ב ו ס ח ת ם ש ◌ָ

ם ה ט ת ו ג נ ה ח ם צ ר נ ה מ י ב

ת מ ב מ כ ל ע ו ג מ א ו ל ת ש כ ג

ה ח ל ו ו ל מ א ד ו ה ד י ג ו נ ו

ו ב מ ע י ו נ ב מ מ ה כ מ א פ ר ה

ל ר ה י ת ו א ד ו ש ד ם י י נ י ש

ב י ה ד ח י ר ל ל פ צ ר ס ט א י י

א ם מ ל מ י ו ם ר א ס ג ז י ר ת מ

ס י ת ס א י ן ת ו ל ה א מ ע מ ו ק

ם ל מ י ו ת ה ק פ ר י פ ד ש ר פ מ

ב ר ת א ר ש ק ת ל י ו ר י כ א ש ת

ר נ ד ו ג ע י י ק ר ס ע ב מ א י ט

ת מ ל י ח ו מ ס ח ר י ת ז ך ו ת ב

אוטובוס

בתוך

התוצאה

מסחרית

עמוק

הרבה

חברים

שפות

פרא

יחד

מורכבת

עלייה

באסם

מסמר

שיניים

כדורסל

זירת

להחיל

לתקשר

מתמדת

Puzzle 211

ל י ד ת ע ל ח ב ג א ו ק ל ו ג ר ד

ה ש ם ד י ו ת ל י ר י י נ ו ל ם ט

י ש ח י ב מ ב צ ל ג ש ת ק פ ס א ו

כ ן ג ה ו ת פ מ י ת ו ר ה ב י נ ה

ל ר ח ר י ל ק ו ו א מ נ א פ ו ו ל

נ ם ת ג ח ז ש ח ן ג י צ ה א ע ר ע

ר ל מ ו א צ פ ת א ו ש י ה ר נ י ס

ס ת נ א מ י ך ד ק נ ג ר מ מ ס ו ן

ל ד פ י ע ו ד ט מ ג ש ח ד נ ב נ ו

ל ך ג מ ן מ ש פ ח ל ל א ו ל ב ב י

ד מ ש כ ע י י פ י י נ ר ה ◌ ה ה ש

י ת ה ב מ ת ו ו ר ו י נ ם פ ר ש נ

ת ג י ו מ ת נ מ י ת ח ב כ ח ר ל פ

י מ א ו צ נ ה ב ה נ א ת כ פ מ ו ח

ד פ י א ר א ח ד ר י ן ט ר ב ה ם ד

נרתיק
דרג
אתגר
גיליון
נפגשה
נייר
חם
צלב
לחפש
חיובי
נשר
ואספקת
בתמורת
שימושי
להוט
שפך
ארנבת
הבינה
אוגר
חובה

Puzzle 212

כתובת
גברי
ופלפל
אף
חוסם
בחירת
קן
רוב
חמאת
תוצאת
יצוא
יחסים
די
במקום
צהרי
הביא
טורקי
נוסחה
דודו
עסקה

ב ל ה ר ו ו מ ב ח ש נ ס ג מ נ נ ן

ל ד ב ק ד ש נ ה ר ה ב ת ג ד ת ו ע

ב ע ל ח ל ה ת מ ו ד ם ן ק ד א ס י

ם י ש ל ב ל א ה פ ש ו ח מ א ת ח ס

ג ב ר י ט ע צ ט י ו ל ע ף ו צ ה י

ד ס א ד ו ד ו מ ה ח ו ל ב צ ן ו ן

ו ל ק מ ה ר ת ה י ק י ח ס י ם ל כ

· ן י א ק ר ב ע פ ע ש ת א ר ל ס פ

י ד י י ס ר ו ל י י ת ע מ ה ב ו ר

ע ה י ל ע ו ת ו ו י מ ו ס צ ו ב מ

ר ה י ח ד ה כ מ ח י ת פ ב כ ח ב ח

ו מ ב ע ו מ ו ל ת נ ר ה ע מ ל כ ו

ת ר י ח ב א ר ר מ מ מ א מ א ר י ס

י ח ה ו ו ר ו ל פ ל פ ו ב מ ק ו ם

א ש ל ף ו ב מ מ כ ו א פ כ ן ד ה ל

Puzzle 213

כ ר ה ת י ר א ש ב י ח ס ע ו ו ב י
ל ה ו ד כ ב ד מ ך ת נ ה מ ד ל ו ק
ת ע י י ו ו ד ה נ י ל ח ר מ מ ח מ
ר נ ש ל נ ב א פ ב ש י ו ו פ ו ה מ
ם ק נ מ ר ל י פ ט מ י י י נ י ל ג
מ י י נ ח ה ו ח ג א ה פ מ ת ר ת א
י ת ו ו ס ל ש ב ר ח ו ס ד ו ת ה ו
ר ר ד ת י א ו ט ל ש ל ה ם א ש נ ו
י ב נ ס ו מ ח ר ש ש פ ח ו ל ס ג א
ר י ן ת י צ ו כ ה מ ר י צ י ת ע פ
א ש ה א ר ו פ ש י צ ת ש ע מ ר ן ב
ן ר ו ר ה ף ר מ ח ש ב ו ן ו ד ס ד
פ ד ק ל י פ י ם כ י ת ה א א מ ג א
נ צ נ ל מ ע ט ם ע ר מ ס ש ת כ ע ש
ת ד כ ם ע פ ת ר ג י ל ם ש פ ג ת ו

שארית
נסיעות
סל
קליפים
שני
תרגיל
עצום
לשלהם
פריט
מחשבון
ענקית
כיתה
שיחה
שש
למעט
חמוס
פתאומי
צוף
למנות
במדבר

Puzzle 214

ה מ ו ש ג ה ו מ ה ן י ט א ו ן פ ר
ת ל ו ע נ כ כ ב פ י ו א ו ר ש ו ט
ב י ו ב א ע ל ק ס א מ א ו ב ע ת ו
ט ו ת ה ם ר פ ד ג ל ס י י כ ר ה ב
ח ד נ ת ו ף ו מ ה נ ג ע י ה מ א ו
י ה ח ד ו ב ש פ ר ן י צ ו מ ו ש מ
ק ף ם פ ו ו ד י מ ב נ ל ת ח נ א ש
ב י נ ע י ג מ ד ו ש ך ו ה ע י מ י
י ו מ ס ו כ נ ו ת ו ד ד ד י ג ר ט
ר י ה צ ה ל ר ר ע ר י ג י א ד ס ו
ר א י ו ח ז ב ש מ ה ת י ט י ל ו פ
מ ת ד ד ו ו ך ש ר י ן מ י ו ו ו ס
ר צ י ע ט ט ו כ א ב ש ו ו ס ה ה ש
ג ו ם ת ב ה ה ר ח ו ן י ד ל ו ה ק
מ ג ג א ר י ת י ר י פ ש ג ג ע ה ה

הפסגה
משב
גדול
ארית
בטוחה
רטוב
להצהיר
טרגי
מגיע
בשורה
שביעי
שפירית
הולך
מסוכנות
הגשומה
ערמוני
לדין
דור
זועם
פוליטית

Puzzle 215

ח צ א י ת א י ש י א מ ת ב פ מ ל צ
ת ה ה פ ר ו י ב י ש י ק י צ ו ר ל
פ ד מ ר מ ס ב ו ע ח ל ו ח ו י ו ע
נ ת ר ס י א ב ג ו ש ו נ ש כ ת פ ר
פ מ י ר ת ו ג ר ץ ד י ש ה ם ד כ ו
פ ה ו ה צ נ י ת ו ח ב מ כ נ ש ו ו
נ מ ג מ ג ו נ ד ר ל נ ו ן ו מ ש ו
ה י ל א ל מ ה ו ב ע ו י י ע ל ן א
ו ד ן ב ז י נ נ ח ו ל ס ל א מ ק נ
א ו ש ה ו ח ו ר י נ צ ן ת ו ט פ א
י ב י א ל כ ר פ י פ א ר ק ב נ ם ט
ר ו · י פ ס ח ח צ ו כ ק ט ל מ ס א
מ ו ב ח ד ל א ל י א ס ת ד א נ א ת
מ א נ ר פ ד ל ל ו ש י כ ם כ ת צ ד
ט נ ר נ ו ו ם ה ל ו ג ס ו נ ת ק מ

צריכה
בוגרת
קרן
מילוי
אישי
לאחרונה
תרמית
הזמנת
חצאית
קיצור
אופנוע
לאתר
ייעוץ
בגינה
ניתוח
חדש
לבוא
לסלוח
סגולה
כפור

Puzzle 216

ל ח ח מ ב ה י ש ב א ך ב מ ן א י ד
כ ו ח ב ו ג ר י ם ש ט נ צ ק ד מ ע
ת ס כ ב ל י ע א מ נ ו ת פ ר ל ש ד
ה ר מ א ר ל ה ק נ ב ב ו י י ת ה ח
ב ו ה ו ת ל ו ש ח ו י ר ן ט ע ש פ
י צ פ א י ד ת ש ת ד ש צ ש י ר ד ה
א ב ו ש ח ט ן נ ל ת י ב א ר ו י ע
צ ר ס ע ת ל מ מ מ א מ מ ל נ ת נ ו
א ק צ ר ה מ ז ה כ ל נ ו ה ח ן י צ
ב ת ן ר ל ע פ א ר א ת ב ן י ו מ מ
נ ח א ח מ ה ל ס ה ק מ ש ת י ד ו ת
ס ו ש ת ש א ת מ מ ק ן ב ל צ ח ה ר
ת ן ו מ ה ו י ו מ ו ש א ר ה ס ו ס
ש י ר ס ם י ו ן ו פ ק ן ו י ו א ה
ד כ ת ש ט ת ת ע ט מ ד ע ח ם י ת נ

חכמה
השמלה
פשע
בוגרים
עש
הפחד
הוא
לרתיחת
נתנו
העוצמת
שאלה
קריטי
להראות
צרה
בצרות
טוב
מכרה
חוסר
אמנות
האם

Puzzle 217

י א נ ו כ מ ת ו י ר ט פ ך ק כ ע כ
ו ח ו ב ג ו ת מ ש א ל ו ע צ ו ס ר
ש ו נ י ם ת ה ש ת נ ר ף ב ת ע ק ו
ב ב ד ל ג ס א ו ב מ ה ר ד ן ס נ ב
מ ו ה ר ך ת ר ו ן פ א ן ר ו י ו י
ר ח א ו ר א צ ס ד י א א ה ש ם נ ת
צ י י י ל ב ו ק ר י ר ע י י ד ב ר
ו ר א ה ה ח ת י ו ק פ ל כ ו ן ח נ
מ ר ן ל פ ו א ר ש ת ו י ו י ף ד ן
ש ו ק ל י ם כ ה פ נ א נ ל ר ר ג מ
מ י מ ט ץ י ל ו מ ו פ ס ח י י נ מ
ו ר ל פ נ כ ת ב ף ו ח ת ו ב ק ע ב
ל ו ה ס י ח ר כ ו ו י כ י ך מ ד ב
ן י א י ן ז ב ן ו ר ס ל ו א ס ד ב
ר מ א ו ל מ ל ה י ב ש ה ח ו ר ב ו

עסק
פטריות
סקירה
שונים
כועסים
כרובית
אשמתו
לטפס
ברזל
אין
קצת
פותחן
שוקלים
בעקבות
יכול
מכונאי
חוף
גידור
מוצר
להפיץ

Puzzle 218

מבט
גבול
איריס
פתק
כתיב
מספר
ומחר
רכיבה
בחור
העשירי
העיר
פנימיים
ברורים
כותרת
עגבניות
ציד
לקח
ויטמיני
מזון
פתאום

י פ ל ו ב ג מ צ ל ב ר מ מ ג ו ר ב
מ ת נ ב מ ר א נ נ ח א א א א פ ע ה
ל ק ע ג ה י ח ר ו ו ב ח ד ו ס ה ו
א ח ד ף ם ק פ ו מ ר ן ם א ס ח ה ר
א ב י נ ל נ א י י ז ו ר י י נ ר א
י ו ע פ מ ג מ י ח ר פ נ י מ י י ם
ן ו ל ה י מ ב ח ת ת ר ת ו כ ר ר ב
ק ת ו ן ו ז מ פ ת א ו ם ב י פ י ל
ו ק י ו י ל פ ו ט י י נ ס ב ס ש ש
מ ב ט מ י ו ו ה נ ה ע י ר ו מ ע ע
פ ש מ ג כ ת י ב ח ת ל ו ח ה ע ה מ
ד ש י י ה י ג י ה ג ר ד מ ו ת מ י
ק י נ מ פ ע ו ב כ י ח ח ו ק ד י צ
נ נ י ר ח ו ת ר ם ה ר א ח ק ל ל י
א ר ן ע פ ג א ו י ו ו ת י נ א נ נ

Puzzle 219

ת נ נ ע ת ר ד ס ד ק ק ו ל מ ש מ ח
ו ע ו ם ו ו ח ן ן פ י ל ה ב ו י ל
מ ו ר ט י פ ו ו ל ע ה ו י צ ל נ ו
ח א ש ו ר פ י ר ש ו ת ע ב ע ו ם ו
ת ם פ פ ב ת מ א ת ש ת מ נ ב ג ד י
ת ש א ו ל ת ב א ה ת צ ן ס ב ל ו ו
ר ב מ פ א ד ו ל ו ן מ ו ו ע ן ס ה
ל ע מ י ב ר ד י ל ה ש ו ו ת י ת פ
ר מ ר ה ע ק ש ה א נ ש ח ו ו פ ר ר
ו ל ם כ ד ן ר ת ה ר מ ו ו ס ד ק ע
ם ד נ י ח ב ח ן ת א ר ג ו ם א ט י
ב א ת מ ו מ ש ה ח י י ל י ט ג ו ו
ב ש ף ת ת נ נ ו ד ק מ א נ ח ב נ ן
ס ע ל ר ה א ו ו מ נ ו ע ל ו מ י ד
ו ב י ו ד ו ק כ ט י ש כ ה ת א ו ג

סדרת
בגדי
השקעה
ובמיוחד
חושש
היפופוטם
שבע
רופפת
חייל
שמח
ארון
תערובת
מבצע
להיכנס
שמר
תמיכה
ראיות
רעיון
מאפשר
להשוות

Puzzle 220

ירקות
כואב
מטרה
שנקראת
צנועה
וחול
התבוננות
ממשל
מרובע
תמיד
בעמדת
הצהריים
דבורה
מסולסלת
לתת
ענקי
מילת
מצחיק
להתבונן
קרנף

ל צ ו י ק י ח צ מ ל ה ז ב ח ת ו ו
ה צ ה ר י י ם ה ר ו ב ד ק ע ק ח ח
ל ה ת ב ו נ ן ע ו ת מ י ד ע מ כ ו
מ ו ן פ ו י ר ו ב נ ד ו מ ו ח ד ל
ס ט ש א פ י ק נ ע ק ר נ ף נ ל ו ת
ו מ ת פ ק י י צ מ ט ר ה י מ י מ ם
ל ן ש נ ק ר א ת ס י ל י ת ו ו ו ה
ס מ ן ב ה ת ת ל ו ו ד ס מ ר מ י ת
ל ן ו פ נ ה ב ת מ ק י כ ו א ב מ ב
ת ר ט ג ו ת ל ת ל א ר מ ג ד ת ו ו
ש מ ר ר ו י ר פ א מ מ י ל ת ה א נ
ו ח ת פ ת ס ד ב מ מ ב נ ר ש נ מ נ
ת ם ל ◌ ה ה נ ה ס י ח ר ו ה מ י ו
י ס י ב ן י ו מ י ב ר ב ח ת פ מ ת
ל מ מ ו ש ר ר פ פ ו ג ן צ ו ק מ א

Puzzle 221

מ א ו נ ת ב ה ר מ מ ו ב ה ר · י ס

ש י ס ת ת ו מ י כ ט ל ת י ר ק י ע

ש ע ר א ל ת ק ל ח ר ה כ ס ו ט פ ב

ו ת ו י ה ו מ ק ו י ע י נ ק ן י ה

מ א צ ל מ מ ס ה ל ם ג ס כ ע ה מ ש

ש ר ו ח ב ל צ ו ב ב ו י מ נ ק ד ד

ע ד ר ל ב ח י ר י ב ל ץ ע ר י ו י

ג ו ר ל נ ה מ ח צ ר ה ק ר י ט ל ת

ע ד ן ו א ר ו א ו ז ן ו ו ס י ס ו

ר ן י ח ק ן ב נ ו ע ב מ י י ל מ ע

נ י ף ו ה ד ל מ נ ק פ מ ה נ ו ס ף

ב י כ ו ל ת מ ו נ ת ו פ ס ש פ כ א

ע א ה ד י ו ר ה נ א ג ו ל נ מ ר ב

ת ב ח י ב ס א ק א נ ת ז ד ה ד נ ת

ם ע נ א [illegible] ב ת ה ו ע פ ש א ח ר ל מ

מקרר
פוליטיקה
מטרים
יכולת
לנסות
בכמה
מכנסי
אוזן
גדולה
מכחול
העגולה
זעקת
עדר
נוסף
סיכת
עץ
היותו
תמונת
שנה
עיקרית

Puzzle 222

י ב י ל נ ו ע י ר א ת ר ש ב ת י נ

ו נ ו י ו ו ש ל ו ם ד ק ב ה פ ו ב

י ל ר כ ב נ ם ה ס ו י ה ש ג ד ו ה

מ נ א ד ה ח ר ז מ ך א ן ו פ ל ט ג

ח י ת ל ד ת ו ר א ו ל ר י ו י ל י

ר ל ב ח מ כ ג ק ד מ מ ך ו ה ז ש י

ר א ח ס א ו ק ד ת ו א מ ס ם ה ו ה

פ פ מ ע ן א ן ו ד ע ו מ ו ת כ ה ן

ת ה ב י ו מ ת ח ו ש ה ט מ ל י ת צ

ו ר ש ף ע ה ל ל פ ו א נ י א פ י ח

ת ו ר י ש ת ש ב י צ י י פ י נ ת ל

ע ש י ל מ פ ק א ק י ר ס ש נ ח י ע

א ת ר י א ש ט ו ל א ף ת א כ י א ו

ש ר ק ם ת ת ה ד ו ח ע ד ו ב ק ר מ

כ ן ה ו ע ח ו ה י ל ן ח מ ד ה י מ

סעיף
קקאו
טלפון
עובדת
למטה
ושלום
גורם
מועדון
ביצי
תחושה
במחבת
שירות
ישנה
קיפוד
מזרח
קריר
הגייה
שקטה
כבד
לרכב

Puzzle 223

ר י מ ר ן ת ע ש מ ע ץ ב ו ת ף ל ע
ס נ ב מ ע נ ו א ר ש ו כ ר פ ר א ל
ל ן ד ו י י ם ו כ א ר ת ב ן ו י ד
ו י ש ב כ א ג ו ז מ י ק ה ה א ר נ
ה פ ר ט י פ ו ס י ל מ ש ח כ י א מ
ו ש ו א ה ת ל ו י ל ב ו ר ק ה ה ר
ל נ פ ו ל ז ר ו ם ל ו ר ה ד ס ב ד
ק ב ל ז ח ו ו ת פ פ ק ת ס ו כ ט ד
א ן מ מ מ ו ו מ ש ד ת י ג ח פ מ צ
ה ב ק א ה ח ב ל ף ל פ ע י ק ב ה ל
ק ג י ה ר ח ו ת ו ח ש ל ר ס מ ר ה
ר ו ט י ק ו ש פ ם ו ו י מ ל א א כ
כ ן ד ו א ה ב כ ה מ ב ל א ס ו ב א
פ ד ה י ט ד א י ו י ת · ל ו ד פ ט
ן ל י א י כ י ר כ ה מ ו ר ר ש ע ו

המחלה
קיטור
מרכזיים
לזרום
מהסוג
נראה
רכוש
תקשורת
שמע
לנפול
במזל
טיפוסי
תלוי
אגוז
להבקיע
הפרט
במירוץ
חותם
לשחות
כבשי

Puzzle 224

ן ג ר צ ח פ מ ו פ ל ה ו ת ו ו ם א
מ ב ק י ז י ת ת י ו א ש ר ג ו מ י
פ א ב י פ מ ל ת מ ק ב מ ח ו ש פ נ
ו נ א ן ר מ צ ג ה ח ו ח ל מ ו ה ש
ח פ כ ה צ ו י פ א י י י ו ר ת ל ו
א ה ה פ ע צ ו פ י ם ם ר ש פ י פ ף
ש ל צ י י ת ג ה ן ד ו ר ש צ כ ט ח
ו י ע ר ע ח ר ף נ ל א ט ו ה ר י נ
ח ג ה ו ד ט ל ר מ צ ו ר פ נ ר ש פ
י נ נ ו ב ב ו ר מ ת ל נ נ פ י ן ן
מ ת ב כ ו א ד ב ק פ ב ר י ו ה ח ה
פ מ ל ר ג מ ע י ו ר ן ו י ת א מ ו
ב ת א ו ת ת י ו פ נ ט י ה ל צ ו ו
ש ת ת ת מ י י ד ן ב מ ש ר י פ ו א
כ י ת ס ב נ מ ן ב ע ם ן ע ב א ח נ

אופי
מחיר
ליצור
צמר
ציין
לוקחים
גומי
צופים
התפשטות
רע
ינשוף
הכאב
לציית
תנועת
אבטחת
להיט
שוחי
פטיש
דורש
הצעה

Puzzle 225

ו ס ה ח ל ה ג ן צ ר ד נ ו כ ו ו מ

ס י ו ב מ צ ד ו ר ש · א ד ה מ ס ה

ל צ ר ש מ פ נ פ ש י מ ו ב ב מ ו כ

ר ך ו ר ה א ר מ ב מ ב ת ח ר מ י פ

מ ל ל ח מ נ ר ב ט ת ר ק י ת י ל ם

ש ה ש ר ש ת ו ו ש ק ו ב ד ו ר ס ל

מ מ ע מ כ כ ס ח ל ר י ה ש א י פ ה

ש ר ב י מ נ ה ה י ז ת ן ו ג ר א ק

ה פ ר ע ה ש מ ל ס מ פ ש פ ו ע ו י

ס פ פ ה ו צ ח ג ה ת ת י י כ נ ו ם

א ו ב ו י ו ת ת ר ג ח ו ל ה מ פ ת

ת ש נ א פ כ ה ל ת י י ש ע מ ה ר ב

ת ד ד ו ח מ ן ו ז מ ע ש ו ת ף ת ו

נ ו ו ס ת א ו ו ר ן פ ט י ד ס נ ן

ה א ב ו ת מ פ ל ת ב ל ח ת ת מ ה ע

להקים
השאיפה
להגן
מזרקת
הסורר
רשימת
הפרעה
להמציא
במראה
מחודדת
עשיית
ארגון
מהלך
לשעבר
נפשי
המשולש
כדורסל
מסמר
מזון
דורש

Puzzle 226

י א ק ד ק א נ ט ת ל פ ט ס י ת ו ו

ן י כ ר ל ע ח י ו ש ח ד ב ח ס י ל

י נ ק י ו ב ו ו ת ם כ ל א ו ב כ י

פ נ ו א ו י ס ו ב א ח פ א א ת ת י

י ג ת ב ז כ ם ו ק ו נ פ ו ק ו ת כ

ח ו פ ח ו ר ו א י ם ד ב פ ה מ כ א

ר ק י מ ע ד ל ת ר ד מ נ ו ק ם ס י

י ת צ ח ם ו נ ס ת ש נ ת ר ו ש מ מ

פ נ ה י י ס ו מ ר ע ח מ ן פ י ע ו

י ר א ן ג מ ן ד כ י ה נ ת ב ש ת ב

ת ו נ מ ל ה ס ס ג ו נ י ב ה ב ב א

נ מ ב ר ת ע א י ל ן ל ט ר א י ה ב

ו א ה ה ח ל ק י ק י ם מ מ ם י צ א

כ נ ן י י צ א נ ד ד י ר ס נ מ מ ש

מ י צ ל ת י א י ן ת ב ד ע ד ב ט מ

קיר
דרמטי
לא
סבא
רואים
מכונת
מסע
על
שנת
פיצה
במשרד
מעשה
מסודר
הססגוני
ילידי
החלקיקים
חוסם
למנות
זועם
ציין

Puzzle 227

מ ח מ ע פ מ ו ל ד נ נ י פ ת מ ב ת

ו ת ש ו מ ח מ י א ק י ע ע ו ת כ ת

י ה ב ח ו ל פ ל פ פ ו ח ה נ ה י א

ט א ר י ר פ כ ה ת ל מ ת נ ו פ ו מ

ב ו ת כ ו נ ת כ ת נ ב מ ת א ו ו י

פ ס ו ו ה ח ו ר ן מ ר ו פ י א ן ו

ש פ ו ה י ה ן ה ן פ א ן ו א ת ו ך

נ ד ל ל ז ב מ פ ש ו ר ה י ע ן ת ג

ח ש ו ש ג י ה נ מ ר מ ש פ י ע י ם

י ב ה ל ע ח ע ב ל ס ג ל י ח ו ע א

כ ד ק ה ו ר ה ח ו ם א מ מ כ ו ב ב

ב ד ו ן ה ה ק ב ד ל מ ל ב ו כ ה ע

ס ל ה א י ל ת ר ב י ו א ה נ ל ו י

ע ד ט ל ע ת ת ה ל ח ו י ש ה פ נ ר

ת י ב ד ו ד ן ו נ י פ ע ח ת ו ו י

משבר
תאו
כלא
פעולת
להרחיב
מחמיא
מפורסם
מנהיג
בחברה
האויב
סתיו
להוכיח
משפיעים
בכיוון
תכונת
בעיתון
שלה
פלפלו
איפור
הנוכחי

Puzzle 228

ש ת י ז ג פ פ ב ן ה ו ט ל נ ב ע י

ש ע י פ ו ה ל ה ק ל ח ל ו ט י ן נ

מ ב כ י פ ע ז ו ר ר ב מ פ מ ל ח ש

י ב י מ ס י פ ד ו ב א ר כ א ח ת ו

נ כ ת ב א ג ד ע ב י ב ו ע ב ו ו מ

ם ש ד מ ב ר ח ת נ ל ל ת ת כ ד פ ס

מ ת ג י ל ו ה נ מ ד ר ן מ צ ה י י

כ ח ו ס ן נ ו י מ ד ב ס ח ח מ כ י

ס ו ף נ ל י ח ו ה פ י מ ק ו י א ל

כ ל נ מ י מ ד ת ח מ צ ו ר ן ב י ו

י א מ א ק י ב ת ב ן ר ע י ו ב פ ף

ד ף ס ר ת ע ם י פ ל א ע ו נ ל ו ק

ה ו י ו א ג ו ו ו ל י ש ת ט ע מ ל

ר ר ל ח ל מ ב ה מ א ב צ ד ח ה ר ו

ס ן ל ר י ו ל נ ר י ב פ י ס כ י י

בעובי
רגיעה
קולנוע
אלפים
איזה
מחקרי
בהודעת
ספוג
הוטל
קרוב
עומס
צמח
כפול
לחלוטין
עת
סמכות
להופיע
למעט
פותחן
קריר

Puzzle 229

מ מ ו א א ה ג נ ב מ ו ע מ ד ו ש מ
מ ו ן ס ו מ ב צ ש ר ו ט ש ל ע ר ן
ט ת ת מ ב ע ו כ ת י ב א ר פ א נ מ
ר ג ב ס ר ז ל ק ר ח ו ז מ ה פ ס מ
א ו פ ו ה ב י ב ב ש פ ח ל ב ו ת ם
ל י ו מ נ ו ב [illegible] ב ת ל י מ ו ן צ ו
ר ט פ ס א ב ו ל ל ל י נ ד ג ל ס ן
ו ת ק י נ י ה ר ר ס ק י ע ת ר פ ס
ן א י י נ א ל ר א י ו מ ר ב ו ו ו
מ ל ק ם ל ש ם י ג ד י ט ה י ד פ ב
א ח ד ו ה נ א מ מ ו א י מ ד ת ו ו
כ ו ן י פ ן ה נ ד מ ת ו ב מ מ ב א
ך י ש ב ר ה ת י כ ע ד צ ן נ ל ב ר
א ת נ י ו ח י ו ם ל ד ת י א ל ח ה
י ת י ל ו נ ו ת ד ב ל ב א ל ו ו ל

דגים
ביום
קרח
בלבד
שלם
לעמוד
בצד
מטבח
מניות
מועמד
מראה
לימון
בתגובה
זבוב
להוביל
לחפש
האם
ויטמיני
כתיב
גבול

Puzzle 230

ש מ ג ל ד י ר מ ת פ כ ן ע א י ו י
י ו י י ח ע ר מ ל מ ח ו ט ד מ פ ב
א ת ש ל מ ר כ ב ע ת ג ב ק ח מ ת א
ש י ת ו ו ל ר צ ו ת י ד ם י נ ל ת
ב ה ו ע ל ה ו ן ש ש ת ע מ מ ת ו ת
ש ב י ע י מ ח ז ת ר ך י ר ת ה ת פ
ה מ נ ע ק ה י ו ר ו ה ג ה ח א ח ו
ר ה מ ת נ ף ח י נ י ו ה ת י ו ר ב
מ ו ד ו ע ע מ ע מ ב ל ט ת ע ו א ר
ח ה מ מ ל א צ ה א ה ת ק י ד ע מ ב
י פ ו ן ו ל ע ו ל י ש ש ם נ ד ו י
ה מ ד ב ו ו ו ר ש ח ר כ ת י ע נ מ
ד ה י ח ת ע ע ס ה ג ק ש ר נ ה ם ן
י י י ו ש ס ר ת ה ד כ ח ג י ע ז ר
צ ב י ו פ נ ם פ ע ב מ צ ב ו ר כ ו

רך
עוגת
תות
צמחי
הגיע
עדכון
רשת
גישת
וכרוב
ורוד
חוט
לרצות
שיא
כיור
במצב
שזיף
דומדמניות
שביעי
ענקי
שקטה

Puzzle 231

פ ט ק ו מ ש ב ת ש ם י נ ו ו כ ת מ
ה ע ו פ י ל א ב ת ת ד א ו ה ע מ י
כ י ג ט ף ת ב ת ק נ נ ת ד מ ת מ מ
ז מ ה ח ת פ מ צ ל ת י י ל ע ק ר מ
ה י ת י ו ה י ו ג ו י צ ב ו ג כ ו
י ם א ו י ה ח ב ס ד ר ן ר פ ר ו צ
ר ש ר ו ל ר פ ק נ ו א ב מ א ל ל ע
מ ח ת י כ ת ל ש ל ה מ ו פ ח ע נ ת
ק ב א פ ל י א מ י ל י ו פ כ ל י ו
ב נ ק ת כ ח ת ו ש נ י ב ר ב ש ב מ
ק מ צ י מ פ ר ח י ל ג י ק י ו צ ל
פ ה ק פ א ה מ ו א ל ד מ ן ת א י מ
ר ק ח נ ן ל נ נ ג ת י ו ם ט ר ד ת
ת ה ר ד ק ו י ל ד ל א ב ב ו נ צ ת
נ א ו ש מ ס ם ש מ נ ו י ת ו י ו ח

הקפאה
בסדר
שיטה
גלגל
חתיכת
כתף
זהיר
ממוצעת
קבוצת
משאית
מפתח
קדרה
כלכליות
להפחית
מתכוונים
להודות
טעימים
מתמדת
נייר
לאתר

Puzzle 232

ן ו ך ו מ נ ס ן א ת ט כ פ ח ב י ת
ח ר מ א ר ב ה ן י ר ח ה ל ס ן ו ח
ל צ י ן ו י ק מ נ ל נ ו ה ל ו מ ר
ע פ ש ל ח ה ו ט ן ה ו י ס ו ב ר י
ת ש ח ג ד פ י ש ח ד ז ו ו ד ע ב ה
ה ר ל ו ן ת ו ר מ ד ת ד נ ו מ י ל
ע ת ע ו ת ת ם ב ו ן י ת ר כ י ז ה
י ב י ה פ ד י ב ר ר י י ו ח ו ג ב
י ן ל ב ב י ש ח ה ו ף י ק ו ב ק ב
◌ ל א ס ו ל ו ת ש ת ן ו ל י ו ת נ
פ ת ח ר נ ה ל ל י ב ח ן צ ה א ו ע
ח ן ר ט ו ו ש ל מ י ו י ח ו ק ג ע
א י ו ו ל ה ג ר ג ו ב ז ע נ ו ת נ
א פ נ ד ה ע פ מ ר ד ה ל ו ט ק כ מ
ג ל ה מ מ א ו ה ו ה ו מ ע ת א ף ב

בסרט
בוחן
בקבוקי
נמוך
עצמו
היו
קאובוי
תרכיז
להגר
או
יד
מעגלית
גמישה
וילון
חמורה
לימונדת
דיבר
שלושים
לאחרונה
ביצי

Puzzle 233

ק ל ב כ ל ג ו ל פ ל ו ל י מ ב ט ה
מ ר ה ד ו ת ח ג ו ו ח ד ל מ ר נ ק
ב ם ב נ נ ם ב ו ע נ ו ה נ ג ו מ נ
ר י ק ל א ה ד פ ח ק ל א י ק ל ע ז
ר מ י ק ב ה ך ו ס כ ס ה ש ו ז ד מ
מ ט פ ח י מ ב ן ת ה ל ה נ י ח ם ת
פ ו נ י ח ף ו פ ח ל נ א ה ן א ן ה
ב פ ל ם ה ע י ה מ ה ה ל מ ח א א ל
א ו ף י א ה י ק ר ו ט ע א פ ל מ י
ת פ ד ם ת צ ו ו ת ש ק ה ק ד נ פ ך
י י ע ר ת ה ל ר ד מ ג ק כ ה ו ר ו
ת ה י ◌ ו י ש מ י א ו ע ש א ד נ י
י ה מ נ ו ו צ מ ר א פ נ ו ה ה מ נ
ב ן ע ג א ב ת ב י א י נ ג ע נ ת ן
י ת ד מ ת ס י ת ה ת ל ד ו א א ו ו

הסכסוך
פוני
חקלאי
ההיפופוטמים
צוות
עף
הנוקשה
נלקחים
זנקה
תהליך
להניח
קשת
העלאה
מאושרת
לחפוף
טורקיה
ירידת
טרגי
לסלוח
מבט

Puzzle 234

הפסקת
מדד
לחשוף
אחראי
סירת
ביקורת
חולצת
מחק
בשפע
הסקי
משחק
ילקוט
שינה
ההפך
מהיר
חלק
טופס
הנוזל
פינוק
וניהול

ל ח ל ע ר י ש כ ט ו ב י ק ח מ ל ל
א ר ע ר מ א י ש ס ש ל א ק ב נ ת ב
ת י ש פ י ש נ ת פ ק ז ר מ ו ו פ י
ו י ר י ה מ ה ע ו ע ו ח ב פ מ י ב
ו ס ד ש נ פ י ט ט ל נ א ל צ ה ר ו
נ ת א ו ו ה ב ר ת ב ה פ נ ה פ ר א
כ מ מ מ ק מ ג ב ה ב נ מ ו מ פ ד ל
ב ן י ב ב ל ע נ ח ב ה ע ו ד ס ף מ
ו ל ש י ל ל כ ר ו ס ת א צ ד ת ו מ
נ א מ ו נ י ה ו ל י ר ת י י ג ש ש
ו ו י א ה ב ו ו צ מ י ל ת ו ח ח ס
ל מ ה ה פ ך ר ה ת פ י נ ו ק ו ל י
ו ה ם ד ס ן מ ס ת מ ת א ח ב ג ל ר
ה ו ר ו ק ח ל ק ב י ק ו ר ת ר י ס
א ם ר ו ת ו נ י ו ו מ ל ן ל מ כ נ

Puzzle 235

ח	ו	נ	ר	ח	ב	ר	ב	ל	י	ל	פ	ה	ע	נ	ת	ה
ז	ה	ת	ו	ל	ד	ש	מ	ת	ה	ר	פ	ת	ו	י	ב	ר
ק	ת	י	י	ע	ב	פ	ש	מ	י	ם	נ	ש	ח	ט	פ	ל
ג	ע	ב	נ	ר	ד	ך	ו	ה	י	י	ת	ה	י	ו	ל	ן
ד	ו	ק	י	ר	נ	ד	י	ר	ע	ה	ר	ד	כ	ו	פ	ב
מ	ר	ש	ל	ס	ת	ו	ב	ז	ל	ר	א	ת	ם	ו	ר	י
ח	ר	י	י	א	ח	ו	ר	ה	ל	ל	מ	ו	א	ת	פ	ע
נ	ו	נ	ס	ד	ל	ל	ר	ת	ד	י	ס	נ	פ	ד	ת	ר
ל	ב	ו	ת	כ	ל	ם	נ	ש	ל	ל	ח	כ	ק	נ	ה	ב
י	ר	א	פ	ת	מ	ו	א	א	פ	ס	ו	ו	פ	פ	י	ע
ל	ב	ח	י	ל	ז	ו	ן	ר	ל	א	ר	ס	ו	ש	ל	ד
מ	ו	מ	ג	י	ו	ג	ת	נ	י	ו	ק	מ	י	ת	ע	כ
י	ל	כ	ב	י	ש	ס	ת	ם	ם	ן	ם	ע	י	ב	ה	ו
מ	ו	ה	ו	ו	ח	מ	ע	א	ו	א	ח	א	ג	ע	ן	ו
י	י	י	ק	ד	מ	ר	א	ה	ד	ו	ב	ר	י	ל	ת	ו

אומללה
לכתוב
נחמד
ריקוד
זכות
נדיר
לכביש
שמים
התעורר
אופני
חזק
ברבור
חילזון
בעיית
אפשרות
אחורה
חור
שפך
מסוכנות
סיכת

Puzzle 236

ו	י	מ	ע	ה	נ	ו	ל	א	ח	נ	ח	ד	ל	ה	ל	א
ג	א	מ	ק	ר	ש	מ	ח	ע	ת	ב	י	י	מ	ך	א	ן
ה	נ	ע	א	ס	מ	ו	ו	ז	מ	ש	ש	ל	ד	א	מ	ח
א	ח	ב	י	מ	י	ו	ת	ת	ס	י	ף	ו	ק	ד	ס	ו
ב	ן	ר	ש	א	פ	ם	נ	ם	ו	פ	ל	ד	מ	ל	כ	ת
ח	ו	ס	ר	פ	ק	ם	ם	י	ג	ו	ת	ג	ע	נ	ע	ם
ו	ש	ל	ו	ש	ש	ח	ל	מ	ל	ע	מ	צ	ר	ק	ו	ר
ל	ד	נ	צ	א	מ	ר	ח	י	ז	א	ר	מ	י	צ	נ	ע
י	ו	ה	ר	י	מ	ה	כ	ש	י	ב	א	ו	ו	ף	ר	א
ו	א	ם	פ	ת	ו	מ	ו	א	ה	י	י	נ	מ	ח	ב	ב
ג	א	ו	ג	ר	פ	י	ה	מ	ה	ל	צ	י	ב	נ	ע	ח
ו	כ	ן	ש	ש	ת	ר	ש	ש	ת	מ	י	נ	נ	י	ש	ח
מ	כ	א	ו	ר	נ	ג	פ	ע	ו	ש	פ	ה	ש	ח	ם	י
ר	י	נ	ן	ש	ג	ו	ר	ת	פ	ו	ח	ג	מ	מ	י	ת
א	ו	מ	ם	ו	מ	י	ו	ג	פ	ך	ב	ב	י	י	ע	ש

מסוגל
מאשימים
משקפי
למשוך
חמנייה
גאוגרפיה
זיהה
בשיפוע
שעברנו
שרשרת
מקסים
קוף
לוח
שלד
מנוע
לחות
ערמוני
גדול
חוסר
חותם

Puzzle 237

ל ה ת ח ל ח ה ל ש ר ר ע ג ח נ ת ב
ה ה ע ו י ט ן ע מ ה ל ג ל ב ו ש ס
ת פ ו ת צ י ב כ ם י ר ו ח ש ר ה נ
ב ו ב מ א ב י ל ו ר ה נ מ מ ו ת א
ו כ נ י ס ת ו ו ו ש ו פ ת א ו מ י
נ ה מ ל מ א י נ ה ן ס ו ס מ ת מ א
ן נ ד ג נ מ ס ב ש ט ל ז ח ב מ ת מ
י י ד ס פ ר צ ל ל ק ר ה י מ ו מ ה
מ מ ד ס י מ ח ר ר י י ת ר ש ת ת ח
ע ז א י א ש נ י מ ת ו נ פ ה ל י ה
צ ה כ ל ה ד א ו ש ל י ב א ו פ ש מ
ר ו ר י ל ה כ ה ו ף ע י י ו ת ו י
ו ק ג ל מ ו ח ל ע ע ג ה ש א ל פ מ
מ פ י ח מ י י ל מ ר י ב ו נ א י ר
ח ו ה ד י נ ר פ ם ג ש ד מ ה ג ח מ

לעכל
סנאי
סלרי
משועמם
מעצר
הלכה
ההפוכה
נשא
חיפוש
חטיבת
חיפושית
בשר
שחורים
להפנות
המומיה
דחליל
קריאה
זמינה
פתאומי
להתבונן

Puzzle 238

ו כ ל י ו ה א י י ש ת ו ס נ ל פ ח
נ ו ב ל נ ח ג ד ז ו ש ח ף ג ש ס ק
ן ע י ן ל ב ו נ ת נ ת ו כ י ח ו ו
ע ס א י מ ש י י ד ח ח כ ל ג ן י מ
י י א נ ר מ ש ת ע מ ה ז ו י ג ו ם
ל ם ו ש ס י ח ח ס י ר ג ע ן ע מ ת
ב ר ק י ד ו ר נ מ ר ב ה ד ו ק נ ל
ל ה י א ר ל ק ד ו א ו ל ם ת ע ש ו
מ ד י ף ב י ס ד מ י ל ל מ י ק ת ו
ו ו נ ם ב ב ו ל ד ג ת י ר ו פ י צ
ו ן ו מ ת ם מ ו ו ו ע י ת ת י י ו
ש ם ס ס מ י מ כ ק ו א ם ר י י ס י
ו ג ו ר ו ס פ ו ר פ ד י י נ ל נ א
נ ל ו ו נ ף ו ל ע ב ו כ מ ח ל כ מ
נ ח י א ף ו ס ב ל ו ע ן ו מ א מ ל

קנס
לנקודה
כובע
זכו
ציפור
פרופסור
כותנת
לב
נייד
נשיא
מסעדת
האי
מכנסיית
ולבסוף
אוקיינוס
ידנית
חוף
כועסים
שמר
לנסות

Puzzle 239

ב ו נ ד ס ק ק ו ו י ע י י י י נ ו
מ ת פ ת ו ח ה ע ו ת נ ט ו ש ו ה ס
י נ ח מ מ ת ח ל ש מ ק ק ו ע צ ל ו
מ נ ב ו ו א ה ב מ ם מ צ ף ו פ מ ו
א ת ק ד ס נ ת י ש א ע ם י ל ק א ה
ת ד ש ג ל ל י ן מ ע ש ו י א ל נ ט
ם ה ו נ ח ש ב ש ה ד ר ב נ ר נ ר י
ו ל פ ש א פ ב ה ם י נ ו ש ו ה י ה
ה מ ת ל י ו ב י י מ ו י מ ך ה מ א
נ ת ר י ו ת ב י א י ח ב מ ק ו ג ב
ל ש מ ח ת י מ מ כ נ ו ל ל ש ד י ו
ו ג ת ת ס י ה צ ז פ א ה כ ח כ ד ק
א ן פ ש ן ש נ מ פ ה ג ש ן י פ ל צ
ת ך י י ס ע ו כ א ו ס ש נ ו ל ן ב
ק ר ו ב ו ת ו ש ן ד ש נ ר נ ס מ י

שליחת
לנהל
איות
זכאים
בכיתה
תעשיית
משלחת
נגד
קרובות
עשר
ארוך
ולצעוק
המשמש
מוקדם
לשמחתי
האקלים
פנימי
היה
סגולה
שונים

Puzzle 240

ם ס ע ד ד ו ל ו ל ר ה ל א ר א ע ת
[illegible] ו ו מ ח ר י ק ו מ ח ל ד ח י א ר
נ ף ו ו ד ו ח ר ט ק כ י ח י ל א מ
ה נ י ח ב פ ע ח ש ח צ ת ף ח כ ת ה
מ ל מ מ ם א ה נ ל ר ן י י ד ע ז י
ל נ ו ת ע י ד מ ו ה ו ה ע ב א ו ט
מ נ פ ו כ נ ש ח ק ע ר ו ו ד ו ל ב
ש ן ן ו ק מ ר ק ו נ ו ר ת א ב ק ל
ו י ע ט נ ש ע ג מ ס ו כ ר ב י ר ו
ו י ן ן ק ו ר ת ה ק מ מ ת א ב ע ת
נ פ כ י ו ת ב ל מ ק י פ ו א ט ו ה
מ א א ו א ו א ד ד ל נ ס כ נ ת פ נ
ר ע ש ת ו כ ו ה א ח ד ה מ ח נ ע פ
ב ן י ב ה ן י י י צ ל ב פ ז ו ר ר
מ ח ו כ ב ש פ נ ם נ ו ר ת ר י ב ד

עדיין
תוכן
קטן
סוכר
הנפרד
סכנת
מגע
רוח
באתר
מקור
אבא
בחינה
דחף
סוף
עט
רופא
נמר
התרוקן
כותרת
ומחר

Puzzle 241

מ ו ה נ מ ר ת ג א י מ ל ד מ ט ל ב
כ ו ב י ת ו ה א ו י ף ה ח ג י ש ה
נ ש כ נ ב ל ו נ ת ו י ש ו ל ל ד ו
ה ב ח מ י ב ה י ל ד ו ת ך ח י ד ה
א י ר ו ס ש ה ר ח ח מ ל מ ו צ כ י
ת כ א ן מ א מ ל ף ס א ש ו ר א ד פ
ז ו ת י פ ת ל ד ם ג ס ל מ ף ן מ ס
ן ם ל נ ו ע כ מ כ ע ט א ט ר ד מ ל
ג ו ע ת ת ו ר ג ו ב ר י א פ י ב ל
מ ד ו ק ת ד ו ר מ ך ט ה מ ר כ ל פ
נ פ ק י ד ה ו ב פ ם ג ש א ש י נ ש
ג ן ד ל א א נ ת ע מ י ח ב ת צ ק ת
י ל ל ד צ ח ל ף י ו ה י ק י ד צ ר
כ ת ד י ת ב ד ה ו ש מ ש ש נ ו ק נ
כ ל ו ם ע ע צ ס נ ש ף י א ת מ ש א

תנין
תעודה
מכנה
כלום
ראה
מאמן
להשתלשל
אצילי
ילדים
מסיבת
במרכז
לתאר
מטל
לילך
למד
שרפרף
גישה
בוגר
ילדות
אסטרטגיה

Puzzle 242

א י ה י ר ר ב ד א ד ם י ו ב ה מ ל
ו ו ה ש י כ ר ה מ ו ש י ח א מ ן ד
מ פ ל ו ד ו ב ר ן ו י ד ו י מ ב ל
ר ן ר ז ו מ ח ק ר מ ר י ם נ צ ל ק
ת נ ו י ה ן ה י ק פ ך ט י פ ו ס י
ן ר מ א ר ח ת א י ר ק ל ב ר ל ה ה
י א ם מ ל ו ג ר מ י ש ס ה ד ו ס ב
מ י צ מ י פ מ צ א ב מ ד י ע י ה ע
ע ם ו נ י א פ מ ו ס ג ת ת י כ ב א
ש ה מ ע ה ע ב ו ד ה ב ר ש ו ח י א
י ה א ת פ ע ר ן ד ל ד מ ב ב ח ו ו
ך ט ו ו ו ע ה ו א ו מ ם י ב ב פ י
י מ מ נ ס א מ ד מ ע ג ש מ א ר כ ח
נ ע ש ו כ ו מ ג ד ה ה ו ר ת ה ל ו
מ ב ר ח ת ו ה ה ב א כ ב י מ מ ל ח

חבר
אומרת
לדלקי
נראים
בכיתת
מוזר
העבודה
חום
המניות
מארחת
עונש
רכישה
מחקר
להסביר
מעשי
חברה
לקריאת
קרן
טיפוסי
צמר

Puzzle 243

א ה נ מ פ ם י מ מ ש ב ם ו י ה ל ת
ר מ ת ע ת ד ג י א ש ת ו פ י צ ר ב
ו י מ ט ש י ם פ י ר י ק ס ח ת ת כ
ו ט י ב ת פ ר ס ק ת ל מ ל ך ו י ב
נ ה ו ת מ ה ל נ ע ש ל ו י כ ל ש י
ו צ ב ע י ה מ ר ת ל כ ק נ מ י מ ש
ב ם ל ט ק ז ם י ח ק ו ל ע ו ו נ מ
ל ה י כ ו מ ע נ ף ד ל ד ב ג א ב ד
ד ם א ת ל נ ת מ נ י י ע צ ד ש ה ש
ק ן ו ז ח ת ק כ ט ף ה ב א ע ל ב ה
י ו ה ח ב ש ו מ א ח ש א ח א ל ת ב
ם ד ר מ ד ע ע פ ל מ ע א ה ו י י פ
ר ע ק ן מ ו ת ו מ ב ב ה ח ב פ ר ו
נ ו ר ל ך ס ת נ ח ט א ו ר א י ו ר
ס מ ו מ ן מ מ ו מ ן ג ק כ ן נ ם ב

קומקום
כותב
ברציפות
רהיטים
דקים
מלך
כללית
טחנת
כביש
אצבע
וצבעי
מעדיף
הבא
המיטה
פרס
חזון
שש
הזמנת
מועדון
לוקחים

Puzzle 244

מפרש
דשא
לקפוץ
חולה
אמת
לדפוק
מסוק
לאסוף
אסון
הפופולרית
שיני
בינוני
באזור
חמים
לנווט
ילדת
אהבה
שימושי
טורקי
עיקרית

י ס נ ב מ נ ס נ ר ה ו ש ר ד י ב ע
ו ד ש א ק ר ר י ם פ ה ו ל ח מ י ם
י ל ד ז ב ח ח א פ ו ת ד ל י ק מ ו
ו ד ס ו י נ י ש ה פ מ ג ש ר ו ת ר
ל א ו ר ו ק ל ר ו ו א י י י ו ח ה
א י ת ת ר ו נ ו פ ל כ ת ו ש ר ק א
ס ל נ ו א ס ו ן י ר א י מ נ ו ר מ
ו ד ט ע א מ ו ח ם י ר ד ו א ל י ל
ף פ ו ת ף ש ט פ י ת י פ א ה ל ו ח
י ו ח ח ו ס ה ו י ש ו ר ר א נ י ב
ו ק ג ב י נ ו נ י ה ב ה א ל מ ו פ
י ץ ו פ ק ל ר מ מ י כ מ ל ש א מ נ
ה י מ י ב מ ו ה ב ר נ ר א ם ל ר ז
ש ן ת מ ו ש ן ח ד ק פ ל ל א ע ל ד
ש ר פ מ י מ פ ב ר ו ת ל ה ד ל נ א

Puzzle 245

מ ש ל ו ב ק פ ע נ ב ף ד ר ו ב ט ב
ת ל י ש ב נ מ ל ז ו ג ל ו י ל ה נ
י א ז ת ל ה ש ע מ ח י ח ה א ח נ מ
ך נ ו ו א ט ו מ א א מ י ק א ץ ש י
ו ל ן ן א ק י ו ד ר ר ה ר כ ב ת ד
ן י ת י כ א ס א ר י י ב י מ ר י ד
א פ ר ק ו מ ד ו ע ו ב ח פ ו ז ה ק
ק ב ס ה ק י ז ו מ מ ז י ן נ ת ר ו
ר ת ק נ ל כ ת ח ס ה י ק כ פ פ ב מ
א מ ת ש ר ו א ש ו י נ מ ש ך ח ז ת
י נ ב ד ח ת ל י ו ל א ל ו ל ש ו נ
ת ר ל כ ס ן פ י ר מ ד ח ר ש ב ת ק
ש ש ו ו פ ש ת ש כ ו ה ת ו נ ח ע מ
א ה י כ י ב ו כ ן י ב ל ר ב ר ר ד
ה י ן ב ב א א מ ס ו ל ס ל ת ק נ ב

שכן
בלחץ
חשב
משך
קערת
חנות
מזין
תוכי
מוקד
קר
אקראית
גוזל
כוכב
זברה
מוזיקה
הרכבת
חפוז
יתרון
רוב
מסולסלת

Puzzle 246

ך ו י ו ת ג ע פ מ ו ט ן ו פ ל ט ב
ש ס ס ק ה ו ש ע ב נ ה צ ה ש ע ו ו
י ו ב ד ה א ד ו פ ד ת י ו ו ב ו ו
ב כ ו ע ס ר י ח ם י ק ז ח ת ן ת ל
ל ך כ א כ ו מ ו ד ה ד ב ל מ ר נ ב
ל ר ה ו ם ב ת ק ג ב ן ע ש ה ת ר ו
ה ה כ מ ד י ל ד ל י ו ן ר ו ן ע ו
ח ו ז ה ו ח ב ת ט ת ל פ ר כ ה מ א
מ ע י מ ט ו ת ל י ן פ ע ב ר ו פ כ
ש ל ר ח א י מ ם ם פ מ ל ה א ת ר נ
ו י מ ל ל מ ו ב ב ר ח ב י ש ר ל נ
י א י מ ה ל י ך ו נ י ח ר א ו ו ר
פ מ ד י ל ק ס ק ר ו ו ר ב פ ב כ ו
ק י א ו ב נ ש ר ע ו ק ד ת ט כ ש ר
י ב ב ד א י ח ל כ מ ל ם ש ר מ ת ק

סבוכה
שם
ברחבי
ההסכם
מעדר
מודה
נפח
אומה
מלחמה
דגל
לבד
חינוך
בטלפון
תועלת
חזקים
בהיר
חיבור
הליך
כפור
תמיד

Puzzle 247

ה	ג	ל	ש	א	י	ת	ג	א	ב	ו	י	י	ו	ך	ו	ו
כ	ב	א	ל	י	י	ב	ו	ר	ו	ר	ה	מ	י	א	ה	צ
ח	י	ק	ת	צ	י	י	ז	מ	י	ט	צ	ר	ל	א	ר	י
ו	נ	ל	ט	נ	ו	ף	א	י	ת	ן	ב	מ	ד	מ	מ	ו
ל	ת	י	ה	ב	ש	ו	ח	ל	ל	י	ם	י	כ	ס	ה	ל
א	מ	ם	ן	נ	א	נ	ב	ו	ט	י	י	ה	ח	מ	מ	ש
ו	י	מ	ב	ת	פ	ל	ת	י	מ	ו	ל	ס	י	י	פ	פ
ו	ס	א	ת	צ	כ	ג	ר	א		ש	ל	ה	ג	ו	ל	ל
ה	ב	נ	ם	ו	ו	ו	פ	ל	י	נ	ו	ך	י	ס	כ	ב
י	ס	כ	ק	נ	י	ן	א	ל	ס	ש	ש	ק	ו	כ	י	ל
ר	ן	ב	ן	ו	ו	פ	ו	ו	י	מ	מ	ח	ר	ו	י	ע
ר	ר	י	פ	ו	ת	ב	ח	ד	ר	צ	ח	ת	ו	ט	ק	ר
מ	י	מ	ב	צ	ע	מ	ו	ר	ו	ט	ע	ז	ו	ח	מ	ו
ת	נ	ל	ב	ה	צ	ר	ש	ב	ל	ע	ט	א	י	ח	א	א
ו	ו	מ	ס	ו	י	ם	י	י	נ	ר	י	מ	ו	מ	א	ב

נוף
כלכלת
מטלת
גבינה
מסוים
רקטות
זוג
חושב
אז
להסכים
אור
ברד
לאקלים
שידור
עצי
מצטער
הכחול
גבינת
מילוי
מבצע

Puzzle 248

ר	ר	ד	ס	כ	י	צ	ם	א	מ	ן	ת	ו	ה	ג	ו	ש
ב	ל	ע	צ	ב	מ	ב	י	ס	ב	א	ז	ו	מ	ב	ת	מ
ת	נ	מ	נ	ב	ת	נ	ו	ר	פ	פ	א	מ		ש	ל	ח
ש	ו	ת	ר	ד	נ	ח	י	ס	ה	ל	ב	מ	ו	ש	פ	ח
י	ב	מ	נ	א	ב	ת	ר	ג	ש	א	ה	ח	ר	ח	ו	ג
נ	מ	ו	ס	כ	ו	צ	ם	י	א	מ	י	ו	ל	ל	ע	ב
ו	נ	ח	ה	ח	ח	מ	ק	י	ת	י	ד	ת	ש	מ	ל	נ
י	ר	ה	מ	ת	ח	ב	ר	ך	י	י	א	ב	ר	ו	מ	ח
י	ב	ש	ו	ה	מ	ח	ל	ה	י	כ	ו	ו	ן	ו	ד	ש
ר	נ	ק	צ	ר	ר	ב	מ	ש	ל	פ	צ	ע	מ	מ	ו	ר
ל	ו	ע	ר	ו	ז	ד	ד	ו	מ	פ	ר	מ	ל	ו	ח	ב
מ	ו	ה	נ	פ	ת	מ	ו	ע	י	ו	ד	ן	ת	ר	נ	ד
ת	מ	מ	ס	א	י	י	ת	ל	ל	ת	ג	מ	מ	ב	ח	מ
י	ו	ר	א	ב	י	י	ג	ק	ו	נ	ג	ה	ג	ר	ו	ר
ו	א	ת	צ	ר	ו	מ	מ		ו	ו	א	ו		י	י	ד

השועל
ירח
חגב
שינוי
חמור
ברך
שדון
להסיח
כחול
פועל
כפפות
במבצע
המוצר
אפורה
לשרוד
זאב
שאת
סחר
השקעה
המחלה

Puzzle 249

```
פ ר ה ר י ז ב י ן ל ו ה כ י ת ח ט
ה ד ש ל ו מ י ה ב ו ד ו ר ה ו מ ח
ה ב פ ה ק ר ק נ ל מ ק ב ם י פ ה מ
ה ה ו מ צ ק ו ו ף ו ח ד ל ר ד ו ב
ה ו ח ה ת ת ח ה ט ל ח ה ט ר ל ר ר
י ו ב ו ה ר ש ע ל נ ש ו ך ר ר א ח
ת א ק ה מ ש א י ת ת ר ת ו מ ע ו ע
ה מ א ר ש ל מ מ ס ה ר ד ג ל ר צ ד
ל ח מ ב ה ר ן ד י א מ ב ר נ מ ו ו
מ ר ס ו י ה ן מ נ י פ ו א א ת ה מ
א מ ל ו מ נ נ ה כ פ ר ש ו ר ר נ ת
א א ל מ פ ן ת ו י ן ו ת ן ל ע מ י
ה ג ג ל י ר י ש ל ע ד ח ם ו ש ה ח
מ ח ו נ א ו ח ת ת ו ו ו ס ף ר צ ל
ח ג ב י נ מ ל ה ו י ו ו א י ד א ת
```

לשרת
המשאית
לדחוף
החלטה
לצרף
שחוק
עצמאות
בחופשה
בזירה
פרה
תה
מחט
כניסת
בין
לבנות
לנשוך
מחל
טמפרטורה
המדמיעה
קצת

Puzzle 250

```
ה ר ו ב י ד ט מ ח ש ב א ס ט ה א א
ש נ ו ל · ח ע ו ר פ ו ב נ ל י י א
ו ע ח ו מ ת מ ג נ י ב ה ה ת ת ר ד
ל ע א ת י ו כ א א ו ט ו מ ט י ת ב
ה ל א ג ס ק ל ר ח מ ו י נ ם ר א ר
ס ה ד ד ב ס ו ר ר מ כ ת ו ה ז ל ה
ו ה י ד ת ר ן נ ה ה מ ו ו ל י ו מ
ו נ מ ש ת ת ף י ז י פ ש ו ש ר ק ה
ת ע ל ו ר ה ה ה ל ם ו ר י כ ח ו י
ש ו ל ח ו י ח ס מ ו מ ה כ י ב ל א
ן ה ש ת ה מ א ן מ ד כ ל ס ל כ ה ר
ו ה ו ו ת ת ד י פ ל ב כ ה מ פ ע י
ת ד מ מ ו ל ם מ ת ר ע ו ר ג ה ס ה
ל ק ר צ ף מ מ ק ע ם ג ע ת א ד י ל
י ו ש ה ו מ ת א ע פ ג ו ו מ ם ק ו
```

משתתף
דיבור
שלהם
מגניבה
התרסקות
אוטומטית
הובלה
לזהות
הגרוע
להעסיק
חומוס
לקרצף
להרשות
פיזי
כמעט
מחשב
אריה
תוף
להסוות
תמיכה

Puzzle 251

י	ה	ל	ד	ן	ק	ל	ב	ו	א	ה	נ	נ	ת	י	ו	ו
ג	ת	ח	ם	ה	ה	א	ת	מ	נ	צ	ו	ב	ת	נ	מ	ו
ע	י	ו	ל	ה	א	ו	ו	ע	נ	ה	ת	נ	נ	ב	י	מ
ב	ס	ר	ח	ו	מ	מ	ו	ת	ק	פ	י	ו	ח	ס	י	נ
ב	צ	ו	ן	ד	ל	ו	ו	א	י	ת	ב	ר	נ	ח	ד	ש
ל	ח	ם	כ	ף	ב	ט	ו	ו	ד	ג	מ	א	ן	ת	ח	ק
נ	מ	ר	ח	ה	פ	מ	ה	ש	א	ה	ע	י	ק	ש	מ	ב
ת	ת	ש	י	ו	ב	ו	ר	נ	ג	נ	ר	נ	ת	ו	ה	א
ע	ו	ד	פ	א	נ	מ	ר	ע	ה	ת	ו	ז	ח	ל	פ	מ
כ	ו	ר	ע	ט	כ	ד	י	ר	ב	מ	ה	ו	מ	פ	ב	צ
נ	ב	א	מ	פ	י	נ	צ	כ	א	פ	י	צ	א	ל	א	ע
ל	ח	י	י	ר	ב	ת	ש	ה	ו	ן	ו	ע	ף	ד	ב	ו
מ	ש	ו	ס	ש	ב	ח	ב	ק	ו	ב	ס	י	ס	י	ת	ב
מ	ה	נ	ב	ה	ר	ת	ע	י	י	ל	ת	ו	ל	ש	ב	ע
ב	ז	ה	י	ר	ו	ת	ה	א	ר	ו	ה	א	ת	ב	י	ל

בננת
באמצע
משפטית
שקיעה
שבעה
בזהירות
תחת
שנערכה
לחם
בסיסית
דאגה
מתנהגת
עוד
באוויר
כביסה
מתנות
לחזות
נוראי
אף
חדש

Puzzle 252

לפקח
משמעותית
להתייחס
אגורת
ענק
רצפת
מטוס
הדרגתית
מחזור
לשמר
נשק
משלבים
שיר
שלג
בלב
בנו
פרא
קן
כיתה
שמע

ו	י	ס	ש	ל	ט	ח	ת	ה	י	מ	מ	ל	פ	ב	מ	ה
ר	ת	ר	י	ב	מ	ל	נ	ו	ש	א	ו	ה	מ	פ	ר	מ
מ	כ	י	ר	ח	ו	י	י	מ	נ	א	ו	י	י	ת	ב	י
ב	י	ת	ה	מ	ה	ג	ר	ו	מ	ו	פ	ד	ו	מ	ת	ד
ח	ע	ד	נ	ש	מ	ק	נ	ת	ר	ח	נ	ו	ה	מ	ב	י
ר	צ	פ	ת	ב	מ	נ	ל	ח	ב	י	ו	ם	ג	ש	ל	ת
מ	ט	ו	ס	ו	ג	ע	ת	מ	ל	ן	ב	נ	מ	ל	ב	ע
ד	ס	ת	ח	ו	ז	ה	ם	ו	ח	ק	פ	ל	ש	ב	ש	ג
ד	ו	ו	י	ב	ָ	מ	מ	פ	ו	ז	צ	ע	מ	י	ת	ס
י	ר	מ	י	ה	ד	ר	ג	ת	י	ת	ו	ר	ע	ם	ג	מ
ב	מ	א	ת	י	ש	צ	י	ו	ו	ס	נ	ר	ו	י	ר	ר
ת	ב	ג	ה	ם	פ	י	ו	ו	ָ	ו	ב	מ	ת	ד	ו	ע
ד	ש	ו	ל	ד	ר	ה	ת	א	א	ת	ד	ש	י	נ	ש	ק
ל	א	ר	ת	ס	א	מ	ב	ד	פ	י	ח	ל	ת	ל	ו	ל
מ	נ	ת	מ	ס	י	ו	ח	מ	ה	ח	ע	א	ג	א	מ	כ

Puzzle 253

מ	ו	פ	ח	י	א	ח	ר	כ	מ	ע	י	ת	ש	מ	ו	ו
א	ד	ב	נ	א	ק	מ	ח	ה	ע	ם	ק	ע	ע	א	ו	ל
ף	ס	ו	א	א	ו	ח	ו	פ	נ	י	ה	ו	מ	ל	א	נ
ד	ד	ת	מ	כ	י	נ	ק	ת	י	ה	פ	ח	ן	י	נ	ח
ם	ת	י	ו	ה	נ	י	ה	י	ל	ב	ד	ס	ו	ע	ל	ו
ל	ר	ו	ו	ם	ל	נ	י	ע	ו	ש	ו	ו	ו	צ	ו	ר
ת	ג	ר	ס	ה	ט	ה	ת	ו	ה	ע	ש	י	ר	י	ה	ד
ק	י	ר	ת	א	ק	פ	ע	ו	ל	ה	י	י	י	נ	ע	ו
ן	ש	ב	ר	כ	ו	ם	·	נ	מ	ר	ב	ד	נ	ד	מ	ר
ו	ו	מ	ב	ר	ו	נ	ח	ה	ו	ע	ת	כ	א	כ	ו	נ
י	מ	נ	ו	ס	ף	ש	א	ת	ו	א	ש	ע	ב	ו	ח	ל
ח	ל	ו	ן	ת	מ	ם	ל	ם	ל	ד	י	ל	ח	ג	ל	צ
ו	א	ו	ו	ל	א	ב	ס	ק	י	ל	מ	ר	ג	ם	ב	ה
י	ל	מ	צ	פ	כ	ר	ת	ו	ו	א	ב	ם	ס	ה	ר	ז
ב	ד	ו	ר	ג	ל	ג	מ	ד	ת	כ	ו	מ	ל	ט	ו	ו

רחוקה
פנאי
כדורגל
מדומה
אוסף
פעולה
ריק
חלון
החוצה
חנינה
הפתיעו
כרכום
גם
קטלני
בלי
לתקן
גרסה
דור
העשירי
נוסף

Puzzle 254

ז	ע	י	ש	ס	ע	מ	ם	נ	ו	ש	ת	י	פ	ק	ב	ל
ו	ד	ל	ד	פ	ר	ש	ל	ש	ו	ק	ו	ס	נ	ע	ג	ש
ק	ב	פ	ה	מ	ל	צ	מ	ו	ו	י	ר	מ	ר	א	י	א
ן	מ	כ	ע	ל	ג	פ	ד	ג	ו	ת	א	ח	י	י	מ	ס
י	ו	ש	ו	ה	ח	מ	ע	מ	ג	י	ר	ו	מ	נ	א	מ
ן	ו	מ	ט	פ	ב	ד	ע	מ	ל	ו	י	ל	מ	פ	ת	ד
ל	ת	ח	ש	מ	ש	ו	ל	צ	ב	י	ר	ת	ב	ח	א	ב
ק	ב	ר	א	ש	ה	ג	ף	ל	מ	ש	ב	ל	ן	ו	ח	ר
ו	ב	ג	ל	ת	נ	י	ח	ב	מ	א	ו	ת	א	מ	ן	י
ח	ב	ם	ה	ר	ג	נ	א	ו	ה	ת	י	ר	י	ה	נ	ו
ו	ר	ח	י	ן	ת	ב	ו	ד	ר	א	ו	נ	ס	נ	מ	ר
ת	ע	ו	מ	ד	ה	ו	ה	י	ד	ן	פ	י	ח	פ	ע	ת
ת	ר	ש	י	מ	ע	א	ה	ש	ב	ב	ר	ר	ה	ך	פ	ש
ב	ש	ה	ד	ד	מ	ו	ן	ו	ל	ך	י	י	נ	ע	ם	ו
א	ג	ס	י	ט	ד	פ	ח	◌	ת	מ	ד	ח	י	ט	ו	ף

משכפל
מבחינת
ראש
מהר
עלה
ריח
טועה
לווייתן
לקוחות
אגס
דברי
מפת
שמפה
מצלמה
לבדר
שקית
בניגוד
ערש
עצמאי
שמש

Puzzle 255

א ר ב ע נ פ ר ל כ ל ו ל ה ש כ ר ה
ט פ ס ל מ ש ש פ מ ם מ ה ב נ י ק מ
ָ י א י א מ ל נ ק ב ה ◌ י ו נ צ ב
כ א ר ז ה ע ן ל מ ר ח ה ו ג ט כ ח
מ א מ י ן ו ז ו ו ר ב ה ו ט מ ה ף
י י ו ם י ו ה ו ו ב ו ר מ י ד נ י
ע ס ל נ צ ש ב י י ף ו ע ה ם ו ב ת
ד ו פ ד י צ ר א ת ח י ה י ס י ל ב
ז ב ל ד ר ו ג ל צ ג ו י ן ר ה י ש
י י פ י ד א צ נ ק ת ן ו א י ז ו מ
ח ת כ ב ר ה ל ק י ם ב ק ל ו ת כ ב
ת י מ י ת מ ג ר ק י ח ס ל ו י א ו
ש נ ר י א ש ב ו ל ט ו ח א ל ש ב ת
ל א ק י מ ת ו ו נ י ש ב ל ו י ע ש
ד ע ג מ ח י ה מ נ צ ש ו ד נ א ד י

רשלן
ארבע
אישית
מוזיאון
עליזים
לשבת
באותו
בקלות
כאב
להשכרה
לכלול
הקנגורו
הברווזון
לנצח
לנקר
גבוה
מאמין
חכמה
ציד
חושש

Puzzle 256

ו ו י י י ה ד ר ה ל נ ה ט ב נ ט ל
ב ת ל ל צ א ב ר ר ס י א ש ש ה מ ה
כ ה ק ח ע נ ג ו ר י ג ק ו ס ב י ב
ח ע ט כ י ז א ו נ י ו ב ו מ ע ר י
ו י ו ס י א י ד ו ע ל צ ד ב ג פ ן
ם ע י נ ר ג ל מ ר ע ש מ ו ו ת ע י
ק ו י נ ת ס פ ר מ ט ר פ ה ק ח ש ל
ן י ו ו י ה ד א ה ש י ב ר ש ק ת ל
מ ת ל נ פ ר ש נ ו ת כ ב נ ו ת ע י
מ ו ש ת י י ל ר ל י ז פ ה ד ג ן א
ד ו ו נ ב ש ב ח כ י ה י ע ת ר נ ב
ף א ל ש ה ע מ ד י א ל ס ו ב ו ל ג
ה ו ו ו ש ל ה ו ם מ ו פ ן ד י י נ
מ י ר י ר ס ט ה ק י ת ש ה פ י ל ד
ר · ס ע ן י ה ד ה ט ן י י ן י ד ב

לסייע
כנרת
ולהזכיר
סביב
לשחק
מרפסת
דליפה
נשוי
להבין
גלובוס
עשירה
שער
בניסיון
פרשנות
שעברו
הולכים
שתיקה
לתקשר
הפרט
ינשוף

Puzzle 257

י ר ש ו ש כ ב י ל ד ע פ ג ל מ מ ק
ר ה ר ו צ ש ב ה נ ל ה ח ז י ק ג ק
ל ת   א מ ר י ק נ י ו ל י ו ת א ד
ו ז י ל כ ו ג כ ט ך י ת ם · ר א י
כ מ ל ד י ן מ י ת א ש ו ר ו ג נ ק
ת י י ל צ ר ד נ ר ל י ר ד ו ו ן ר
ס ח ד ת ת ן כ ב ה מ נ ד ת י ת ל ז
ו מ ו מ ר ו ב ד ח ס א ד י י ט ל ר
ך נ מ נ נ ב ל ע י פ א ש מ נ ר ר ג
ת ר ב כ י ה ח ג א י ו ו מ מ ל י ח
י פ ה ב ה ה צ צ א ק א פ י ח מ י ו
ר ו ר ת ל ע ה ו ך ר ד ט ב נ ס צ ב
נ ת ו נ י ם ם ל ש ו מ ר ד ק ו ו ה
ד ש ש ף ו ת נ ש י מ י ב ג נ ה י ו
י א ב ש ב ב ו ח י ם ת י פ י צ פ ס

מושלם
קנגורו
אשתו
מקום
אמריקני
ספציפית
מספיק
צעיף
יפה
דרך
כשרון
נתונים
מלאך
להחזיק
מגיב
שופט
חברים
חובה
לדין
בשורה

Puzzle 258

מסוכן
מלא
רעש
במהירות
בשמחה
קלט
סובלים
שימון
אגרסיבי
הליכת
קפה
הים
הטרופי
שצבא
אנושי
להתפרץ
רגע
דתי
קיצור
צנועה

ו א ן מ ר ש ה ח ן י ה פ ל ו ח ה י
ש ו ח ו ם צ נ ת נ ה פ ק י ת ע ה ן
א ל מ א ן ב נ ב ר א מ פ ת כ י ל ה
ו נ ן ו ה א ב י ע נ נ נ ל ר ס ו ח
ג ה מ ת ג כ ש ג מ א ת ה ה מ ו ע מ
ז ם פ ה ן ע ש ע ר ב ת י י ן ב פ ש
כ י י ו ה ט ר ו פ י י ה מ ל ח ב
מ ד א א מ ם ד ו ר ב א נ ו ש י ה י
א ג ר ס י ב י ץ מ מ א מ מ מ ם פ ם
צ ל ו ה ש י ת מ ו ה ש ר ק ה ל ו מ
ב כ צ מ י ב ד ח כ י פ ר ל ע ג ר ה
ן מ י ב ה ע ו נ צ ר פ י ט ד ח י ו
ח ע ק מ ו ל ל ח נ ו ל א מ ה ם ם א
ה ר פ מ ר ש ו ת כ ת ב ה ל י ט ו י
ב ב נ י כ ס י ר ה ו י א א ה ל ס א

Puzzle 259

ת ו מ י ל א ה מ י פ ל א א י פ ו י
ח ג ל ד פ י ש ת ד ל פ י ו י ו ב כ
ת ק ש ל ך ה ת ת ו ן ס ש ר ר א א ק
מ ר א י ו ת ש ו ע ו א י י ל מ ש ח
ו ק ל נ ב ר ק ב ו י ו מ א י נ א ת
ק מ א א ס ה ת מ א ו ו פ ר ד ע ו ו
י ד ו ט ה ה ד א מ ר ט ב ה ד ח פ מ
ת פ ם ו י ה ו ש ד י י פ י י ח ד י
א ו ח מ י ו מ ה ח ו ט ב ש ד י ן נ
ו ס כ ג א י ו י ל פ ע ע ו נ פ ו א
א י ו ס ה ע ן ג ב ע ו י ו מ מ נ ח
י ת ר ב ח ל ב ע פ ו פ ס י נ ו י ך
ה י ע ה ב ו מ א ש ב פ ר ר י ח מ ה
ע פ ן ת ו ח ר ה ר ב ה ש ש ו ה ת י
ד פ ד ת ת ת ב א ה ח ת ב ת נ צ י פ

דפוס
פלדת
בקר
אלימות
שלך
עיר
דעה
מתחת
היום
משהו
חשמלי
חברתי
פלא
ילדי
יש
מפחד
בטוחה
אופנוע
אישי
ראיות

Puzzle 260

ו כ א ל א ח ה ב ו ל מ ל י ו ש ל ל
ע ש ת ד א ש ע ב ר ש ב נ ו ן מ ה ל
ל נ ן ן ג ב ו ר ו ו מ ת ו ת א ש ב
ו ס א ו מ ו צ כ ש ה ק ב ד ר ש ק ו
ת ו ר ר י ן מ ת ל ה פ מ י ו ו ב ו
ו ם ה ח כ י ת י ר ב כ ך ח ב נ כ ד
נ י מ א ל י ל נ י ה ו ד ו ש א ל פ
פ ר מ מ כ ו י ל מ ר ה ה פ ב מ מ ת
ל ג ר ם ר ג ה ש נ ו ר ח ת ת ו ש ב
ו ש י מ ו ת ק ד ת נ ה ם י ר ח א ל
ד ה נ ש ו י ל ו ע ג ר ב נ י י ר י
ק ג ל ר ך ו ו ד ת ו ת ש ו ת ר ש נ
נ מ נ ל ח ע ק א ו ל ה ע ת מ ע ב ד
ת מ ר נ ך כ ז י ל ב ד ס י כ י ש י
מ כ ה נ ס ל א מ ה ג כ י ש ב מ ו ת

אחרון
כרגע
להאריך
לשדוד
ממהר
חשבון
בברכת
בקשה
דבקה
תפוחי
מנת
שגרים
לבוש
לאחרים
שבור
לפנות
קהילת
עלות
העוצמת
גורם

Puzzle 261

ב ת מ ס ר ה ג נ ו י ה נ י מ ש ת ו

ד ם י י נ י ש ב כ י ר ה מ ר ח ק ל

ר א י ל פ ר ב ס ל ת ן ל ו א צ מ ה

ו ת ת ל א י נ ט ר א ק צ י ה ן מ ר

ם מ ת מ י ג ע י ם ח י י ר נ נ כ ו

ש ו ק ו ל ד כ ע מ ה ו י ת ק נ א ו

ל נ ק ב ר מ ן ל נ ה ה ל מ ש ה ר י

ב ד ו נ ו ו ב ו י ב י ם י ב ד ב ח

ו ח ת י ף ד ס · ו ד ש ע נ ע נ ע צ

ו ם פ ה א ג י ח ר ז א א ת ב ס י ה

ב נ ח ק ח ג ס כ ה ג י ת ב נ י ם ה

ש ק ח ו ד ר נ ן מ ו ת י ל ח ש א ח

ב ל ל ב מ ח ה ו ד ז ך כ ר מ ר פ א

נ ל כ פ י ן ל ח ס י ת ד ע י ז ה א

ו ו ו נ ן י י מ ד ל י ח ת א פ ד פ

שוקולד
אזרחי
אינטראקציה
ארבעים
ולהרוויח
יגעים
קצה
נענע
המרחק
גאה
כמו
בכירה
דרום
קנה
לדמיין
סבתא
שיניים
השמלה
לתת
עדר

Puzzle 262

ס צ מ פ י מ פ ר ץ ב פ ס מ ר ק ק ק

ע מ ו צ פ ד ר י ו ל ף א פ א נ נ ר

א ש ו ל מ ב ה ו פ ח א ו ר ו א ח ו

ה ו צ ה ו ק ח ו ס ב ק ת ה י מ י ב

ה ת ק ד מ ו ת ס ל פ ו א ג ת ף ת י

מ א ב ד א נ ם י כ ב ש ו ש א ו ל ם

א ן ל מ ו ת ת כ א ש מ ת ו ן פ א ד

ו ה י ע מ ג ו ו ן ד צ ו מ כ מ ת ת

ת י ה נ ח ת ב ם ת מ ת י ה מ א נ ת

מ ד מ ת ר פ ל מ ש ע א ל ח י ת ק פ

ו ת ח ל ו פ ח ו ק ד ו א ד ח ג י ק

כ ר מ ש ל ח ו ה ה ק ר ת ת א ר ת י

ת נ ד ת ב ח מ ב ש ל י ל י ת א ב ד

ה י צ ק נ ו פ ל ב ה ה מ נ ו מ ק ה

ה ל ו ח ש ח ב י מ ע נ ו מ ם ה י ב

תפקיד
דבק
מגוון
בקתה
חלש
קרובים
חלב
יצווה
לשקול
תאוריה
התקדמות
בתחנה
שלילית
מפלצת
מפרץ
סיכום
פונקציה
הגשומה
אשמתו
במחבת

Puzzle 263

ס	ל	ה	ק	ד	י	ש	ח	ו	נ	ד	מ	ת	כ	ם	נ	ו
נ	ק	ן	כ	ה	ו	מ	ת	נ	ה	ו	י	ס	ש	ו	ב	ד
י	ר	ת	א	ס	פ	א	ס	ת	ה	צ	ו	ב	ת	מ	כ	ו
ף	ו	פ	א	ח	כ	ו	מ	פ	ו	פ	ח	ע	ן	מ	ה	י
י	ת	ט	ח	י	ב	ש	ו	ד	ר	ן	ד	ה	ש	ו	ב	י
ף	ש	ל	כ	ו	ד	א	נ	ב	ה	ה	י	ה	צ	ו	י	י
ח	ע	ב	ט	י	ר	י	מ	ס	ת	ב	ם	ם	ו	ק	מ	ב
ל	ן	ו	ו	ל	ל	מ	ל	מ	ה	ע	ב	ע	ל	ב	ס	מ
ו	א	י	ב	ס	ל	י	ב	ר	ו	ע	ש	ה	ו	מ	ר	נ
י	ס	ם	י	ל	ח	נ	ת	מ	נ	ו	י	כ	מ	ו	ג	ן
ל	י	ת	כ	ר	צ	ם	מ	ל	ו	נ	ה	נ	פ	ר	א	ק
ג	ק	מ	ר	מ	ת	ז	י	ז	ר	מ	ם	ן	ע	נ	א	מ
כ	פ	א	מ	ה	מ	ן	ו	פ	ו	ר	מ	א	ו	ל	ו	ס
ד	א	ה	ס	ן	א	י	ס	ג	ם	ו	ע	צ	ר	ו	מ	ת
ו	ר	ה	ו	ה	ג	ב	מ	ו	ה	ב	ו	פ	א	א	י	א

עורב
מיוחדים
הר
פטל
זמן
אמרו
מתנחלים
להקדיש
מנומסת
סולו
מסוימת
סניף
יבש
מרכיב
אפס
לקרות
מתנה
אוטובוס
במקום
כבד

Puzzle 264

גירית
לגידור
בעתיד
קלטת
בחירות
ואחותו
דואר
חיצוני
נוטים
הבדל
שוות
חופש
הסינר
רגלי
כיסא
קבל
העורב
סבון
גיליון
כואב

ג	ק	כ	ל	מ	ע	ה	ל	ב	ן	ד	כ	ל	ע	ה	י	ג
ר	ל	ו	מ	ס	י	ג	ס	ב	ו	ן	י	ל	ש		ל	פ
ע	ט	א	ד	ל	י	ל	ת	א	י	ת	ס	מ	ת	ו	ו	ש
ב	ת	ב	ת	ד	י	פ	ר	ג	ל	י	א	ב	ר	ו	ע	ה
ו	ס	ע	ו	י	א	ו	ר	ב	י	ר	ו	צ	י	נ	ג	מ
ל	ל	ר	ר	ת	ה	ו	ן	ל	ג	ס	ו	ו	ו	נ	ג	ר
ל	ד	ו	י	ע	פ	ס	ו	ן	ד	ט	ל	ר	ש	צ	י	ת
ל	כ	כ	ח	ב	ם	י	ט	ו	נ	ל	ב	ק	י	ם	ר	ר
ת	י	ד	ב	ו	י	ה	מ	ת	מ	ו	ד	צ	ר	א	י	ר
ו	נ	ו	ה	ל	ו	ת	י	מ	ד	א	י	ו	ו	מ	ת	ו
ל	ו	א	ה	ו	ש	ו	ו	א	ח	ה	י	א	ע	א	ב	ה
	ו	ע	ס	ו	א	ח	ו	ת	ו	ר	מ	ן	ה	ו	ב	
ס	ס	ח	י	נ	ר	י	ב	ה	פ	ר	ד	ו	ם	ד	ל	ה
ח	ב	ד	נ	ו	ם	ה	כ	מ	ש	ב	ו	י	ל	ם	י	ל
ו	ר	ו	ר	מ	ד	ת	ע	כ	ב	ו	י	נ	ו	צ	י	ח

Puzzle 265

פ ד ת ו מ א ן י א פ נ נ א ר ל ו ב
כ ע ו כ א ם ל ח ש מ ד ו נ ת י נ ש
ו י כ ס ו ר ו ו ב י ו ו ש ה מ ף מ
ג מ ו ף כ ת כ ם ב ב ו ד ה ה ד ש ר
ו ו ג ר ז ו ג ו ג ת ד ב ר ה ח נ א
י ע ש ב ב י ת כ ש י ל נ א ח ט ס ו
י ד ת ע ו נ י ס ל ב מ מ ש י א ן ו
ת ד ק ו ת ב ד ה ב ק נ מ ע ק ר כ ל
ח פ ג ן ו ג י ק ח ע מ ה ה ה ו ב ג
ו נ ר מ ל ע י ה ו מ ב נ ר פ ח ם ם
ש ד ח ו צ ח א ל ס ד י ו ק ו ב ל ו
ה ל ה י נ ת ת י פ מ ב ר י ק ת י ד
ח מ ר ו ת י פ ע ו ן ר ג י ן ק י ו
א מ ו ל ה ל א ר מ ח ו ט ש ד ב א ל
צ מ ע ו א ת ן ל ו א ח נ ג ה ו צ

קופה
מעקב
דקות
נדיבות
אחות
מנעול
שטוח
הסכום
לאבד
ידית
התנצלות
מבריק
הראש
גבוהה
כסף
מאוכזבות
שניתנו
עגבניות
בחור
תחושה

Puzzle 266

נ ם ז ר ש כ ר ס ע ח ש נ ק ו ד ב ל
ת כ ו י א ב ח י י נ א נ ד ם א ש ס
א ז ר ח א ר א ע ה ק ז ת ש ד י ר ו
ו ו ד מ ת ל ר י ח ד י י ן מ ע ס ר
מ נ פ כ ל ב ה י ו ה ג א ב ח ו ר ח
ל ת ר ב ח ס ו מ נ ה ל נ ה י ל ן ל
י נ ם ז ך ש ר ם י ש ה פ מ ל ו כ ה
ח ש י ב ל ה ב ת נ ו ש ו מ ו ב ת ס
ו ר ל ו כ ג מ ס פ ר י מ ת ע ד ה ת
ת פ א י ו ת ג ג ל צ ם י ר ט מ כ י
ע ש ו ף ל מ ם צ ע ה ש ח מ ק ר ב ר
ת ל ש י מ פ פ ל ח מ ב פ נ ב ח א ס
ק ו י נ ב ם ג ר ע ח מ ד ב ו מ י ן
ע ה א ש ל מ ז ה ב ס י כ י מ ו מ ו
ה מ ן ל ם צ ו א נ ה י מ ה ה ג ר נ

לשפר
אחד
מלוכה
זר
אש
שואלים
עצם
גוף
להסתיר
לבדוק
רצה
מלוכלך
אזרח
פגז
כבאי
זירת
עש
מספר
מטרים
מחיר

Puzzle 267

ו ה ו ל ח ש ל ס י ח כ ת ָ מ ת ו א
ע ת ג מ ן ה ך ה ח ד ה ב ז ת ו ד ו
י נ ך ו צ י נ ש י י ר ת א ו ר ן מ
ו ה י י ש א ת ש ס ה ו ר פ מ ָ ד ד
ן ל ג נ מ ר פ ש א נ ג י ש ח ר ד ן
מ ו ש ו ב ב ו ש ק ת ת י ב ו ר כ ו
ו ת ס י ש ע ר ה ה א ת י ר א ו י א
ס ו ו ד ה ל ת ו מ נ ר ן ש ו פ ר ת
ד פ ה ב ו י ש ח ע נ י ו ע פ א י מ
מ צ א ב ת י ל ת ד ו ב ע ש י ג ה ל
נ ל ר ג ה ה ו ק ו ל ו א פ ף ש ו ח
ס ל ק ח ן ו ד ל ה א ת ו ש מ ר ג ו
ה א ט א ת ש ב ר י נ ב י ש ב ר י ו
ש י   ב ש ב ו ו פ י ס ג ת ף ת פ ד
ד ת ע ת צ ס ה ב ר ע מ מ י ן ג י א

הארקטי
לצפות
להרוס
להציג
אומדן
ממערב
וכרובית
התנהלות
בדיוני
תרופת
קשוב
מנסה
להגיש
מוסד
לדון
אפור
חושף
עבודת
עלייה
חמאת

Puzzle 268

ב ע א מ ת א ו ד י ב כ ה כ ט ל ו ב
מ ת מ נ מ ו ת מ צ ל י ס י ב י ח ר
ג י ב ש ה א ו ו ל ו פ פ ל ב ו ן ט
ב מ ח ד ו ב ן י י ת ש ב א ר ו מ י
ש נ ו ה ד ל מ ד ל י ל ש ע ח ה ר ס
א ל ר ר י ל ג י ת ר ו ו ז ן א ג מ
א ה י א פ ע ה ת ב י · ע ם ש ב ג מ
ח צ מ ת ש ב ד א ו פ ו ם ו ח ו א ש
ר ה ה ה י ה מ י ן ש ע א ד ב ג ל ל
ד י ד ב ו מ נ ו א ם י ב ק ע ר ט ת
ש ר ד י ו ח א ת י כ ב ד ד מ ת א ד
א ן ד ח פ צ י ב ו ו ה ל ג כ מ ח ן
ל ו י נ ם א נ ת ת ב ל ר ו ו ד א ה
מ ג ב ו ו י ק מ ס ן מ י ו ו ת ע י
ו א י ל ח ת ו א ו מ ת ן ו ת ו ת ק

בחורי
כרטיס
פחדן
איכות
ממשלת
הכבידו
להביע
טיפשי
דוור
לבלבל
בר
צלילת
הרס
הראתה
עשן
לדכא
שפירית
להצהיר
חצאית
בוגרת

Puzzle 269

מ ח י ה ב ו י ו ע ל ג א ע מ ע ל ה
ש ו צ פ ק מ ל ח ש ג ס ש ה נ י ד ע
ם י י ת צ א מ ו ו ש ו ר ע ד ה ק מ
י מ ו ע ב י ש פ י ל ת ש מ ר א י ◌
מ ש כ ה ע י צ ש ן י ר א צ ר ש ת ל
כ ב ד ו מ ו ד י ב י ל ב ו ל ג א ה
ח א ט ג ה מ י ו א א ו ח י י צ ו ו
א ה ר ת י פ ח כ ו ו ו י ח ר ש ו מ
ע ו ה ח מ ת ו י ה ס ה ל ו ק ו ז י
ל ב ב ק ר י י ס כ ו ט ו פ פ ה ר ט
ל ה ע ב י ר ק ק נ ה ל ע מ ה ר ע י
ה ל ס י ל ס ס ו ת ס ו ל נ פ ו מ ד
ב ל ש ר ה ו ס ג ח ל י ל י ת צ ת ש
ו א ו מ ב ו ק פ ל ו ם ה ו ט י ת ב
◌ ס ר ב ע ו ו ו ו ק ת כ ר ע י ב ת

ייצור
גחלילית
עדינה
טעות
בקצב
מיעוט
מלח
חופשי
משם
קמפיין
אשר
תירס
אהוב
סיכוי
הפתעה
להעביר
חכמים
כאשר
עשוי
די

Puzzle 270

ק י ב ז ג ג ר ל ר ה ח ע ש פ פ א א
ע ש ר ח ר א ט ש ן ח ו נ כ מ מ ו י
א מ ו י ו ת י כ ל ו ח ה ק ת ב כ נ
ס ת ה ה ב א י ו ב מ ו ו א ח ל ו ד
נ י נ ה נ ו נ ח ת ר א ת ד ה פ ת ק
ו ל מ א ל ק ה ן א ו פ ר ד ב ל ו ס
א י מ מ ל י ץ ו מ ת ו ו נ נ פ א י
ס נ י א צ ת ב א ו א ו ב ג ב צ ר ו
נ ח ב י מ ר ע כ נ ◌ י ד א פ ע ב ט
נ ו צ ל ד נ ד פ ת ו ו ה ב ו ק ל י
ל מ ד מ ח פ י ו פ צ ז ש ח ע ת נ ל
ש ר ת נ ו ת כ ל מ ט ה ב מ ל ט ב ש
ש ל י ה ם ע ב י ו ו ב צ ו י ב ו י
ו נ א פ ב נ ו נ נ ו ע ד י מ ז ח ב
ה ל ט ו מ כ פ ת ס י ע ס ן ל י ר ט

בפועל
לשכוח
טרי
בחדר
אינדקס
לאכול
טייס
שליט
ממליץ
מדחום
חיה
תואר
לנבוח
צפוי
דבורת
זהב
טבע
צל
נרתיק
למטה

Puzzle 271

ב ל ת ג א ד ו מ פ ע ב ל ב ק מ פ א

ו ם ן י ק ת י ק ו ה פ ד פ ל ת מ נ

ח י ו נ י ה פ מ ד י ו ק ן ו ר ש ס

ת ב ה ל מ א א כ ד ו ר ו ר ף נ ה י

ן ר ג ד ו ו ש ר ת ו מ ל מ י י ה י

ש נ ת ו ת ל ו ק ח ע ט י ו ע מ ו ג

א ל ת פ ו ר ש א מ י י ל ה ס י ב י

נ א נ ס י פ כ ת ל ש פ ד ש י ב כ ע

י מ ב ך נ ת נ מ ה ד ש ד ל ן ר א ם

ו מ ש כ מ ו מ ה ק י ד ו י י א ע פ

פ מ ו ד ח ח פ ן ש א ש ו ג ח מ ר ב

ו ז ק ד מ ב פ א מ ם ף ג א י א ן י

כ א ל ה ו ר י ל ם י מ ו ן ר ב מ ו

צ ח ע מ ר ו ד ו ם ו י ת י ו ת ל ו

ר ר ה י ו ב ן ו ל ע ר ר ן כ ו ת ת

בפורמט
דיוקן
חמניות
בשוק
מס
מקבל
חיוני
תקין
כדור
ילד
הוקי
שלו
לתפור
משקה
פתוח
עכביש
מודאגת
חמלה
אנגלית
סעיף

Puzzle 272

פיל
מכתב
רשמי
אות
פעם
נכון
לארגן
למעצר
מוכרת
חוזר
טכנולוגיה
עצוב
ועדת
בקול
מפעילי
יריב
בוגרים
קרנף
טלפון
שוחי

ל ת ו נ ת י ח ה פ א ת ב י נ ו ו ו

י ם כ ד ל ת ו פ ע ו א י ן מ מ ל נ

י א ו ו ו ה ז ס ם נ ש י י פ ה ן א

ש נ י ס מ ש ר א ל ו ו ת ע פ ו ג ו

ת ו מ ר ר ו י ד א י י י מ ו כ ר ת

ן מ ת א · ח ש ר ל ה ל מ ב ו מ א נ

ע ק א א ס י ו י כ י ו ש ו ו ו ל ת

ל ם י ר ג ו ב ק י ג י ר ק נ כ ו ן

מ · י מ ל י ר פ י ו ר מ ה כ ו ח ו

ע ל ם א ר נ נ ף ך ל י ב ק ו ל י פ

צ ו ל ל ף ו ק מ ו ו ב ו ל כ ר ב ל

ר ו ד ב פ ו מ צ מ נ י צ כ ו כ ה ט

ג ס נ פ ע ר ב ת ד ב ל ע פ ל מ מ ל

ל ו י ד ה ו ת נ ר ט ו מ ן א ס ק מ

פ כ ת י כ י ב ד נ ו ק ך ת ו ה ב כ

Puzzle 273

ט ת ד צ ט א פ ם ל כ ד ח פ ה ס ט י
נ ו א ה ר צ ר ו ה צ ה ת א ו ה ק א
י ו י ו ו נ ד צ ב ט א ת ב כ ר ו מ
ס ה פ ב ף ו צ ל ש פ מ ה ם י ר ח א
מ נ א י ק ב א ה ה א ן י ו ע ב מ נ
ק ע מ ם ש ב ע ו ד ר ו ל י ו ר מ ת
ש ו ה ד ל י מ ר ל ש ו ן ו מ נ י ק
ב ת א מ ג נ א א ו ל מ ל י ו י פ ע
ה ק נ ה ר פ ג ל פ ע מ ד מ ה ת ץ ל
מ ו פ ם ת ל ת ג ו ט ס י ר ו ב י צ
כ ח צ ת ה ו י ש ל ק ר י מ ב מ מ ל
ק י ד א ך ה ב ק ב ו ק ק ר י ט י כ
ה ת ל ר א מ ת י נ א ו ה ר י י מ ר
ר ו ו מ נ ו א ע ט מ ח א ת צ ה י כ
ו י נ ם ד ו ד נ י ג ל כ ר ר ן מ ת

מסרק
לצוף
טניס
לפני
אחרים
ציבורי
מיץ
תא
הגיעה
קינמון
לשקף
צהובים
לתוך
לייצר
הבקבוק
כל
מורכבת
קריטי
הפחד
שבע

Puzzle 274

ו ה ה י י ו ה מ ו נ ה ו א ו ה ב מ
ד ע פ ל ז ר ב מ ו ת י ס נ כ מ ו ל
י ש ו כ פ י מ ת ח מ פ פ נ ש מ ב ר
ת ו ע ח י י ק ר מ ל ה מ ס פ ר ת ת
ח ר ל ש פ י ו ת ק פ מ ה א נ ו ה ש
ע נ ד י ו ת ל י ע פ ז י ו צ פ ל נ
ד א ן ר ו ק נ ו ב ו ו ו ה מ א ר ת
ג ה ל ו ו ח ח ה ה ן ה מ ב צ כ ל ה
א ו ת ב ש ה ה צ ל ה מ ש י ך ת צ מ
א ן י ו ל ש ם י מ ל ע נ ם ו ע פ ב
א ו ר כ ו ל ו ע ת ז ר ו א ה ו ו ב
ר ל מ ל ו ט ן ב י ל מ ח ל א מ מ נ
ל ח ב י ה ו ל ט ו פ ה מ ר נ ל ת י
ו ס מ ו ר ן מ כ י ת ע ת מ ס ר ה י
מ ד ק ו ב ר ו נ ף ח א ש ה ו ת י ו

נעלמים
המספרת
אוהב
מלפפון
שלווה
לפתח
העשור
להמשיך
המונה
בובת
הפועל
התחרות
טבעי
מפוארת
השלטון
אורזת
אוהבים
ברזל
מכנסי
הצעה

Puzzle 275

ר ד י מ ו פ ל ש י ם י א ו ש י נ ז
ג פ ת ו ם ו ר י ל א ר ה ז מ ג י ס
ך י פ ת ק ע ר א ד פ ה ם ו ל ב כ ב
ע ת א ע ל ל ה פ ת ע ס א ף ר י ן י
ב נ צ פ ת ת מ ת ל מ י ו ו י א י ב
ד ו מ ש ב י פ נ ע ו א ן ש ל ק א ת
ם ת ה ה ר מ ש ח נ ן ב כ י ל ה ס י
ו ה ו ב ר א ת ק א ל ל ג כ ל א פ ת
ל ת ק ב ת ו ה ז פ מ ב ו ל ת ם צ פ
ש ח נ ד י ר ו ת ר ט י ט פ ח ב י ת
ה מ ב א ר ע ל מ ה ל ו ל י ר ו פ ש
ו ר ה ל ק א ו ש ש מ א ר ל ו ט י ל
ק ר נ י ו ר ל נ ל ס ו ו ו י ב מ י
י א ו י ו נ ב ה ן כ ן ב ע א ו ו א
ו כ ד ל מ א ע ת ק ב ת י פ ב כ מ מ

זהות
השפעת
לפת
מצא
ספציפי
פועלת
שלום
פעמון
כלפי
משנה
נדירות
נחש
הרי
כישוף
סביבתית
נישואים
לשים
זיכרון
עצום
פתק

Puzzle 276

לשייש
שומן
אנפה
גמל
אפרסק
תגובה
נתח
זוהר
מכוסה
מאה
לתל
שליחה
משימת
ספרייה
שעות
מגזין
יקרים
הפסגה
פטריות
שירות

ל נ ד ר ר ס י מ מ ד מ ס ר י ל פ ש
ג ר ד ו פ ק ל ג נ ל ש ש ע ו ת ת י
נ ס ג ר ר ת ט ז י ש י ה פ ע ל מ ר
א פ י י ה ש י י ו י מ ב ה ל מ ג ו
א י ם ה ו ד ט ן ס ו ת ו ר ן ל ה ת
ה מ ש ה ז ה א ב כ פ מ ס ג מ ב ל ד
ב ו י ד א ס ד א ל ד ו י ר צ ת י ס
ו מ י ע ת ו ב ט ח מ נ נ פ ח א ו ל
ג א ל א ש ב ו י ח א ר א ד י י ו פ
ת פ ל ו ו מ ו ו ו א ו נ ו נ ו ח ע
נ ר ת צ א א ה ח י ל ש מ מ ן א ב ד
נ ס ל ה נ מ ז ת ש ב ו ו ש נ ל ו ש
ב ק ה ג ס פ ה נ פ י ה ו ד ל א ו ל
א ב י א ק ל ג ו י נ ד ת ו י ר ט פ
ה פ נ א ק נ א א ד ד ן מ ו ש ו י ן

Puzzle 277

ם י ב ש ו ח י ס ג ו ל ל י א מ ת ל
י ה י ה ס ה ח ב ט ה ב ב י ל ע ה ל
ק ט א ת ר ח ש ם י ל ר ר ס ר פ כ ב
ו ר ז ר ז ל ג פ ה ל ך ד א ת ת ר ל
ל ו פ ב ד ו ה ל י ת א מ ט ת ל ש
ב י ו ו פ ק ת ש ע ם י י ר ש פ א
ת מ א ת ו ה ש ע צ ל ן ן ם פ י ו ג
ע פ ו ט ו ח ר ע ל י ו ע ש ד מ ו מ
ח ו ם ע ק ז ג צ ר ל ו מ ב א ד מ צ
מ א י ן ע ה ש ו ג ד ר ר ו י י ח נ
ב ו ש ה ו כ י ל ו ל מ ק מ ה ח נ ו
א ב ו ע מ ל ו ן ד כ מ ל ה ר ש ת ג
א ן ר מ ו ח ת ח ח ר ן י ע י ב ט א
א ע ש א פ ו ו ה י נ מ נ ש ה צ ה י
ו ה ן ח ס ת ד ן ע ו מ ש ל ז ה א ד

בלוקים
החבטה
עצלן
חושבים
לברך
שחקן
בכפר
לדחות
רגשיות
פרט
חומר
אפשריים
התרבות
עלי
להעליב
סגול
לשמוע
הלך
חסת
היפופוטם

Puzzle 278

העתיקה
לקבוע
חברת
בצלחת
סרטן
החריף
מסוגלים
לפטר
מחברת
נפוצת
כתר
דומה
מומחה
זריקה
תרנגול
דיון
עמוק
שארית
מילת
תקשורת

ש מ ט ם ד כ א ו י י ו ג נ ח י ב ר
ו א י ת י ל נ ף א ד ד ל ן ט ר ס ו
ב ו י ר ה ע ת י ק ה י ב ג ח ש י ת
א ע ו ב ק ל מ ר ו ח ו ת ר ו ש ק ת
נ ו ב ח י ו ד ח מ מ ן י ב ש מ ד ש
ר ו ו מ ר ג ר ה ע ו מ י א ר י ל מ
מ מ מ ו ז נ ה כ ב מ ם ר ן מ ר ד מ
ח ר ו פ ו ר ת ת ת נ י א י פ י כ ש
ת י ע ת ב ת ב ר ח ת ל ו ח ר ק מ י
ע מ ח ו ו ר ט פ ל ת ג י ס כ ד ס ב
ע ו כ ע א פ ד כ צ ב ו ב י ש א ו ו
ו ה ר ד ר ו ת ר ב ח ס נ ל ם ו ב י
ע ש ש ר מ ת צ ו פ נ מ ת ט י ר י ר
מ מ ש ה ב א נ מ ר ב י ל ה ו מ ו ש
ף מ מ ד ד פ ו ב ג ו ו ה ק צ י א ל

Puzzle 279

ח ש י מ ה ה א ש ו ם י נ י מ ת ג ו
מ ן ע ו ל פ ו א ו ק ו פ ב ה ר צ ב
ד פ א ל ד נ ע ו ל נ ר ו ו ה ם י ה
מ ה כ ב ה ל כ ז ל ו ה א י ה ר נ נ
י ו ש ס פ ב י י ט ו ב ל ח ל א ע נ
ם ל ב ו א ב ן ת ר מ מ ה ה ר י ו ן
ו א ו ב א ר א פ ו נ ח א ש ו א ת א
י ג ו ס ה מ ו ה פ ו א ל ה ש ט ס ף
ן ר ש ו ו א י ק ס ר ב נ ה ת ה ם ן
ה י י א י ש נ ה ו ע ב ע ת ע ד ו ה
ט ר מ ת ר כ נ נ ם ב ק א מ ל ל ו ד
ד א ר ו נ ל מ ט ו כ ל ר י ן י ו נ
י ו ש מ נ כ ת ב ת ב צ ה א צ ו ת ה
ו ו ז ד ס י ת ע ל ו מ ה ו ת כ ר א
ו צ ף ר ו ט מ ת מ ל ו ך מ י מ ר ב

רפואית
החיובי
ואן
הודעת
שווא
ספורט
מינים
צוואר
נואש
נכתב
תעלומה
רמת
טבעת
מטורף
שונה
אבן
התוצאה
לבוא
ישנה
מהסוג

Puzzle 280

הון
דמוקרטי
תזה
חיוך
להירגע
טעם
מערבי
כמות
הסטנדרטי
זרועו
פחות
עיפרון
תשובה
גז
כניסה
אווז
תשעה
ביצה
הצלחת
מכרה

ה ה ת פ נ ט ח ה ת ו מ ו ם ו ל מ פ
ס מ פ ר מ ז ב ל ש מ ל ה י ר ג ע ח
ט ת ח ל צ ה ד ע ע ד מ ו ק ר ט י ו
נ ת ה ז ת ש ו ב ה ה ל ת י נ ב פ ת
ד ל צ ג ל א ע ב צ ת ב ג ם ר מ ר ה
ר ט ו ו ה ס ב ר י פ ש ר ע ם נ ו פ
ט א ה ם ר ו ת כ ב י א מ ט נ ב ן ר
י ל י ו ו ע ו ר ז ו ך ו י ח ל ו מ
נ ס ו ג מ ו ג ת ו י ה ת ו מ כ ה י
פ פ ב מ ר ל ו ז ה ר ו א ל ר ו מ ו
י י מ ג מ פ ת ת ה ע ח ב כ מ ח ד ו
ע פ י כ מ כ מ מ ו ו ש ר ה ס י נ כ
כ מ ר ח ת א י ס ג ר ר י ל ע נ צ ט
נ ה ל ס י ל ו ר ל מ צ א מ ע ג ת ה
ו ק ב מ ר ו ק ו ק מ כ נ ס ד ס ר ת

Puzzle 281

ה א ב ר ו מ י ו ב ק ט ג ו ר י ה ב
פ י ו מ ו מ ק פ ו ו ו נ ו ן צ א מ
ל ג י ח ו ע ע ן מ ת ט נ ב ב ר א ו
נ ו מ י י ר ת ל מ ס פ ש ע ו ו ה ג
א ם ו מ ו ש מ ו ו ה ת ה ן נ ז י ו
ן י י ט צ מ ת ר ו מ ת ב ו פ א ש ר
א ב ט ל א י ק צ ו ד ו י ז י ל ו פ
ל נ ר א מ ב פ ו ו ב פ ע י ס ר ח ו
ו ע ק ל ן ר ס ו ט י י נ ב ו ר ב ר
ר ז ו ב ב ס א נ ָ י י ת א ב ו ל פ
ל נ מ ע ה ט ו ו ת ע ע ה נ ו ק ו פ
ת י ד צ ג ל ד י ב ו ר י ם ט א ק י
ָ א ה ר ב ה מ י ך א י א ט ו ע ע ת
ס ש מ פ מ ה ח ח ה ן ם י מ א נ ת ו
ר א ד ד מ ס א ט נ ל י ס י ה ע ב ח

באורן
בקטגוריה
מצטיין
ביזון
פיתוח
בניין
לו
הצבעה
הדמוקרטי
לאזור
האוטובוס
אך
עייפות
התה
לדיבורים
אמן
ענבים
בתמורת
ואספקת
פשע

Puzzle 282

מ ן ב ח ב י ל ל ת י ד ה ד ו ר ק ל
י ק י ב ש מ ו י ד ח ב ה ך ת ח ל צ
א י ב פ י ס ג נ ו ן ג י פ ח ג נ ת
ם ו ן ת ל י א י פ ק ה ס ס י כ ב מ
ה י ו ע ו ד ץ מ ן י ת ט ז צ ר ח ח
ת ב ר ל ב ו ש ח י ר ם ו נ ל ה ע מ
א ו ד פ ר ע ל נ פ ו ל ר ת ו פ ע ר
א ר ס י ו ד ו ב כ ה ה י ן ו נ ג ו
ת מ מ ם נ ב ה ה פ י ת ה ש ה ו א ף
י ב ב ג ן פ ט י פ ה נ ן ת ל מ י ה
ו ה ס ש ה א ם ר ק י ג ת צ ת ת ב מ
כ ל י ד נ ל ד ו מ ח ד י פ ק ו א ה
י י ס נ ד ו ו א ה י ה ה ש ש פ ד ו
ל ב א ג ר י מ ך ח ר ת ו ו ט י ר פ
פ ה ו כ י ן ו מ פ ת ת ת ט ב מ כ ד

ידוע
קרם
הכבוד
להתנגד
בכיס
בשילוב
סגנון
ההיסטוריה
חיים
צלחת
פשוט
אם
במסדרון
הוריקן
חמוד
בסיס
רגולציה
פריט
במירוץ
לנפול

Puzzle 283

ה	ר	ו	ב	ד	ה	י	ו	ה	פ	ד	צ	ה	ר	י	ד	ס
פ	מ	ב	ר	ה	צ	ו	ר	מ	ת	ש	ת	מ	כ	ר	ה	ח
ש	ב	ל	ק	מ	י	א	ד	ב	א	מ	ו	ן	ג	ה	מ	פ
א	כ	י	מ	נ	פ	ר	ר	ע	ו	ד	ם	ר	ד	צ	ל	ו
י	ש	ב	כ	ק	ר	ו	ת	ו	ם	ו	ג	ר	ר	א	ר	ה
נ	פ	א	ו	ל	ו	ח	ח	א	ב	ו	ת	נ	ל	ע	נ	א
ת	ח	ה	א	ח	ת	ס	ה	י	ל	י	ג	ר	ח	מ	ל	ש
מ	מ	ל	ר	ו	כ	ל	מ	מ	ע	ש	א	מ	ק	ס	ע	מ
ח	ת	ע	ן	ת	ד	מ	ע	ב	י	י	ד	צ	ו	ק	ע	ה
ש	י	ל	ו	ה	ח	ו	ג	ו	ב	ש	ס	י	ר	◌	ת	ו
ל	כ	ש	ל	ש	ר	ת	ש	י	ב	ה	מ	ע	א	ר	ל	ו
ו	ו	פ	מ	ל	ד	כ	מ	ם	ב	מ	י	י	א	ו	פ	ת
ש	א	מ	ב	נ	ן	נ	מ	ת	י	ו	ט	ה	ה	ו	ר	◌
י	ח	י	ץ	י	ק	ב	ח	ה	נ	י	ה	א	ק	י	ג	ס
א	ל	ח	ד	ו	ל	ב	מ	ש	ד	ח	ד	נ	א	ו	י	ד

התראה
בקיץ
שלוש
תחתון
לחקור
במלון
סדירה
ראוי
מציע
נשיקה
מיטה
להאכיל
רגיל
השישי
מרוצה
מחפש
צהרי
פתאום
דבורה
בעמדת

Puzzle 284

נ	ד	ו	ל	ל	מ	ת	מ	ל	ו	ה	ו	ן	ז	י	י	ו
ד	ו	ת	ה	פ	ק	ו	י	ת	ו	ר	ל	ו	ב	א	י	ו
צ	ל	ה	צ	ט	ר	ף	י	ד	ח	ח	ן	י	ו	מ	ח	מ
ב	ע	ק	ב	ו	ת	מ	ן	ת	י	ב	ה	א	ו	ח	י	ר
נ	י	מ	ן	ו	צ	ר	ו	ש	ד	ה	כ	ד	ס	א	פ	כ
ר	ר	ל	ש	ש	מ	ב	נ	ם	ש	ה	ל	ו	ו	ן	ה	ז
ן	מ	ש	ח	ס	ה	ע	ו	א	ש	ה	ש		ת	ב	ס	י
ו	ב	ו	כ	ס	י	א	צ	ל	א	ד	ר	ח	מ	ו	י	י
נ	נ	נ	ג	ק	פ	ר	נ	ח	ה	ו	א	ט	ב	א	ס	ם
נ	ר	ת	ל	ו	י	מ	י	ת	מ	ן	ג	ש	ו	א	ס	ל
ה	ה	י	ו	ו	ל	ו	ר	ן	א	ל	ק	מ	ת	ה	ע	ו
ג	ש	ק	י	ר	י	י	צ	ל	פ	ס	ה	ר	ו	ה	ה	ס
ד	י	נ	נ	ו	ו	א	ד	א	ש	ו	ר	ו	מ	ס	ד	ג
ם	ר	ע	ה	ז	ה	ת	פ	ו	ר	ו	ת	ו	ר	י	ל	ה
י	ד	י	ל	ף	ה	י	י	ד	י	ח	ה	י	ך	מ	י	ר

שדה
סמור
לצייר
משטח
רצון
דם
לוויה
שותף
לירות
מחר
אחיו
דרישה
סולם
להצטרף
הורה
באסם
ענקית
בעקבות
מאפשר
מרכזיים

Puzzle 285

פ י מ ם ש צ ת א א ת מ ה צ י מ ם ת

ו צ ר ו ע י ו ה נ פ ב ס ר י ג ן ד

א ה נ ד נ ט א ט ש ב ר ו ה ב ת ו י

ו נ ם ש ב ו ל ה נ ו י ע נ מ י ה ל

ו ן י פ ת ט י ר ה ע ק ת ה ן ט ו ל

ן י ע י ח מ ו ס פ ה ה ח ן י נ מ ן

ב י ב ט ו א ד י כ מ ע ד ת ו נ ת ב

ד ק ש ם ו ע ו פ ה ח ו ג ב ג י א ו

ב מ ו ב י ת ו נ פ י ה י ש נ מ ו י

ו ה מ נ ס פ ן מ ה ע י ת ו נ ו ת ל

ד ו ה ת ר ל ש ו כ ר נ ר ו ס ד ו מ

י ה ח ח ר ב ן ע י ל ש ל ר ו ת פ ל

נ י ו ו ר ם ו ש נ ע א ק ר פ ל ג ג

ט ס ל ן נ ע צ ת ח ד ב ח ו ר ג מ ס

ו מ פ פ ל ע ר ב ך י ל ת א נ ע מ ח

עשרונית
לפתור
להימנע
רוחב
ביישנית
הפכה
וילאות
העיתונות
דובדבן
עגלת
המושבעים
מבריקה
דומיננטית
טיפש
דג
ציטוט
פרק
נטו
חמוס
צרה

Puzzle 286

הביטחון
למרות
ביולוגית
בסיר
המוכר
קריסת
לסבול
הבוצי
החובה
כנסיית
מחויבות
בריחת
מעדיפים
עונת
כנס
פסולת
המאה
חם
בחירת
גברי

י י ו י ן ח ל ו ל ו א ר ר ו ג י ו

ת ר כ ה מ א ה ו ב ר פ ו ל ר ק ה י

ר מ ח ו י ב ו ת י ש ה ה ה ו ב ו ג

ח ו ח י ו ר ת כ ו י ה ב כ ת מ ו ב

ן ם ן צ מ א ר ב ק ע מ י א ר ם ת צ

כ ע י ג ב ר י ם ה מ ה ט ת ר י ח ב

ת מ ל מ ר ו ת י ה ר ר ח ש ו פ ן ו

ל ס ב ו ל ב ח מ ר פ י ו ו י י ש ב

א י ב ו ב ס י ר ו פ מ ן י ם ד ל ת

י ו ג פ ל י ר ד ו ו ג י ו ד ע ו א

ו י ש ס מ מ ב ה י מ ד י ד ר מ ל י

ת ה ח ו ב ה פ א ב ע ל א ג ש כ י ל

נ ל ר ל ל ק ר י ס ת ג י ד ל נ י ב

ו ן ב ת ת י י ס נ כ י ל כ ב ו ר ת

ע ה מ י ש ה מ ו כ ר ה ג ר נ ח ו ם

Puzzle 287

מ	ק	ע	נ	ו	ב	ע	ט	ב	א	ט	מ	ך	ת	ו	ת	ו
ע	י	ל	ד	נ	ת	נ	ב	כ	ר	מ	ג	ס	ן	ב	ף	מ
נ	ס	ל	ל	י	י	ר	ט	ג	ב	מ	ב	ש	ח	ל	ב	ו
ד	פ	ז	ו	ו	י	מ	ל	ח	ע	ש	ת	י	ר	ס	ש	ל
א	ה	מ	ל	א	מ	ו	ק	ר	ה	ב	מ	ק	א	ן	ב	ק
ו	ל	ב	מ	מ	י	ב	ר	ר	ר	ו	פ	ס	ל	מ	ב	ם
נ	כ	ל	מ	א	ל	ת	ו	ל	ז	ו	ן	ב	ת	מ	ג	ר
ב	א	ע	ר	י	כ	ה	א	א	ח	ע	ן	י	ת	ע	ר	א
ה	י	ו	ש	ת	ט	ק	י	י	ב	ו	א	י	ת	ס	ח	ו
י	ב	ק	ה	כ	י	ר	צ	א	מ	נ	ו	ת	א	י	א	פ
י	ה	ב	נ	ל	ל	ע	ר	א	א	כ	ת	י	ב	ר	ט	ה
פ	ל	ב	ן	ר	מ	ר	מ	ח	ד	נ	י	ן	מ	ס	כ	ד
ח	ו	ר	ף	ם	י	נ	ס	ב	י	ב	מ	כ	ח	ו	ל	מ
ר	י	ר	ג	י	ה	ו	א	ו	ר	ק	מ	ו	י	ח	ר	ר
נ	ש	מ	פ	פ	י	י	ו	ב	ע	י	מ	ס	כ	ר	י	ר

אוהל
במכחול
חורף
סוכן
לספור
לחשב
בחזרה
לקרוא
ארבעה
עריכה
ליירט
חי
אובייקט
מגבת
מילואי
להביא
להפסיק
צריכה
אמנות
במזל

Puzzle 288

ג	ד	כ	ר	ח	ר	מ	ן	ו	מ	י	ח	ו	ו	ב	ת	ר
י	ע	ו	ו	פ	ח	ד	ק	א	נ	ל	ן	ש	א	מ	א	ה
פ	ב	ה	ו	ן	י	ע	י	ו	ו	פ	א	ן	נ	ס	א	ה
ם	י	נ	ן	ת	ט	ד	ב	ר	ח	מ	מ	ב	מ	ל	נ	א
ש	מ	ל	ת	ו	ה	ק	י	ט	ו	ר	י	צ	מ	ו	ת	מ
י	ת	ר	ו	מ	ר	ב	ש	ו	ת	ב	ס	ש	ח	ל	נ	י
ג	ג	ר	נ	ו	ָ	א	ן	ל	ק	ש	ד	ב	י	י	ו	ו
ד	ו	ו	ח	מ	נ	ח	ף	מ	ר	ט	ר	ו	ב	ה	ק	י
ה	נ	י	מ	ל	ו	ו	פ	מ	ם	י	י	ו	ד	ר	ר	פ
ל	ס	י	י	ו	·	כ	ח	ר	ר	ט	ם	ן	ש	ד	ו	ה
ת	י	ר	ת	ו	◌	ו	ת	ל	מ	ו	פ	י	ו	ג	ה	ר
ח	ר	ר	מ	ר	ש	ה	ס	מ	ו	ר	ס	פ	ב	ו	ם	ש
ף	ו	ג	ר	ע	י	נ	ר	ת	מ	ג	נ	ל	כ	ו	ו	מ
ה	י	ו	י	ד	ט	ה	מ	ל	ע	ת	ר	ו	ל	ג	ד	ת
ב	ת	ל	ו	י	ג	כ	ו	ו	פ	◌	מ	ד	ג	ו	ר	י

דולפין
אקדח
שן
שמלת
במסלול
גדר
באחו
גור
עין
לכבוש
שׁוּנָרָה
קטין
חיטה
להדגיש
הם
ברור
נתנו
מצחיק
תלוי
קיטור

Puzzle 289

ב	א	ס	ר	מ	ע	נ	י	ב	ה	ר	ת	ק	ב	ו	א	מ
ט	ק	כ	ת	ה	ס	ו	י	ג	ב	ר	י	י	ל	ר	ל	ת
ק	ט	ב	ר	מ	ה	ך	נ	מ	י	מ	א	פ	ש	ת	ו	ל
ס	י	ע	ד	ח	ו	ת	ו	י	ל	א	א	ן	ב	ב	ח	ש
ט	ב	ת	נ	ק	ב	ח	י	ו	ת	ל	ש	י	ו	ו	ו	מ
פ	י	ו	נ	ה	פ	נ	י	י	ג	פ	י	א	ם	ב	ן	ו
ף	ת	ע	ו	א	ר	י	י	ו	י	נ	י	ה	י	י	ג	ה
ה	ב	ש	ק	ר	י	מ	ש	א	ש	ל	א	מ	מ	ב	י	י
ה	כ	ר	ח	י	ח	ש	ת	א	נ	ש	ר	ו	ח	ח	ב	ל
ן	מ	י	נ	ו	ת	י	ו	ו	ע	ח	ק	ר	ו	ת	ע	ח
ו	י	ם	ע	ע	ל	ת	ן	י	ב	מ	ר	פ	ר	ע	ה	א
מ	כ	י	ו	ב	ש	י	י	ת	ה	נ	י	נ	א	ל	ו	ו
מ	נ	ד	א	א	ו	ל	מ	א	ו	ה	א	מ	ש	ג	ע	ו
כ	ה	ד	ר	ו	ח	ל	ל	ח	ל	ו	ל	נ	ש	ג	ל	א
ה	ו	צ	ם	מ	ו	נ	ן	ו	ו	ן	ב	ק	ס	כ	י	ה

התיישבו
המחק
חתך
הכרחי
בטקסט
עניבה
בשקר
תחביב
בפריחת
מאובקת
עשרים
ולא
צדדים
שלב
מרחב
הגנת
שנאת
מקומי
אקטיבית
הגייה

Puzzle 290

ר	מ	פ	ו	ח	נ	נ	ה	מ	ח	נ	ה	ק	ב	ד	ו	ו
ע	ך	ו	מ	ת	ר	ד	ס	ס	ל	ה	ע	ב	ל	צ	א	נ
א	ו	ת	ו	ת	ו	י	ה	ח	ו	ד	ו	ב	ר	ר	ב	ת
ו	א	ה	ר	א	מ	ח	ב	ר	ו	ו	ל	י	ב	ח	י	ט
מ	ה	ל	א	כ	י	ס	ו	י	ו	ש	ם	ו	ו	א	ג	ף
ש	כ	ה	נ	נ	ש	ה	ה	ת	ש	י	ב	י	ר	ע	ל	מ
·	ש	ו	ו	ח	ב	י	ד	ו	ל	ד	י	ב	ט	י	פ	ק
פ	י	ל	ר	פ	כ	ח	י	ק	ש	ב	כ	פ	ב	ש	נ	ר
ו	ב	ב	א	ר	ד	ו	ו	ח	ל	ש	מ	ל	ט	ת	א	נ
ל	ו	ע	נ	מ	כ	ש	א	ל	ה	ח	נ	ב	ר	ן	ו	ב
א	א	ב	פ	מ	ו	ת	ס	ה	ה	נ	ח	י	ו	ת	ל	א
ח	מ	מ	ג	ו	ב	ב	י	ל	פ	ט	ב	ף	ר	ו	ו	ו
ר	י	ח	ש	י	מ	א	פ	ו	מ	ה	י	ה	נ	ו	מ	ש
ח	ו	מ	ה	ב	י	ם	מ	ר	ד	י	ה	ש	ו	א	א	י
ו	נ	ב	י	ג	ב	ק	ה	א	י	ו	מ	א	ל	י	ו	מ

שמונה
העולם
נברן
לחקות
חמת
דוב
טרור
למשל
בלוני
מחבר
כיסוי
אלה
הנחיות
מסחרית
נפגשה
שאלה
שוקלים
סדרת
היותו
כבשי

Puzzle 291

ה מ ל פ ח פ ח ב י ל ה ש י א ע י ס מ
ל ח ס ו ם ח ר א ב ל י י ב ו ג ו מ
ל כ ו ל ו ו י מ ט י נ ם י ל ג ג ח
ו ט ל י ד ת ו ו ן ג ע ר ע ו ק פ נ
פ ט ל ט י ס נ ש ו ר ת ם י ר ב ד מ
ך ה ף י ר ו מ ח ב כ מ ה ◌ ו ק א ר
א ו ו ק ה ג ו ב ס צ י ה י ש ר נ ר
א ו ן ה מ ה א א ס פ ת מ ל ו ה ו ר
ל ו י ע ו ר ו ט כ ה ת ב י כ ר כ ו
ג ב ו י ת צ פ א פ ש ו א ו ה ח ו ב
ו ר ח פ ל ו צ נ י ב פ ו מ ד ל ו נ
ל ה ט ו ר ת מ ב ת ד מ ס א ת כ ש ו
ד מ כ ה י כ ע א מ מ ל ב א פ פ ש ו
פ י ש ו מ א י ד ו ו ק א ל ש ת פ ף
ח מ ה י י ת ל ה ה ָ י ו א ן נ ח ו

הופיעה
שלטונו
כפית
ספת
וסבא
טווח
נולד
לידת
מעיל
כרגיל
למפות
לכול
מדברים
צפה
דווקא
כפל
לחסום
רכיבת
כוח
פוליטיקה

Puzzle 292

ע ח ם י ל ל ר ד ו ש ג ט א ו י נ ו
ו מ י ג כ ל ר ח ו א מ פ ד א ת י ד
ת פ ה ק ט ס י ה ר ג י ש ו י ו ס פ
ב ד מ ר א פ י ב א ל ו מ נ ל ח ו ף
מ ת ע מ ד ו פ מ פ ל י ד י א י י ב
ר ב ע ו מ ג כ ב מ ו ו ח א י ה ו ו
ו י ל ז נ ם ת ר ט ב מ ב ה ז כ ו מ
פ צ ר ח י ל ו ש ו ע ת ת פ ן ל ת י
ה ו כ נ ו ד ל ת י א ה ה ת ר ו נ מ
ת צ ב ש י פ ו י א מ מ ו מ ח ה ע ן
ת י ב ק ם נ י ע מ ו נ א ת י ל ע נ
ו מ ר ג ו ב ו ח ר ה ל מ ו ת ה ו א
ר ת ע נ נ כ מ י ת י א נ ו כ מ ה ש
ט ב ל ה ד ב ם ת ו מ ד מ ו ה ה י א
ו ר ו ו ר ב י נ י ן מ ו פ ג ר ו ר

לספוג
ניסוי
יותר
מנורת
דלת
לערבב
דמות
תלוש
אדוני
כזה
המורים
לחוף
מברשת
במבט
נעלי
הרגישו
מאוחר
משפט
מכונאי
לרכב

Puzzle 293

ן ה ת מ מ כ ק כ ל ס כ ל ב ח ל ה א
ת ש פ ב ב ו ו מ ש ק ל ה ה ן ו ל ב
י נ ת נ כ ם ו י א י ב ל ג מ ר ד י
ל ת ל מ כ ו ר ק א ת א ו ל ב פ ר ת
ע י ו ת ה ו ל נ ר ל ו ר ו ו כ י ד
ס ל י ז ש א ו ל ת פ ג א ל ו ך ת ו
ו ח ט י ן ו ר א ג ח י ל ה י ח ח ב
ד ן מ ח ס א ו ד ה פ ע ת ע ת ב א א
ו ו כ א מ ב ו ל י מ ק מ ק ל ב מ ח
ד ו מ ג ה י ה י ת כ ר ב ת מ ט מ ו
ל פ ק ב מ ו ו י א ח ק מ י ח ן נ י
נ ש ו ר ו ו ל ד ש ד ה ב ר כ ש ו ל
ח ר מ פ מ ח מ א כ י ד ד א א ת ד א
ש ן ת ע י ע ה ו ת ו י ם ט ד נ ה ר
ב מ ו ל ע ו ו ת כ ח ת ו ח ל ה ב ו

הקרקע
בלון
לכל
השנתי
נקי
אחיזת
אכן
יהיה
שחר
למכור
ברכת
מישורי
בבטן
כלב
טיול
משקל
גבר
איום
הגלולה
ארון

Puzzle 294

ל ל ר נ א א י ה ת פ ו מ ר צ ע י א
ק א ן ס ב ע ל א ו ה ת ה א י מ י ל
ב מ א י ק ז ו ל ד ו פ י ק נ ו כ ת
ל ץ ב ן ר ל י פ ו י ב י ל ו ה כ מ
ס ע י מ ל ט נ מ ס ל ר ת ד ר ש ר א
פ ם ש נ י ק ו ל י ר מ כ צ ו ח פ ר
ר ן ק ת ת י ט ק פ מ ו ק ת נ מ א ר
י ר ה ח ם י ל ה ת נ ה ג ו ת פ ס ל
י ל ל פ ג י ש ת ו מ ו ל ע ת ל מ ב
ת ת ו ח ו נ ל ת י ד ה ד ו ו ע נ נ
ד א ת ת א ע י ת ו י ו ו ש מ ל ו
ר י ת ל ס א ו א י ן ו ה ה ח א ע ש
ג ד י נ ב ד י ה ו ב ה א מ ו מ ט א
ח ו ן ל ו י פ ל פ ה ה ו כ ו ש י ת
ת מ י ב ב י ו ו ג ה ן ס ב ו ב י מ

יסוד
תנור
למעשה
להקשיב
קומפקטית
אביב
לתעלומות
בנושא
לאמץ
ספריית
התנהגות
פגישת
מכה
לקבל
צינור
נוחות
סל
פוליטית
בכמה
קיפוד

Puzzle 295

ם מ ר נ נ ה ח א ה מ ע ה ד ף ו ע ך
ת ה כ ן י ו ש נ ע ו ח ר צ י א י ן
ת ר ל ה כ פ י ל נ מ ר ב ב י ה ה נ
ע ן ב ל י ר ב י ב ע ח ן ע ם ם ו ש
ו ר ת ר מ י ת מ א ו ד י ו ו ר פ ף
נ כ ר מ ו ל ש ח ר ר מ ר י ר ו ת ר
צ ו י ד ו ם ן ע ל ב א ן ן ח מ ד ן
ו ע ה ש פ ח ר ו ת ו ד מ ת מ צ ג ה
ע ת ע נ ה ב י ת נ ת ת י ז כ ר מ ע
פ ו ן ע ת ל כ ג י ו כ ה ו ה כ מ נ
ר נ נ ר ק ר ד ר פ נ ב ש ל ה ן מ א
ו ה ד ח נ ב ר ש ס מ ו ב ט ח ב ש ח
נ ו ל ג פ ח ד ש ע ט ס י ס ו צ ל י
ו ה ח ך כ ב ו ע ל ב מ ה מ ן ל ק י
ת ו · · מ ב מ י ל ח ת י ש י מ ד י

להכפיל
עוף
צבע
ולשחרר
עפרונות
מנות
מעורבות
ובכך
חשיבת
מאוד
נתיב
מסובכת
מרכזית
בצל
ספינת
כמה
שפות
תרמית
לקח
ממשל

Puzzle 296

מהירות
מזמינה
צוחקים
ערב
סיבה
משטרת
שאר
מזלג
פחם
תן
וירטואלית
כיוונים
חדשות
קרחונים
רפורמה
סופשבוע
לפעמים
דודת
בצורת
עיניים

ר נ ת ו מ פ ס ו ו ל ס י ו י מ ה א
ר ה א ש ן פ ו ת ג מ מ נ א י ז ר א
ע ר ב צ ו ר ת ן ל ז י ג ס ב מ ו ר
י ק כ י פ פ ש ה ז ס ם ת ו ר י ע פ
ר ר י מ ח ו ש ו מ ה י ר ו ת נ ח ס
ד ח ו א ם ר א א צ ל ק ט מ ו ה י ע
ר ו ו ד ב מ ר ס א כ ח ש ו כ ב י ב
ק נ נ ה פ ה ד ו ד ת ו מ ן ה נ ב ח
פ י י ס א ל ט פ ב ו צ ב ס י ס מ ד
ח ם ם י ו ר צ ש ו ש ה ק י ח ט ל ס
ע ח י ע י נ ל ב ם ד מ ם ג ד א ס מ
ל א מ ו ת י ת ו מ ח ו ן י מ י ר י
ר י ע ג א ג פ ע ו ק ת ק ב פ ו מ י
ר ן פ ש א ב ת ו י ם ס ו א ס ס ר מ
ר צ ל י ד ג ה נ כ מ ב ב י ד ה ו צ

Puzzle 297

י פ ו י ה ח ו ו נ מ י ר ה ק א ן ו

פ נ ה ד ע ת ה ח מ י א ל ל ם ס א ט

ר ב ס פ ר ק ש נ ק ר א ת ש ב ה ו ל

ו א ו ע ב ו י ב ע י ן מ ד ך ר ו א

ת ש ו ז ת ס ב י ב ת נ ר ו י ו א ה

ת ל פ ר ו מ ב ש פ ה ש ת ח ה ש ל י

פ י ג ח ש ן ש מ ח ל א פ ו ש ת ן ה

ע ל ד א ר י א מ מ א ה ב ט ק ת ש פ

כ ק ח ז ח ר ש י ה י ת ה ב ו מ ב ה

ט ל ד ד ה כ י ח נ ו מ ן ק ו ו ר ה

ח נ ה י ם ה ת ו ח ל ש י ש מ ן ה י

ת י ל מ י ס ק מ ל י ת ח ל י ו י ב

ו ו ז כ פ ח נ י א ן צ מ ב ת ב ד ה

ו ת ן כ ו ח י ל פ ס מ א ח ד י ן ד

ד ר ו א צ ו ן ת ב א צ ם ת ד י ד מ

נחל

מכשפה

אורך

עז

מקסימלית

רגל

שמחה

בספר

בעין

פרות

חודש

הערכת

רשות

בטוח

מדידת

סביבת

להתיר

שמנה

שנקראת

צופים

Puzzle 298

רחוב

לשנה

לעצבן

פני

ללוות

אבק

מודרני

הכשרת

טיפול

עצמך

ערך

בעבר

לעקור

אכיל

יחד

הבינה

לשלהם

רטוב

ניתוח

וחול

ע ת פ ל ש נ ה ר א ג ק ז ת ן ו ו מ

ק ד ל ו ח ו נ א ד ב ת י נ ר ד ו מ

י י נ פ ו ל י כ א ל ל ל ו י ח · ה

ע י ה ר ת ר ב ל ל ו ע י נ ל י ו ר

ה ת ת ל י צ ה ת ר ה ו ע ד ח ד ח י

ל צ ת ה נ ק ו ו ו י ר ר ל ל ו ו ת

ד ר י ט ל ל ה ש ן ו ב ך ע פ ד ה פ

ג ם ו ם ת ב ו א נ א ע צ מ ך ו נ ת

ב ר ה ה י י ן ר ח ו ב י ח ם ק ו ג

ו מ ב ל ו פ י ט פ ן ח נ י ו ו ה ד

י מ ש ש צ י ד נ ל צ פ ו ן ד ת ש א

י י ר ל ן ש א פ י א ת מ י מ ה ו ר

כ א ת ת ע י ה ם ר י נ מ ת ו ת ט י

א ו ת ר ר ח ר ו ק ע ל ח א י ו ר ו

ח ן ל ר ע ל א ו י פ ו י ח ב ב א ב

Puzzle 299

י י נ ר ג ש ו ש ו ו ה ו נ נ ו ב ב
י י ס ג ל ח ה פ ק א ה מ ח נ י ט מ
ד ו ל ו א ר ר ב ו ש ג ם ר ת א י ד
ו · ש ב ר ו ו ז ת ו ל א ד ש · י ר
י ה ע נ י י ן ט מ ר פ י ע ב ט ס ג
כ ש ה י ו ח ת מ כ ת מ ב ל י מ מ ו
ן ג ד ל ה ד ס ס י ע ה ה ל ה ר ו ת
ח י ת ו ע ת י ו מ נ מ ו ו ע י ר י
ם ל ד ן פ מ ב ו י ו ג ר ר ת ם ק ב
ד מ ק י ת מ ו י א נ צ ב מ ו א נ ו
ס ם ש ך נ ק ד י א מ ג נ ב ת ל י ר
ת י ן י י נ ע מ ע ש ם י י י ו י כ
ת כ ד א ד י א ב ם כ י ר נ ד מ ר צ
נ ה ר ל מ נ ר ע ך פ כ ד ה ס ע ו כ
פ ד ב כ ב י ו ד י ו א ת ו ג ד מ ר

בד
במדינת
במדרגות
גשם
כן
נרגש
ברווז
שווה
וידוי
להרות
עניין
האוזן
מעניין
איך
מתוק
שלושה
כועס
מבינה
כרובית
רכוש

Puzzle 300

ו ל מ א ו ו י ק ש מ ב ו מ ז ו י ד
ה ת מ י ה פ י ק מ ל ה ו מ ן ר נ י
א ע ח ג ט א נ י ב ו נ י ל פ ר ז ן
ם ב מ ח נ ה ד י ח י ן מ ה מ ר ר ו
ן ס ג ת ו ד ו ה פ ק · ב ש א מ ב מ
ע ב ב ע ע י ב ר י ר ו ח י פ ל ר ד
א ג נ ם ו ס ר פ ע ב י מ מ ה ר ו ק
ו ח י ו ו ו ם ב ו מ ח י ח ד ו ש ט
ת ו ק ו ח ר ו ג ו ש מ ל ס מ נ ס ש
א ן ו ק ג ד ר פ ה ב י ל מ ע ת כ נ
א מ ר מ ה ת ד ל ח ק ש ו נ ע פ נ ד
ע ר ע ל ן מ ב ו ה ד ל ד י ט צ ב מ
ע ו ל ש ט ו פ ש ש ל ט ל ת ר ו ם י
פ נ ח נ ר נ ת ק י ו ד מ י צ ף ק ו
נ ר ם נ ב ת · ע ו ב מ ר ב ת ל ד ו

חמישה
גס
בדרום
בית
עבודה
במחנה
ביממה
רחוקות
יחידה
לתרום
דין
פרסום
מדויקת
זמין
קדמון
עמדה
להחליק
צוף
משב
תמונת

Puzzle 301

ח	ל	ת	ק	י	ו	י	ש	ב	י	ע	ט	ש	ל	ו	ק	פ
ו	ה	י	י	ע	א	נ	נ	צ	ח	ן	א	ל	ל	ר	כ	ם
ד	י	ג	ל	ל	ו	ז	ע	פ	י	ה	מ	ד	ס	ו	נ	ו
ו	י	ה	ו	ה	ם	ר	ש	ו	ס	י	פ	ו	ר	ק	י	א
מ	פ	מ	ג	י	ק	ע	ת	ן	ן	ת	א	ב	פ	י	ו	ו
ע	ה	ו	ר	י	מ	ו	ה	נ	י	ו	ח	ב	ו	ה	ש	פ
ב	י	כ	ם	ו	ד	א	ל	מ	מ	ו	ש	מ	ש	ר	י	ר
ש	ק	ב	ה	ר	ו	ר	מ	ח	י	ו	ש	ד	ג	ק	ת	ל
ו	פ	ר	ו	פ	ת	ך	ה	ע	פ	ס	ע	ו	פ	מ	ת	ג
מ	י	ת	צ	ר	ו	ו	כ	ד	ש	ב	ם	י	ר	ט	ה	ל
א	ת	ז	מ	א	ד	ל	ע	מ	ק	ל	י	ב	ה	י	ל	ו
ך	י	ה	ח	ת	ר	נ	ק	נ	ל	ד	י	ל	ו	ם	ח	ת
ז	ו	פ	י	ל	ג	ם	ר	ל	ח	ש	ו	ב	ן	י	ן	ו
ן	א	ה	ם	ב	ד	ר	ע	ו	ו	ו	ת	ט	י	ר	ת	ו
ם	א	א	מ	מ	י	ה	פ	ו	מ	ר	ד	ו	ע	ו	ס	ע

כבוד
דיג
לגלות
בעמוד
בצפון
יעלה
חשוב
אדום
מושב
כבר
סיפור
טלסקופ
קילוגרם
זול
הפולקלור
קמטים
היקפי
חלוקה
שנעשתה
דרג

Puzzle 302

לתקוף
המוזרה
מוטיבציה
מסעדה
אזהרה
מטבע
כהה
בחצר
למצוא
מפורשים
קודמת
תפוח
לספק
מבחן
מוכנה
במדבר
ושלום
אגוז
תנועת
הכאב

מ	ת	ר	ר	ש	ע	י	ר	ד	ו	מ	ע	ר	ע	ו	ה	ו
מ	פ	ו	ר	ש	י	ם	ן	ן	י	ב	מ	כ	י	ר	פ	ש
ל	ס	פ	ק	צ	מ	ו	כ	נ	ה	ח	ו	ל	א	ח	ק	ל
ת	פ	ו	ח	ת	ח	ו	ם	ה	י	ן	ל	ו	ל	ב	ן	ו
ל	ה	ו	מ	נ	ד	ב	ג	מ	ו	צ	ו	ע	ר	ב	ל	ם
ב	ר	ב	ה	ת	ה	ס	ת	ו	ו	מ	ל	ל	ב	י	ב	פ
מ	ט	ל	ך	ב	י	מ	ר	צ	ר	ר	ח	ה	ס	ט	ב	ו
ב	ן	צ	ג	ה	נ	פ	ת	ק	י	ח	ה	ק	ו	ד	מ	ת
מ	כ	ה	ה	ה	ם	ו	ף	ו	ק	נ	ו	א	ג	ו	ז	ז
ד	ד	י	א	ו	ה	מ	ו	ז	ר	ה	ו	ו	כ	ע	י	ת
ב	ה	כ	א	ב	ר	י	ק	ח	ר	א	י	צ	ָ	ן	י	א
ר	ו	ד	ת	ס	ה	מ	ת	ן	ח	ת	י	מ	פ	ח	ס	א
ת	נ	ו	ע	ת	ז	ע	ל	ב	נ	ס	ך	ל	ו	א	ו	ה
נ	ע	ר	י	ס	א	מ	ו	ט	י	ב	צ	י	ה	ש	ר	ש
מ	ב	ל	י	ט	מ	ר	ע	ו	א	א	נ	ו	ל	נ	ד	י

Puzzle 303

א ה ן פ כ י נ ד ב ק י מ צ ר ח ר ת

ו י ר ח נ ל ו ר ו מ ה ח י ת צ י ר

מ ה מ ד ו ל ח א ב ע ק ג ל מ פ ו ג

ל ת ב ה ל ם ד ל ל ס א א נ י י י מ

ל א י ה ל י ר י ש י ע ר ו ר י ב ב

ו ח ב ו ח ה ת ת ל א י ו ה ש י מ י

ת י ת י ו ז א ב ט ח ת ר ה ב ו ק פ

ן ג ו ר ו ו ב ס ג נ ו ן ת ש · ד ד

י ו ת א ר ח פ ו י מ נ ב ש נ ש ו פ

כ ב ן ד ת ו ס ד א ה ק ו ב מ מ ד ע

ס א ל כ ב מ ת ת ת י ל ר י ר ש י ה

ר א א ס א כ ע ז ג ר ב ן · ן ח ג ד

ל ץ י פ ה ל ו ל ן ו ר ד ס ו ז ו נ

ס י ב ה ו ו ד י ד ק ח י ד נ א ו ו

כ ל י י ח נ ו כ ח ד ב מ נ ר ו ח ר

זהים
אמורה
הלם
שיער
רחב
ריצת
אומללות
צחק
חלל
בסגנון
להכין
מישהו
לקנות
גזע
בבירור
סכין
גרב
ירוק
להפיץ
אבטחת

Puzzle 304

כ ה נ ת ש מ צ ר נ ל ה ה מ ר מ ס ר

ל ר י ש י ב ק ד ג א ר ע פ ק י ל מ

כ ש מ מ נ ן ת ר א ם ו א ל ו ב ז י

ל ג ש ד ח א מ ז ח נ ו ר נ ב ל ו ז

י י ע י ן מ א נ ן י פ ס כ ה ו א ע

פ ס י ק מ ח ח ע ש ב ח ן ג י ל ב ת

ג כ ן ר ד מ ת ל י צ ע כ ס ה ר ר נ

י צ ה ו ר ר נ ח י ו כ ע ה י ג י ן

א ת נ ו ד מ ו ד ב ת ו ד א י ס ע ו

ל ו ל י ו ו ב ו ל ל מ ו ל ס ו ה ה

ל א ב ד י ר ו ק כ כ ת ף מ ו ס ח י

ד א פ ע י ן ת ר פ י כ ו ם ל י ס ו

ש ב ב נ ו ז ג ק ת א צ ו ת כ ו ו י

ה נ ש ח ה א ו ע ב ת ו ס ר ו י נ ת

מ צ י י א נ מ ס נ פ ו ל ב א ו א ד

מול
הכספי
קרקע
צבי
פסיק
נאמן
ביישן
כלכלי
מעונן
משתנה
בריאותי
יקר
ידע
רקוב
אוכלוסייה
נוסחה
תוצאת
תרגיל
העיר
שנה

Puzzle 305

ב	ב	י	כ	ל	ח	מ	נ	י	י	ה	מ	ה	ו	ל	מ	ד
נ	ו	ן	א	פ	ע	י	ל	ו	ת	ר	ל	ד	ב	י	ח	ו
מ	מ	ע	ם	ו	פ	ח	ע	ד	ב	מ	ו	ב	ר	מ	ה	ו
ו	י	ל	ר	י	ש	ל	ר	ד	כ	ה	ה	ד	ן	ב	נ	פ
פ	ג	ע	ק	ו	ס	ע	י	ת	ר	ג	ן	ת	ח	א	ב	ן
ר	א	ס	כ	ר	ח	ע	ו	ו	פ	ו	ת	ר	ו	ב	ע	ר
ו	נ	ת	ת	ו	ת	ו	ס	ב	ע	ץ	ב	ש	כ	ו	ם	א
ט	י	ל	ה	י	ה	נ	ו	ת	ד	ב	מ	ל	ג	ף	ר	ת
ו	ב	ל	פ	א	ע	ד	ו	ו	ם	י	י	מ	י	נ	פ	ב
ת	ל	ל	כ	ק	ל	ה	כ	י	ר	י	ם	י	ח	י	נ	מ
א	ה	י	ך	ד	ן	ו	ר	ת	ר	י	ק	ת	ל	ח	ן	ל
ס	פ	י	ש	מ	ש	ט	י	ח	פ	ע	ל	י	ש	ו	ס	ע
ו	ו	ק	ב	י	ן	ח	ח	ר	ב	נ	ז	ס	נ	מ	ו	ב
י	י	ו	י	ח	מ	ה	ע	י	ו	ש	נ	ר	ו	ו	מ	י
ש	ת	ו	ב	מ	ו	י	ה	ב	ק	י	ל	ג	ה	ל	ת	ו

עסוק
לשיר
חרב
ונשלח
עזרה
שטיח
רכבת
להכיר
פרוטות
רעל
פעילות
להיהנות
עובדים
לחמנייה
רק
לבן
מניחים
אקדמי
פנימיים
עץ

Puzzle 306

לרחרח
מדף
הנכונה
חירום
שכח
דוד
בריא
באביב
רבע
מסקנה
נהמת
הייתה
צעיר
יתושי
סימן
האומה
פסיון
דודו
איריס
התבוננות

ו	ף	ע	ב	ת	צ	ה	ה	ו	נ	ע	ן	ק	נ	א	ה	ל
א	ל	מ	ד	ף	ע	נ	ת	י	ת	נ	ה	מ	ת	א	י	ר
ת	ר	ן	ו	י	י	ק	פ	ב	נ	ד	נ	ה	י	ד	י	ח
ב	ה	מ	ד	צ	ר	ס	ש	ה	ו	ד	ו	ד	ו	ס	ת	ר
א	י	ת	ו	ש	י	מ	ל	א	כ	נ	כ	ט	א	י	ה	ח
ב	ו	י	ח	מ	ר	י	י	ו	ש	מ	נ	ה	ג	ר	ו	ו
י	ל	ח	ו	מ	ן	ת	י	מ	כ	ם	ה	ו	ע	י	ו	ת
ב	ל	ר	ח	י	ר	ו	ם	ה	ח	ד	ו	א	ת	א	י	י
ד	י	ש	ן	ד	ו	ב	י	ת	ו	ו	ת	ב	ר	י	א	ל
ה	ב	ה	ת	ו	ו	ו	כ	ס	ל	ד	ס	ט	י	י	ח	ן
מ	א	ח	ר	ע	ו	י	ס	ו	פ	ק	ג	ו	י	ע	מ	נ
י	ח	ן	ת	ת	ד	ו	א	ח	ח	ת	ת	ל	ג	ס	ג	מ
א	מ	מ	כ	מ	א	ע	מ	ב	ה	פ	ב	ו	ג	ח	ת	י
י	ר	ת	◌	צ	ו	ש	ב	י	ה	י	ו	י	י	פ	י	ו
ל	ה	ן	י	י	ת	ס	ר	ב	ע	א	ע	נ	ך	ד	י	ח

Puzzle 307

ל	ע	כ	מ	ש	נ	ס	י	ע	ה	י	י	מ	ע	ך	ת	ח
ם	ר	מ	ו	ר	ד	ו	ו	ס	ת	כ	מ	נ	י	י	ב	ת
ו	ק	ל	ו	ב	י	צ	ו	ע	י	ם	ם	ה	ו	מ	ו	א
ת	נ	[illegible]	ג	ו	ד	י	ה	ן	ב	ד	ב	ל	ה	י	ו	ו
ח	ר	י	ה	ר	ר	ל	י	ל	ה	מ	ה	א	מ	פ	י	נ
ר	ר	ו	ע	ב	י	י	ו	ב	ר	ח	ש	ח	י	מ	א	ו
ד	ד	ע	ו	ב	א	ה	ם	ת	ה	א	ה	ג	כ	א	ק	ע
ו	ר	ה	מ	ש	ו	נ	ב	ק	ת	ת	ה	ל	י	כ	י	מ
א	כ	צ	פ	ב	ע	פ	ח	ש	צ	ק	י	ה	מ	ר	א	ה
ן	ע	ר	ה	ב	ו	ד	ד	ה	ר	ל	ש	ו	ל	ח	ן	ת
ה	ו	ר	ב	ש	ו	ו	ל	פ	ל	ן	ב	ו	ס	ו	ה	י
ש	ו	ט	ר	ל	ל	ז	ד	ם	כ	ן	נ	ק	ל	ת	ה	פ
ט	ח	צ	פ	ו	פ	ה	ם	י	מ	ש	א	ת	ר	מ	א	מ
ה	ב	מ	מ	ע	ת	ר	א	ת	ח	י	פ	ח	ר	ר	ן	ו
[illegible]	ש	ב	ה	ב	ל	נ	ו	מ	ל	י	ן	ר	ע	ש	ח	ו

כמובן
סוודר
ביצועים
מה
עור
תקווה
חרד
בבטחה
נסיעה
מתוח
צפופה
המראה
לשולחן
כבש
אשמים
התיבה
מאמר
קשה
מנהל
קרפדה

Puzzle 308

פסנתר
מורכב
החג
יער
מדבר
לוטרה
רבה
היבוא
מקצועי
הזדמנות
לשפוך
שוטר
רוק
עד
אולם
לערב
מצב
בילה
לרתיחת
מקרר

ר	מ	ק	ב	ר	י	ו	ע	י	ת	ח	נ	ל	ח	ם	נ	ע
ב	ב	י	ח	ר	א	ף	ד	מ	ר	ז	ש	פ	ו	ש	כ	ג
ה	ל	ו	ח	ר	◌	נ	ד	ה	ם	ע	ע	י	ם	מ	י	ח
ה	ר	ר	ק	מ	ע	פ	ת	ק	ל	ב	ה	ח	ד	ו	ז	ה
מ	ת	ט	ו	מ	ל	מ	י	מ	ו	ר	כ	ב	ן	א	ז	נ
נ	נ	ו	ר	ה	ר	ט	ו	ל	א	ד	ר	צ	ת	ד	ו	ח
ר	ס	ש	ת	ה	ת	ל	י	ו	ס	ב	ע	מ	מ	ד	כ	ו
כ	פ	ר	ת	ב	ת	ח	י	ת	ר	ל	י	נ	ל	ה	ס	ב
פ	א	ו	ל	ח	ו	מ	ע	ל	ש	פ	ו	ך	ת	פ	ו	ל
ר	א	ו	ע	נ	ל	ס	ו	פ	ב	ת	י	י	ה	י	ב	ו
פ	ב	י	ה	ח	ד	ל	צ	ג	ר	א	ב	ד	י	נ	ש	ה
ט	צ	פ	ט	א	מ	נ	ק	י	ב	ר	ע	ל	ב	ל	ו	מ
א	ד	ר	ת	נ	פ	א	מ	ו	ש	ב	ק	נ	ו	י	ו	י
י	ב	מ	מ	ה	ע	ש	ן	ו	ס	ל	א	י	א	ל	א	ש
ב	ס	ל	ש	ר	ר	ן	ו	ב	ת	ו	ו	ד	ר	ד	מ	ם

Puzzle 309

ו	ה	מ	ל	א	ו	מ	י	מ	ק	ר	ב	כ	ל	צ	ס	ה
צ	ו	ו	ל		י	ת	ו	נ	ו	ד	ר	י	מ	י	נ	ר
ב	נ	ן	א	ש	מ	ו	ר	ג	פ	ב	ב	י	פ	א	ן	ל
ל	ר	ר	י	ה	ח	ו	ד	ר	י	ק	ח	מ	ל	צ	י	ה
ח	צ	ו	ל	ט	י	ה	י	ף	ד	ת	ר	ה	ו	ב	כ	ק
ף	ק	ד	ן	ו	מ	א	ם	כ	ו	ה	ת	א	ל	ע	ו	ש
ש	פ	ו	צ	ר	ב	ו	ר	מ	ן	א	ב	ר	ו	ס	ל	ה
ל	ץ	ו	ם	י	נ	ש	ת	כ	י	י	ו	נ	ב	פ	ב	ו
ל	ם	י	ל	ע	ב	ה	צ	ם	ש	י	ר	ב	מ	ר	ג	ג
מ	ת	ו	ו	ר	ס	ת	ל	ש	ה	י	ע	ת	ו	ו	מ	י
י	ב	ל	ת	ו	ח	י	ו	י	ה	פ	ת	ם	א	ל	ב	ש
ם	ג	ר	א	ע	מ	ב	ם	ך	ר	ת	ו	י	נ	י	ד	מ
ל	ל	פ	נ	י	א	ח	ן	כ	ת	ד	ח	ו	י	י	ר	ו
ט	ש	ת	ת	מ	ק	פ	א	ס	א	ו	א	ל	מ	י	ת	ג
ח	ב	ו	ם	ז	ה	ב	ר	ו	ן	ע	ם	ה	א	ל	ח	ה

כי
ספר
הבעלים
לאומי
להתאים
מדיניות
רצף
שועל
מים
צמיחת
שנים
קופידון
תצלום
מבול
קפץ
גרף
יורדים
אמון
ארנבת
תערובת

Puzzle 310

לבצע
מונית
אחרי
מאז
התרבותית
אדמת
בעמודה
וכוללים
צב
ליד
לזווג
ביקור
אשת
העכבר
מצביע
הרפתקן
לסיים
בכבוד
לבשל
סקירה

א	נ	ג	ג	ו	ו	י	ר	ל	ה	צ	פ	נ	פ	ה	ל	מ
א	מ	ד	ל	מ	י	ד	ב	ח	ן	מ	ן	י	ו	ל	ש	צ
מ	ו	ו	ם	נ	ג	מ	ה	ת	י	א	ע	ל	ל	י	ב	ד
כ	ו	ח	י	מ	ס	צ	ה	ת	ר	ב	ו	ת	י	ת	ל	ת
ת	ל	ה	מ	ט	ק	ב	ר	ו	י	ב	ט	ק	ד	י	ע	י
ע	י	א	ח	ר	י	י	ר	י	ד	ו	א	י	י	נ	פ	נ
ד	ע	ן	פ	מ	ר	ע	ר	ק	א	א	ר	מ	י	ג	ר	ו
ר	ו	ק	י	ב	ה	צ	א	נ	ה	ב	ר	נ	ו	ק	כ	מ
ו	ג	ת	מ	ע	ר	ב	ב	כ	ע	כ	ל	ז	ו	ו	ג	נ
ת	א	פ	י	ג	ל	ל	ר	ק	כ	ב	ח	ו	ל	א	ת	ב
י	ש	ר	נ	י	ו	כ	ח	י	ב	ו	ב	ל	ע	ת	ע	י
ו	ת	ה	א	ה	מ	ו	ד	נ	ר	ד	י	ר	ח	מ	ש	י
נ	ב	ו	מ	י	מ	ו	י	ו	ה	ם	ה	י	ו	ד	מ	ר
ק	ם	י	י	ס	ל	י	ו	ב	ר	ל	ב	ד	י	א	א	י
ז	י	ג	ל	מ	כ	נ	ח	ל	ם	ר	ה	ה	ת	א	ז	פ

Puzzle 311

י ח י י ר י ג מ ל ל פ ו ק ר מ נ ר
ת ע ו צ ר ו י ר ס ב ו ן י ר ע ן נ
ו ר י ב ב ו ו ן א כ ע י ג מ ל א ת
ר ש ו ו י ץ מ ה ד ח י י צ ב ר ל מ
ש צ ע מ ר ב כ ע ת י ל ג ח י ט ב מ
פ ד מ י מ ת ר ב ע ה ב ף ן מ ס א מ
א ת ת י ד ב י ק א ת י ה ת נ ו ן ו
ה י כ י ע ש ן ו ו א ו מ פ ע ח א ו
ד ז י ב ב י פ י א ה ע נ ז ת נ ח מ
ו מ כ ח י ר ו א ן ב ט ו ח ג ל ג י
י ח ה פ ל נ ז ה ר כ י ב ח ע ם ו ו
ן ב נ צ ל פ ל ו ש ה י ר ש ל ב ל ה
פ ת ו ו ו ד ו א פ ת ו י ו פ מ ר ו
ב ו ד ר ד פ ר ס ת ן ו א י ז ו מ ב
י ה צ ל ו ח ה ט ב פ א ו ן ו ה א א

לרוץ
העברת
מעל
סמן
רצועת
עכבר
לפלוש
שבת
מעבר
אתה
פרסת
במוזיאון
כאן
מדע
רפואה
חולצה
מבטיח
שפת
האפשרות
מגיע

Puzzle 312

ת ר י ג מ ר ב י א ל נ ש מ ר צ ו ן
נ מ ו ף ה י מ ו ה ע כ ע ת ה ו מ ו
ו ל כ ו נ נ י ת י ב ח ו ו מ א ב ק
ת כ ו ק מ ש נ ר ב ר ד ע נ מ ת ו י
ד ר י ש נ ו ו ם צ י ת י ש ל נ ט ת
ה ג פ א ע ה ל ו מ ח מ ת פ ו ר ל י
ל נ ה ע ח מ מ ל י פ ג ב נ ס פ ע נ
ר י ב ו ת ו ן ו ט ע ו ו י ה מ צ ע
ד ש ה ג מ ב ר י ך ק י מ צ ו י מ ו
מ א ל פ מ ר ש ל י ה ק ס פ י ט נ ו
ח ר פ ל ל ו א ו י ו ר צ ו מ ס ו ל
י מ ע ש ה צ מ ק ו א פ ה ע י א ן ו
ף ז ד ב ק ש ו ו ש י כ ס ך כ ב ל מ
ן ח ש ר צ פ א ר ס ו ל י ר ו י מ א
ע ס ה ש ג ב י ב ש ר ג י ו ת פ ו מ

ומבוטל
מגירת
שבר
שקוף
איכר
פסקה
צביה
נכחד
עצמה
שעועית
מוכר
ברוקולי
נסיך
מרצון
כריך
תיקון
לכוננית
להתנועע
מוצר
פטיש

Puzzle 313

ה ד מ א פ ו נ ה ז י ר ח י ת א ם ב

ו ו ל צ י ל ב י ף י י ף א ו ל י ב

מ ל נ מ ה ל ר י ק ב ו ן ו מ ר י ו

א ת ו ש ש ו א ת ה ר א מ מ ת ר ש ש

כ ן פ ל ר נ ג ב ש ת ו א ו ג ק י ו

ל ן מ א י ב מ ל ת ל ו פ ל ה ש ל ד

נ א ש נ י ת ל ה ב פ ס י ח ע ל ש ת

פ ל ו פ מ מ נ י ד ו ו ל ת ק ל ח ה

א ח ר י ו ת ה ת ה ל א ו ע ב ה נ ת

ל מ ו ד א ת ו כ ר ב ר צ ש ח ו ו ג

ד ה ח ש ל ה ו ב י מ נ י ט א כ מ ו

ת ל ש כ נ ע ס מ י ם י ל ו ח ה פ נ

ה ס ה ח י י ב ד ב מ ד ב ל ו ח ז פ

ל ו ל י ב ד נ ה ו ד ד ר א ו ת א ו

ת ס ר ת י מ ו ד ו ד ת ל כ ב מ ח ו

אחריות
חריזה
סוס
שלישיים
ללמוד
אפילו
בירת
בינלאומי
התאוששות
אפונה
לשרוף
שובב
החולים
ברכות
החלקת
אולי
ריקבון
לשכנע
השחור
שני

Puzzle 314

◌ ו ש ע ל ה י ל א ר י ו צ מ א מ ץ

ו א ש נ ו ת ר ו ת ו ר מ א ח י ת כ

ח י י ל ל ג ב פ א מ ק א ם ב ר א ת

מ ר י ש י צ ר א ח ו ו ח כ מ ש י ף

ס ע כ פ ע מ ה מ א א ת ו ר ה מ ם ח

א ב י ס פ י ע ק ט ה כ ר ו ת ח א ל

ו ח ם י י ו ח ן ב ח ב י ה ו ו ה מ

ס ף י ס ו ה ל ה ר ש ע ד ל ר ו מ ו

א ם ה ל ו ו מ פ א ת ד ה ל ק ל ל ן

ה ו ל צ ב ל ו ת ל ת ח ה ה ו ה מ א

ד ת ו ע י ס נ מ ח ו ו ל ו נ ת ר ו

י ך מ ש א א צ ן ו ט ו ר ה ה ם ו ת

ב ח ג ם ו ר ז ל ו מ ל י ל ט ר נ ת

ן ל ד ו מ ד י פ ב י פ ם י מ ע פ ת

ר ן ו מ י ל י ד ג י ק ע ר א ח ו נ

חתלתול
להוסיף
שייכים
רעב
עשרה
פרח
כוכבי
כמשי
קונה
בגלל
מאחורי
פעיל
מתאים
מאמץ
פעמים
להוט
נסיעות
חייל
ירקות
לזרום

Puzzle 315

ס ת פ פ ו ר פ י ד ר י ט ל נ ע מ מ
ד נ ח מ ת ר ד א ל ד ו ג י ק ל ב י
ו צ מ ג ט פ ו ב ן א ו א י נ ר ב פ
מ נ א י ס ר נ ל ו ו י ר כ י נ ת ס
ר ק ה ח פ נ י ם י מ ק י ר ק ו ר ו
ו י נ ו ט א פ י מ ל ה ח ת י ם ד ת
ת ו ל ו ל ג כ ל מ ע ה מ ל ו ל ם מ
נ ח ע ה ו ו ח י ם ח א כ ו ת ג ו ו
ג ת א ש ל ס ן ח ה מ ב ן ע א ל ט ת
מ ע ר ת פ ה ש ת ף ד ש פ ו נ ח ת י
ר ת ו ר ו מ א מ ש ח ל א מ ג ו י ב
ק ו ג ת ן ו ר ת פ ו ל י ו ן ב נ פ
ר פ י י ו מ ת נ ר ו א ו א ה ו ה ח
י ע ו נ צ ח ע ל י נ ת י כ י י י א
ע ד ת ה ק ו ו ד י ז ל ב ת ס ד י ו

פנים
למה
פתרון
נקניקיות
גודל
מתחילים
רכי
פרטי
פגוש
תרד
צנוע
תג
חמאה
להחתים
חווה
קיווי
מערת
לטפס
רופפת
יכולת

Puzzle 316

יבשי
מבחר
עניה
תמונה
ובמצב
במהלך
סערת
יין
עם
יתוש
חקירת
לנער
באמת
להעריך
קול
לפרוש
כרישת
גיל
מנהג
ירד

ו מ ו א מ פ ו י ל א ת ב מ ו ו ה ך
ה ק ב ב ב ת ל י ה י ב א נ ר ע נ ל
א ה מ מ ח ע נ ש ע י א מ ה א ו ו ה
ו א צ ו ר ו ן ו ר ו ש ת ג ש ק מ מ
ח ו ב ת ר ע ס י י ן ש ו ר פ ל ת ב
ה ט א ר ך ה ד ו ך ג ל ת נ פ ו ל ח
ל ק ו ד ר י י ב ש י נ נ מ ו ת ק ת
ט ל ו ש ת ע ן ב ע ל י מ ו ו י ו ד
י ג א ה ח י ו ו נ ב ל ו ך ר י א י
ח ד ו נ נ א ר נ י ו ק ב ת ש כ ם ו
צ ת א ם ע ו פ ו ה א נ ה ש י י ב מ
ח ת ל ו ה ר ל ו ו ד ת ו י מ ד ה ט
ג ס ח י ז ח ו מ ד ו ת י ר נ ר ט נ
מ ת פ מ ו מ מ ר כ י ל ש כ ד מ [illegible] ה
ת ע י ס ו י ל מ ו מ ן י ח ק מ א י

Puzzle 317

ן ק נ ם א פ מ ט מ ו ב י פ ס א ת ת
א נ ש י ם ב ל ף ח ר מ ס ק א ג ב ג
ב ס נ ש י ו ו ת י ן ן ש ר ה ו ב פ
ת א ה ן מ ת ר נ ב ר ר ח ר ש י ו ו
מ ט ב ו ו ש צ ר ח מ ר ו ל ף כ ק ב
ב ש ו י ק י כ א י ל ל ם כ ס ל ר מ
ו פ א נ ע ר מ ה ל י צ א ו ק ה י י
ה ל ע ך ה מ מ א ה י ו ג מ ב פ ת ו
ו ד ט ו ר מ י ז ח ת י א י כ ר ש ח
ר ג ר ו ב מ ה ל י י ו ר ה ה י א ד
א ה ת ◌ ר כ ב ב ת פ נ י ב מ ע כ ב
ב י ר נ י א פ ג א ב ח ת מ י י ש ן
ט י ו ק נ ו ת נ ך ר ו צ ה ר י ב א
י ב ו ל ה ת ו ו מ י ו ק ב ו ו ו ת
ח מ י ח צ ל ד ס ר פ א פ י ת ה י ה

המבורגר
אצילה
נשי
בכה
מבין
יושב
הבמה
לפשט
צורך
עקומים
להפריע
אפוא
אבטיח
כף
אביר
סוגיית
בבוקר
אנשים
ארית
ובמיוחד

Puzzle 318

ן פ נ י פ י ן ה פ א ה ל י ל ה א ח
ת ר א ם י ל ת ש ה ו נ פ נ ח י ת ש
פ ת ה ן ק צ ג ש פ צ א צ י ו ל ן ל
ש י מ ו ש ד ל י מ ר ע פ ו כ י א ת
י נ ך י ק ש ת ב נ ק י נ ל ו ז א א
י ו מ ע ת ס ו י ה ד ו ת א י ו ע ו
ש ק נ ר ח ט ס י א ב ה ע ז ץ ר א מ
ר י ם פ ד ה ל ל ו ו י ע י ו ט ו פ
ס ת ו א ם י נ מ ז ח ק ו ח י פ ד ע
ו ע ד מ מ ע י צ ו ב ב י ו ת ר ד י
ת ר ר פ ע ר ת ו ש ק נ ו ש ל ת ג ו
ש ◌ י ר פ ו צ י פ י ו ת י ה ם ל נ
א מ ת ח א א ל ת ם מ ט ח ח ב ח ל י
ו ו י ר ה ל ש א כ ב ת ו ר ו נ ט מ
ש נ ת י א מ ל ת ט ע ו צ פ י י י י

ציפיותיהם
בנק
זמנים
פטרוזיליה
פדרלי
בדק
עיצוב
פרחי
ביותר
תינוק
צעקה
הלילה
בתורו
חבק
עתיק
אוצר
שימוש
ארץ
רעיון
רע

Puzzle 319

א א ו ם מ ה ה ל פ מ מ ק י ט ס ל פ
מ ה ב ב מ ל ס צ מ י מ ב א ו פ ה ע
ב ו ק ו מ נ ו ח ר ה ד ו ע ב א י כ
ן ן ח כ ד מ ש ו ר י י ק ת ב ס כ ח
ו ל ד מ ד ג ע ק ל ק ש ד ר נ ל ס ה
י א ס ת ק ה ע נ י א כ ת פ ת פ ד ר
ה נ י ד מ ה ש ג ד ו מ י נ ל ו ד ב
ר ע ט ה ה ת ו ר נ ל ר כ ר ר צ ב ה
ר כ י ב ה ן ו י ש ש ל ו י ם ו ה ל
ו ע ה צ ת א י ר ג ח ר ב פ י ו י ה
י נ ל ל י ו ת ב ל ו ם ז י ח ו ן ב
מ ל ת מ ב ע ו ב ד ת ח ו צ ב ו ד מ
ד ר ת ו ה ר ו ה ח ק י י מ ו ו ו ת
ה ו א מ ל ח י ג מ ב י ר ס נ ו ל ת
א ה נ י נ ס ה ו צ א ת ם ו ש ל י י

פלסטיק
גשר
נוח
מודגש
הבצל
אבקת
נוכחים
הביתה
המדינה
לצחוק
וחצי
בעוד
הוצאת
סנפיר
זכוכית
הרבה
רכיבה
עובדת
לשחות
להיט

Puzzle 320

פ ג א י ב נ נ ר ה ו מ כ צ כ י מ ר
י ב ד ח ר ן ו י א ר ה ב ו ו ן ע צ
ת ע כ ו ן ה ד ק ת י ד ח ה ס ב ו ן
נ ה א ש ב ל ד ס י כ ה כ מ ק ש ל ד
י ו א ר ל פ ח ו ת ג נ ו ק נ ו ם צ
ה ת א ו ל ך מ ו י ח ח א ו ר ב ב ר
מ ב ס ת ה ד ם ל ן מ ו נ מ ו ד י ע
ע ל ה ה מ י ד ק ה ר מ ו ת ו ן י ת
ן י ל ל ס ב ע ס ק א ה י מ ח פ ן ל
ז ו פ ו פ ו ל ק ו ת ר ה ר ט מ ה ב
ח ש ג ג ו ח א ת ו ג ו ה י מ ש י י
ל ו ו ע ו ו ה ר נ ר ו י ש ו ל י א
ב ב ה ה ם ת ו ט ש פ ת ה ו ר נ כ נ
ו ח מ כ י א ט ל ח ה ב ת ה ב א ג נ
ש א ד י נ ת י ה נ ת נ א ג ב ב ש י

מעולם
הראיון
כתום
מי
בהחלט
סקי
לפחות
שוב
רווח
הסבון
גבעה
מחדד
קדימה
אתגר
עסק
להשוות
מטרה
העגולה
קקאו
התפשטות

Puzzle 321

נ ע ה ע ב פ ר ט ב ל ח ב פ א ג ם ה
ו ל ם ו ו ס ז ה ח י ב ה ע ל י ו ן
מ א ר ר מ י ג ר פ מ ל ש ע ק ע י ו
ח ק ח ו ת ק י ב נ ו ק מ ח ע ב ק ה
ב ו א ת א ת ת י ר ט ב ש א נ צ ד ו
מ ת ל צ פ ר ד ע ל א פ א ו ר ב נ ל
מ ס ס ו ן ד ן י מ ל י כ י פ מ כ ב
ב פ ק ן מ ג י ו מ ו ר י כ ה ו ג ד
ב ב ע ת נ פ ת נ ו ק ה מ ד נ ו ב ת
י ר נ ש י ב ל נ ג מ ק ו ן ב ת ו ב
ע מ י ן ו ן נ ב ת נ ט ו ה א ו ו ב
ה ת ע ל ו ת א ע ד י ת א ם ט ל ו ח
מ י ש ו נ ו ל פ ס ה ח ו ו ח נ מ ת
ק ן ס ו מ ד י ל ת ד ח ר נ ת נ ל ב
ל נ ו ל א ן ו נ ר נ ה ב י ש ש ר ל

אטומי
השמש
פי
המקל
בגובה
אגם
בפרט
חיבה
לכונן
קיום
צפרדע
בקרוב
העליון
תולעת
פסיקת
בצבעי
הרביעי
לאחר
גזר
קמח

Puzzle 322

נ ה ת ק ף ל ע ת נ ב ש ש ה ב פ פ מ
ה ם ת ו א ט ה ר ס ר י ר נ מ ה ל ס
צ ב א י ש ס ן ח י ו ג ס ו ר ב א מ
ח צ ע ד נ ה ש י ף ר ב ו ר כ ו ו ו
ח י ו ב י ש ת ש י י ו פ ו מ ד ל נ
ש ו ל י ה י ש ו ת ם פ ת ה א ש י ק
ר ו ח ר ל ל י ן ח ו ע ל ג מ ך כ ו
ת י ת ר ו ס מ מ ל י ה ו ר ו ז ה א
י נ א י י ם ה ר ל ב א ס פ א נ ג פ
ס י ע ק מ א י כ ד ר נ א ר ה פ נ י
ח ם ף א נ ד ל א ב ו מ י פ ה ו ל י
ו נ ק ל ו א ו ש צ ו ר כ א ב כ ך ת
א מ י ו ח כ א ב פ ח נ מ ו ח ל כ פ
ע ת ן ו י י ר ם י ר ו ה ל ו ן ב פ
ל י י ש מ ו א ב ל ג מ צ כ ו ס ק ו

דיוק
התקף
צעד
חמה
אפיית
ולשמר
תרחיש
לתפוס
צבאי
הורים
גל
מודאג
כרוב
להינשא
אותם
פרפר
מסורתית
הכילו
חיובי
ברורים

Puzzle 323

[illegible]	ד	י	ת	ב	נ	מ	כ	ע	ב	מ	י	א	ם	נ	ד	ר
מ	ו	ג	ח	ח	ו	ר	פ	נ	ד	ו	כ	נ	פ	ג	ן	ר
ז	ו	ד	ס	ר	ו	ו	ח	ו	ש	ק	י	ד	ס	א	י	נ
נ	ז	ו	מ	ש	א	ב	ל	ד	כ	ר	ש	ת	כ	ו	פ	ה
ט	י	ל	י	ן	ו	ע	ש	ה	ו	פ	ל	ד	ו	מ	ת	ג
ד	ת	ה	ש	י	ל	מ	נ	ט	ד	ה	ר	ק	ו	י	ד	ו
א	ל	י	נ	ה	ה	ל	פ	ו	ה	ל	ו	ת	ח	ל	ב	ו
מ	צ	ח	ב	ל	ל	י	ג	א	ג	ב	מ	ר	ש	ו	ל	ל
פ	ד	ק	·	ק	ה	ן	כ	ש	ל	ר	ת	ל	ד	א	מ	ח
נ	י	פ	ר	ח	מ	י	ע	מ	ל	ש	ם	ד	ת	ו	מ	ש
ע	ר	ך	ס	ז	ח	ו	ו	ח	ם	י	י	נ	פ	ו	א	נ
ו	מ	ר	ה	י	י	ק	ג	י	ל	ד	ן	א	י	מ	ד	י
י	א	ו	ר	ר	ש	ו	א	כ	ד	י	ר	ו	ב	י	ד	נ
מ	מ	ש	ר	ס	ר	ח	מ	ה	ש	כ	פ	ם	י	י	ק	ל
ף	ה	ת	ת	ב	ל	ע	מ	א	י	ל	א	כ	ק	ס	י	י

ובודד
לשלם
דיבורי
קלה
חזיר
מלבד
מאמרי
תכופה
אופניים
נהג
יוקרה
להמחיש
משאב
לקיים
קשוח
חתול
שמח
מרובע
גדולה
להבקיע

Puzzle 324

ש	ו	ב	ב	ת	ר	כ	ט	מ	ל	כ	ה	ה	ר	צ	ק	ב
ו	י	ג	ו	ה	ז	כ	ו	י	ל	ש	ג	ר	מ	ב	ר	ו
ו	כ	ש	ק	ל	נ	ג	ף	ר	ב	ר	ב	ת	ש	ו	מ	ו
ת	ו	פ	ר	י	ל	ו	י	ל	ו	נ	ו	ת	ג	ה	ו	ל
ה	ד	ר	ק	ו	ן	נ	י	א	מ	ד	ה	ז	ח	ב	מ	ל
א	ה	ה	י	ת	ת	י	ה	ה	ל	ק	ה	י	נ	י	צ	ר
כ	ת	ח	ט	ג	ד	ג	נ	א	ד	ע	ו	י	ז	ל	י	ם
ו	י	ב	פ	ו	ו	מ	ת	ע	ר	ד	ש	ו	ר	נ	ע	י
ת	י	ן	י	מ	נ	ן	ו	כ	י	ס	ה	מ	ר	נ	פ	נ
י	ח	ס	ל	ר	ל	ן	ו	ל	י	ם	ל	ע	ת	ה	ל	י
ד	ס	י	א	ת	ת	ק	ו	נ	ה	ן	ת	כ	ב	ר	י	ח
ל	ו	מ	ש	י	צ	מ	ה	א	ע	ו	ר	ר	ו	ב	ו	ל
כ	כ	מ	ס	ו	צ	ן	ה	ר	ד	ו	מ	ל	ת	ב	מ	ח
ה	פ	ת	ר	א	ה	י	ד	ו	י	ה	פ	ט	כ	ז	ו	ב
ל	ר	ם	ה	ק	י	א	מ	ד	ן	ח	ת	ו	פ	א	ל	ק

הגבוהה
אליפטי
שליו
להתעלם
טכניקה
העדין
בוקר
רציני
הסיכון
מלכה
ברוגז
יחס
קצרה
הדרקון
גלוי
כוס
יניח
התייחס
וילונות
כתובת

Puzzle 325

ת ב ש ו מ ג י נ ר ה ר ס ט ה ש ר מ

ג ת י מ ר מ י צ ו א ר ו ח ה ח צ ל

י נ ק ס ו ח ל ג ע ן ב מ ר ל פ כ נ

ב ר ם י ע ע ת ה ק ו מ ח מ ה נ ל ש

א א י ו ב ל א א א ד ס ה ה ב י ר ו

ה ב מ מ ג ק י מ ד ה ה כ ק י ת מ ם

ע מ ד ו ס י ם ו ר ו ם ו ם א ד ק ו

ה ל א צ ת ב ר ו ע ד ל ר י י ע י ז

ה ו ו ל נ ד ת ת ו נ ל ר נ מ ח ע ז

ב ס א ח ס א נ י ו ת נ ת מ ה י ס ן

ם ק מ ו ב מ ו ו ן ת ק ר ו ר נ כ מ

ה ר י י ק ת מ מ מ ש י מ ה ד מ א ש

כ ן ן י צ ק ל ט א ת ל ח ז מ ט ר ס

ל ו ב ה נ ב ש ת ו ד ד ל ד כ פ ו ח

ן ו י ס י נ ס ן מ כ י ה נ ו ו פ מ

משימה
סקרן
קצין
זעירה
אח
ארוחה
סרט
המתנת
החמוס
סדר
לטאת
עורבת
לנשום
ממתקי
מזחלת
מוצלח
ניסיון
הביא
יצוא
טוב

Puzzle 326

ו ב א י ר ו ע ה כ ל י ט א ר ח ה מ

ש ו ש ס ס ו מ ר ת נ כ ח ע ג ש מ י

ו מ ו י ז ד א א ם ו ב ר ת ל מ י ד

ח ל נ ב ו נ מ ש ר ל ר ל ר ש ת ב ע

צ ל ל ו י א ו ו י ו ת ב כ ר ו ל ג

א ה מ ו ה א י ן נ ב ר פ ם ר ס י ב

ה ח ר ו ח ו ת ע מ ת ש ו ח נ ו ל ג

ת ל ג כ מ ה ה ו ד נ ו ח ת ל ד ר ד

ח י מ י ל י י א ע ו ל נ א ה מ י ו

ג ט ל ע נ נ ל ק ן פ ב ס י ו ל ל ל

ו ו ו א ל ע י ר ס א ו ר ר ו ח ב ל

מ ו ה ם ר ו ה א ר ת ו ר י א פ מ

ו ה ה ל ק ת ת ק ע ז ל י י א ו י ל

ו מ ל ח ו ץ ר פ א ו ס ו י י נ ן פ

י ו מ ר ס י מ ת ב ט ט ע ה א א י ר

עוזב
לאסור
רכבב
פרץ
נחושת
אירוע
תלמיד
מדען
הראשון
איילי
להחליט
אפונת
גשמי
דהירת
לבחור
נעל
נושא
מידע
אין
זעקת

Puzzle 327

כ ל י ט ג ו ו ר א מ ו י ת נ י פ ב
ל ק י כ ת י פ ו ו ה ר י כ ז מ פ ק
י א ע נ ק א א ס ד ס ד ב ר נ ס ב ר
ו ר ו ו ע ה י ל י ס ו ב ת ו ת מ ש
ע ק ץ ל ק כ מ ש ש י ס י ל ר ב ר ד
ו ל ח ו פ מ פ ו ן ם מ י ף ג ל ר ג
ו ת מ ג י ד ו ס ה י ו פ ד ה ו ד ו
ח ח ן י פ ו ת ח נ ו נ י ר נ ת ב ד
ו מ ו ת ה ל פ ל י ו ע ו מ ה ע ו ל
ז ן ב ס ר ח ו י מ ה מ ש פ ח ה ו ר
ש ח ר ת ה ל א ו ב ל ג ח כ ה א ר נ
ו ל ד נ ל ג ד מ נ א ק ם ן ה ו ב ד
י ו ו ו נ ד י מ ה ו ו פ ו פ ק פ ר
ס ש ת ת נ ב מ פ י ת ל ח ן ע מ ח ן
ו נ ב ח ס י י ר מ ר ת ו מ ת צ כ ב

אודישן
בפינת
מהססים
מרדף
ומסודר
כלי
להתרחש
טכנולוגית
המשפחה
חכם
פסולי
בוהן
מבנה
שולחן
מזכיר
הנהג
חתונת
ייעוץ
בגדי
נראה

Puzzle 328

ת ת ר ח ן ם ח מ כ נ מ מ ק מ ש נ ב
כ ה כ ע י ס פ ל ו ש י ו ב כ ח ע ג
ק נ ד ה ו א נ ע א ר ו ה א ס ל ה ם
ל ה ר ת ו י ע ב נ ה מ נ מ ד ו ו ה
מ ק ל ח ת ח מ ז ר ח נ ו ו נ א י ן
ה מ ת י י צ ל ב ג כ ו ש מ ז ר ן מ
ג ב פ ת א מ י ו י כ ת א ד ת ר ו צ
מ מ ו ב ק ר י ש ה מ ס ו י ב י ע י
ח כ י י ד ת ו ק ב ו ו פ נ ר ו ש מ
מ ו ף ב ד ר ו ל ז ה ר מ ו ע ה ג ל
מ ד ל ו מ ו ו י ע ק ם כ ת ו פ ד ו
מ פ ר ב ת ו ו פ י מ ו ש ב נ ל מ ו
א ד ה ו ט ס ר י י ת ה צ ד מ ו ו י
ע י ר ו ב ת ד ם ו ל ו ד ב ל ב ו ח
א נ נ ה ס ו י י ה ל מ נ ו מ ב ת ס

שעון
אנרגיה
ערבת
כלנית
מאבק
צורת
בעל
למנוע
הנושא
הכעיס
מקלחת
עזבה
מיומנות
אביו
קו
ספל
נשר
קליפים
מזרח
לציית

Puzzle 329

ע	א	ר	נ	ב	ת	ק	ל	ו	ע	ב	ל	ל	ח	ר	ל	כ
ח	י	ו	ל	א	י	י	מ	ת	י	ם	ו	י	ו	נ	ב	י
ב	מ	כ	י	ו	ו	י	י	ל	ו	מ	ח	ר	ס	ן	ו	ל
י	ר	ז	א	ל	ט	א	י	ן	ג	א	ו	ה	ט	ב	פ	ל
ד	ת	ל	ו	ם	ק	ג	ה	ד	ע	מ	ו	ג	ח	ו	מ	ב
ה	פ	ס	ק	ה	י	ה	ר	ח	ח	ו	כ	ב	נ	ר	מ	א
ד	ג	ם	ן	ד	ו	ת	נ	ב	ם	ר	ה	ו	ו	ב	ל	ב
י	ט	ר	ו	ח	ר	ף	ד	מ	ן	פ	ר	ם	נ	ו	ש	א
ם	ל	ר	ב	ו	פ	ב	ו	ז	ה	צ	ה	ר	י	י	ם	ח
י	י	פ	ש	י	ת	כ	ח	ל	ת	ק	ד	ם	ח	ל	כ	ה
פ	י	ה	ח	ש	מ	ל	י	ל	ת	א	ן	ת	א	ו	י	ב
ש	צ	ל	מ	ח	ה	ל	א	א	א	ו	ז	י	ל	ע	ד	ו
ו	ג	ן	ש	ח	ל	ק	י	ל	י	ב	ק	ת	ל	י	פ	ו
א	ו	ר	ח	ה	נ	ב	ר	ו	צ	י	ל	ש	ו	ו	ר	ש
ה	ו	ה	ר		מ	א	מ	ו	ת	י	ם	ק	פ	ל	ע	ב

ארנב
פרויקט
לייצג
הפסקה
מזל
דקת
ערפד
החשמלי
סט
בשיחת
בדיוק
עליז
לזכור
חדה
באולם
בכלל
מחשבון
גידור
הצהריים
ליצור

Puzzle 330

ה	ח	ק	מ	מ	ל	ך	ל	פ	א	מ	י	ץ	י	ל	ם	נ
פ	נ	צ	ת	י	ה	א	ה	ג	א	כ	ע	מ	א	צ	מ	ר
ע	ס	כ	מ	ט	י	ל	ש	ט	ו	ע	ן	פ	ל	ל	ו	ל
י	ח	ע	מ	ת	כ	ס	י	ל	ה	ח	י	ל	ה	ב	ו	י
ל	ז	נ	ן	ד	נ	ב	ג	מ	ר	ש	ר	ד	ר	ל	י	ת
ב	א	ב	ף	מ	ס	י	ו	ב	ו	א	ו	נ	ה	ל	ר	ו
ו	ת	ו	ש	ב	ר	ר	ס	י	ן	ף	י	ק	ה	מ	ב	ל
ל	ה	ט	ע	ו	ת	ה	ו	י	י	ה	י	ק	א	ד	ם	ו
ה	ק	ק	צ	ל	ו	נ	ר	ב	מ	ע	ב	י	ה	י	א	ח
א	ב	ה	ד	כ	י	ב	ר	ח	א	י	ג	ו	ן	כ	ר	ת
ח	י	י	ב	ו	מ	נ	ל	ו	ה	ה	ל	א	ש	ל	ח	ט
ב	ה	ו	ש	ו	כ	ח	ב	ו	נ	ג	ל	מ	ת	ו	י	ח
ו	ז	י	ו	ת	א	ד	מ	י	ו	ת	ג	ן	ר	ך	ו	ת
י	ה	ס	ד	ר	ק	מ	ן	מ	ח	ר	ר	ו	ת	ד	ו	ח
ג	ה	ל	מ	ג	ם	צ	י	י	ע	ג	ף	ל	ר	א	י	ת

אחר
מיטת
רוצה
זה
לגנוב
ללמד
להשיג
האמין
סביר
להטעות
אמיץ
כלוב
נמלה
טוען
תושב
סוג
להחיל
הוא
יכול
להיכנס

Puzzle 331

מ ע ר ר ט פ ה ל י מ מ ק ○ ש ע ד ק
פ א ק פ ו י ש ו ו י י ג ר ג י ר מ
ו ו ל ו ר א פ מ ד ר ש ק ו פ י ו ת
ר ר ו ג ח ה ע צ ל ב מ י ח י ח ד ב
א ד ר ו ו ד ה ו א י ח ע ר ל ו ל י
ש ל ר ה ם ל ך י א ם ה ת ט פ ף ד ף
ו ש ע ן ם ו י ם ו ו ר ק ט נ ו ע כ
י ר צ ה ר מ ד פ א ו ו ם י נ ט ר ס
ב מ מ כ ב ג כ ע מ ם פ ש ו ר ש נ י
י ר י ו ו ם נ ו נ ב א מ ב ה ל י ב
צ ל י ר א ר ה נ ת ו ו ו ג ב ז א א
ם ר ם ע ו מ ד א ן ל ב ת י ת ו ז ש
ף ד ל ת י י מ ה נ כ ת ט נ ה כ נ ל
ל פ ש ה ה ו ג ק מ מ ו ס ה י ש ת ו
ל ר ן ן י ג ו ה ש י מ ר א מ ת ד ת

רבים
יכרוך
עצמיים
מוחלט
מולד
קטנוע
תערוכה
סרטנים
לשטוף
חגור
הבת
גרגיר
ירצה
השפעה
קריירת
הרופא
חמש
שקופיות
צלב
בגינה

Puzzle 332

לה
להפגין
כיף
ההשראה
בשבוע
חלום
בחוץ
צהוב
מרק
שבדית
להבהיר
ישנוני
מתייחס
השניים
ביחס
דאגת
שחייה
להתחיל
בצרות
מכחול

ו ל ב מ א מ ל ר מ ר כ ה ה ש ר א ה
ל ה ב ה י ה ר ה י י ח ש י ס א ש ס
ו מ ג ש י ק ב ס ש מ ח ח ת ח נ ר ל
ח י ת צ ס י ר ר ז ס ח י ב י ע ה ח
כ ו מ ו י ו י א כ נ ל ו י צ פ ד ל
מ ע ו ת ן ה י מ י י ו ם ע ג ת י ו
מ ל ו מ ר מ ש י ע פ ג ת י מ ח א ם
א י ב כ ד ל י ח ת ה ל ן ר ה א י א
י ד מ י פ י ת נ ש ן א מ ו ק ב נ ל
ש ה ס ף ה ר ו ת ד א ג ת ח פ ש ר נ
נ נ ו צ ה ו ב ם י ן ג י ב ש ב ו ע
ו ק ב ל ב ח נ ה א ר צ י ו ח ד ש ח
נ ב צ ר ו ת מ ח ר מ א ח ג י י נ ר
י ל מ ץ פ ל א ו ו ל ו ס מ ת ת ו א
מ י ד י פ ה מ ח ס י ו א נ ב ן ס ק

Puzzle 333

מ	ע	פ	ש	ד	ב	ג	ן	ת	ח	י	ו	מ	פ	ו	י	מ
י	ת	ש	י	ב	ה	י	א	ח	ס	ו	ש	פ	ח	ל	א	ב
ו	ה	פ	ף	ר	מ	צ	ת	מ	צ	ח	ל	ק	ת	נ	ה	ב
ן	י	ו	פ	מ	ז	מ	נ	מ	ו	מ	ה	ר	א	ל	פ	ע
ה	י	ד	ה	ר	י	ו	ו	ה	ת	נ	נ	ן	ו	ח	צ	נ
ו	נ	ו	ו	ג	ט	ע	פ	ל	מ	ג	נ	ק	י	ל	א	ו
ו	י	ל	ב	ת	ו	ך	ה	ל	ו	ה	ל	נ	ד	ה	מ	ד
ף	ת	ת	ש	ה	ל	י	ת	ל	ט	ג	ח	ה	פ	ו	ק	ת
ח	נ	ו	כ	פ	ב	ל	ת	י	ן	ד	ם	ו	ת	מ	ר	ל
ג	נ	י	ס	ר	ג	ו	ר	ג	מ	ו	ו	נ	מ	ב	ע	ה
י	ל	ר	פ	ש	ב	ו	ל	ל	ם	ל	ת	ו	ע	ה	ס	י
ה	מ	ע	י	ו	ש	מ	ל	ת	ו	י	ד	ו	ס	י	ק	ש
ש	מ	ו	נ	ו	מ	א	ם	י	י	ח	ב	ו	נ	ה	ה	א
ב	י	ע	ה	ר	ר	ג	פ	מ	נ	ן	ה	י	ג	מ	א	ר
מ	ק	נ	ה	י	ח	ל	י	א	י	ש	ו	ל	י	י	ר	ם

כולל
רעוע
תנופה
להישאר
יסודיות
הליכה
תרנגולת
תקופה
ספינה
נמלת
בלוטי
לגיל
שרפה
דבר
להשתתף
הגדול
נצחון
הנוכחיים
בתוך
עסקה

Puzzle 334

א	א	י	ו	ה	ב	ו	ב	ר	צ	י	נ	מ	א	מ	ם	א
ב	ה	ל	ן	מ	ו	פ	ן	מ	כ	י	ל	ר	ב	ע	י	ע
ד	ת	ע	פ	י	פ	ו	ן	נ	ע	א	כ	ש	ת	י	ג	ל
ר	ק	ב	ח	ח	מ	י	ל	י	ע	ם	י	י	ו	ר	נ	מ
א	ק	ס	ר	י	ד	ג	ה	ל	כ	ע	ב	א	פ	נ	מ	ו
ם	י	נ	ש	א	י	א	ק	ס	מ	נ	ס	ה	ו	ק	ה	ס
ם	י	ש	ת	ו	א	ר	ה	ל	ל	ח	ת	ו	ב	ו	ר	
ו	ה	א	ר	ו	ט	ו	ה	ל	י	ה	ק	ב	ר	ת	א	י
ש	ת	ו	ח	ב	ל	ק	י	ר	ט	י	נ	א	ח	ש	ה	מ
מ	ר	ג	ו	ה	ח	י	ש	ד	ס	צ	ד	ו	ם	ר	י	מ
י	ס	ר	א	ו	ש	ן	נ	ע	נ	מ	ל	ו	ס	נ	ל	ר
ח	ו	ל	מ	ו	ה	ר	ג	ו	נ	ל	י	פ	ע	ה	ל	ש
א	נ	ו	ץ	ו	ח	מ	ן	ל	א	ה	ד	ל	פ	ל	פ	ו
ת	כ	ת	י	ל	מ	ב	נ	מ	ו	י	מ	ו	ו	י	א	כ
ב	ן	ה	נ	ד	ק	ב	ט	ט	ת	י	ו	ו	א	ע	מ	ב

בובה
אננס
הסכם
אבד
עפיפון
מוסרי
מחוץ
מאוחרת
בכושר
ענן
להעפיל
טריק
בקהילה
להגדיר
צנון
אוגר
יחסים
ופלפל
שיחה
להראות

Puzzle 335

ד ת ח ו ה ן ש ו ו ה ב י ל י מ ה ו

ו ש ד ג נ י ל ר ו ע ס י ח י נ ה ס

א ע כ ה ב ל נ ף ה י י נ י ו נ ו י

ק ש ר ת ר ב ו ת ו ת מ ל י ו ר ן ב

ד ו כ ל ל ג ת ד ד ו ב מ ה ח ו צ נ

ג י ג מ ב ת ה א ג ד מ ו ם י מ ע י

ר ב · ה ת ר א ו ר י ב ם ה ר י מ ד

י ל י ו מ ב ל ר ב ד א ש ע ע ו ו ו

ה ה צ ר ר כ ו ל י י מ ע י ל י ו ב

ו ו ו מ ם ר מ ז ו ח ג י נ ל ל מ ע

י ת כ ו ב ג ת ר ש א ל ה מ ח פ ר נ

ז כ כ ה ף ג א ו ס ח ר ל ה ק ט י ן

פ ן ת ש ו ח ת ח ל ב כ י ב ה צ נ ז

ה ף ס ג נ ל ו צ ח ה ת ו ר ו ד ה ו

ת ל ה כ ל נ ד א ו ל פ נ ץ ל ב פ א

ורודה
אתמול
תרבות
כול
מבודדת
שלנו
ניצוץ
ללכוד
קשר
להקטין
תשע
תחושת
נהר
ידידותי
לזרוח
בגוף
חייהם
יסעור
גרבי
אוזן

Puzzle 336

ג ל ק ו פ ט ש ג פ ח ן כ י נ ת ו ק

ב ה ש י ד מ נ ה ע ג כ י ו ע ד י ל

א ה ו ו י ג ס א ק מ ר ס ך ב א ד ם

ג ן ר ר ץ ב ת ו צ ק ה ל א ר י ע ד

ר ו ה ה נ ר ס מ ק ע ו ש ת ד ו ב י

ו ע ל ג כ ת ו ה ב ה מ כ ם ו ו ד ו

ף ו ה י נ ו ע י ס ם ו י א י מ ו ג

ל צ ל ר כ ם מ ו ט ו ו ה נ א א ם ש

ט צ ו פ ו ו פ א ו א ד ל מ ו ו פ א

ע ת ו ס ר ש ו ה ד ה ז ל ו א ב ד ב

נ מ ת מ ר ק ע פ נ ד ר ש ל ה ם נ ה

ע צ ד ב ב א ט מ ט ע ה ל ת י פ ו ס

ס ן ג נ מ ו ט ל ה ן ד ו ט ג י ר ת

ח נ ו א א מ א ו ן ח ק ל מ י ף ב ע

ס ע א נ ט ך ו פ ה א ו ו נ ו מ ר ו

לשלול
נדרש
עוני
שמירה
להלוות
להקצות
להיכשל
נץ
נר
מספרי
קשור
גברת
סופית
אגרוף
סטודנט
הפוך
עטלף
אדם
הולך
גומי

Puzzle 337

ל	ס	ק	ה	ב	ל	ה	מ	ל	פ	ו	ה	ת	י	ד	ש	ת
י	ר	ע	ג	ף	ה	ו	א	מ	מ	פ	ח	י	ו	י	נ	פ
צ	ט	ד	ר	ב	א	ט	ו	י	ה	ע	ו	ר	ב	ד	ק	ל
ו	ן	י	ח	פ	ר	ל	ח	ו	ט	ב	ה	ו	ע	ה	ר	ג
פ	ת	מ	מ	מ	ד	י	ר	ת	ב	ת	מ	ל	ו	ד	א	י
י	ן	ף	ו	נ	ד	י	ם	ס	ו	ר	ע	א	מ	נ	ת	ו
ם	ה	י	ת	ו	י	פ	י	צ	ח	ה	ו	ל	ח	ל	י	א
ד	ע	ב	ב	ק	נ	◌	ת	מ	ל	י	ז	מ	◌	ה	ט	ד
מ	ק	ל	ק	ו	ל	ו	מ	ו	ת	ם	מ	ו	י	ה	מ	ת
ד	ם	מ	מ	ג	כ	ה	ת	ב	ו	נ	נ	ו	ת	י	ו	מ
מ	כ	נ	ס	י	י	ת	ר	פ	ו	ו	ו	ן	ק	ו	ט	ה
מ	ת	ו	ו	ש	ע	מ	י	ף	ו	ת	ת	ש	א	ר	ו	ם
נ	ו	ס	ח	ה	ש	ב	ק	ת	נ	ש	ח	ש	י	י	א	ד
ו	ת	ו	ג	ל	ס	ר	צ	ע	ש	י	ר	ה	י	ו	נ	כ
ו	מ	ו	ת	מ	ו	י	ה	ו	ב	ו	ו	ר	ת	·	א	ת

הוטל
היו
מכנסיית
ומחר
וצבעי
אוטומטית
עשירה
עורב
סרטן
גברי
מאוחר
צופים
שנקראת
בטוח
נוסחה
התבוננות
ציפיותיהם
מידע
ערפד
להשיג

Puzzle 338

רואים
גלגל
ההפוכה
פעולה
בניסיון
שימון
מסוגלים
דם
מרכזית
עיניים
סביבת
מדידת
חודש
איך
עבודה
מגיע
תינוק
גידור
רעוע
אדם

ז	ו	מ	ן	ע	ו	ת	ל	ו	מ	ן	ח	א	ו	ל	י	ת
נ	ד	מ	ם	ו	ס	ח	ל	ש	ו	ן	ו	מ	י	ש	נ	ש
נ	ם	י	ן	י	ת	ר	ק	ל	מ	ת	ד	י	ד	מ	ל	ר
ק	ר	ו	מ	ג	י	ד	ו	ר	ס	פ	ש	ל	ס	ר	י	ך
ב	ה	ש	י	ר	ש	נ	נ	ע	ו	ע	ר	ל	י	י	ק	ו
ח	ו	ג	מ	ו	ש	ע	י	ד	ג	ו	ע	ר	ר	מ	נ	ל
פ	א	ל	ה	א	ק	ג	ת	ע	ל	ל	א	ב	א	י	ך	ב
ר	ו	א	נ	י	ם	פ	י	ו	י	ה	ב	ה	ו	ל	מ	ע
ו	ק	ו	י	ם	ע	ם	ז	מ	ם	כ	ב	ל	ם	ד	ג	ע
נ	ו	צ	ק	ד	ע	מ	ב	ג	ף	ו	ג	ל	ג	ל	ה	ר
א	ג	ו	נ	א	ו	ש	ר	י	ס	פ	מ	נ	ה	פ	ל	ה
ף	ן	נ	ס	א	ם	ה	מ	ע	ב	ה	ו	ן	י	ר	פ	ב
ו	ך	ל	י	ע	ו	ת	ש	י	י	ה	ת	י	ס	ח	ן	א
ר	ש	ק	ע	נ	צ	ה	ך	ל	ב	י	ו	ר	י	ב	ו	ר
ט	ר	ד	ב	ק	צ	ת	ת	ב	ת	צ	ו	נ	א	ל	ח	ש

Puzzle 339

ב י ל ה ג ן צ ל א מ ו ח מ ח ר ק א

ד ח א ן ק ו ל א ח ח ל כ ו ז צ ע ס

ר ר ה ח נ ע ד ח א ב ת ו ו ג ו ת ו

י ק ש ה י ש י ת י צ ו כ ר ו ב י ת

ב ת ח ת ש א ב ת ע ם ח י ג ר ב נ ב

נ ח ו ו ה ב פ ה ן ו י י ח ב י ל ג

פ ע ר ה ק ן ו י ל ע ה ש מ פ ו כ מ

ד פ ן ס ד מ נ ל כ י ת נ ק ו ב ש נ

ל א ע ר ח כ ח ו ש ר ר ו ר ג ו ו ל

ד נ ר ו ו מ ב ו מ ח ב נ ד ע ם ה ק

ח מ ן ◌ ל ה ח ל י ק נ י מ ח ו ק ט

י ב מ ד א ק ה ו י ת ז ם ת ל כ ה י

ו י ק י ר מ ב כ ח ת נ ת נ ל י ה ר

ך ב ת ש ב נ י ל ת ה י פ ר ג ו א ג

ו ו ת י ל נ ן נ ◌ ו ס ו י ח ת ת י

- להגן
- קרח
- גאוגרפיה
- משועמם
- יש
- וכרובית
- שחקן
- חיוך
- מגבת
- לכול
- כמה
- להחליק
- השחור
- חווה
- לפרוש
- העליון
- ברוגז
- כלנית
- שעון
- ישנוני

Puzzle 340

ן נ ל ש ר ז ש ר ל א ג י ו ס י נ ו

י י ו א ן ו נ ו ס נ ל ע א ב ק ו ו

ה ר ח ש ת ע י ת י מ ז י מ ו ל ע ו

פ י ו מ ש ד י ו י ד כ ב ו ע ד ת ב

ב ו ק ר ו ג א א ם י ו ש מ מ ל פ א

ן י ה ע ח מ ר ו ר ו ר ו י ל ר ק ו

ה ת א ע י ר ת נ ו ק פ ש א ט ם ו ם

ר פ ת ל ל י ת ר ו ן מ ה נ י פ ס ת

ז ו ו פ ו פ ן י ן י מ נ ר ש ן ל ר

נ ב ק ת ר ח ה ל ת ו ך ג ח ו ג י י

ק ל י ח ס י ְ ו י ר ו מ ט מ ו ו ו

ה ל ו ס ה ב ז ה י ב פ ט י י ר ו ח

ת ר ו י ט ו כ י ו ש ה ל ר ש י י ת

מ ב ט פ ר ו ל נ ו ח ת ו ו ת ו ה ו

ב ח נ ו מ ל ת ו ל ק ו נ ם ע ל ב ק

- שביעי
- זנקה
- וניהול
- לדלקי
- שימושי
- יתרון
- לווייתן
- דיוקן
- בוגרים
- ועדת
- לתוך
- לפתח
- ניסוי
- לסיים
- עשרה
- בפרט
- בוקר
- לזכור
- ספינה
- הפוך

Puzzle 341

א ו מ ב ס ל ס ח נ ה י ה מ ו פ ע פ
פ ר ו פ ס ו ר פ ע ל ס ס ח י ט ב א
ו א י ק ב א א נ ל י ן ט ק ו ו ה ר
י י ת ן ן ח י ב ב ל ב נ ל ת ו ר ה
ר ו ד מ ו ל כ כ ק ה י ד ת ו ן ת נ
ט י ב ו י ח ו ו י ש ו ר י ר י פ ת
ו י נ ח ו ש ת ל ו י פ ט א ת ה ס י
א י ב מ י פ ד ת פ צ ר י ר א פ ו פ
ל י י ת ת ת ע ג ב מ ת ש ע ו פ ע ר
י נ ן מ א ד ו ו פ ן מ א י ק פ ל א
ת ע מ א ו מ ת ת א ה ו ת ר ע ח ל מ
ל פ י ז ו ג א כ ס ת ח י ה ו ו פ פ
ג א ק נ ר ו י ר ל ת ו פ י ת ש ת ו
ת ת ס מ ג נ ו ז צ ד ל ר א ס ש ב ה
י ה ר נ ב ו ו ר י א ת א מ ר ר ת ש

תאו
פרופסור
ילדת
כביסה
רצפת
חושש
עיר
איכות
הסטנדרטי
אמן
סוכן
וירטואלית
וחול
אגוז
אבטיח
הלילה
חיובי
נעל
נחושת
תשע

Puzzle 342

ה י פ ח צ ב ז ו י ו ם ל ר ע ב צ ת
ל ר י ו מ ב מ כ ה ת נ ה ת ח ב ג ו
י כ מ ז י ת מ ה א ז ד ח נ ד ל ה ת
י כ ל ג א ב ש ו ר ן נ ז ד ט ב ד ב
ד ו ד י נ ש ה ל ם ח י י ם ר ב ד מ
מ ש ם י ה ל פ ה ג ל ר ק י ס ו ו י
ו ך י כ ה פ ת י ו ר ד ב ל ב ה מ ט
ו ב י ע י ל ו ג ז ג ע פ ח א ס ל פ
ו ם ש י א פ ח ו ל ה מ ו נ ה ק ל ו
ת ד י ו ל ו ו ו ל ל ד ה ת ש ע נ ש
א ת ל ר פ ו ר ר י כ ז מ מ פ ע ת ד
ו ו ש א י ה ב ז ב י ע ד ע ח ז ו פ
ע ל א ה ם כ נ ה מ ל ש ד ו ד ו ר ל
א ט י ד ח ל ה ב מ צ ט י י ן ר ו ח
י א ל ו פ ו י ר ם ן מ צ ר ך ר י ע

אלפים
בסרט
חור
גוזל
לשבת
להחזיק
לשדוד
מתנחלים
פחדן
להעביר
משם
מצטיין
במזל
שנעשתה
מדבר
ללמוד
שלישיים
מתאים
מזכיר
זה

Puzzle 343

ל ח ה מ ל י י ק ש ו ב ש א נ ד ט ח
ג נ ב ה ת ח פ נ ש ו י ו נ ד מ ל ב
י ת ת ז ה פ ב י א י נ מ מ ש י ע ר
ב ה פ ה ה ג ל ז מ ה ו נ ד י ב ו ת
ו ש ש י י ס י ד צ י נ ו ן כ ד ע ה
ש ת ו ר ו י ב מ ל ה י מ ו ר כ ב ת
כ ו א ן צ פ א א ל ת ר ו ה ף ע ג ו
ב ש ד ש ו ו ח י ל ה ג ע מ ל א ן צ
ו ר ב ר ת ר מ ן ל ו ת ב י ט י ן א
ד פ ת ן מ נ ל ל י ה ם נ ע ר מ ל
א ר י ו ד ו ד ש כ נ ת ר כ י ז ל פ
מ ו י ה ו ר ד ו ו ו מ פ ח ד ק ר מ
ו ו י א י ו מ ש ל ב ע ד י י ו ש א
ר ו ו ת י ו א ח ג ו ו ב י ק ר ו ט
ו י ל פ ◌ מ ש ש י ע ו א י א ו י מ

זהיר
תרכיז
טורקי
בינוני
נשוי
דעה
נדיבות
קשוב
מורכבת
חברת
הון
יהיה
מזלג
יחד
סיפור
כבוד
שיער
הבעלים
הנושא
עטלף

Puzzle 344

ו ו ח י ע ו ס ן י ו ש ב ה ר ד ן ה
ז י ל ע נ נ ק נ י ק י ו ת ל ל ב
א ל ה ט ע ה י ן ל ת צ ה מ י ו מ מ
ל א י ק ו ב י ש ל א י צ ח ח ו ב ה
ר ו כ י כ ז י ר ת י ל ת י ו ל ח ש
ה ת ש ד מ ו ד ג ש ר מ ע ד י ך א ו
ל י ל י מ ו ט א ק ב ש י ס י פ ע ל
ר ד ל ר פ ה ה ר ט ז פ ע ש י ל ד ש
ח צ ל ס ת ב כ י י ת מ ה ה ו כ ב פ
ה א ק פ ב י מ כ ז ל ם ט ר ס ל נ ת
א ה ן ע א ד י מ ש י ן ו פ י ל ח צ
ג צ ת א ר ב ל כ י ר מ ק נ ה ר ע ו
ח ד י ק פ ת נ ך י ש מ ה ל ק צ ש ו
ח מ ק ן ו ע י כ ל ו ס ט ר ה ו ד
ו ם י מ ש א ה ט ק ש צ ח פ ו ד י א

שקטה
קשת
תפקיד
זירת
להמשיך
אך
וילאות
חמת
לכל
בריא
אשמים
פסקה
לשכנע
נקניקיות
הוצאת
מודגש
אטומי
סרט
צהוב
להיכשל

Puzzle 345

ן ך ת י ל מ ה ע צ ע ו נ ה ב ף ג א
ו ה ע י ם ד כ ע ו פ מ ו ש ד ד ט י
ר מ נ ר ג ו ו ו ב פ י ל נ ד ה מ ו
ה כ ק ל ד מ י מ ת ת ל ק ס ע ס ה ט
ה ק א ג ו ד ש ן כ ל ת ט ו ו ב ו ל
ח ל י צ ו ר י ל ל ת ל ח א ה ח ל ו
י ו נ ל ד פ ו ק ל ו כ ג א ס י י מ
ך ח ל י ר ן ח נ י י ו ו ע ס צ נ מ
ש כ ז ו י ו ד ת ת ר ל נ ו ג ל ו פ
ל מ ג ש מ י ק א ר נ ו נ ד ו ך ו ה
ל ה ש א ר ע א ב נ ל פ ל ו נ כ א ך
ו ב ת מ ו ר ת י נ ר ד ו מ י י ס י
ב ר מ א מ ב ד ה ל ב א ע כ ל ס ל י
ב כ י ס י י י פ ת ד ד א ב ב ח ע ת
נ ב מ ו ד ע ת ה פ ג ע ל פ ש ם י מ

מסמר
הססגוני
במשרד
נדיר
כללית
לדפוק
גז
בתמורת
בכיס
אקדח
שאר
מודרני
מאמר
מים
רעיון
גשמי
ליצור
מכחול
דבר
כול

Puzzle 346

ס ד א ו ן ר ת ר כ ו ט א כ מ ת ר ו
ר מ י ע י ב ר ה ו ב ר ז ל ב ד ח ש
א ר פ ט ל ח ה ב ה נ ת מ ל נ צ ד ן
ח ו ת ו ב ו ב ז ב ז א פ ה י ן ע א
ם י פ י ד ע מ ת ת י ס ו ב כ ר ח ן
ל י ף ו פ ה א מ צ ל ו ר י מ ו ר מ
ע ה ק ר ס א ל י י ל ן ס ן ו י ו י
ת י ת ס מ י [illegible] ש ב ו א ם פ ת י ת ד
ה ו ה ר פ ם נ מ ו ו ו י י ל ו ש ם
ל ס י ז ל ו ס י ל י ס י ק ת א ם א
ר מ ה ד ב ד פ מ ב ד ט נ ק ס ר ת ו
כ ר ל ל א ו ב י ן ד מ פ י ע ה ת צ
פ ק ש מ ח מ י ח ר א ו ו ו מ ב ר א
ג מ ל ע מ ה פ מ ב ו ו א כ מ פ ו ר
פ ו ת ם ס ת ו ע ה ו ו צ ח מ מ ד י

שלה
מפורסם
זבוב
היה
אסון
להבין
דתי
ברזל
משימת
כמות
מעדיפים
ארנבת
וחצי
בהחלט
הרביעי
התקף
אופניים
להתעלם
אח
מרק

Puzzle 347

ו ד ל ל מ צ ה י ד ו מ ו ל י ה ם ע

נ י ו מ פ ר מ ר מ י ת פ ה ת ס ן ק

ה ו ג מ ל ל ו ג ל ק מ ר מ ר ם ה ו

ח מ ן ק צ ם ל ע ג מ ד ו צ ן ו כ נ

מ י ו ש ת י פ נ ר ו ת ת י ע ו ג ל

י ו ר ו מ ת ל ם ר ב ע ר א נ ת ח ב

ת ו ב ח ר י פ א י ל ה ה ן ר מ ב ל

ל ו ם ב ו ל י ש ב ף י ע צ ח פ ק ו

א ל ק צ ק מ י ד ע ש י י ת י ו ב ל

ל ר נ ו כ י ו נ נ מ ל ו ה פ מ ו ל

י ק נ ו כ ס ח א ב ל ע ע ד ל מ ה ת

ו ש ו ס ה ק ס פ ר א מ ש ב ר כ ד ל

ת ו ו ג ב מ ו ק ש א ע ם ר פ א ד ש

ת ת ד ן מ ב ב ו ל א ק ל י ם ו מ ע

ת ל ו ת כ ח מ נ ו ה ב ל ל ן ע ה ה

עשיית
להמציא
פלפלו
מתמדת
דשא
לאקלים
שמע
לכלול
צעיף
דרום
מפלצת
עלייה
נכון
בשילוב
להכפיל
פרות
מקסימלית
למה
חבק
קשוח

Puzzle 348

ויטמיני
חקלאי
שינה
חוסר
שמר
חום
בניגוד
לנקר
חמאת
ברור
מאובקת
מברשת
יקר
חרד
לבשל
פגוש
שימוש
גזר
הביא
ארנב

י כ ל ת ו ר א י ו א ר נ ב ל ב ש ל

ר מ ע י ס ו ן י כ ג מ ב ר ש ת ו נ

ר נ י ל ל ם ט ח ש ד ר ח ו ו א ד ק

ש ו מ י ש מ מ ז מ ו ק ה ר ג מ מ ר

ל ר ס ו י ו ג ז ר ג י ו מ פ ח י ד

א ש י נ ה ה י ר ס י מ א כ ת ג ד ח

ל מ י מ י נ ן נ ו נ ו ב ל ו י ו ו

ת מ כ ה ב ת ק צ ח ב ה ג י ש ם ר פ

י ו ר ה ו א ר י ק ו ב א י ב ל נ ג

י א י ד מ ר א ת י ו י ח ע ס ת י ד

ב נ נ א י ג ל ש ו ה א ן ג ו ת ל פ

ם ח י ל י א ל ק ח ך כ ד י מ מ ה פ

[illegible] ף נ מ ג נ ת מ ת ש נ ל ת ו ו פ ו

נ ה נ ו ח מ כ ו מ ת י ן פ י ב ל י

ח ד ר ו נ ל ל ב י מ ד מ מ ע ד ת ו

Puzzle 349

ע	ב	י	מ	מ	ה	פ	נ	ן	ח	ב	ה	ת	ת	א	נ	ד
י	מ	מ	א	ר	ח	ת	ד	י	ק	ף	ד	ת	ש	ם	ו	ה
ק	ט	ף	ת	כ	ו	ו	ט	ב	ם	י	ל	ו	ק	ו	ר	ב
ר	ב	נ	ר	ז	ן	ה	ו	ד	ו	ס	ל	צ	ס	ר	ו	ח
י	ע	ו	ו	י	מ	ק	ש	ב	ח	ו	ר	ק	פ	ב	ו	ח
ת	א	א	מ	י	י	ת	ר	צ	פ	ה	ת	ה	מ	מ	ה	י
א	י	ב	ו	ם	פ	ט	ו	ת	ת	ל	ע	ל	א	י	פ	י
צ	י	ק	י	י	נ	ל	י	פ	ע	ה	ל	ז	י	ס	ש	ב
ו	ל	י	ל	ג	מ	ב	ח	ט	י	י	ב	ש	נ	י	ג	א
ת	י	ק	ה	מ	ב	י	ה	ה	מ	י	ע	ס	י	ה	י	ת
מ	א	כ	ן	ו	ו	א	כ	ן	ש	ר	ק	מ	ו	ה	ן	ע
ו	ר	י	ה	ו	ד	י	ש	כ	פ	פ	ה	ק	ל	ע	ו	פ
ן	ה	ן	י	נ	נ	ת	ב	פ	ת	ס	צ	ח	י	ן	פ	נ
נ	מ	ש	ו	מ	ן	ע	ד	מ	ר	ש	ס	ל	י	י	צ	א
ת	ס	מ	ר	ה	מ	י	ק	נ	י	ב	ו	ל	מ	י	ב	מ

בקבוקי
מארחת
עיקרית
פועל
ספרייה
מרכזיים
רוחב
חיטה
צפה
אבק
ביממה
בצפון
מטבע
תוצאת
מאז
ברוקולי
להוסיף
איילי
להעפיל
להקצות

Puzzle 350

רשימת
טורקיה
סנאי
המשמש
כותרת
שיני
חברים
כסף
חכמים
טלפון
אווז
כיסוי
צחק
חרב
באביב
רפואה
חייל
לטאת
ייעוץ
יסודיות

ו	צ	ח	ק	ת	ב	ס	ב	י	י	ו	י	י	ג	א	נ	ת
נ	ם	כ	ע	ת	ז	א	ה	ה	מ	ש	מ	ש	מ	ו	מ	ש
י	ב	מ	ש	י	ב	ו	ר	י	ו	ן	י	י	ע	ו	ץ	פ
ה	צ	י	ם	י	ף	ר	ס	ק	י	ו	ס	י	כ	ז	ז	מ
ב	מ	ם	ב	מ	ו	ו	ח	ר	ב	פ	ו	ת	מ	י	ש	ר
א	י	נ	י	ש	ד	ל	ב	ו	ע	ל	ת	ה	א	ו	פ	ר
נ	י	ו	ב	י	ל	ט	ר	ט	ה	ט	ו	ו	ד	ד	ב	ו
ב	ה	ה	ו	י	ו	א	י	כ	ס	ף	ר	כ	ל	מ	ו	א
ח	ל	ת	ר	ב	א	ת	ם	נ	ה	ו	פ	ו	ת	ת	ל	ן
ו	ש	י	ו	ר	ש	כ	א	ל	מ	א	ו	ת	ו	י	ו	ת
ו	י	ר	א	ע	מ	י	ע	ו	א	מ	מ	ר	ם	ר	ר	ר
ל	ר	י	ן	נ	ע	י	ק	ח	ש	ב	ע	ת	ל	י	י	ח
ת	ו	ב	י	ל	י	י	פ	ב	כ	ו	ב	ד	ר	י	י	י
ן	י	ר	ת	נ	ח	י	ח	ל	י	ן	ת	ש	ג	ק	ת	ב
ו	ל	נ	ה	נ	א	ו	ר	ת	ו	ו	ס	ו	ו	ה	א	ד

Puzzle 351

א	ב	ח	מ	○	מ	ל	ל	י	ת	ח	י	ו	ו	ד	י	פ
ן	י	ו	צ	ה	ה	כ	ב	ל	פ	ד	מ	י	ד	ו	ר	צ
ש	ד	ת	ק	ע	ה	ל	ן	צ	ת	ך	ו	ף	ן	ק	ת	ל
ה	פ	נ	ק	י	נ	ח	י	ר	ק	ש	ס	ה	א	ל	ע	ה
ל	ו	ש	ב	ת	ש	ק	ו	ף	פ	ת	א	ב	פ	ו	ל	ב
ש	ל	ץ	ע	ו	ה	ל	י	ד	ת	ב	ר	י	ק	מ	ג	ת
ו	י	ת	ר	נ	צ	ל	ר	ל	מ	מ	ת	נ	ו	ת	י	ג
ו	ט	צ	צ	ו	ע	ך	ה	ו	י	מ	י	ל	ו	א	י	ל
ג	י	ע	ש	ת	ה	ב	ל	ב	ד	ג	א	ד	י	ר	ת	י
ו	ת	ו	ו	צ	ה	י	מ	ו	נ	ע	נ	ב	ה	ו	י	ד
י	י	ע	ס	י	ה	מ	ו	ת	ה	ק	ת	כ	ל	מ	ד	פ
ו	ן	ר	ר	ם	פ	ב	י	י	ר	ו	ר	י	י	פ	נ	ו
מ	א	ב	י	ה	ת	ר	ר	ן	ס	מ	י	ו	י	ש	ה	ב
ע	ע	ה	ת	ש	י	ת	מ	ל	י	ב	ח	ו	נ	י	ו	ע
כ	ע	ל	ב	פ	ג	ן	מ	א	ס	ר	נ	ן	י	ר	ו	ש

בכיוון
העלאה
תמיד
מודה
לצרף
מתנות
לתקן
דרך
הצעה
פתק
העיתונות
מילואי
נקי
פוליטית
עץ
לבן
שבת
שקוף
להבהיר
אתמול

Puzzle 352

א	ל	ע	מ	ג	ף	א	י	מ	ו	ע	מ	ד	י	ק	ב	ל
פ	ו	ג	ו	י	ס	ב	ג	ל	י	מ	ק	נ	ר	מ	ר	ו
ר	ד	ב	ו	ד	פ	מ	ת	ב	א	מ	ס	כ	י	ט	ד	ר
ה	ע	ר	כ	ם	ת	ן	ח	ר	ת	ל	י	ם	א	צ	כ	צ
י	א	נ	ת	פ	ה	ע	ה	ק	כ	א	ם	כ	ל	צ	ם	ם
נ	ח	צ	י	י	ה	פ	ם	ו	י	ה	י	ו	מ	א	ג	ו
ו	ו	ר	ב	ו	ע	נ	י	ב	ה	ל	ק	ב	ת	ק	ר	ע
ה	כ	י	ו	ה	ו	ה	ר	ב	א	ח	ו	ד	ד	ן	ד	י
ד	ת	ו	ת	ו	ו	י	צ	ק	ה	מ	ל	א	ת	ם	ד	מ
א	ב	ס	כ	א	י	מ	ח	מ	כ	ה	ב	מ	ע	ב	ו	ה
ר	י	א	ל	פ	צ	ן	ב	מ	ר	ד	ד	ק	ל	ז	י	מ
ד	○	ח	א	א	ר	ן	ע	י	ק	ל	ל	ר	י	ר	כ	ו
א	ו	ר	ו	ה	ב	ט	ו	מ	ם	ש	א	ק	ר	ש	ל	מ
י	צ	א	ל	ן	מ	מ	ד	י	ב	ל	ה	ו	ד	ו	ת	י
י	פ	ק	י	ה	ד	ָ	ד	כ	י	ם	ר	ר	ו	ר	ט	ה

סבא
מחמיא
כתיב
מועמד
להודות
לכתוב
מקסים
המומיה
מוזיקה
המחלה
כמעט
היום
בלוקים
לו
עניבה
טרור
היקפי
בחצר
בבוקר
לשלם

Puzzle 353

ה ה ע ר ן ת ת ל ע ו ת ח ת מ פ י ב

ה ק מ פ ש ל י ו ב ד ה מ ש ו ל ש ת

ס ר ד ע מ א · ל ע ו נ ד ש ב פ י י

כ ר ו ה ר ו פ א ם י י ן ס ע ד נ ר

ם צ ב ר ע ת פ ב מ ר ב ת ב ת ק נ ן

נ י כ ז י א ה ל פ · ה ח כ ו ל פ נ

ן ח ה ו כ ב פ ו א ן נ ב ד פ י ו פ

א א מ מ ח צ ו ק י ה ו ת ע י מ צ ן

ו ג י ה ש נ י נ ח ה ו מ צ ש נ ת ו

ך י ל ב ב ל ש ע ח כ י ו ס ו ח ג ר

ו ח ו ו ו ו ת ד ק ם ר ק מ מ כ ו י

מ ש ט ח ה ת נ ה י ל ז ב ו מ י ע ב

מ א ד ה מ ן ב ה ו א ו צ ח ר מ מ ר

י ב ל י ו ה כ ו ב ס ח ר ב ר א ת ד

נ ו כ ה א ו ף מ ו מ ע נ ו ה נ ת א

המשולש
שנת
עוגת
בשפע
חשב
תועלת
מעדר
ההסכם
סבוכה
ברד
אפורה
ייצור
חוזר
נפוצת
הכבוד
משטח
החובה
הבינה
המוזרה
פעמים

Puzzle 354

לאתר
קבוצת
כוכב
מטלת
צפוי
פרט
מהסוג
רמת
במסדרון
עפרונות
אורך
כבר
ספר
חריזה
ובמצב
מחדד
חתול
לנשום
מחשבון
נץ

א מ א ר א י ו ר ה ב מ ו ה כ ל ת ל

ו ת ב ח ע ע ח ג י ב כ ו כ ל ו ן ל

מ ח נ כ ל א ת ר ן ך י מ ח ן ע מ ו

ד ד ח מ ת ת ו ן ו ר ד ס מ ב ה ע מ

ת ו ר י ס ו ל ב ב ו י ח ה ו ה צ ו

ת · י ל ת ו ב כ ש א ט ק מ ל נ י ע

ה ו ת ח ו נ ס י ח ד ג ר מ ג ת ג ד

ת ל י ו י ו ם ה מ ת מ ו ה מ א מ מ

ה ז א ע צ פ ו י ל ע נ כ פ ח א י ו

ס פ ר ו ו י ש ץ ר א א ד מ ר ל ד ב

ת מ ע פ ר ו נ ו ת ה ט ו ה י י ר ו

ת ר י ן ק ת ל ב ל ש ם ת ס ז מ ס ו

י ם נ ש ז ה ך מ ט נ ק ר ו ה ג ו א

מ ל ת צ ו ב ק צ מ ל נ ו ג ה ל מ ו

ח ח ו ט ר פ ד ב י ש ש ש ר ו ס ל י

Puzzle 355

ב	ה	א	ו	ר	ק	ל	פ	נ	ל	ח	ר	ס	י	מ	א	ה
ע	א	ו	כ	ו	ח	ס	ל	פ	ה	ש	ל	א	ס	ו	ף	פ
ו	ה	ה	ת	א	נ	ב	ז	מ	ב	ח	מ	ת	ח	ו	ט	ו
מ	ו	ב	ה	א	פ	ש	ר	ו	ת	נ	ך	ו	א	ע	מ	פ
ג	צ	י	י	ל	מ	ת	ר	פ	ז	ם	ב	י	ע	ר	ה	ו
ב	ב	ם	ק	ז	י	י	ר	כ	ר	פ	ו	ח	ו	ב	י	ל
ה	י	פ	ז	צ	ן	פ	ד	נ	ו	ר	ר	נ	ב	ש	ו	ר
ב	צ	פ	ו	ן	א	ל	ק	ע	א	ע	א	ה	י	מ	ט	י
ס	נ	מ	ל	כ	ג	א	א	ב	ו	ו	י	ש	ו	ו	ר	ת
י	ו	פ	ו	מ	ר	ד	פ	ט	ב	ר	ע	ש	א	ם	ס	ה
ר	ק	ל	מ	ו	ד	ר	ת	ר	ע	ה	מ	ל	ן	א	ל	ש
מ	נ	ד	ם	ה	ד	א	ו	מ	ב	ת	מ	ו	מ	י	מ	ה
ח	ר	מ	י	מ	מ	א	נ	ב	ה	ן	ר	צ	מ	ר	י	פ
ו	ז	ו	פ	ו	ה	ה	ו	ו	א	י	ו	ר	ו	ת	ו	ג
ח	ב	מ	פ	א	ב	י	ב	מ	ש	ב	ה	ע	כ	ב	ר	ת

הפופולרית
לאסוף
עש
אוהבים
אורזת
נחש
לשמוע
ואן
סולם
למרות
לקרוא
הנחיות
כוח
אביב
משב
זול
העכבר
האפשרות
אתה
לייצג

Puzzle 356

ממוצעת
תנין
העבודה
הזמנת
לבדר
סביב
לשקול
מתנה
לתפור
זוהר
עיפרון
פסולת
במכחול
ולא
עובדים
רצף
חמאה
ארית
התפשטות
הגדול

ל	פ	מ	ע	ז	ב	מ	כ	ח	ו	ל	מ	ד	ל	ב	ח	ר
ש	ס	ת	ו	ו	ו	מ	י	ש	כ	ר	ל	י	מ	י	ד	צ
ק	ו	נ	ב	ד	י	ה	מ	ה	ר	ר	א	ל	ם	ה	ם	ף
ו	ל	ה	ד	ו	ע	פ	ר	ת	ו	מ	ה	ו	ו	א	ל	ר
ל	ת	א	י	ר	י	מ	צ	ד	מ	א	ת	ת	פ	ע	ש	מ
מ	נ	י	ם	א	ל	ו	ס	ן	ב	ה	פ	ד	א	ס	ם	ח
ד	מ	א	ד	ר	ה	ג	ד	ו	ל	ל	ש	ה	פ	ן	ב	י
נ	ז	ו	ן	י	נ	ת	ה	ר	מ	ת	ט	ל	נ	ן	ל	ו
ע	ה	ח	צ	ת	ר	ע	ע	פ	ו	מ	ו	ת	ב	ד	ל	א
פ	ך	ו	נ	ע	ט	מ	ב	י	ב	ס	ת	פ	ן	צ	ה	י
ב	ל	ל	ת	נ	ת	ה	ו	ע	ע	ד	ן	ו	ר	ו	ל	ן
[illegible]	ו	מ	ל	י	ט	ו	ד	ז	ב	מ	ל	ר	ר	א	ו	ת
ו	ו	ל	נ	ו	י	ל	ה	ו	ב	ו	ך	א	ה	ו	ח	י
ל	ן	ן	ם	ר	ן		ח	נ	ו	ח	י	ו	ב	ם	ל	י
ח	מ	ל	מ	ל	ן	פ	ן	ס	ת	ח	מ	ב	ח	מ	א	ה

Puzzle 357

ד	מ	ק	ל	ו	ב	ג	ש	י	ו	ר	ת	ח	ר	י	י	ן
ל	ו	ב	ס	א	ה	ז	ף	י	ו	ר	ו	ע	י	ב	מ	ו
א	נ	ל	ן	א	ן	ע	ה	נ	פ	א	כ	ל	מ	ע	פ	ו
ש	ו	י	ח	ל	ל	ג	ת	ם	י	ל	א	ק	ו	מ	ע	ו
י	ש	מ	ן	ה	ק	ס	ח	ו	י	ק	ו	ב	ם	פ	ף	ה
ו	ם	ל	ז	ר	נ	פ	י	ח	ב	מ	ו	ל	מ	ש	ל	ב
ה	ע	ד	ל	ר	ס	ר	פ	ל	א	ו	ה	ו	א	מ	ב	ס
ו	ק	ע	פ	ת	ו	ר	ש	פ	א	נ	ו	פ	י	כ	ל	נ
י	ו	מ	ש	ו	ח	ב	ל	ר	ב	ד	ו	ר	א	ו	ק	ע
ל	ר	ת	ש	י	כ	ר	ג	ע	ך	ת	ח	ק	ה	ר	א	נ
ב	ן	נ	נ	ל	ל	מ	י	ד	ל	ל	ה	ע	ב	ג	ך	ע
ב	צ	נ	א	כ	ל	כ	ו	נ	נ	י	ת	י	ו	י	ד	פ
ו	ן	ל	ת	ל	מ	ו	ב	נ	ה	ם	י	י	ר	ש	פ	א
ש	ה	א	ב	כ	ה	ו	ת	ב	ע	ח	ד	ת	ה	ה	ב	מ
ת	ה	ד	ל	ה	ת	נ	ג	ד	ה	ו	נ	ו	נ	ג	א	ד

גבול
כלכליות
לימונדת
אפשרות
קנס
גישה
נענע
אפשריים
עמוק
להתנגד
לכבוש
שנאת
חתך
לקבל
מוכנה
גזע
לכוננית
גבעה
מזל
צלב

Puzzle 358

להופיע
מסוכנות
איות
רהיטים
חושב
שמפה
עגבניות
אש
קמפיין
מצא
חומר
שמונה
בכמה
להרות
רעל
אצילה
גשר
בשיחת
הפסקה
נהר

י	ו	ל	ב	ת	ר	ע	ל	ע	נ	ח	י	ר	ה	נ	א	פ
ת	ש	ת	ה	ק	ס	פ	ה	ג	ב	פ	ח	ה	נ	ג	ש	מ
ל	ר	ך	מ	ר	ז	כ	ה	ב	ר	ב	ת	י	ו	ש	ש	נ
ש	ו	ו	כ	י	ו	מ	פ	נ	מ	י	מ	ט	מ	ל	ר	ר
ח	ו	ש	ב	ן	כ	ת	ש	י	ד	◌	מ	י	ש	ן	ס	ר
ר	כ	ש	ד	פ	א	מ	ו	ו	ק	ת	נ	ם	ח	ו	מ	ר
ר	א	ג	ת	ס	ו	י	א	ת	י	מ	נ	י	ח	ע	ת	ו
ל	ה	ו	פ	י	ע	ס	ו	ר	נ	ו	פ	ף	ת	ת	ק	ז
מ	ס	ו	כ	נ	ו	ת	א	צ	מ	ר	מ	י	ח	ו	ר	א
ן	מ	ט	ן	נ	י	י	צ	ז	נ	ל	ד	ל	י	ד	ר	י
ב	נ	מ	ח	ו	ה	ו	י	ק	ס	י	מ	ן	ב	ן	ע	ו
ל	מ	ת	ד	ה	ש	ם	ל	ן	ו	נ	כ	ל	ו	פ	ר	ת
ב	א	ר	י	נ	מ	א	ה	ט	ח	ר	ר	ו	ג	ט	א	ח
ל	פ	כ	ה	ג	פ	א	ה	ח	י	ע	ס	ם	ר	ו	ר	נ
ד	ג	ל	ה	מ	ה	ש	ל	ע	ב	ש	י	ח	ת	י	מ	

Puzzle 359

ר ל ה ם י צ מ ר ג י נ · ט מ א ט י
ב י ל ה ף ה ר פ ת ק ן ה נ ו ר ס צ
ט ת י ה י ח ע ס נ ו ו ה ב ו ג ת ב
ק ל מ י ק ו ש ל י ן ז ר ע י י ס ל
ס ת ו י ה ר ר ל ב ל ט ק ס י ת נ מ
ט פ ן נ ת א ה ר ג ו א ו ר ק נ ק ב
ו ל ש מ ר י ל ע · ך מ י ג ב ו ן מ
ש ט ו ח ב ץ ה נ ש ו מ י נ ק ג צ ל
כ ו מ מ ו ש פ ם א ה נ א נ ב מ מ ר
ו פ ע ח ת ג י ה ו ת ש ו ח י א פ ב
ו ו מ ח י מ ץ מ ו ו מ צ נ ג ב ל ל
ו י ו ע ר ל ו י ר ח ב י ד ל י ר ג
נ ו פ ו פ ז ל ש ג א ר ח ו מ מ נ ם
ה ף ת ח ר א ל מ מ נ ו מ ס ת א ת ת
ק נ ל ר נ ר ד ו נ א ל ע ר ו ב י ח

מסע
בתגובה
לימון
חמנייה
מוזר
חיבור
גבינת
לסייע
רעש
מנומסת
שטוח
בטקסט
להפיץ
הרפתקן
ולשמר
יוקרה
ארוחה
משימה
מחוץ
תרבות

Puzzle 360

ב ו ל ס י ו ר ז ה ו ו ת י ו א מ ת
ש נ ח ו ב י י ב ל ה ה ר ה ק ד מ י
ב צ ח ס ר פ צ ט א ל ג נ ו ב ר ח ג
מ י ד ר י ל ש ב ו י כ פ ר פ פ ת ת
ר א פ ף א ר ק ח מ ג ל י ס ד ס ב י
ה ו ו כ י מ ס ו כ ר ם ת ל ה מ כ נ
ת י מ א מ מ ת נ ה ג ת פ מ י ת ט ו
ה ן צ ל כ א י ו ל ל ו ו ת ר ד ץ ו
ת ר מ ו א ב ת כ מ ה ח ז ת ת פ ח ר
פ ח ל ח נ ד ו י י ס ו ק י א כ ל ד
מ ש כ פ מ מ ע ת ו ב ה ש י ט ה ב ד
ם ו ל ע ל פ ת א ר י ק כ ג ל נ ו ◌
ן ו ר ש ה ו מ ב ר ר ס ו ו ש ו ש ר
א ס נ ו א מ ב י י ה ו ס ל פ מ ו
נ ב ש ו צ ם ח ד ס ל ת ש ב ס א ל ח

שיטה
חותם
רוח
סוכר
להסביר
מחקר
אומרת
בלחץ
מתנהגת
מרפסת
מספר
מכתב
רגיל
מדברים
ללוות
אפונה
סוגיית
דהירת
לגנוב
להלוות

Puzzle 361

א ע ף ר כ ו מ ו ק ו ו ת ע ו ת פ ט

מ נ מ ב ד י י ר ר ד ד ש כ ח ת י ל

ו כ א ז ע ק ת ת י כ י ב ר א ר ש ה

ן י ת ו ב א ו כ י ל ר ו ג צ ל פ ו

י מ ם ו ג י א ו ר ב ש ו ה כ ת נ מ

ר ת ח מ ס ו י מ ת מ מ ר ר ח ש ל ו

א ו א ל מ פ ר י ש ק ש ע ן ת א ר נ

ה נ י ב ג ן ב כ א ש י ש ך ם ר ב ל

ש ל ל ת ק י ו מ ה נ ש ר ר ד מ ו מ

א ר נ י י נ ן ג צ נ ר ם נ ר י י ·

ת מ ל ו ב ל ט ל ב מ ז ו ן ה ס ג ת

ר ו ל ל ו ש נ ד ל ע א ה ג מ ק ג ה

י א ד י א מ ה ג א ל ן א ך א י פ ח

א י פ ה ב ת נ ו ע מ י י ם ו ר ת ל

ח א ד ף ס ו נ ד ה ו ע ת מ מ ו ת י

מזון
נפשי
גבינה
נוסף
מסוימת
כואב
כבאי
צל
כלב
ולשחרר
לתרום
שנה
בריאותי
אמון
אשת
מעל
סקי
זעקת
קריירת
ירצה

Puzzle 362

פתאומי
נפח
מסוים
משתתף
נשק
אפור
לדחות
נואש
עייפות
ההיסטוריה
פרק
לחוף
ספינת
שוטר
יער
סמן
גלוי
השפעה
תנופה
ענן

י ה ר י ר ב י י פ ו ת מ ל ד מ ו ו

מ ה פ ר ק ש נ נ ת ר כ מ ש נ ס ו ט

ר ל ה מ ב ש ו ל א ח נ ב ל ח ו ף ן

נ ת מ י א ל ש מ ו נ ח ת ל פ י ת ב

ו י י ל ת ב נ מ מ ת ל ס מ נ ם ת ג

א ָ ל ר ב ג ל ו י י ל ה ה ס ג ש ע

ש ש ל ה י ר ו ט ס י ה ה מ ו ב מ מ

י א ר ש ו ד ו ה ן ע נ ן מ ט נ י י

מ צ ח מ י נ ת נ י פ ס ע ו ב נ ח ה

ת פ ש י ף ו ש מ ת מ ו ת ח כ ב נ ע

נ ר י ק ח י ע ר ט ו ש נ א ו ה י פ

ר ו ו ד ק ו ו ו א נ ע ו ו ת י ד ש

ו ל ל נ ע נ ח פ ק י ר פ ח פ ל ס ה

מ ל י ר ר ג ע א ל ד פ ה ו י ך ל ח

ס ג י י ל ד מ ת ת ה ו ת ו י א ב ה

Puzzle 363

י	ל	ע	נ	י	ת	ם	ש	ו	ר	פ	א	ח	מ	מ	ה	ו
ת	ד	ר	ד	מ	י	צ	ר	מ	ר	י	ה	ע	ד	ר	ר	א
מ	ת	י	ם	א	מ	א	ר	מ	א	י	ו	מ	ו	ד	ו	ו
ד	ו	ר	ד	נ	י	נ	י	ו	י	מ	א	ו	מ	ר	ו	ו
א	י	ט	ר	ו	מ	ו	מ	י	ו	ס	ו	ת	ה	ת	כ	י
ת	פ	ל	י	י	ת	ו	ת	ב	מ	ס	מ	ש	ה	ו	ר	מ
ד	ו	מ	ו	ב	ב	י	מ	נ	ב	ת	ו	ו	נ	ר	מ	ש
ת	ק	צ	נ	א	צ	ו	ב	ה	פ	ג	א	ו	ל	ס	ן	ט
ג	ש	כ	ד	ש	כ	י	ב	ד	ו	ד	ת	נ	ד	ו	ו	י
ו	ר	◌	מ	י	ו	ל	ה	ר	ח	ו	ג	מ	ע	ר	ר	ש
מ	ב	ב	ד	ו	ה	ס	ת	ח	ך	ל	ה	מ	ב	ג	ו	ו
נ	י	ב	ז	ה	י	ר	ו	ת	מ	ה	ל	י	ב	ו	ד	ד
נ	ו	ל	ר	י	מ	ן	ח	ו	ש	ו	מ	מ	פ	ב	ה	א
י	י	ר	ח	ת	ב	ר	ב	ב	ר	ה	נ	ו	כ	נ	ה	ג
א	ד	ו	ם	ר	ג	ו	ל	י	ק	מ	ו	ו	ז	ח	ש	ה

תות
גדול
בוגר
דאגה
בזהירות
מדומה
משהו
נעלי
קילוגרם
אדום
מוטיבציה
הנכונה
סוודר
בילה
במהלך
רע
נמלה
שקופיות
ידידותי
ורודה

Puzzle 364

לשעבר
זיהה
האקלים
לתאר
מלאך
פלא
עלות
מיוחדים
רשמי
קינמון
לפני
ציטוט
האוזן
אבטחת
סימן
החג
פרסת
הסיכון
דאגת
אגרוף

ל	ת	ת	נ	ו	ה	א	ו	ל	ד	י	מ	ק	ל	ה	ע	ו
ס	ת	ך	ש	ק	ת	א	מ	א	מ	ש	ל	ת	ש	ח	נ	י
ה	ח	א	ל	פ	ט	מ	ו	ש	ו	ו	ע	מ	ס	ג	ד	כ
ו	ט	ל	ר	ב	ע	ש	ל	א	א	ג	ר	ו	ף	ד	ה	ן
ב	ב	מ	ת	ן	פ	ב	ג	ם	פ	ו	ע	צ	ו	ש	·	ר
ח	א	ב	ו	מ	ו	ס	ש	ט	ס	א	נ	מ	ק	ה	ת	מ
ן	ו	מ	נ	י	ק	ל	ל	ו	ת	ו	מ	ן	ת	ר	ר	ע
ז	ו	ל	ת	ס	ר	פ	ט	ט	נ	ד	ו	ה	ו	פ	י	כ
ו	ס	כ	ם	י	ד	ח	ו	י	מ	ש	ח	ט	ח	ו	ג	ל
א	כ	ע	י	ד	א	ג	ת	צ	נ	נ	ו	ל	מ	ו	ל	ן
ה	ר	מ	ל	ס	י	מ	ו	ח	ר	ד	מ	ו	ק	ן	ו	א
י	ח	נ	ק	ל	ה	ה	י	ז	ל	ק	י	י	ר	ג	ן	ד
מ	ג	ה	א	ש	ע	ר	נ	מ	ד	ב	ב	ג	ר	ו	ו	נ
ת	פ	ר	ה	ב	צ	ת	פ	פ	ש	כ	פ	א	ע	ו	ף	פ
י	פ	נ	ס	ש	ו	ע	ל	ו	ת	ר	ג	א	ג	ה	י	ל

Puzzle 365

ב י ר ר ע ל א ח נ א י ס ם ה צ ר ע

ס נ ה ע מ ו פ ר ת נ י ט ר ה ו ב ש

ו ו ד ע נ ק פ ו ו ר ה ג ש ו מ ה ר

ב ד כ ל ח ו ג ו ב ע ו מ פ ר ד ש י

מ ר י ו ה ב א פ ג ל י ש ז א פ ו ם

ד ן ש ס ו ק ש ר ו א א ל ל ע ו נ ת

י ד נ נ ו ב י ו מ ח ל ס י כ ו י ו

נ ה ט ל ח ה ט ז ו ר ח ו ל י ו ם א

ת ח ט ק ל ד פ ח י י מ ן ו ל פ ד כ

י פ ע ר ע ח י מ ו ם ע ז ע מ א ב פ

נ מ ן נ ו י ר ה א ר י נ ע פ ר ו נ

ש ה ב ף פ ס ס מ ו ת ר ו י ה ת ה י

י ק ש מ ב ב ו ו ע ם י ו ל ל ת ר פ

י נ י ל ם א ו ד ר ע ו ת ד פ ק מ ב

ב ל ס ה ל מ י נ ב ו ד י פ ו ע ר ר

מדד
שונים
הבא
מחל
החלטה
מחזור
לאחרים
הגשומה
פטל
סיכוי
בפועל
קרנף
הבקבוק
להירגע
ביישנית
עשרים
במדינת
רבה
פטיש
חדה

Puzzle 366

י ש ך ח מ ו ם מ ב י ד ב ה ק ל א נ

א ד ק ע ם צ א ל ן ן ם מ א ע ד ר נ

ד ו א ר ב א ה פ ה י ו ו ר י ע פ ב

ב מ ד ב ר ד ם פ י ה ב נ נ ך ו ו ל

א ר ו ו ב י א ו מ ו ר מ ו י ו ש נ

א י ן נ פ מ א ן י ם י ע ב ש ו מ ה

כ מ ן ב י ו ם י ט מ ק נ י ו ת ס ק

נ ה א צ ו ת ה ח א ד ב א ל ל א מ י

א ד צ ו ג ת ל ן ו ע ו ט ו ת ו מ ש

ד ת ת ו ל ש י ה י צ ה ג ל ש ג ה נ

ס ק ו ת ב ה ן מ ל ל ל ב ד ר ס ד י

י י ת ה ו י ן א א ר ע ק מ ר ל מ ר

ר ן ש צ ד ו ה א ט ש מ פ ו א ע ה ד

ע ד י ה א ו צ מ ל פ ו ו ד ה ו י י

ש ק י י ש ה ח י ה ת ן ו ו י ש ב ג

ביום
קאובוי
שלג
עדר
חלש
לאבד
תקין
מלפפון
התוצאה
נשיקה
המושבעים
הם
תלוש
ארון
קמטים
במדבר
למצוא
שפת
צעד
נר

Puzzle 367

ט ל ש י ם ו נ מ ג י ה א ה ו ◌ ן ה

ה ב נ ל ו · מ פ ת ס ד ע ש מ ב פ ת

מ ט ע מ ן א ו נ י ה א א ב מ ו ה ו

ו מ ר ט י פ ש י מ ם ל י ו ל ח מ ד

מ א כ ב י ה ת ו ח ו ק ל ק ל ה מ ח

ט ר ה צ ד ס ו ב ו ל ג ל ק פ ק ל ג

ד ל א ם ע ח כ א ת ש ו ת י ח ן ן ד

פ צ ב א י ת נ ש ה ר ל ה ס כ י ם ל

ג ל ל ג א ו ן מ י נ ת מ ע י מ ן ו

ב ת ◌ ן י ר ח ן ה פ ה מ ה ת א ש כ

ש ו י ו ג י ת ש י ר ת ל ל ן ה ן י

ו ש ן ו ו ד ח ל ל ו ת ץ מ א מ ו ו

ר פ ו ת ב נ צ ל ן א ח ש ב ש ט י י

ה ל א פ ו ר ר מ מ ע צ ד מ ו י ל א

מ י ן ח ו ר ו מ כ ו י ע ח ם ע נ ו

עדיין
להסכים
להעסיק
שנערכה
לקוחות
גלובוס
בשורה
טיפשי
לשים
נדירות
שלום
להביא
השנתי
הפולקלור
החלקת
מאמץ
גל
צבאי
חמה
האמין

Puzzle 368

מהלך
חולה
שקיעה
בכירה
העורב
לנבוח
העשור
חושבים
טעם
בחירת
לחסום
לספוג
ממשל
כועס
לרוץ
ירד
עם
עסק
מזחלת
נמלת

מ ש ד ה ח ה מ ת ה ש ח ו ל ה א ל ל

ע ל נ ע ו מ ז ע ס ק א ת ט ע ם · י

ר ו ט ו ש מ ח א ח י ת ל ב ש ע ו ר

ה מ ל ר ב ק ל ו ו ע ח ח ו ו נ ג א

פ ו ל ב י צ ת ב ם ה י י י ר ד ש פ

ו מ ע ת ם ג ק ץ כ ר ו ם ה מ ו נ ו

ר י ח ו ב נ ל ו ת פ ת מ מ ה י י ד

מ ג ו פ ס ל ע ר א ש ב מ ח ל ו ח ו

ע מ ו ת ש ס א ל ה נ ש ו ה ך ט ל מ

ר ה ש כ י י ל ב ה ל א כ פ ת ל מ נ

ל ע ל ל ב ו ו מ ב ב ו ב ו מ ח י ר

י ר ח ש ע ה ו ו ד י ש ה כ י ה ה ק

נ י ס ה ר י כ ב ל ר ר י י ו פ ע א

ד ם ו ו י ב ו ע א ל ח ב ת ח ש ג ן

ה ע ם א ו ת ט ה א ת ו ת ח ה ז ב ו

Puzzle 369

ז ל ו נ ך ו מ נ נ ד ו ל ת א ר ע ב
ח ת ל י ב ו ל מ ח י נ י ח ן א ש ו
ו א י מ ו פ צ כ ל ר י י ת ת ב ן ר
ש י ר ר ד נ ח כ מ ש ב ר ל ו ת כ ב
ה ף ש ב י י ו ר י ב ע ט ע נ מ ה ו
מ מ ת ל מ מ ק י י א ו ב י פ ע ב ו
ד מ י ט ו י נ ש ט כ נ י ק ה י ה ה
מ ח י פ ו ש י ת ש ו ר ה ל ל י י מ
ו י מ א ר א י ד ה ח צ י ו ל פ מ ל
ב א ו י ב ר ד ם נ מ ע ב ל א ד ו ב
ו ד י ד פ כ ר ח ל מ ג פ ר ו ר ד ר
מ ת ו א ר נ י צ ו ץ ר א מ מ ב נ י
ר ו ב ט י ם י ל ו ק א ח ו י ת ט י
נ כ צ ר ח נ ע ף י נ צ ה ש נ ב ו א
ר ע ס ם ת ח כ ה ו ב מ א ג ו א ה ם

משבר
וכרוב
נמוך
להפנות
חיפושית
פנימי
תחת
יבש
תואר
לייִרט
בפריחת
נחל
בד
מול
כרישת
לצחוק
יניח
טכניקה
בשבוע
ניצוץ

Puzzle 370

ר פ מ ל ר ל ג מ ל ק ה ה ם ן ו ז ח
פ ו ד ש ה ד מ ש ת י ר ה ח ש ח ב ת
ר ל פ מ ם ו ס נ י ט כ ש ג ן ה ם י
ר ר ו ח א נ ו ו ק ש ע ר ת ד ב ו ע
ת ה ו ת כ ל פ ב ו ל ד א י מ ג ק כ
ר ש ו י ח י ד ה ב י ג ה ר ו ח מ א
ו ב ה ע ו ל ס ו ת ו ב ח א א י ל ו
י ל ג ב ד מ ו ע ר י מ ת ה מ ו ו צ
ם י ב ל ש מ א ב ד נ ר ל י כ ר ק מ
ו ק י י ר ע פ ת ח ש ד ק ע ד ר ו נ
א ם א ל ל א ן ת ב ו ס ן ל ש ו ד פ
נ מ א ו ג ה ת כ ר ו ב י ת ת ו נ ו
ל ח ה ב פ ד א ג ר א ל ע ו פ ו ו פ
ר ן ו נ צ ה ר י ד ק פ ל נ ת ת ב ל
מ ת י פ א ו ת ו ח א ו ה ר ו פ ס ל

לשמחתי
חזון
משלבים
שער
מקום
דפוס
ואחותו
אומדן
שווא
לספור
כרובית
יחידה
דרג
יעלה
תרד
עובדת
להיכנס
אחר
ההשראה
צנון

Puzzle 371

י	מ	ל	פ	ס	ש	ו	מ	ו	ע	א	ב	ל	ה	מ	ה	כ
ר	ה	ו	מ	ב	י	ס	מ	נ	ע	ד	ד	ח	ב	ו	ע	ו
ד	ת	ו	ק	א	נ	ר	ג	י	ה	ו	ו	ש	ל	ח	ש	כ
ו	י	ל	ו	ן	ז	י	ו	מ	צ	י	ע	ב	ת	נ	י	ו
ס	ש	י	ג	י	ל	ס	נ	ש	ל	ם	ו	ז	נ	ג	ר	ו
מ	ו	י	ס	נ	ו	ב	ע	ן	ו	י	א	ר	ה	ו	י	ס
ו	ע	ד	ח	ו	כ	ע	א	ו	ח	ם	ו	י	ו	ת	י	מ
ש	ל	י	ט	ה	א	פ	ח	ב	י	ל	ת	צ	ל	ו	י	פ
ב	ד	ו	ב	י	ל	י	ר	ג	א	מ	ח	ע	ר	א	ו	ו
ס	ק	ר	ן	ק	ר	פ	◌	ת	ם	י	ו	מ	ש	נ	א	י
ת	ע	ו	ד	ה	ו	ו	ש	ס	א	ב	ו	א	ר	י	ת	ש
ח	ו	ג	ם	כ	ד	ן	ו	מ	ד	ק	ו	ר	ו	ו	ר	י
ה	י	צ	ר	ו	ח	כ	ו	ח	ת	ה	י	ש	ו	ו	י	כ
ל	ח	ו	ר	ו	ח	ר	ת	ב	י	כ	ם	ג	ן	נ	י	ז
ר	ע	י	ק	ל	י	י	א	פ	ר	ק	ל	ט	י	ב	ב	ל

לרצות
וילון
תעודה
העשירי
קלט
שוות
שליט
לאכול
בסיר
לחשב
קדמון
חולצה
גיל
הראיון
סקרן
ומסודר
קו
אנרגיה
שיחה
עפיפון

Puzzle 372

ע	צ	ט	י	מ	מ	פ	ל	ה	מ	ָ	פ	ס	ק	ף	מ	ר
ב	י	ש	ק	ש	מ	י	ם	ש	ס	ח	ל	מ	פ	ו	צ	ה
ב	צ	ב	ג	ה	ל	פ	י	נ	ק	י	ר	מ	א		ע	ע
י	פ	ד	א	א	י	א	א	ת	נ	י	ר	ד	ם	ב	ש	ר
ש	ל	י	א	ה	ץ	ו	נ	ן	ה	ו	א	ה	ע	ר	כ	ת
א	ע	ת	ו	נ	ן	פ	ו	מ	ש	ב	ס	ו	ד	ך	צ	ו
ל	ל	ר	ף	ה	ה	ד	כ	פ	י	ד	ק	ל	י	ב	כ	ה
ב	ע	י	ת	ו	ן	ה	מ	מ	ר	ל	ג	י	ל	מ	ב	ב
י	פ	ת	ר	ן	ת	ו	מ	י	ד	י	ח	א	ו	ד	מ	נ
ה	ש	ה	ו	פ	ו	ד	ה	י	ה	צ	ש	ה	כ	ר	ר	ע
ל	ת	ל	ו	מ	מ	פ	ו	נ	ט	ל	ו	ל	ת	ג	ל	ס
ל	ק	ה	א	ה	ש	פ	א	י	מ	ה	ב	י	י	ו	ו	ו
ע	ן	י	ת	ו	ד	ו	פ	ו	ם	ל	נ	ת	א	ת	ס	ב
א	ב	ה	י	ז	ב	ר	ה	פ	ו	ד	ע	ב	ל	ח	כ	ם
ח	ו	ע	ל	ם	ב	פ	ש	ה	מ	ב	ש	ב	ג	ת	מ	ר

בעיתון
בשר
האי
המיטה
זברה
תוף
אמריקני
ממליץ
עכביש
ילד
דרישה
מכונאי
להתיר
הערכת
במדרגות
חשוב
מסקנה
לקיים
שבדית
לגיל

Puzzle 373

מ ד מ י י ט י ר ק נ מ ע י י מ ת ע
ג ו ג מ ן ו ק ק ר כ ר ת ע ף צ פ
י ר נ א א י ו ו פ ר י ש נ ע ו ע ק
פ ט י ס י י ה נ ב ע ו ע ו ב ק פ ע
ק ו ב ע ע ו נ ת ה ל ה ל י כ ת ש ו
ש ם ה ל מ י ת י פ מ ל ת ר ח ל ת ת
ו ו א ח י ע ת ח ו ד כ ע ד ח מ ם ה
כ י ק י ו מ ח ב ס ב מ פ ח ח ב ט מ
ג ר ת ר ב א ט ל ע ה א ם ף ק ר ח י
י ו ש ב מ י ל ט ה ה מ ת נ מ כ י א
צ ח ב י ק ת ה ח כ צ ר י כ ב ן י מ
ה ב מ ם ק ב ד י ו נ י א ד ו ע ו ס
ל ת ה ע א צ ר נ ו ש א ב צ י א ד ה
ו א ק א א י ח י ה ד פ ר ק ה מ צ ק
ו ה ר מ ד ב ר ש ו י מ ק ר ח ר א א

מחקרי
האם
מטבח
דחף
מגניבה
ערש
הליכת
לתת
בדיוני
להציג
בחורי
הוקי
עצוב
קריטי
לתקוף
קרפדה
להתנועע
מרצון
מאמרי
רבים

Puzzle 374

צ ל נ ס ו י ב י ל ג א ב מ א ל ה א
ת ב ח ש ת ע י ב א ך ג מ ד ח ח ה ו
ק ש ת ע ש י י ת ו מ ד ק ת ה ק ת ד
ו מ ל צ ח ו ל ו ן מ ל ל י ן ו מ א
ן ב ף ש כ ע מ ת י ג ב י ב י ר א ב
י צ ה ר כ מ ח מ ת פ ס ק נ ה נ ו י
ה ע א ע כ ע ו ת נ א י מ א ה מ כ ע
ר ד י ר ר נ מ מ י פ ו ף ל ב כ ז ש
י ר ר ל ב ו ם ש ן ו ד י פ ו ק ב ן
ב פ ק ו נ ז י ק ת מ מ נ י ח ג ו ו
ש צ ח ת ס ר ע פ ן ה ב ס ו פ ש ת ה
ע ח נ ב ש א מ י ב ת ר י ז ח מ ה נ
ק ר י ל ח ו ס ם ר ף ה א נ ם ע נ ו
פ ו נ י ק ו ו ל מ ב ת ת כ י ס ד ר
ק א ה ד ז ה ע ס מ ד ו ת מ י ל ו י

מניות
או
משקפי
קריאה
תעשיית
מוקד
מבצע
חנינה
חובה
קנה
התקדמות
סניף
מאוכזבות
עשן
מכרה
לחקור
תמונת
קופידון
צפרדע
חזיר

Puzzle 375

ו ד כ ש ו ו א נ ח ח ל י ד ה ח ו ו
ו ת ו ה ס ג ה ו ו ע ל נ ה ו ל י מ
ר ת ה ו ס ה ע ל נ ג י ו ט מ ה י ק
ו מ ו ו ם י א ל י ג ב ת ג ז פ ל ם
צ ד ב כ ז מ צ ל ש ד ו ם צ י ר ר ו
ה א נ ו ע י מ נ ו ע א י ש ן י ל א
מ ד כ צ י מ ש נ א ת י ר י ג ע י ל
ח צ ו ר מ ו ח י י מ ר כ ב ר נ ע י
ב ם פ ו ת ו א ב ם ו ר ת ב ט ח ח ט
ר י ה ו ק ד ב ל א פ צ ר ר ק ה ו ם
ש נ ו א ח ח ת ל כ ל כ א ע א ה ז ר
ט ט י י ה ד ל ב ד ו ק ו ל צ ל ל ע
ו ר נ ת י ל א י ב צ נ ב ה ע ד נ ו
ה ס כ ל ה מ צ ע י מ ו ב א ד י ן ו
י ו ו י א י ז ה ע ר ו ו ו מ ג ו ר

איזה
שיא
מנוע
חבר
מזין
כלכלת
באותו
אינטראקציה
כבד
גירית
לבדוק
עצום
נישואים
לצייר
לערבב
אדמת
עצמה
להפריע
רוצה
סרטנים

Puzzle 376

ילדים
רכישה
במבצע
דור
אישית
לשחק
אפס
חצאית
דבורת
לברך
שונה
תחביב
מסעדה
ירוק
פסיון
נהמת
סערת
דיוק
ובודד
רכב

א ו ג ק ל ו ח ד ס ן מ ח מ א ר צ א
ת צ ל ב ר ו ו ו ע א מ ל י ע כ נ ח
ל ח ו ה ש י כ ר ר מ כ ש י צ ה ע ן
נ צ ב צ א ו י ו ת י י ר ר ח כ י ת
ד א י נ מ מ י ד ה ת ה ח ו צ א ה ם
ם י ת א ק ל ל ו נ ל ש ח ק ל ל מ ע
ב ת ח י ו ר ע ו ת ב ו א ר כ ב כ פ
א ח ב ם י ד ל י פ ה ר ו ד ת ר נ ת
ל ל י ן ד ל מ י ח פ ל ע ו י ך ה ו
ל ד ב ו ר ת י י ו ר ו י מ ה ה מ ב
ה ע ב י ו י ת ת י ר ל י ה נ ט ת ה
ת ו מ ס ע ד ה נ ו ש ס ל צ ו ל נ ת
ת מ מ פ ה ס ה י ר א ר י ט ר מ ו י
ו מ ו ם ו י כ ת פ ח פ פ ק ל ט ע א
נ ב מ ס ע ת ך ס ר ע צ ב מ ב ס ש ו

Puzzle 377

א ו א ל נ ו ח ב י ח ד ו פ ש ש ר ש
ו י ו ה ל ק א ו ח ב ד ט כ מ ו מ ה
ק ר א ס ח ד כ ת י ה א נ ס פ ש ר ו
ל ה ו ו ר ב ע ב ל י ב א נ ו ף ק ס
י ו פ ו כ י ב מ ר ש ק ת ל נ ב ה ת
ת כ ב ת ע מ ם ק י ס פ ה ל ת ע ב ט
כ ו ה ה ק ש מ נ ה ת ה ת ת נ ש א י
א ה י א ג ח מ א ש י מ י ם ד א מ ד
א כ ו א ך ח ו מ מ ו כ ה ה מ ו א ה
מ ר נ ת ם ו פ מ ה ב ע י נ ג פ ו צ
ב ט ן י ט ו ל ב ב ב ש ר ו ן י כ ס
ב י מ ד נ ב י מ ה ח ם נ י כ ת מ ג
צ ס ה ו ו י ח פ י י פ מ ר א ן נ א
ע ן ט ה ל מ ב ם ר ו ן נ ע ה י כ ק
ס ו י ו ן ב א מ מ ן ה ד כ ל ו ח ו

מאשימים
בכיתת
בהיר
נוף
להסוות
שמש
אגס
לתקשר
כשרון
כרטיס
משקה
אבן
טבעת
להפסיק
נתנו
בעבר
סכין
האומה
רכי
בלוטי

Puzzle 378

ר ר ג י ע ה ו א ט מ ת י י ח ס י
ע ג מ כ ו ב ע כ ב ר י ר ם ז ד ת ק
ה ו ת ח ו ר ף ג ס ב ו ש ק ל א ת ו
ת מ ם צ ו ו ר ח ו פ ש י פ ל ח ה פ
ת ו י ל ו ג נ ר ת ה ם ג מ ו ק ו ה
א מ א ג א ל ע צ ן ס ח ה ד ס ת א מ
ע ל ת נ ו ל ה ו ו ל מ ל פ ו כ ס פ
ת מ ה ר ד ו ר א ש א ח ו פ ר ב פ ג
ב כ ל ג מ ר פ פ י ל א ו ם פ ו ן
צ נ מ ל ל ל ר א ה א י נ י י מ ר ד
ו ב ה י י נ ר ר א ג ו ז פ ח ו ט ו
א ר ע ר ח ו ל נ ו ע ו ע ה ק ר ש ט
ד מ ו א ם כ ו נ א ל א ב ת ו פ מ ל
ס ע ל ם ד נ ה ג י ג ד א ך ל פ נ מ
י ב ם י ח ט ל נ ע ת ט ג ו ל ח פ מ

רגיעה
כובע
מגע
לוקחים
חזקים
קופה
לשפר
להגיש
חופשי
תרנגול
ספורט
חם
הבוצי
חורף
העולם
למפות
וסבא
להתאים
אוצר
מתייחס

Puzzle 379

נ ת י ב ר ג ם פ ק ו ו ר ד ו ג ס מ
ו ג ש ק כ ב מ ע ן א י א ז ו ח ו ת
ה ח י י ם ם ת כ ע א י ר ו ע ל ש ח
מ ת ד ץ ר ק ב ם ו ר ת ו י ב י כ ת
ת נ ק ש ו ח ר ר ו פ ו ב ן מ ל ו ל
מ ל ה ג ך ק ו מ ג ר צ ו מ ה י ו ש
י מ ל ר כ ב י י ט מ ר צ ו ע ת ן כ
ג נ ו י מ ח ג ת ע מ מ י ב ר פ ג ל
ע ך ר ם ח ו ק י ר א נ כ ו ת ב י פ
ר ן ס י ו פ ח ו ח ד מ ה ו ג ו ר ר
ג כ ל ע י ש ף ו ק ו פ ר י ש ד ן נ
ו ר ר ו ב ה ר א ב י פ ח ל ה מ י ר
ו ם ח ל ו י ג ן א פ ס ן י ו מ ש ת
ש א מ ה ת ב ו ח ר י נ צ י ו מ ל ו
ב ק ל ס נ ל ו ד א ו ו נ א ח נ ב ב

המוצר
בחופשה
לחם
ריק
מתחת
שגרים
להקדיש
גחלילית
חיים
בקיץ
מחויבות
נתיב
כמובן
גרף
מצביע
רצועת
מאחורי
ביותר
אירוע
לה

Puzzle 380

לחפש
להגר
שמים
ראה
רכיבת
מבינה
מעניין
ושלום
מפורשים
הכספי
לרתיחת
שועל
שעועית
קמח
מבנה
כלי
בעל
חגור
להשתתף
להישאר

מ מ ו מ נ ר ש א ת ק מ ו ש ט מ ל ס
ת ת ו ו ת ר א ס ק פ ש ל ו ם ב ר ק
ו ג י ן נ א ל מ ו ש מ ש ע ע י ו י
א צ ר מ ל ה ח ר ר ר י ו ל ר נ ר נ
פ ם ו ל ש ו ש ו פ מ ם ת ש ה ה י ל
מ ד י ה י י י ת ל נ ם מ ח פ פ נ ל
ו ו י ם ם ר מ ת ר כ י ב ת ס נ מ ר
ל ע ב ה ת ד ע צ ם ל ו נ כ נ ו ש א
ח י ו ד ו ע נ ס ו ה ל ה ש ת ת ף ב
מ ר ר ו ג ח י ב ה ג ו י ל כ י כ ו
ש ר ל כ ל ה י ש א ר מ ח ל מ ע ו ב
ר י ל ב ר י ן ת ת ח י ת ר ל ו ת ש
ה כ ס ו ה י צ ת ש ו מ ם ש ד ע מ ר
י ר ו ה ד ק ו מ ר כ ש ח י ה ש ג פ
ו ד ו ה ר ר ח ק א ס ש פ ח ל ת ו ל

Puzzle 381

ס	מ	ש	ך	מ	א	ר	ר	ן	י	ט	ק	ע	ס	א	נ	א
ד	ב	ה	ל	ר	ק	י	ג	ת	ת	כ	ת	ו	ס	פ	ר	ה
ו	ע	י	ר	ש	ד	נ	נ	א	ן	ח	ל	ט	ר	ה	ל	ם
ל	ר	ר	ה	ת	מ	ח	י	ט	ש	ו	ר	נ	י	ם	ל	ר
ח	י	ת	ו	ו	י	א	ש	ם	ו	ט	א	ו	צ	י	ו	י
ת	כ	ה	ח	מ	ש	ט	י	ר	ג	מ	ג	ל	י	ח	ח	ו
ן	ה	י	ע	ז	י	נ	ש	י	י	ע	ע	י	ו	י	ו	ס
ל	ח	מ	ק	ת	ס	י	ה	נ	ד	ו	מ	ב	ת	נ	ב	י
צ	כ	ס	ע	נ	י	ס	ה	ק	ב	ד	ת	א	א	מ	כ	ט
י	ר	ר	פ	ו	ל	י	ט	י	ק	ה	י	ה	י	ב	ך	נ
ע	ה	נ	ע	ש	ף	ל	ב	צ	ע	ט	ד	ו	א	י	ל	ר
ה	י	מ	מ	ו	ו	ה	מ	ד	מ	ו	ס	צ	י	ל	ש	ח
י	ה	י	י	ס	ו	ל	ב	ו	א	ד	א	ו	ה	ל	ת	י
נ	י	ו	פ	כ	א	י	פ	ו	ר	י	פ	נ	ד	ב	ק	נ
ם	ו	ל	ו	ח	ל	ר	ו	מ	ח	ה	י	י	נ	מ	ח	ל

איפור
אסטרטגיה
חמור
דבקה
סולו
מעקב
טניס
השישי
עריכה
פוליטיקה
ובכך
שמחה
אוכלוסייה
אקדמי
מניחים
לחמנייה
שטיח
לבצע
יצוא
סדר

Puzzle 382

נ	ו	ג	ר	פ	ן	ש	מ	מ	ב	ע	י	ל	ו	ו	ו	ל
ג	ד	ט	ד	י	ב	ר	א	מ	מ	א	ד	נ	א	ח	ו	א
ו	י	נ	כ	ז	נ	מ	ל	ת	ח	ו	ת	ק	י	ר	ס	ל
ב	פ	ה	ל	י	כ	ה	צ	פ	ב	ו	ל	·	י	ר	י	ד
ו	ל	ו	ר	ר	מ	ו	כ	ט	ת	ר	י	ב	ד	ך	ח	ו
ש	ר	ח	ל	ו	ם	י	ה	ל	ד	ו	ל	ס	ק	ת	ה	א
ת	ל	נ	ת	ב	נ	י	ל	מ	ר	ל	ח	ר	כ	א	פ	מ
ב	מ	מ	נ	י	י	מ	א	מ	י	ה	ו	ח	ר	י	ו	ו
ב	כ	א	מ	צ	נ	ש	ת	כ	ת	י	ד	ר	פ	ס	ק	י
ה	ל	נ	ס	ו	ת	ל	ל	ן	ב	ו	מ	מ	ר	ל	ת	ש
ע	ו	ד	ע	ו	א	י	מ	ת	ח	י	ל	י	ם	י	ב	נ
ת	פ	ת	מ	א	ה	ח	כ	ך	ו	א	ו	ף	ו	ח	ד	ל
י	ר	ו	א	ב	ו	ת	ל	ק	ו	ס	ם	ן	א	ר	פ	ו
ק	ה	י	ת	ל	ר	י	מ	ש	א	י	כ	א	ת	ו	י	ר
ה	ן	י	ם	ר	ה	ו	מ	ה	ו	ת	ש	ו	פ	נ	ו	מ

דיבר
לנסות
שליחת
אמת
פרה
לדחוף
פיזי
במחבת
ציבורי
העתיקה
פתאום
אלה
כן
להכין
מתחילים
למנוע
חלום
תקופה
הליכה
מוסרי

Puzzle 383

ד מ ש מ ק מ ד פ ח ס מ ת ל ה ק ה ה

ל ה ס מ ו ד ש ש נ ס ח ו ש נ ו ו י

ו ו ה ל י ו ח ע ר ה ח ב מ ה מ א ק

י ד ר י י ק ר ק ו ו ע ז י ג ם ש מ

ו ן ב ר י י ת ה פ מ א ע ה ש ג ת נ

א כ ה ם י ר ו מ ה ו י ד ג ו מ ל ר

ב ר נ ר ח נ מ מ ס ל ש ו ת ו מ נ ד

ר ע ת ס ד ל ל ב ו ד ו ב ק ה ָ ה ר

ו ל ש י י ש א ס כ י נ פ י ח נ מ ה

מ ת מ ל ו ש פ ס מ ת א ר ס ט ו מ י

ו ה ָ ר נ · ו ◌ ש ע ד ק פ ב ת ע ל

צ ג ל ח י ש ו י י ב י פ א ב ש ר ב

ל ר ו ל מ פ ן ד ד ל ל ך ר פ ב ו מ

ח ד ג ב ב ה ת ל ו ת ו א י ש ט נ ד

ו ח מ פ א ח ה ס י מ א י ו ר ב ו ו

מהיר
ריקוד
חכמה
אנושי
בעתיד
מסרק
מכוסה
חי
שׂוּנְרָה
המורים
שחר
משתנה
בבטחה
הרבה
פסיקת
מוצלח
הנהג
פסולי
מולד
ללכוד

Puzzle 384

ר א נ מ ג ה י ו י ר ב ע ל ו ו ג ל

ב נ ד א מ ק ר ו ב י ם ד ל ו י מ ת

ל נ ו ט ח ה ן ח ז נ ש ג י ל ד מ ו

ח ח ז ו ו ר ב ו א ו נ ב ד פ ו א י

נ פ פ ק ש ר ן נ ח א ד ח ע א ה ב ן

י ד י ל א ה ם א ח ו ה ן מ ח ר ד ל

ק א נ י ה מ ח מ ס ר צ ו י מ ם ס ו

ט י ח ו י י ל ו ר ו ס ר ן ת כ ל ר

ו ה ה ל ז ן ו ז ו ו ר ב ה ש ל ד א

ת ג כ ת מ ע א ת נ כ ר י א ת א ה י

ב ה ר ת נ כ צ א ה ו ש ש ה ת י כ ב

מ ר ח ב ר ו פ י צ ב ר ג י מ ו ק מ

ע ם י ש פ ש מ ח ח ו צ נ ר ת ו ל פ

ע ד ר ו ת ן פ ו ן מ ו ל י ב נ ד ד

י ד מ י ת ל ו ר ו ג נ ק ת נ ת ו ב

כלא
ילקוט
שלד
כותנת
ציפור
בכיתה
למד
הברווזון
קנגורו
קרובים
ביזון
מקומי
מרחב
הכרחי
אחיזת
ברווז
גרב
רבע
מה
יושב

Puzzle 385

ן ב נ ע ו י ר ר ו פ א ן ב מ י ת פ
ד ד ר ו פ מ ו ה מ ו א ו י ש מ כ ר
ח י כ ן ע ו ו ח ל י נ ר ר ג ל ו ש
ו ו ס ו נ י י ק ו א א ב י ר א ג נ
ע ק ו ה ו ה ו ו צ י ג צ ח נ ה ש ו
מ ל כ י ו ר ת פ ו ר ת י כ פ ל ת ת
ו ד ל כ א ו ר ו ד נ מ ו ד ב ש ח ה
מ ת ה ת י מ י מ ו ה ל צ י ק ו ת ס
ק ם א ת ת כ ת י א ח ד פ ר א מ ב ה
ר צ י נ ו ר ד ר א ר ה כ ל י ל ח ד
ר ע ו ל ר ש ש ן י ה ש י ג ס ר ל ב
כ מ ת י ח מ ר ו צ י ק ף י ש ה א ג
ל ע ר ו ת ג ו ל א ד ע י ו ם ד ה א
ב מ ר א ה פ ן י ן ר א ת ש נ מ מ מ
ר ת ד ו פ ד ה י פ ת ת ב ע ח ב ש

במראה
עף
דחליל
אוקיינוס
פרשנות
קיצור
גאה
יצווה
עצם
תרופת
התחרות
שלב
צינור
נרגש
מקרר
כמשי
יכולת
אביר
בדיוק
כיף

Puzzle 386

כ ו ו א ע י ו ט ר ד נ צ פ ו פ ה א
ר צ מ ל פ ל ה ג ח מ נ י ו ת מ ט מ
ג ל ם ס ט א ו נ ל ת ב ◌ מ ו צ ר י
י ה ט ת י ר ג ל ב א מ ד ס כ ד ו ץ
ל ו ב ו ו ר י ע צ מ ר מ מ ז ט פ ל
ס ל א ו כ י כ א מ צ ו ב ר נ פ י ת
ר ך ס ם ו ר ז ל א ו ם ב כ מ נ ן ד
ו ו ם ת ב מ י ת ת ם ר נ י ד ד ש ת
ד מ מ א ת ל ש ה ד ר ו י ב י פ מ ן
כ ש ו ת פ ה ת ק ש ו ו ע ה י ד מ ט
ר ג ע ו ח מ מ ו ר ל י מ מ ב ס ת ע
ר ה כ ע י ס נ ת פ ו ם ד ז א ת ק י
ו י ה ל ב ו ו ק ר ר ל ו ו ו י י ל
נ ו ו ח ז כ ו נ ף א ע ן ג ש ו ה ל
ב ה ל ד ו ן ע פ מ ת ו ר ר נ ה י ח

כדורסל
זכות
שרפרף
הטרופי
מסוכן
מרכיב
לדון
חמניות
באסם
נטו
כרגיל
צעיר
צפופה
מוצר
לזרום
ממתקי
הכעיס
אמיץ
אוגר
הולך

Puzzle 387

ס	נ	ו	י	ד	י	ח	ב	י	מ	ן	◌	ג	א	י	נ	ו
ו	י	ה	ח	ל	ת	מ	ל	ו	מ	מ	ל	מ		ה	מ	ג
י	י	ו	ו	ע	ו	ס	ת	ר	ב	ת	ן	ר	ל	מ	ח	ם
א	ר	נ	ב	ת	ד	מ	ם	ת	ג	ו	ב	ה	ד	ש	ד	ס
ס	ו	ו	נ	ו	כ	י	י	ע	ב	ח	ו	א	ן	א	א	ם
א	י	ר	פ	כ	ב	ח	נ	ה	פ	ל	נ	ס	ו	י	ן	י
ת	ל	ת	י	י	י	כ	ד	ה	ב	ש	א	ר	א	ת	ל	ה
ן	נ	א	מ	ש	ש	ו	פ	ו	י	ב	ש	ד	י	ן	ח	י
ת	ה	מ	נ	י	ג	נ	ב	ד	ט	נ	ת	ד	ז	נ	ג	מ
ת	י	מ	ו	ש	י	ה	י	י	ר	ז	מ	ע	ו	נ	ן	ת
י	ל	ו	ת	י	ב	י	ט	ק	א	ת	ר	ן	מ	ב	ר	ל
ש	ו	ו	ס	ג	ר	ו	ב	·	י	ו	ו	פ	ב	פ	נ	ס
ח	א	נ	י	ד	ג	ק	ב	ל	ו	נ	י	ב	ח	ת	ו	א
ו	מ	ד	ר	ה	ש	ח	ו	א	ל	ו	ב	י	ח	ס	ו	ל
ק	כ	צ	ק	ל	ל	מ	ר	ת	ו	נ	מ	ה	ג	ו	ג	ו

הנוכחי
נייר
מחק
לחות
כביש
תוכי
שחוק
המשאית
זר
עדינה
תגובה
קריסת
להדגיש
אקטיבית
בלוני
מנות
מעונן
במוזיאון
ירקות
ביחס

Puzzle 388

ע	ת	ג	כ	י	ע	ר	א	ה	א	מ	ד	ב	ד	כ	ה	ו
פ	ל	ל	ע	ע	מ	ח	ת	נ	ו	ת	ח	ו	ת	נ	ח	י
ק	ף	ן	ת	ת	ק	ח	מ	ה	ץ	פ	ק	ח	ו	ס	ו	י
ו	י	נ	ח	א	ה	ג	ש	ש	ר	ח	י	י	כ	י	ו	ת
מ	ו	ר	כ	ב	ר	ו	ק	ב	ב	ו	ר	ע	ן	י	ל	ה
ד	ו	ר	ו	ו	ת	ו	ש	א	ב	מ	ל	ו	ה	ת	ע	ר
ל	ע	צ	ב	ן	י	ט	ו	ל	ח	ל	ס	ל	ן	ר	ו	י
ש	ו	ל	ח	ן	ר	מ	ה	א	ג	ש	ה	ה	פ	ך	נ	ח
ש	ל	ד	מ	ר	ו	י	ש	ז	ב	ו	פ	פ	מ	א	י	נ
מ	מ	י	ע	י	מ	נ	י	ת	ר	ת	ו	י	ה	נ	מ	ו
מ	ן	מ	א	פ	פ	ג	מ	י	ו	ד	ו	מ	ר	מ	ו	ל
ה	ח	ע	ד	ג	א	ר	ס	ו	נ	ו	ג	ע	ו	י	ח	ה
ת	ו	ו	פ	ו	ת	מ	ש	י	ו	י	ד	פ	ד	ר	ת	ר
ח	ם	ה	ר	ח	ת	י	ל	ר	ע	ת	ה	ה	כ	ה	ו	ו
ת	ג	ה	ע	ח	מ	ס	א	ד	י	נ	ו	ב	ה	י	י	ס

לחלוטין
ההפך
סלרי
תוכן
אז
מחשב
להרוס
שפירית
כדור
כנסיית
המחק
הופיעה
לעצבן
מישהו
רוק
מורכב
קפץ
חתונת
שולחן
עוני

Puzzle 389

כ ק ם ט ב ל פ ה נ י י א ת ף כ ל א

ה ל ו א י ב ה מ פ א פ ו ה פ א פ ק

א ע ל ו צ א ט ד נ ת א א ש מ ו פ ש

ן ו צ י ה ף י מ א ה פ א ץ א א י י

ח נ ת ט ע י מ י ם ו ה ר ב ר ע מ מ

כ ע צ י ו ע ב ע ר ב א ש ח י ס ה ל

א י ש נ נ ס ש ה י ו ד ת י ב ו ל כ

ז ב י ם ט נ מ י כ ר נ ש כ ו ת א א

מ ו ר ס ק י ה ג ב ו ן ף ו ד ח מ ש

ס י ו י ד א ק ו י פ י א ל ר ק ש ס

י ח ר ט ב י ד ל א י מ ת מ ל י ר ה

ט א ו פ ר ט א ו נ ל ו ב ל ב ר ך ן

ה ו ו ב י ט ה נ י ה ע מ · ו ת ד ל

מ ו ת ט ו ס ד כ ק ת מ ו י ה א כ ב

ת כ י ף ת פ ל ט ס ש א ס י ב ש ה ש

רשת
טעימים
נשיא
להסיח
ברך
המדמיעה
כיסא
ממערב
סעיף
טכנולוגיה
ביצה
לאמץ
תצלום
חקירת
אפוא
בדק
יכול
טוען
כלוב
קטנוע

Puzzle 390

ס י ב ב ב כ ו צ י ל ת ב ר א ש ע ת

ש י ש ח פ ל מ ו ו ף פ ס א ח ד ז פ

ך ה פ י ס ר ו ר ן י ט ק ה ל ה ב ה

נ ב ת ו ף נ נ ב נ ד ר ד ר ל ת ה ן

ב צ י מ ד ד ף ק ח ע כ ת ו ב ק ע ב

ס ל כ ר ו ס א ר ב מ ו ג מ מ ן י ב

ב ד ש ס ו י ד ו י ת ל י ה נ ש ב ת

ה ק י ת ש ט ע ב מ ק י א א ל ב ר מ

ס מ ל ע ל ל ו ט ש פ ל ת · י ו א ע

ה פ ב ו א ח ט ו ע ס ו כ ה ל ם ו ת

ו פ מ נ מ א י ל פ ו ו ו א ה ש ב כ

י ר ב ת י ע ו ן ש ב ו ו ו ב ן ח א

ל נ ו ו ט מ פ נ ש ל ל ב א ל מ ע מ

נ מ ל מ ה ן מ ת ו ל ו ב נ י י צ ש

ו ס ו נ ק נ ד א כ ו ח ו מ ע נ ו ה

מעדיף
לנווט
בין
ראש
שתיקה
אחד
מיטה
בעקבות
שדה
כפית
יסוד
וידוי
תנועת
כבש
מבול
הבצל
בקרוב
עזבה
להקטין
נדרש

Puzzle 391

א נ ב מ ל פ ג ה ו ו ס א ו א ת ד ת
ב ה ו ש א ע ב ס ת י ו ם ח ה א ן ב
ג ת ק ק ה י ו ת נ פ ג א א ו ג ו ן
ל ח ל ל ת ל ה ו נ פ ש ק א מ ה ך י
ן ח ל ו ש ל ה י כ פ ר ה ה כ ו ל מ
פ ל ל ח י ש נ ו ן א ו נ מ ו א ד ע
ר ם ת י ג ר ו ר י מ י ו ב ו ר ו צ
נ א מ ר פ ל ד ת ז י י ק י ד י מ מ
ד ש ם ו נ ר י ו ג מ ת ש ת ח ל ד א
כ נ נ ם ל ב ו ן מ ת ת ה מ ת ו מ ו
ב מ פ ד מ ע ו ו ש ת ו י ר ח א נ ת
ר ע מ א ו ו ב פ ב ד מ ח ד ו ת י מ
ל ו ו ח ע ד ה ל ח ת ב י מ ב ש ו פ
צ ש ת ו מ ת ת ו נ ב ל י ה ע כ ת ו
ל ת ש פ ס ו ן ח ר נ ע ת ד ד ו ב מ

סתיו
דומדמניות
הנוקשה
אופני
אקראית
לבנות
עצמאות
פלדת
גבוהה
מלוכה
מגזין
משקל
פגישת
חלל
חירום
לשולחן
אחריות
פעיל
בעוד
מבודדת

Puzzle 392

חזק
נגד
מועדון
קפה
חיצוני
מלוכלך
לשכוח
בכפר
מילת
לדיבורים
מחפש
אחיו
כנס
צריכה
אומללות
רעב
באמת
רווח
לפחות
עוזב

ב ש מ ש י מ ד ח ש י ב ע מ מ ו ד ח
ס ו מ א ל ס ר ז ק י א י ח ו ה פ י
ל פ ח ו ת ו ה ק ש א מ צ פ ד ה י צ
ת ד ב י ו ב פ ג ן ו ת ר ש י ר ר ו
א ל ה ח ה פ ק ו מ ד ו י ד ר ע ו נ
ך ג מ א ו ב א ש ו ק ל ב י ב ת ש י
ם ו ן ם ה ב ל י פ מ ל ה ת ו א ר ת
ה ר ה י ח ת ש כ ה י מ ב ו ח ו ו ר
ד א ו ר ב ל כ נ ע ל ו ן ו ד ע ו מ
ו פ ל ו ג ע ו י ב ת א ו א ב ן מ ש
ר פ כ ב נ ת ח ב י ו ו ו ש ן פ נ ו
ת י ז י צ נ ב ו נ ו ש כ נ ס ד ו ן
נ ו א ד ה ו ח ו ב ש ה ה ג ח ב ד ו
ע ו ן ל ה ד כ י ו ג ר ש ד ה ח ת ז
י ב ק ס ל ך מ נ ש י מ ו ר ב ו ר

Puzzle 393

ל ב ק מ ו ו ל ד ת כ ה ב ב ו ג ת כ

ו ר ו ר ף נ י א ו ר ו צ מ י ק צ ן

ד ו ו ו ל פ ע ו ז ה ם ר ב א י ם כ

ו ר נ ד י מ נ י ע נ י ה ו מ ם ו ש

ק א ד ו ו ם ר מ ש ל פ נ ח מ ל מ י

מ פ ו ו ה ס י נ כ ס ע ע ד ל ת ה כ

מ ש ר י ל ז ו ו ג ה ת ו א ר ו ד ו

ת ת פ ק ס ח י ה מ צ ד ה ל ר ו ר י

ו נ ו ו מ י ן ת א ו ג ש ת ע ה י ח

ב ל ר ו כ ק י ת י י ר ה ע ו ר ו כ

ג ם ו כ ס ה י ס ב ו ב ר ד ן ן ד ה

א מ ק י ב כ ם י מ ט ו פ ו פ י ה ה

ד מ ס ד י י נ ת ו ר י ש ה ש י א ט

ר י י ב ו ב ך מ י י ר א ב ג צ ת ם

נ צ ו ל פ ר א א ר ש ה ס ח י ר פ מ

ציין
בהודעת
ההיפופוטמים
נייד
שכן
פרא
שיר
לשמר
הסכום
בר
מקבל
שירות
הפסגה
כניסה
דודו
לזווג
תג
עניה
יחס
כולל

Puzzle 394

ן ב ו ו י פ ף ד ה ע ד י י א ר י כ

ו ר ר ש ל י א ו ב י ה ל ק נ ו ת ת

ב ש כ מ ו מ ת ה ד מ ג מ ע צ ר ל ך

מ ר ח פ כ נ כ ו ו מ ר ת צ ע ל מ א

א ע ת ו ל י ו ג ל צ ב ר ל ו ט ש א

ר פ ד ל ו נ ב ו ש ה י ר ה ש י מ ח

ת ת ל י ן י ה י ן ו ל כ ן מ נ ס ב

ב ה ע פ ו ו נ ו ו ת ו ת ע · פ ס נ

א ש נ י ה ל א א פ ל ע ר ב ו ב ה ח

ו נ מ ר ל ג ן ו ר ל ד ק ט ד ל ש ל

ס ה ו ר ה י · י ש מ צ ט ע י מ ל מ

י ב ה ב ק ד ל ם ו מ ד ו ו נ י ט ש

ד ף ו ל ש ם ר ה ב ב ה ת ו פ י ו ר

כ מ ר ה י ן נ ב ב מ ו ז י א ו ן ה

ל צ ס א ב מ ו י ן ב ת י י ד ח ה ת

טופס
מעצר
רקטות
מוזיאון
השלטון
כתר
דבורה
הורה
שמלת
נולד
להקשיב
חמישה
לקנות
ידע
לערב
היבוא
שובב
להינשא
בובה
גרבי

Puzzle 395

ב א י ק י ת פ צ י ו ד נ ס מ ק ו י
מ ר ק מ ו מ נ ב ת ש י ג ר ט ה ו ת
ש א ר ג ו מ י י א י י ז ל ד ב א ל
ד צ י מ פ ו מ ה ש א ם נ ו ל ת ם ו
ת ד ם כ ה ח י מ ב ט י ח מ ק ח ו ק
י ש ן ע ר ם י ז א מ מ ד י ר נ ו א
י ד י ו א ר ם א ו ל ו א מ ו ה ט פ
ב נ ר כ ו מ ה ב י פ ק ת ר ת ב ו כ
ו ס ח ח א ה י פ ע ב ע י ת ע י ף ת
מ א ה פ ו ו ח ו כ ו ר מ י ו ח ל מ
ד ו ת פ מ נ ל י ב ש ו ג ו ו ר ן ו
נ ב ל ה ה ת ג ו נ ה ק א ד ח ה ל י
י ב ו ר ה ל ה ר ר ד ש נ ש מ ל י מ
ס ר מ ק י ◌ י ר ו ח ר ל ם כ ר צ א
ב ם ו ת י מ נ ב נ ו ש א ל מ ב ו נ

להרחיב
פעולת
גישת
אומה
שאת
זאב
קטלני
מלא
לקרות
לדכא
טבעי
יקרים
ראוי
המוכר
בנושא
פנימיים
מבטיח
צביה
עקומים
גומי

Puzzle 396

ל פ ו נ ה פ מ א ח ל מ ק נ ר י ח ל
מ ט ו ז ו ו ת ו נ ש ב ט נ כ מ ר מ
ש ר מ ו ו ב מ ו ת ד ו י ז כ ר מ ב
ו י ה ה ת ת ד ו כ ף ב ן ה י ף ש ד
ך ו ר ח ת מ מ ש ו ב ה א נ ט ו ו א
ר ת ק ר ש י ל י ו ה ט ב י ת י ח א
ס ב י ו ה מ ל ו י ק ן ר א ר ל מ ס
ו ח ק ה ד ד י מ ל ת ו י ש צ ע א ר
צ נ ו נ ד ה ו מ י נ ה פ ו ע ל מ ה
צ ו ף מ ב ב ת ר ש ל ב ף נ ל ב ס כ
מ א ח כ י נ ת ר ו י ב מ ג י ב ר ו
ד י ם י ר ו ח ש ר ד מ מ כ ו נ ת ר
ל ו ר א ח ת ל ת ו ל ק ר ן כ ו א ע
ו ו ע ו ת ו פ צ ל ו ש א נ כ א ב ת
ע ת ש ו י ל מ ב מ ו פ י ב ד ל ת ל

מכונת
קוף
למשוך
שחורים
באתר
במרכז
לשרת
מגיב
לצפות
מלח
לצוף
הפועל
פטריות
קטין
בירת
חתלתול
הסבון
נושא
תלמיד
תערוכה

Puzzle 397

ן ך ר ו צ ם ג ו ק ב ד ל ו ל י כ ה
א ו ת ק ו ו ה י מ י ב ת ל פ ל פ ו
ם י י ה ד ו א ר פ ק ש ע ו ס ב י ר
ה ה ב ל ע ש ק ו נ י פ ל ךָ א ה ג ו
פ י ל ת ו ל ן ל ה ו ט ו ר ו ל צ ת
י ל ב ק ה ם י ה ק ה י מ נ י ה מ פ
ב כ ו מ פ ו ג ו ר פ ר ו א ו ח ב ל
ק ב ש מ ם ר ו ב ק ם ע ת י א ם נ ב
ו מ ה ו ל ה ו י ע ם י א כ ז כ ם י
ל נ ל ו ח ס ב ל ג ע ס ו ו י ג מ מ
מ ו י מ ס ד י ו כ ה ד ם ךָ פ נ ר ר
ו ת מ ר ש ע י ם מ ן ב ג מ י מ ו ע
ל נ ק ר ל נ א ו ה ר צ ק א ב ח מ ק
ו ק ב י ג ח מ ש נ ת א ק פ ו מ ר ע
ה י מ ש ו ל ו ר ד ד ה פ ל ס ת ס ב

להוביל
שלם
פינוק
זכאים
דבק
קבל
רגלי
בקול
עלי
לפתור
גור
הקרקע
לתעלומות
תקווה
גודל
צורך
הכילו
קצרה
ספל
סביר

Puzzle 398

ר ה ס ח מ ע ן צ ת ה י א ם ו ה ל י
ת מ ה ש ד ע ו ו י ת ח י נ ל ה ה ל
ז ו כ ב ש ו ג כ ל ר ד ל ט ת ו ת מ
י פ א ל א ט ר ע ר ו י פ ר ו ם פ ע
מ ל ל ר ב ל א נ א ק ס מ ר ל י ר ג
א צ ה ו ו ח מ י ם ן ם ו ר ס ו ץ ו
מ א א ב ש ח י י ה ה מ ן ש ם ע מ ת
ת מ ר ש ו מ ו ן ת ה י ר ו ג ט ק ב
ב ע י ש כ ו ש ו פ פ ה י א ט ס נ י
ר ו ך נ ל ד ו פ ג ה ו ן פ ל ו ב ס
א י פ א ל מ ד ד נ ג ו מ ה ל ב ח מ
ר ל ל א מ ר ל פ ל פ ו י א פ כ ע ל
נ ו ע ה פ ו ל א ק ו ל נ ו ע י ה ה
ג מ ל א ר ב י ת ב ו ב ל ו ח ק ו ע
נ ח ל ש ס ע א פ ר מ ח ל ש י ב כ ל

ארגון
כפול
קולנוע
לכביש
התרוקן
מסיבת
פרס
חמים
להתפרץ
שבור
להאריך
בובת
צוואר
בקטגוריה
עניין
לטפס
בנק
מרובע
שחייה
ופלפל

Puzzle 399

ה ו ט ל ד ב פ ◌ ג א מ ש נ ב נ מ ו
צ ו א ו ז ב ה ו מ א ה ב ה פ נ א ו
א פ ע י ע ן ד י י ו ח ל ק מ ת ו י
א י ר ד ל ם ח א ש ח ו א ה ק ו ל ח
ה ה ת צ ל ו ח מ ה נ ד ב א פ מ מ נ
א ו י ב ם ו ג ו מ י ף מ א ש ה ש ח
י ע ג מ ח י ש פ י ס ב ו ח ן ס ב ת
ג ת ו ד ר ק ם ד ע י פ ה ס ר נ ו א
ל י ל ד ן מ כ ר כ ו ם פ י ת ע מ מ
א ל ו ן ו מ ו ל ק ן ג ה ו ש ב ל י
פ י י ד ב י י י ס ע ו ר ט נ ה א ר
נ ש ב ו מ ל ע צ י ד פ א צ ר ו ה מ
ר ו א נ ח א ו ר ע ב ס ת ק ד ר ר ק
מ ו נ ה ב ו ג ת ט נ ש מ ב י ח מ י
ר ח א א י ל ר ל ה ח ח ו מ ח כ ב ש

על
לא
ספוג
גמישה
חלק
חולצת
אהבה
בזירה
כרכום
ציד
אנפה
הודעת
ביולוגית
גשם
חלוקה
פדרלי
פי
ניסיון
החשמלי
יסעור

Puzzle 400

ט ח מ מ ב ל ת ו ח ת ד א ו ה ע ת ה
מ ח ל ו א ע נ נ ו א ל ו ח כ נ ח ב
פ י י ס ו ל ן ה ה ה ח י ה ו ר ו מ
ר ע ו ר ג ר ו ב מ ה פ ב פ ו ס ש ה
ט ר ס י ב י ת ו ב ר ב א ב ל · ת ק
ו א ת ר ל ן ס ק ו ב ת ר ד פ נ א ה
ר נ ר ב ד ה מ ר ת מ נ ק פ ו כ ו ת
ה ש ה ס ע ח ד נ ש ת נ ה י ת ל ר י
א י ש י ח ר ס ר ו ר ו ג נ ק ה א ב
מ כ ב ס י ד ו א ח ח ס ש ט ה ו י ה
ע ה ו י ב ת י ה ו ת א ת נ ל ת ת ג
ל ל ה ת ת י ס א נ ר י ס א מ י ל ר
ד ח א נ ל ק ח י ם ג ח י ח ה ם ח ר
ת ח ת מ ף ן ב צ ר א י נ א ח פ כ ר
פ ב ט ן א מ י ן ת מ ש נ ח ש ק ת ו

נלקחים
כחול
טמפרטורה
בסיסית
גם
הקנגורו
אישי
להביע
אהוב
רקוב
התיבה
עור
כי
הבמה
המבורגר
אפונת
לאסור
נראה
אביו
תחושת

Puzzle 401

נ ר ן ב ת ו ק ש מ ד ל ב מ ח נ ה ב
פ א נ ר ב ר ג ר ל ו ה ת ב כ ח ע ר
ס ו ד ו ח ד י י ו ב י מ ר ר ח ד ח
פ מ ה ף ב כ פ י ש א כ ה ת ז ו י ב
צ ה פ ר ע ה י ת ל ש מ מ מ ח ש ן י
י כ ו ה ח ל ה ת ב ו נ ן מ ה ף ה ה
פ ר ט י ד ָ ר ו ת י ג ו ל ו נ כ ט
י ש ל ב נ א ו ח מ ו ב פ ר מ ד י ו
ת ש ל נ ב א ת א ו ב ע ג ר ב צ מ ב
ו ו ת י ר ש ק ת מ פ ד ו ב נ נ ת י
נ ו ש ו ל ◌ ח ה ב ג ל ך ש ו ח י ר
ל ו כ ל ס ה ד ש ו ו נ מ א כ ע ב י
מ נ ב ו י ח ו כ ט פ ◌ א ו א פ ו ן
ב צ ר ע ס ו ו ט ל ר ת ח נ א ר ל מ
ב נ ת ת ב פ נ מ י י נ ו מ ר ע ן ח

הפרעה
במצב
ערמוני
להתבונן
ברחבי
תמיכה
דליפה
ספציפית
רגע
זמן
אחות
חושף
ממשלת
שליחה
במחנה
שבר
ומבוטל
פרטי
העדין
טכנולוגית

Puzzle 402

צמח
דגים
בוחן
ברבור
עט
ברציפות
נתונים
אות
לייצר
לבוא
סמור
נפגשה
ברכת
נסיעה
כתום
לאחר
השמש
הדרקון
אבד
הסכם

ל פ ב ע ם י ג ד צ מ ב ר ו ב ר ב ב
ד ו ע ט ם ל מ מ ן ע ו ו ל א ח ר נ
ה ד ר ק ו ן ח ס ה ה ע י ס נ צ צ ת
ו ב א ו ת ח מ פ ס ש ט ל ו י ו י ו
ל א א ל כ ו ב מ ת ג ח ח פ ע ע י נ
מ ב א ב ר ב י ע ף פ ן ו ו ג מ ל י
ה מ פ ו ז י ח מ ד נ ת ע א ח מ מ ם
א ו ו א ה ד מ י ן ר ה ו ו ו ב א כ
נ נ ג א מ י ס מ ל ו ל כ י ר ש ס ס
כ מ ת ל ם ג ג י י ל ר ו ו ו א ו ה
א ר מ ר ר א א ת ב ס ק ג מ ד ב ן י
ת ו מ ר ו פ ל ח ג ז י ל ת ג ד ו ו
· א ו ק ו ה ה ל ד ב י ר נ ח ח ד ס
ו ת כ ר ב ב כ ב ס ו ע ש מ ש ה מ ש
ר ר ו ל מ צ א י ם ל ר מ ו ת ן י מ

Puzzle 403

ל פ ו מ מ ו ע ם י פ י ל ק ב ת ב ו
ה ן פ ם י ב י ר ב ש ס י ח פ ג ת
ח ם א ז ע ח ח ל ת ר נ ם ח ן י ב ט
ל ף פ נ ה ת י ק ו י ו נ ר ת ר ר י
י ר ה מ מ כ מ ו מ ח ה ת ו ש ל ח א
ט ס ה ר ו נ ת ש ס פ ו ת ע ר ו ב ת
ל ש ד ו ת ח ר ו ל ו ק ל ר ה מ ל י
ב ת ר י פ ד ג ו ע ב ו נ כ א ע ם מ
ס ס ג פ ת א ה פ ד ו ב ד ב ן ג ר ר
י ר ת מ ו ב ן ק ר ר ת ש ת א ו ו ת
א מ י ה י מ ת ר ו ב כ ד ר צ ן ה ו
ח מ ת י ה ש ו ן מ ס נ ו ה י י י ש
נ ל ת ע ו ת א מ ל ב ס ת מ ד פ ת ר
ה ק ת א ם ל פ ו ק ס ל ט ר ר י ד ה
ו מ י ב פ ג ר נ ש ח ט ב י ז ה מ ל

להרשות
אף
הדרגתית
ממהר
מומחה
נכתב
מרוצה
דובדבן
שוקלים
גבר
תנור
תרמית
טלסקופ
רכבת
תערובת
קול
נשי
להחליט
קליפים
סוג

Puzzle 404

מ ג י ת מ נ ד ר ל ו מ ם מ ה ב י ו
ו ל ל ת ר י צ ת ת מ פ ג ע ָ מ ה ס
מ ש ה ו ב ו ה י מ י פ מ ה ו ה י ם
ק ו ח ו ף י ו י א ע ח ו ו ל ו מ ו
מ ב ר י נ ו ר ו ה ר ת ב ד ו פ ל
ק י ד פ כ י ם פ ע ח י ר י ו ש י נ
ו ק ו א ו מ נ ס י ב ס ג ו מ ה ב ן
ד י ד מ א מ ה מ ו י ב י ח ע ת נ ו
ן ן ב ו ל ך ף ה ת צ י ל פ ב ר ס י
ח ע ם ט ח ר א ר ר י ב ב ט ל פ ו ן
ן י א י ו נ ב ח ת ע ת ס מ ט ס ח ש
ב י ל מ מ ו פ ב ו ח י ה ן ל מ ר מ
ו א מ א ל ע ן ד ל ש ת ס י ב ה ש ק
נ ל מ כ ו י י ק ל מ מ ד ס ו מ ג צ
ן י ב פ ו ר מ ט י ו ק ה י ו י י ג

ביצי
חוף
בטלפון
בנו
מוסד
חיה
בפורמט
המספרת
סביבתית
שן
ספריית
סיבה
בעמוד
ריצת
רחב
תרגיל
קשה
שמח
דיבורי
מקלחת

Puzzle 405

ע ו ר ו ל ה נ כ מ י ה ע י ג ה פ ת
ו ח ו י ש ם ו י ל ה נ ז י י ע ו ו
מ ו ב ד ר י י ד ת ב י ת ח י ש י ש
ס ל ת פ ו ס י י מ כ י ד ל ב ח ל ר
כ י י ן ד ס א כ ד ר ו ו י א ו ש פ
מ ז מ י נ ה ר י ו י ת ל ה מ ט ח מ
י ו ד ת ל מ ח ו ק ך י ב ש י ל י ח
ח ב כ ן ה ן א ל נ ה ס ה ק מ ח ב ק
ק ת נ א ו ק ע ד כ ב ח י ך א מ מ ב
ל ו ד ו ם ב ו ט מ ת א א ר פ י ו ח
ל ו פ י ט י ו נ ה ל ש ב ע ה ש ל י
ל ת ח ח ו נ ב י ר ו נ א ו ע ת ת נ
ר ה א י ד א י ו ם א ש ף ד ו ה ז י
ר ק ע י ד מ י י פ ט ש ג נ ו ק ה א
מ י ר מ ב נ מ ש ח י ת ב ת י ה ד ד

עומס
חתיכת
אחראי
אבא
מכנה
לשרוד
מחט
שבעה
ילדי
הגיעה
מזמינה
רשות
טיפול
קודמת
פעילות
כריך
לתפוס
שליו
מהססים
תושב

Puzzle 406

מראה
מאמן
הכחול
ירח
משכפל
לשקף
התרבות
עצלן
טיפש
מעיל
אדוני
בעין
התרבותית
רופפת
פרחי
אגם
להמחיש
נהג
מוחלט
יכרוך

ם ג א ב ו ת ל פ כ ש מ א ב ו ו ל ב
ו ר ח מ ק מ ו ח ש ת ן ד ה ש ש ע ו
ש ה ג ה נ פ ר ח י כ ר ו ך ו י ת ל
מ ת ר ה ד ו מ ת ח י י נ ע ן מ צ נ
ח י ר ן ו ע י ת מ פ י י צ ו ג ל ט
י ת י ע י מ נ י ה ר ת מ ל ש ק ף י
מ ו ח ל ט נ ע ר ל י ו פ ן י ק ל פ
ן ב ש ק נ ש א ב ב י ב ת ה פ ס י ש
ו ר א ו נ ל ד מ י ה א ר מ ח מ ן מ
נ ת י ר ב ל א ז י א ה ר ל ו ח כ ה
מ ה פ ו נ מ ו ז ה י א א ו א ש צ ח
מ ◌ ש פ ן י ת ה ש י ה ם ם מ ח כ י
ח ע י פ ב ה ה ה ת ר ב ו ת מ ן ב פ
ש ו ק ת ת י ת ו י ח ו כ נ ר מ י י
מ י ו ם ר ו נ ק ח ב נ י י נ ר מ ד

Puzzle 407

ג	נ	פ	י	ל	ו	ל	ן	ס	ר	א	ק	י	ש	ם	ל	ק
א	ו	ו	נ	מ	ד	י	מ	ד	ה	ו	א	ד	ה	ה	ו	מ
ח	י	ג	נ	נ	ב	ל	ו	ב	ו	י	מ	ר	צ	נ	מ	ש
ה	ת	ח	ש	ו	ל	ב	ס	ו	ף	כ	י	ה	ה	ו	נ	ָ
ב	כ	ת	ת	א	ק	ו	ח	ש	מ	ל	י	ח	ד	ד	י	פ
ח	י	נ	ו	ך	צ	ו	פ	ק	כ	ר	ו	ב	ר	ר	נ	א
פ	ה	מ	ח	ר	י	נ	מ	ב	ש	ר	ל	ב	ו	ט	ר	ח
ח	י	מ	ו	ב	ן	ה	ל	ן	ה	ן	ת	ח	ו	ן	פ	ר
ו	כ	ת	נ	נ	ב	צ	ח	ם	א	י	ר	ג	א	ד	ג	ו
מ	ע	ו	ז	י	ל	י	ו	ש	ש	ט	מ	ב	נ	י	י	ן
נ	מ	ל	ף	פ	ו	ל	ת	ו	ח	פ	ן	מ	ל	ח	ד	ד
ר	ק	ג	ף	ט	◌	ל	ט	ע	ל	י	ו	ל	ר	ק	ד	ל
ש	ו	ל	א	ת	ר	ב	ע	ה	ע	ל	ו	ה	ה	צ	א	נ
מ	ר	ב	ה	צ	כ	ו	ש	ת	כ	א	ו	ק	ל	ה	צ	ר
ח	ס	א	י	מ	נ	ח	ש	ו	פ	מ	פ	ל	ר	א	ל	פ

ולבסוף
מקור
חינוך
בננת
חשמלי
אחרון
רצה
להצהיר
פחות
בניין
תלוי
נוחות
רטוב
לגלות
לאומי
העברת
קונה
כרוב
אליפטי
קצין

Puzzle 408

נ	ט	ד	ה	א	ן	ב	מ	ב	פ	מ	ס	פ	י	ק	ן	נ
מ	ח	ר	ג	י	א	ז	ר	ח	ל	נ	י	ל	מ	י	ש	ה
ע	ד	מ	ב	ר	ה	י	נ	ס	ן	ה	ב	ו	ת	ו	ח	מ
מ	א	א	ו	י	ח	ט	י	ד	ש	נ	ת	ה	פ	ד	ת	מ
פ	ה	ם	ה	ת	ו	ר	ס	ת	פ	מ	נ	ת	ב	כ	ר	ה
ב	מ	מ	ה	ר	ל	ק	ה	נ	א	ש	א	ג	ד	ה	ב	ס
פ	ש	ה	כ	מ	ס	ו	ב	נ	ל	פ	ת	ב	ק	◌	ע	ר
י	פ	א	ת	ת	ל	מ	מ	ס	מ	ט	ו	ל	ג	ח	מ	ו
ת	ח	ן	ו	ט	ח	ד	צ	א	ו	ב	ר	א	ת	י	ו	ת
י	ה	ה	א	ת	ג	ר	ו	ו	ו	ד	מ	ח	ב	ו	ר	ו
ב	ר	ק	מ	ל	ה	ב	ה	ה	ו	ר	ח	א	ש	מ	א	א
מ	ה	ט	נ	ן	מ	מ	ד	א	ו	ג	מ	ע	א	ת	א	נ
ה	ז	ד	ג	מ	א	ו	פ	ל	ו	ו	ל	פ	י	ה	נ	י
י	א	מ	צ	ע	ה	י	ן	ר	א	כ	מ	א	ט	ב	מ	י
ת	ג	ם	ט	י	ד	ב	ן	מ	מ	י	ש	א	ל	א	מ	ב

מבט
לסלוח
סיכת
הרכבת
דגל
עצמאי
מספיק
הסינר
אזרח
דמוקרטי
דג
בריחת
משפט
מכה
לשנה
אזהרה
מעבר
אתגר
הגבוהה
המשפחה

Puzzle 409

ק ר י ע ע ב ן ח ג פ ה א נ ד ר ק מ
ע פ ש ח ו ל ת ב ס ת ט ן ב י פ צ ב
ר נ פ י ב ג ב ת מ ט י ב ח ב ה ו ר
ת ו ם י י ר ה צ ה ר נ ו ד ו ו ו י
ז ע פ נ ו ז ב ע י י ת ח צ ו ו ד ק
ב ו ר מ א י י ו פ ד ו ח ק ן ד נ ה
מ מ מ י ו כ ב ו ו מ ר ר ל צ ק ב ד
ר י פ נ ס ר נ ו ר א י ע ם ם י נ ש
ו ב ט ת י ו ד ר א ר ח מ ת י ל ר י
ם ו ו מ ט ן ש ן כ כ ב ו מ ו ב נ ס
כ ע ק ל א ו ן ד א פ ו פ מ כ ת י מ
ד ב ש ע ם ה י ג ם כ ן י א י פ ן ש
י ע ו נ פ ו ק ש ת ם ל ו א ב ב ג א
פ י ב ו ת ת מ ת ר ם ר ק י ת ה מ א
ן א צ א ר ו מ ש מ ש ר י ח ק ת פ ו

קריר
בעובי
בעיית
חפוז
קערת
נוראי
אמרו
בחירות
טרי
מס
זיכרון
מבריקה
שלטונו
גס
שנים
נכחד
סנפיר
אין
הצהריים
באולם

Puzzle 410

כ ת ו ע ד ר ו מ א ו ב ו ן י מ ש ו
מ י ש ו ח ו פ י נ י נ ב ח · א א ק
ר פ י ה מ ו ו ם ם ת מ ל ת י נ ד י
ר ל ת ח א ם ד ב ן ז ו ת ו ע י ס נ
מ ט ו ר ר ק ו ל מ ל צ ל פ ג נ נ ה
א ב ת ה ו פ ד י ט ס א ב נ ר ר א ת
ה כ ה מ י י ת מ ת ו נ מ ל כ ו ה ף
ל ו ו ם ת ו ק ו ח ר ס ק י ר ה ם מ
נ ש ש נ א נ ד ע · ח ש ע י ו ל י מ
ש ר ק ה ה ה א מ מ ר ר ה נ ר מ ל ל
ו מ י ץ ת ק פ ק ת ו צ ש ב ו ח ו נ
ך ו ת ס ה ס ו ת י ו ש ב ה ה ה ח ע
נ ל ק ח ו פ ל א ת ו א פ ע ע ד ה ה
א ל י ד ג ו נ ל ד ו ל פ י ן ו ל ח
ד ן מ ן י ר ר ד ה ו ק ש מ ן פ א מ

למנות
פותחן
ידנית
מוקדם
מילוי
לנשוך
חלון
שקית
כרגע
חמלה
מיץ
מפוארת
דולפין
איום
דודת
רחוקות
סקירה
החולים
נסיעות
בכושר

Puzzle 411

ל	ו	ל	ס	מ	ב	נ	ל	מ	ו	ר	ד	ש	מ	י	ג	ר
ז	פ	י	ן	ל	ו	ה	נ	ש	מ	נ	י	ד	מ	ט	ו	ו
ה	ב	נ	ר	ץ	ר	פ	צ	ק	ו	מ	ק	ו	ם	ע	ן	ו
ו	ל	ד	נ	נ	ל	מ	ח	ו	ב	ק	ג	י	ת	ל	ש	ד
ת	י	מ	ב	י	י	ש	ן	ו	ב	ם	נ	פ	י	כ	ד	י
ו	ו	ל	פ	ח	פ	ר	י	ד	ל	ש	ו	א	נ	ה	ת	כ
כ	מ	כ	ו	ר	ר	ר	ג	ו	ב	ו	ת	פ	מ	י	ב	מ
ר	ס	ע	ו	מ	ש	ו	פ	פ	ד	ת	י	ל	ח	ש	ו	ף
ב	ו	ה	ד	צ	ו	ט	ה	ה	ע	ם	י	י	ו	ר	ד	י
ש	ן	נ	ג	מ	מ	ס	ל	ב	מ	מ	ד	ק	י	ל	ו	ר
ש	נ	ל	ס	מ	ח	נ	ת	ו	ק	ה	ס	ת	ה	ד	כ	ת
ו	פ	י	מ	ב	י	ו	כ	ת	ח	ס	ל	פ	ק	ח	מ	כ
ע	י	ד	פ	ח	פ	ג	ש	ס	מ	ם	ד	צ	ד	י	ע	נ
ח	ו	נ	י	ר	ת	ד	ו	מ	ן	י	ק	ב	י	ט	פ	ר
ת	ו	כ	ר	ע	ע	ח	ד	ש	ל	ח	ת	ר	ר	ר	נ	ר

לחשוף
לוח
צמר
מעשי
קומקום
מפרש
רוב
לזהות
חדש
לפקח
בלי
לנצח
משנה
במסלול
ביישן
ליד
ברכות
מבחר
פרץ
להפגין

Puzzle 412

תכונת
תהליך
הפסקת
משלחת
לנהל
לילך
המניות
השועל
ארבע
די
מיעוט
קרם
דלת
לשלהם
מדויקת
המדינה
בגובה
הורים
בוהן
בגוף

ן	מ	ר	ר	ת	ל	ע	ו	ש	ה	ת	ת	ט	מ	ש	ח	◌
ה	ר	ב	פ	ה	ש	ב	כ	ר	ע	ר	י	ם	ו	י	ו	ם
ת	ש	ה	ק	ת	ל	ר	מ	פ	ו	ם	י	ח	ר	ב	א	ל
ו	ו	מ	ר	ח	ה	א	נ	י	ל	ה	ס	ה	פ	ס	ק	ת
ו	ל	ח	ם	ש	ם	א	ד	מ	א	ו	ם	ה	מ	י	כ	י
ב	ט	ס	ש	י	ו	ק	א	י	מ	ח	ה	ב	ה	י	כ	ל
מ	ה	ר	ש	א	ע	ר	ש	י	מ	ח	י	נ	מ	ל	ל	נ
ש	ב	ח	ת	ו	י	נ	מ	ה	ד	ע	ה	ל	י	ל	ך	ה
ל	ם	ג	נ	ה	א	פ	◌	ף	ו	ג	ב	ג	ט	ד	ו	ל
ח	ו	כ	ו	ב	ל	מ	ן	ו	י	ד	ה	י	ש	נ	מ	ה
ת	ט	ת	כ	ב	א	י	ד	ב	ק	ט	ו	ע	י	מ	צ	ה
י	י	פ	ת	ל	ה	ב	ך	ו	ת	ק	ר	ד	ת	ע	י	נ
ל	י	נ	מ	ו	ת	ד	ו	ה	ס	ע	י	ב	ר	פ	מ	י
ל	מ	א	ו	ד	ל	ת	מ	ן	ו	פ	ם	י	ש	ל	ר	ד
ל	ן	ת	ס	ל	ב	א	ח	ס	ד	ו	ו	פ	כ	א	ו	ד

Puzzle 413

ק ו ה ע ש כ ר ש פ ת ו פ ו ה ו מ ד

ד ו ם ב ת ו ל ק ב ב ט ס מ ת ק ם ל

ה ש י ו ת ר ב ח מ ד ס ר ח י נ ה ל

ו מ ק ד ו ה נ ח ת ב ח ל ו ס ן מ ב

י ר ו ת ו ר ב ב י ק ל ו ת נ מ ן נ

י ר ו כ מ ל צ ב ר ס מ ק מ כ נ מ ת

א ע מ צ ו ל ן כ ח ו ו ל א מ ד י ג

ו כ פ י ח כ ו ב ס ת ב פ ה א ק ו ס

ל נ ב ת ת ת ע ו מ ק מ ד ת ת ר נ ב

י ו ו ם י ב ע ד פ ש ל ז כ כ נ ר ר

נ ה ר ה ו ו צ ו ת ר י ד ו ע ד ב ד

ה ם ר ש ה ו פ ז ד י ו מ ו פ ת ע צ

ו י ס י ר ה ל ו ג ע ה פ ת י ש ש ת

ק ה ר ה ו ח י ת ו י ש ג ר ף ד ר מ

ש ו ב א ל ה ב ה ס י נ ח ך ב ל מ א

להניח

שעברנו

בקלות

כנרת

המרחק

בתחנה

עבודת

כל

מכנסי

רגשיות

מחברת

בצלחת

ידוע

מסחרית

למכור

בכבוד

מוכר

העגולה

מרדף

קשר

Puzzle 414

ג ר ת ג ח ו י מ ע ב ר א ח ה פ י ש

ו צ ת ש ד ו ו ק ת ס ב ו ן ח ו ו צ

כ א ס ר ת ה ל ו מ ם ה י י ח ת ר ר

ו ר ח ת ש פ ך ר ב י ח ן י ף מ ו מ

י מ ו ל ב ן נ ד י ס ש ר ו ת מ ע ע

ל ם א ת ה י ז א ת ע ו י ת ל כ י ל

ו ס ו צ ל ו ם ר א ו ד ת כ א י ח מ

ב ו ר ו ג פ ל מ י כ מ נ מ ב ב ו ח

ע פ ש ח ו פ א ה כ ו ס כ ז ה כ ל מ

י ו ת ק ו ג י נ ל י ו ב ק ז ו ל ו

ו ת ה י כ ו צ ת ם ת ר ג ו מ כ נ מ

ח א י ם נ י י י ל ם ת ל ו ר פ ו ש

י ן פ ר ת מ י ו נ צ י ל ט ת ש י ש

ד ה צ ד ר פ נ ה י מ ת ו נ ז ו א ג

י ב ד ו ב ת י ו ג ו מ ט ו ר ף ו צ

שפך

כועסים

הנפרד

זוג

יפה

כמו

סבון

זהב

מטורף

שותף

כזה

צוחקים

צוף

בגלל

כוכבי

יין

מסורתית

מלכה

בתוך

חייהם

Puzzle 415

מ מ ה ש נ נ י א ה מ מ י מ ר ר צ י
ו ע ך מ ל ו ט ר ה ק מ ב ש ת ו י ל
פ י ו מ ש י ו ת ר ו ג א א ל ג ה י
נ י מ ש ח מ ו י ד ת ל ל י פ ת ע ב
י ב ג ה ח ל מ ט ק מ ו א ת י נ מ י
ו ש ת מ מ ר ן פ ח י א ד ד ב מ ן ס
ק ה נ י ל י ש ש א ח ע ב י ש ח ר ג
ת ה ל ט ה ר נ מ ל ר ה ם ש ג ד ש ב
פ ו ש ת ע י י ו · ה ו י א נ פ ת י
נ מ ר ל ו ד ן ע ד ב ח ד כ ו מ ר מ
ר י ו ע צ ת ל י ל ר י ד ו ו ב ק ב
ד ח ף ו מ ח י י ת פ ש צ מ ר י ס ו
נ ו ר פ ת ל מ ה א פ ו ו ט ג ת ר ד
ת ר ג ו ב צ ב ר ד פ ו י י ו ו ב ן
ם י ע נ ם ח מ ו ת ר ג י ה נ מ ת צ

מנהיג
קדרה
משאית
חמורה
ירידת
משפטית
אגורת
פנאי
העוצמת
בוגרת
פועלת
ענבים
צלחת
צדדים
מתוק
לוטרה
שני
לשרוף
תרחיש
מיטת

Puzzle 416

צמחי
לאחרונה
הנוזל
חילזון
מטל
שופט
הר
נעלמים
תזה
בארון
אובייקט
כלכלי
יתושי
עד
הזדמנות
עורבת
בגינה
שרפה
מאוחרת
סופית

ת ע ר ת נ מ ו ב נ א מ ח ו ר ד א ו
נ ל א ח ר ו נ ה מ פ ו י ת א ו א ד
י ט פ מ מ ע פ ר ה ת נ ל ד ו ה א ו
ו מ א ו ח ר ת ר מ ט ע ז י ם מ ב ר
ל ך ו כ ש ן י ר ו ע מ ו י ו ו א ה
צ ל ד כ ע ת פ א א ח ו ן מ ב א ר ל
ר ש ו ש י ו מ ל ב י נ ו ו ו ר ו ו
כ ה מ ח נ ו ת נ ח ב י ס ב ב פ ן ו
ם י מ ל ע נ ר מ צ מ ח י ת ד ה א ל
י ש ו ר ש ו ב ל כ ל י ז ת י פ ו ס
ב ו ר ן מ פ מ ו ג ק ה ר י ר ר י מ
ג ת ו נ מ ד ז ה ט ו מ ט כ כ ד ן ר
י י כ ר · ע ד ש פ ו ר ו ל ז ו נ ה
נ ד ן מ ר א ב ר ו כ ד ש ת ב ר ו ע
ה ה ע ן ן ו ש פ ש ל ו ט י ו ת ה מ

Puzzle 417

ה י ו ו א ו ה ל ש י ט צ ד ו ס ד ר
ש כ ע א ש א ה פ ם י ב ר ל ו ן פ נ
ב י ס ר ו פ ש ט ל ד ע ח י כ ו ה ל
ל ו ק ב ת ו ו ר ו ו ו ד ג ת צ ד ה
מ ו ה ע ו פ פ ר ע ד ג ב ו ש ר מ א
ש נ ה ר ו ה י ת מ ב ה י ל פ ט ע נ
מ י כ פ ר ו ח י ת ף נ מ ל א נ ח ה
ע ם י ק ו ל ר צ י א ח ר ש נ ק ו א
ו ה ו ב ל ה ג י ר ח ה ר י מ מ ר מ
ת נ פ כ פ י ת ב ר ר מ פ י ו י ה ל
י ש י ן ד מ ע ה ש י ע פ כ א פ ר ש
ת ד ו ר ו נ ר ב ב ָ מ צ י ש ב ק ל
ת ג י ו ח ע ע י ט ו ה ה ו מ ש נ ה
מ ר צ א א ו ש ס ו ר ז ו מ ו ל י נ
א ר מ כ ב כ מ י ד ע י מ ל ו ו ר ק ה

להוכיח
ורוד
חיפוש
הובלה
משמעותית
הפתעה
טבע
היפופוטם
לפטר
רצון
להימנע
אוהל
כיוונים
עמדה
כהה
אחרי
שוב
מעולם
בגדי
עסקה

Puzzle 418

ן ש ו י ל ק ל ל ר ע ר ב ג ם ע ל נ
ר ל ה פ ח י ת פ ע ת ח ך ל כ ז ר ו
צ ו ר י ו ו ו פ י ב ס ו ב ל י ם ר
י ת ב ו ו ו ר ח ר י ן ר מ ו ר פ נ
נ ח ש י ע י י ה ר ע נ א מ ן ב א ל
י י ה ט ן ָ ה ל נ ו פ ר ה י ד ת ב
ה ו ל כ ב ו מ ו ק נ ו צ ה י ס ת ר
מ ל ד ד ו ז ב צ ה ת י נ ב מ ע ם ו
ך י א מ ו ו ו ד ד ה ב כ כ ו ח ו נ
א ב ש ר ד נ ם ב מ מ ש נ ו כ ר ת א
ל ח פ ח ק ך ר ו ק ע ל ל ע ז ב ל ת
ב י מ י ד ו מ ל ת ל ד י ר ף מ י ו
י ל ת ד י ו ה מ ם י ש ו ל ש ק ה נ
ו ר ו ה מ ד י ד צ א ש ק ו ו ד ם מ
ס ו ו ו ה ח מ נ נ ל ף א ן ל ם מ א

בחברה
להפחית
שלושים
ארוך
דברי
להשכרה
סובלים
במהירות
לתל
עונת
אמנות
ערב
לעקור
נאמן
עכבר
תיקון
קיווי
נוח
קדימה
רציני

Puzzle 419

ן ו ק ק ת ר ו ש ק ת א ב ך י ס נ ל
ד ת ל ב פ נ י ו י ג ק ל ש ת ר ט ר
ד ר ד ת מ ר ד כ ר מ ע ב ו ש י ת פ
נ ו י ר ד ג ש ס ת נ י ת ל ו ת מ ט
ו א א ו ו ת י ח נ ע ה ז ש ת ל ר ו
צ ר ש ב ע ב ע כ ס ו נ ד ו ב מ ח מ
ל ח מ צ י ש י ה פ ל ד ן ו י ה י ו
כ א ב ס ג ח ב ד ג ו ג ו ד מ ה י ו
ף ח ב ב נ י פ ל ל י מ ס נ ס מ ר ל
ב א ן ש א ע י ש ד ט ח מ ק א ל ת מ
ה צ ק ת מ ו ה כ מ ע מ ם ג ה ט ה פ
א ת ל ש ד ס פ פ י ו ת ו ח ת ח ר ד
ה ח ר י ף ת ה ע י ל ל ת י ע ו א ת
י ח נ ת ח ש ב ו ן מ י ו י ב ו ו ה
ס ר ו ו פ י ח א י ם ע מ נ ל ו צ מ

עוד
מפת
אגרסיבי
חשבון
לדמיין
קצה
מנעול
תירס
שבע
תקשורת
החריף
שלוש
גדר
טיול
מדף
פסנתר
נסיך
להחתים
יבשי
כף

Puzzle 420

י ל י ב ר י ת צ ק ה ף ו ט ש ל ב א
כ ת י ב א י פ פ ט ל מ נ מ מ ל ר ל
מ ג ל כ י ב ר ב י ם ב ר ה ה כ ם נ
מ ל ן ו ח י ח מ ה ו ב ם נ מ ב י ת
י י מ ק מ ה ב מ מ נ מ ר ן כ ק ב ת
ל מ מ פ ב פ ה י ה ש ן ו ו ג מ א נ
ת ד ו ש ה ך ל ה כ ר ת ב ב א ו כ ב
ם ר נ ר י ז ו ב א ו ם ו ק ר ה ו ו
ב מ ש י ה נ מ ש ש י ת ה י ש פ י ר
ו ט ה ק ו ח ר ו ר ב ר ה ר א נ ו ב
ד י ד א נ ה ם ו פ מ ע ג ה ש ע מ ל
ח נ ו ל ב נ ר ה ה ב ר א א ח ח ר ו
ד נ ו נ ו ב ל ן ה ל ו ן ו י ת י צ
ש ן ר א ה ל י ה ק א א ה א ל ס ן נ
ו ב ב ד נ ם י כ י י ש ו ה פ ל מ נ

דרמטי
כיור
קצת
רחוקה
תאוריה
מגוון
דוור
כאשר
אשר
הלך
החבטה
למעשה
שמנה
הלם
ריקבון
שייכים
ברורים
נשר
בכלל
לשטוף

Puzzle 421

מ ב מ ד ח ת ו ש ד ח י י ת ו ש פ ל

א צ ס מ ב ו י ג ף ר ד ח ד ל פ ו ן

ב ל ו ר ד ל מ א ג ו ח ח ר ש ו ה ו

ק י ל נ ב ה ו א ה פ י ה ר א ת ה ת

ח ד ס ב מ נ ש ו כ ר א כ ת ד י ס ר

ש נ ל פ י ת ד ל פ ת א ם י י נ ש ה

ש מ ת א ב ה ח ת מ י י ס ו ס נ ה ג

ל י ב ש ק ר מ ם ו ח ד מ ג ע ל א ת

ב ר ת נ י י א ב ל ס א ו ד ס ט ח י

ה ר ז ע ש כ ו ו ן ו ל ם י ל א ו ש

ג ח פ ו ג ה א ו ת א ה נ · ן ד ן ח

ו ר ר ר י ל מ ם ת ק ת ב נ פ ם פ ן

ה י נ ל ו פ ח ו כ מ ל א ם ר ל מ ב

מ ת צ כ ו פ ו ו ב ר ר ת ר ת כ ע ע

ר ר צ נ ד ש א ר מ מ ח ש י פ מ ו מ

מסולסלת
שואלים
התנהלות
הראתה
מדחום
שלו
סגול
בשקר
מישורי
שפות
בצל
חדשות
רכוש
להכיר
עזרה
סוס
יתוש
אותם
מאבק
השניים

Puzzle 422

ל א ה ן ר ם ש א ב י ת ל ה ד ת א ן

ל ו ן נ פ מ נ פ ם ה נ ז ו נ ת ◌ ט

ג ב ו ה ב י כ ר י ר ץ ר א ש ח ב י

ו ק י ע ש פ ו ד פ ד מ י ע ח ע ב י

מ נ ת ו ן א ס ו ל י ו מ ס ר ר ר פ

ל ך ל נ פ ו ל ה ש ו ו ת מ ת ו כ ר

ת ר ל ס ר ר ב ה י ק ב ר ר ה מ ת ד

ד ג נ ו א ל מ ו ו י י י ד ל ש ה מ

ב י ד ד פ ד ג ע ע ג ט ס מ י ת מ ל

ן ב ב ט ן ו ו ס ל י י ר ו ח ן ע ה

ו ג ו ו ו ו נ י י צ ו ו ם ו נ א א

ו מ פ ש מ ל ת י ז מ ר מ ו ק ל י כ

ח ח ע פ ע ה ן מ י י ח ן ו ל מ ב י

ך ו ג ל פ ע מ י ם ק ר ע ו מ א ט ל

ת ח ו מ מ ת ם מ נ ר ן י ב ו ר ת ת

סירת
ענק
גבוה
עליזים
בברכת
פעמון
שעות
חסת
פשע
לנפול
פשוט
להאכיל
במלון
בבטן
לפעמים
רק
ארץ
רכיבה
להשוות
להתרחש

Puzzle 423

ם ז ד י ב ו מ ד ד מ ד צ ב ס ל ה מ
ע ד ל ח ש ח נ א ם י מ ד ת כ ה ב צ
ת ת י ה ש מ ת ו ר מ י ל ה ו ש ק ט
ו נ א א א ו ו ט ח ס ף ג נ ר ת ק ע
ה פ ה ת א ד ס ו ה ו ו ט פ ו ל ל ר
ש פ ה י ב ח ש ב א ו ע ו ר ז ש נ נ
ו י מ ל ד ת ה ו מ ח ו ו נ י ל ק ע
ו מ ו ן ל ו מ ס ע ב ע נ ו ס כ מ ש
נ ן ו ו י ל ש ק ל ז ג פ י ו ת ה ר
מ א י נ ר ו ה ד ת י ג ת ג מ ת נ ט
ע כ ד ג ד ה ע נ נ ד ל ל מ י ב ח ו
ש מ ב ס פ כ י י י ו פ ג י נ ל ב ב
ה נ ו מ ה ת ג א י ן ה נ ל א ד ר ע
ב ף ל ו א ר א ה א ר מ ה ב ה ד ו י
ו ן י ל ש נ ב נ צ מ ס ק פ ב כ ר ל

מעשה
בצד
סוף
בחינה
להשתלשל
מצטער
מנת
אוטובוס
פגז
אינדקס
זרועו
חמוד
אם
סגנון
לרכב
בלון
סל
המראה
כאן
טוב

Puzzle 424

א ק ו מ א ה ל ב ס ף ן י י ש [illegible] מ ג
ל י י כ מ פ ח א ת ג נ מ ל ל ה ל ו
א ט ת ע ר ת ג ס ר ו ת י כ ג ק ח ש
י ו מ ת צ י י ה צ ף ל ו ט ש ד כ א
ת ר ו מ ד ע ת ת י י ת ל י ל צ ו מ
מ ק ד ש ג ו ב ה ת ז ו מ ו י ב ו ע
מ ר ן ט ע י ל ו א ש כ ל נ ר ש י פ
ג ע ע ע נ ו ל ו ר י מ ל י כ ן ה ן
ת י פ ו ו ר י ל ו ר ס ת ש ה ו ר ז
כ ס ו ע כ מ ת ח ע ע כ פ ע ק ק א ו
ק א ל ת ב ר ו י ו ה ט ן ה ע ב ר א
ס ו מ ע ר ן ה ג ב ח פ ו ת י ר ו ב
נ נ ו ן י ה מ ו ל ע ת ר י צ ש ע צ
ד ל ם ן ה ז י ח ו ח ד ו מ מ צ ל ש
ת ו י ת ב ר ע א ב ס ו מ ח י ה י ו

סמכות
שזיף
עצי
שינוי
הפתיעו
שצבא
שלילית
גוף
צלילת
מאה
תעלומה
מציע
ארבעה
קיטור
מדע
אולי
קקאו
ערבת
חמש
אוזן

Puzzle 425

ש	ל	י	נ	מ	ד	פ	פ	ד	ג	ז	ד	ו	ל	ע	ו	פ
ה	ו	ר	י	ק	ן	ח	ב	מ	ם	ע	פ	י	י	ל	ב	י
ק	ו	ד	ב	ת	י	י	ש	ת	ח	י	ה	ר	פ	ת	ו	ח
ע	כ	ו	צ	מ	ג	ב	ר	ת	מ	ר	ן	ו	י	פ	י	י
צ	י	ס	י	י	ס	ה	י	ז	י	ה	א	ט	ל	ט	ה	מ
נ	ו	מ	ל	ו	ר	פ	ק	פ	ס	ל	י	ו	ן	כ	ל	ל
ה	י	ב	ר	י	י	ר	ג	ם	ע	ע	ג	ה	מ	נ	י	י
כ	י	ש	ו	ף	ט	נ	י	נ	ג	ה	ח	ע	ם	א	ה	ם
ר	ד	ל	ב	ן	ר	ו	ע	י	נ	מ	ו	ח	מ	א	ל	צ
מ	ד	ו	מ	ש	ק	ר	ת	ת	ס	ע	ל	ן	ו	ח	ל	ב
ל	ה	י	ה	נ	ו	ת	ה	ל	ש	ע	א	ע	ל	ן	י	ע
ח	מ	ל	ש	ו	מ	ו	פ	י	ר	מ	י	ד	ר	מ	מ	מ
ג	ן	ל	מ	ע	ד	ח	ח	ה	ס	ח	ג	ם	ח	ק	ת	א
ק	כ	ן	ר	י	ה	י	ד	י	י	ל	פ	י	פ	פ	ד	ם
פ	ד	ב	א	ל	ל	א	ח	ל	ט	ל	ת	ס	מ	ו	ר	פ

מסודר
מעגלית
עונש
הולכים
פתוח
פעם
הפחד
כישוף
הדמוקרטי
פריט
הוריקן
עין
צבע
מבחן
לספק
צבי
להיהנות
צעקה
זעירה
גברת

Puzzle 426

ילידי
רך
אחורה
נחמד
לקפוץ
הליך
באוויר
להתייחס
ארבעים
הצלחת
עשרונית
בחזרה
באחו
הגנת
חשיבת
עוף
בסגנון
זכוכית
תרנגולת
שמירה

ו	ה	ר	ז	ח	ב	ל	ב	מ	ג	ב	פ	ב	ע	ר	מ	פ
ף	ג	ר	נ	ח	מ	ד	ה	ס	ד	מ	ב	נ	ש	ת	ר	ה
ת	נ	ת	י	ע	צ	ת	ר	ת	ג	נ	ח	ר	ר	ד	ק	א
ק	ת	נ	ח	מ	נ	ף	ו	ע	י	נ	ו	ה	ו	ב	מ	י
ח	ח	ד	ד	ר	ש	ו	ח	ה	ד	י	ו	ן	נ	א	ח	ב
ת	ל	ו	ג	נ	ר	ת	א	נ	י	ו	ח	ן	י	ו	ש	ב
כ	צ	ל	ק	פ	ו	ץ	ש	ד	ל	ר	א	ס	ת	ו	י	ב
ל	ה	מ	ח	י	י	פ	י	י	י	ק	ב	י	י	י	ב	ל
ש	מ	ח	ם	י	ע	ב	ר	א	ש	ת	צ	ו	כ	ר	ת	ב
ד	ס	א	ק	ו	מ	ו	ך	ק	מ	ח	נ	ש	ו	ב	ו	ן
פ	מ	ח	מ	ק	ו	מ	ר	מ	צ	ר	ב	ה	כ	ו	ן	ש
ע	ל	נ	ה	ל	י	ך	מ	ם	ת	א	ר	ו	ז	א	ל	ת
ן	ס	ע	ר	·	ג	ן	ם	מ	ח	מ	י	ר	ה	ו	ן	ו
ח	ס	ו	מ	ת	א	ה	י	ת	ו	י	א	ל	מ	ו	ד	ד
ו	י	ט	י	י	ת	מ	ו	ב	ם	י	ק	ר	ן	ו	נ	ה

Puzzle 427

ם א ן ת ח ו ר נ ט ב ן ש י ו ט י ע
ר ו נ י ב ר ל ב ו פ ו ה י מ ה פ י
י מ ב י ו כ ת א ש א ת ם ה ח ג ם י
מ ל י ו נ ד א ש ת ו ם י ב ו ה צ ה
ו ל י י ה ה ע ו ן ס י נ ם ת ן ס י
ה ה ס ח ת ד ה מ ם ף ר ו ר מ ק ד א
ש ת ק ל ל ו ט ל י ג ט ו ו י ר ו י
א ל ת ה ר י ד ס מ ב מ כ ו ל ת ח ת
י י כ מ ד ו ת פ ל ל נ ת ר ש מ ד ו
פ ה ח ם ח ב ה כ מ ם ס מ ב ד מ ר ב
ה ק נ כ ב ר ע ף ו ש נ י ת ש ר ו ד
ד ס ת ו א ד ל ר ו ט ל ס ו מ ג ת ו
י ג ד פ ק ד ח ו י מ ב ו ר פ ו ח נ
מ ו ר י ד ה ו ן נ נ ב ר ו א ו ן ו
מ פ ם ר ס נ נ א ה ה מ ג ו מ ש ו ן

דורש
השאיפה
מתכוונים
הסקי
אומללה
דקים
כניסת
קן
אוסף
ינשוף
אשתו
קהילת
מטרים
בחדר
צהובים
סדירה
מתוח
ובמיוחד
בתורו
אננס

Puzzle 428

ת ק ה ד מ ג א ט ש ס ו מ ח ה ה ר ב
ת ר ו ו ש א ד מ י ל ק י ל ו פ ה ר
י ת ד ד ו ב ה ר נ ש ה כ ל ג ר ל פ
ט י ה ל ן ר ר ל י ג מ נ ף ה ט ב ה
ו י ר ב ש ו ו ר י ה כ ג ת ן ר ח מ
ע פ ב ל ב ו ח ר ם ן ס ד א ו ו ה ב
נ א ח ב ג ו פ א ק צ ט ע נ צ ר ו י
ק פ ש ל ח ת ח ו י ל ת ד ה ת ל ג ע
י ו כ ש ר ו ן ד נ ב ח ן ש ר ן נ מ
ת ר ל ל ו כ מ י ך ה ת צ ג ו ו נ ק
א י ה ת מ ח ר ה ס נ ר מ ט נ נ כ ד
ב ת ה מ ס ו ב כ ת ה צ י פ מ א ל ב
ש נ ת ת ו מ ס מ ו מ ו מ ל ב ה ו ר
ו ג ו צ ח ו מ ח ב ד ח ל ש א ל ל י
ו ע צ מ ך מ ו ו ו ת ב י ח ל ה ת ל

פיצה
הסכסוך
רופא
חברה
חגב
החוצה
מהר
הפרט
שיניים
דואר
לבלבל
ענקית
עגלת
מנורת
מסובכת
עצמך
רחוב
להיט
אפיית
החמוס

Puzzle 429

ה מ ש מ א י ה ל ו נ ח ח ו ח מ א נ
ח מ ת ל ט ן ג י ד ו א ו ב כ מ נ ה
ד ת ר ם ת ח ת ש ח ו ר ו ש ל מ ת א
ד ב ה ס י ע ר ך ו ו ן פ א פ א ת ד
מ נ ת ו ש ש ו א ת ה ה ס ו א ת ב ס
ע מ ש ח ק ב ר ר פ ק פ פ ת ש ג ץ ס
י פ מ ל מ ח י ר נ י ו צ ת ו ג ו ש
ו א ר ו ה ש ב מ ס ר כ י ב ר פ ר מ
ה י א ו כ ו ב נ מ י ת פ ע ש י י מ
ח ע כ ה ת ח פ ר ו נ ש י ב ג ב מ מ
ת ו ש ו ת ו ל צ נ ת ה ו י י ש ב ת
ד צ ו ס ב ק י ע ב ו ע ו ש ה ר ו ע
ק ק נ ר ח ב ח מ ר ע ע ק מ ו ש ש ה
כ מ מ ל ת ו ה ל מ ע ם י נ ו ח ר ק
י פ ש מ י ר ל ם ר ו א י ת ר ו צ ב

חוסם
עת
משחק
נמר
סבתא
התנצלות
מחיר
למעצר
ספציפי
במירוץ
בצורת
סופשבוע
קרחונים
מכשפה
ערך
בבירור
מקצועי
התאוששות
תכופה
להחיל

Puzzle 430

ש ע ש ש מ ש ב ש מ ש ל ו מ ד ו ן ס
ט א ה ה ע ג ג ל א מ ו ח ש ג ע ו ת
ל ב ל כ ג ד ר ק י מ פ ב ת ו ר י ל
ו צ ו נ ס מ ת ב ג ט מ א ח ה ת א ל
ו ר ל צ ט · ו ו ה ו א מ ה ף ר ס ר
ר ו ג ר א ר ו ע ח ס פ צ ל ה ב ן י
כ ת ה ש י ל ו ב ס ל ש ע ט מ ר מ ו
ו ח א ו ד ה ב י ק י ר מ מ ש ת ו ו
ש ו ו י מ · ש ת י ה ה נ ו מ ה ע פ
מ י פ ע ר מ י צ א נ ת פ ל פ ש ט ו
פ ל ר ה ו ח י ו י ו ש ד א ו ל ם ק
ח ת ה ד ד ל ת ט ר נ ר ת י ק ב ר ר
ד מ ו ן ר ד ה ו י ר ג ו ש ו ג י ח
ל ש פ י ו ו ת ע ס פ ר כ י א ע ת ו
ע ב ד פ נ ג ו ה נ ב א ט י ו ע פ ד

באמצע
מטוס
טועה
מפחד
עשוי
נרתיק
המונה
לקבוע
מאפשר
לירות
לסבול
התיישבו
הגלולה
איריס
אולם
איכר
מערת
לפשט
מטרה
בצרות

Puzzle 431

נ מ ב ש ד פ ה י ה ל ש ר י ד ת ס ל

ך ע צ מ ו ג ו ל ו ק י ח ן מ מ ד ד

ב נ ה ת מ ן ה ת ה א כ ל ב מ ג ל י

ל ל ש מ ה מ נ ט ל ת ג מ ק י א ו י

ע ק מ כ פ ת ו ח ו ה ש ש נ ו ר ש א

ד ח י ו מ ל כ ו מ ד ו ל ה ח ו ט ב

ת מ ל ה ש י ח ן ח צ ב ף ע ע א ו ש

י מ פ ע י ל י ש נ ד ל ת ו ח ש ל ל

ט ה ן נ ש ב י מ ד ע ן ו ח ט י ב ה

ק ו ס ע מ מ ם כ ג ד ת ו ס נ ח ל צ

פ ד ב ב פ ב ו ר ש מ ו מ כ ן ו ו ו

מ ר ר א ו ט ס י ת ו ם י נ מ ו ח מ

ו י ל ר א י ר ו ה ת ב ל ת ת ו ר ח

ק ל ו ה ו ב פ ו ב ה נ פ נ א ח ן ר

מ י ר ל ק ת ל ן ח כ ח ה ח ף ו י

עצמו

סכנת

שש

שעברו

בטוחה

לבוש

מבריק

מפעילי

דומה

הביטחון

למשל

במבט

דמות

קומפקטית

לקח

פרסום

לשחות

המתנת

מדען

הנוכחיים

Puzzle 432

ן י ל י ל כ ס ב נ י ס י ו י ל ב נ

ה ח ע כ י ג מ י ן כ ו ט ס ה מ צ ל

ן מ א ז ו ע ם ו י מ ו ר ו ב ח ח

ו ח ו ל ח ו ו ד מ ד י נ י ו ת י ו

ה ר ה ל י ר ל ף ו פ ח ל ן ג ל ח פ

כ נ א נ ה ג ב ת ת ן י י ן ו מ ש מ

ו ב נ ת ד ה ל כ ר א צ ו י ו י ב ח

ו ס ק ר ן ו י ל י ג ש י ל י צ א ב

ן י צ ו נ ו ש מ ג ג מ נ ב ל ב מ ו

ו ס י ת ה י ב ב מ ו ו ה י ג ת י ו

ת א י ב ם מ מ ן ד ר ו ל ל ל ח י ו

ר נ ה ה י ו ה מ ת ו י ת א מ ס ו ק

ש י ו ל נ ן ר פ א ב י ח ת ר ס מ ר

ר מ ל ע מ ש ם כ נ ע י ו ח ל ו א ב

ש ף צ מ ק ו ק ד מ י ח נ פ א ו א ר

זועם

כתף

לחפוף

שרשרת

סגולה

אצילי

כלום

קרן

מסוק

קר

הגרוע

בלב

גיליון

שניתנו

בסיס

מחר

מדיניות

מגירת

הבת

נצחון

Puzzle 433

ו י ו ת ב ק ש ה ו ר מ ב א פ פ ת ג
ו ת ן ש ך נ ת ב י ו ב י ו ר מ ה י
ל ו נ ו ן נ ת ש ם א ח צ ו י ד ו ק
ח ן ו ו ך מ פ ר ץ ת י ו י ע ה ד פ
ר ח כ ר ב ר נ ת א ר נ ע ם ר ת ט א
ו מ ל צ ח ק ר ו ב ו ת י ל ם ר ע ב
פ י ע ק ו ס ח י י ת ה ם ת ו י מ כ
ה ד כ נ ר נ ר ה ש מ ל ה ז כ ן ל ו
ב ה ל ן ב א ז ל ה ע ל י ב י ן ג ר
ת ו ז י ל ע מ י ל ג ל ד ו ס ל ר י
ג ח מ מ מ ב מ ד ו י ת ה ו ל ס ו י
ה ח ל ק י ק י ם ה נ י ע ו פ ט ד ד
נ י מ ח ש ן מ ל פ ש י ל פ ג י כ ר
י ל ו מ ה מ כ י ד מ ב ר ל י ן ו ח
ח ו ד ו ו כ ם ר פ נ י ם ח י מ מ נ

החלקיקים
למעט
לעכל
קרובות
תה
כדורגל
מבחינת
לדין
בקשה
השמלה
סיכום
מפרץ
בחור
להעליב
הכשרת
ביצועים
פטרוזיליה
התייחס
מזרח
עליז

Puzzle 434

מ ך ל ל ג ס ב נ מ י ש י ב ר ד ך ג
ר י ק ש מ ץ ו ח ב א ן מ ש ו י מ נ
ר ב ר י י ו ר מ מ ק פ ל נ א ל י ו
ת ר י ר ב ל ע ד כ ו ן מ צ נ מ א פ
ל ט א ר ו א א נ ו ו ח ב צ מ ק ש ו
ת פ ת מ י א ק ל ו ד י ב ת א ל ח ל
ח ן ה ו ח ל ו ב ה ו מ ל ש ו ל פ ל
א ש ב ד ה ו י ו ח מ ט ו ו מ ב י ו
פ ת י א ב פ ד ל ע ו ר כ ו ו ל ו ג
ל ע ת ג ת ד ב ת ב ל ח א ן ה י ב נ
מ ל ה ת י ס ו פ י ט ו ל ח ל ש נ ו
ה ל י ד י ת ב נ ר ב ט י ת מ ב כ ד
ת ה נ י נ ה ו ק י ו ו ב פ מ ד ד ו
ה ת ט י כ ל ח ש ב ט י ע י ד פ מ ר
י מ ל צ ו ה צ מ א ב ב ר ו פ ק ם ו

חוט
עדכון
טיפוסי
לקריאת
רשלן
ידית
טייס
מודאגת
יריב
גמל
החיובי
התה
דווקא
ונשלח
לשיר
מצב
לפלוש
הביתה
מי
בחוץ

Puzzle 435

ש	מ	ב	ק	ת	ה	ס	נ	ד	א	ף	נ	ע	ת	ד	ה	ו
ל	ו	ד	ש	י	ג	ב	ו	ב	י	ר	ט	ר	ו	ש	צ	ב
ו	ח	מ	ו	ס	ש	ה	ק	ת	י	ט	נ	נ	י	מ	ו	ד
ש	ה	ת	ה	י	י	ת	ה	ד	א	צ	ו	ו	ל	י	ש	י
ה	ו	ב	ש	י	פ	ו	ע	ד	ר	ה	ר	א	נ	ו	ו	פ
ש	ו	ח	ו	ת	י	נ	ק	ו	ג	ל	א	ג	כ	ת	י	ו
י	ח	ב	ר	י	ה	י	ש	ח	ח	ש	ו	ו	ה	ע	ש	ת
ר	ו	ו	ן	ת	ו	נ	ה	מ	ל	ה	ל	ו	ה	כ	ר	ו
ו	א	ת	מ	ע	ו	ל	ר	ה	צ	ל	מ	ת	י	ח	י	א
נ	ד	ת	ו	ק	ח	ל	ש	א	י	ו	פ	ש	ר	ח	ס	ר
ד	י	נ	נ	ר	ם	ם	א	ם	ב	ר	ם	ה	ח	ר	י	ה
נ	ל	מ	ח	ג	ל	י	ן	ו	י	ו	ד	ת	ק	ן	פ	ל
ל	א	ז	ו	ר	ע	ב	ז	ש	פ	ש	ת	ו	פ	ח	ן	ן
נ	ת	ת	ת	ס	נ	ע	ת	ת	ל	מ	ס	ל	מ	ו	א	ו
פ	י	ר	ה	ן	מ	ו	ש	ו	פ	ע	ו	ו	א	ו	ר	

מחודדת
בשיפוע
השקעה
סחר
גרסה
בקתה
שומן
תשעה
לאזור
להצטרף
חמוס
דומיננטית
היותו
לחקות
ניתוח
שלושה
הייתה
וכוללים
אבקת
להראות

Puzzle 436

ב	ל	ו	י	י	ע	ב	צ	ב	י	ב	נ	ן	ה	ר	ו	ו
ו	י	ק	ש	ר	י	פ	י	ת	ק	ד	ע	ל	ד	פ	ת	ת
ב	ל	י	ר	ן	ו	ו	צ	צ	ח	ב	ו	מ	ש	ל	נ	ב
ש	נ	ר	מ	ג	י	נ	ב	ד	ו	א	מ	א	ל	ד	ב	ה
פ	ה	ת	ך	ו	פ	ש	ל	ל	פ	ת	י	מ	ה	ר	י	י
מ	ב	ה	א	ש	מ	ם	ת	ב	ת	י	ג	י	פ	ר	נ	ש
ם	י	נ	פ	ס	פ	ו	פ	א	ה	ל	מ	ן	א	ת	ו	ו
ג	ב	נ	ו	·	ו	ם	פ	ו	ח	ג	ח	נ	י	ו	פ	ו
ה	ל	ו	ב	ק	י	נ	ל	פ	ו	נ	א	ן	ז	י	ע	נ
א	י	י	מ	ק	ה	ו	ל	ש	ך	א	ר	מ	פ	ק	ש	ח
ה	ה	ה	ב	ה	מ	מ	ת	ל	ב	ה	ע	י	ג	ר	ק	ה
מ	ד	ו	מ	ע	ל	ו	מ	ה	ה	ה	ה	ל	א	ס	◌	ד
י	נ	י	א	ת	פ	ג	י	ח	ר	ר	ת	ו	ר	י	ה	מ
א	י	ו	י	ו	א	ד	ז	א	א	ת	ה	ת	י	ב	מ	א
ה	ת	מ	ע	ו	נ	פ	ו	א	ש	ו	א	י	ב	ת	ג	ה

לעמוד
פוני
אריה
מאמין
אופנוע
הבדל
הראש
בקצב
אנגלית
תא
הרי
לפת
יותר
מאוד
מהירות
בית
לשפוך
פנים
בצבעי
הוא

Puzzle 437

ו י נ ת ת ר פ ו ד מ ע ו ר ב ו ת ל

ו פ א מ א ת א ו י ו צ ן י נ ו ל ו

י ו מ ו ת ל י ד ל נ ע ל ח ה ס כ ת

נ ב א נ נ ו ג נ ת ע פ ל י י ה ו מ

ה ש כ ה ו ע ת א ו ו ר כ ר פ ן מ ל

א ר א ו ת ן ו ב נ ד י ו מ ב ע נ ד

ו נ ז א נ מ ר מ ל ו א כ י ל ן ר ק

ט פ ר ו ט ו ת ק ד ל מ ט ה מ נ י ג

ו ז ח מ מ ה נ ת נ ו י ל ו נ ו ת ר

ב ה י ק ו ש א ר י י ו פ ת ם כ ס ג

ו י ר ו מ כ ו ו מ ת ע י ו ר ל ה י

ס ם ו ת ד י ל ר ב ב מ נ ה צ ח ל ר

ר א ת ר ת ן ם ד נ ל ע ת ע ר מ ג פ

ה ל ג ו ס מ ח ת פ מ א י ת פ י ר נ

ו ו ס נ א ו ר מ ל א נ ר ו ה ח ת ב

מפתח

מסוגל

ריח

עלה

אזרחי

להסתיר

למטה

האוטובוס

לידת

מעורבות

אכיל

זהים

פרוטות

פרח

תמונה

קיום

לכונן

וילונות

דקת

גרגיר

Puzzle 438

ו ד י ו ג ה מ ב מ נ ט ב ן ש ג ע ה

מ י ו ת מ ש ך נ פ ן ר א מ צ פ ת ו

מ ע ר ר ל פ ת ב ל ר ג ג ש ז ק ש ף

א ה נ ד א ע ר ב ו ר י י ה י א ר ב

י כ פ פ ו ת י ע ה נ ב · ה ל ע ל ו

ד ל ת ח י נ ת ת ד ה ח ק א מ ת ב ת

מ א ן ע ו ה מ ז מ י נ י ו ב י ע י

ד פ ש כ א ג ח מ י מ ת י ו ו ק מ צ

ע צ ן ל ד צ ל י א ב מ צ ל ף ו ו ו

ס ר ר ו ה ו מ ן ת ם ש ע ו צ ח ד ל

ה ל ל א מ ו ב ר י ד ג ה ל ר ה ה ו

ת ה ע מ ק ת ב ח א ש ג ו ס ק ה ל ר

ש י פ ו ל ע ב ש ו ן מ ו ו ל י פ א

כ א פ ר פ ו ח ו פ פ ת ר ו ן ו י ד

ח ר ו ה נ ך ב ו ר נ ח מ י א א ה

טרגי

צוות

התעורר

משך

כפפות

לקרצף

השפעת

דיון

רפואית

זמין

אמורה

שכח

בעמודה

אפילו

פתרון

עתיק

נוכחים

המקל

גדולה

להגדיר

Puzzle 439

מ	ל	ר	ע	ע	י	ב	ת	כ	ר	ד	ב	ק	ל	ט	ת	ח
א	ס	ע	ח	ח	צ	פ	י	א	ש	ס	ת	ה	ר	ו	פ	א
י	מ	ב	ף	ע	י	ת	י	ט	ד	ו	י	א	ד	ה	ו	א
ר	ח	ה	פ	כ	ה	ו	צ	ר	ר	ק	ס	ר	פ	א	ח	ב
ח	ר	מ	ז	ת	ת	מ	ל	ע	י	ש	ג	ר	י	ו	י	ו
ס	ב	א	כ	ג	ו	ק	י	נ	א	פ	ו	ת	מ	ה	ו	ח
ה	ו	ת	ח	ע	ש	ת	ן	ל	ו	מ	ו	ג	י	ד	ו	ד
ק	ל	ם	ר	ר	ל	ת	ב	י	ט	ח	ן	ר	ב	נ	ר	פ
ן	ן	ב	ר	מ	ל	י	י	ר	נ	כ	ש	י	ס	מ	ה	ס
ט	ב	ה	ד	ת	ו	י	י	א	ד	ב	י	י	ו	י	ל	ר
מ	מ	י	נ	ש	ו	מ	ג	י	ו	ש	נ	ד	ר	פ	ו	ג
נ	ו	ס	ש	מ	ה	ן	ת	י	ט	ו	פ	נ	ב	ב	ו	ה
ד	ד	ד	י	ט	ב	ת	י	ב	ס	ר	ר	ע	ם	כ	ח	נ
י	ש	ב	ת	ר	ג	ח	מ	ה	ו	ו	ב	ח	ד	ב	ל	מ
ר	ר	נ	י	ו	י	א	ל	ר	ו	ש	ו	ש	ל	ל	ה	ן

בסדר
חטיבת
כיתה
ראיות
ולהרוויח
קלטת
אפרסק
הפכה
נברן
תן
דיג
תפוח
דוד
מנהג
לנער
מלבד
חכם
לציית
הרופא
סטודנט

Puzzle 440

ה	י	ו	ו	ב	ק	ה	ת	פ	ד	ק	ס	ל	ל	ב	ד	א
י	ד	פ	ח	פ	ר	פ	ח	כ	ל	ו	צ	י	ת	ע	ל	ע
ו	ע	פ	ס	י	ק	ת	ו	ה	ר	ס	ו	ן	ל	נ	ה	ת
ר	ק	ב	ל	נ	ע	ה	ש	מ	א	ע	ד	א	י	ו	א	ה
מ	ח	ן	נ	ת	י	ד	ה	ח	ר	ב	מ	ם	ל	ס	מ	א
ה	פ	מ	ס	פ	ע	ה	י	ל	ס	ס	ו	ה	י	ו	ו	ל
ג	נ	י	י	ל	מ	ר	צ	מ	ל	א	א	ל	ש	ו	ע	ב
ה	ר	א	כ	ה	מ	צ	ל	מ	ה	ל	ס	ש	ו	ל	ח	ב
י	ב	מ	ב	ו	פ	ו	ו	ר	ת	ע	פ	כ	ו	ס	ת	ע
ב	ר	מ	ר	ת	א	ל	ג	ו	ל	ל	ק	נ	פ	ו	י	ת
ו	ב	ח	נ	ו	מ	צ	ר	ב	ז	ת	ת	י	ב	מ	ו	ח
ע	ת	ל	ו	ס	ת	ע	ת	ו	ה	ז	ל	ת	י	ו	ל	ו
ס	י	מ	ר	ל	י	ו	פ	י	ב	ר	מ	ק	ו	ח	ת	ד
ב	א	ו	ד	ו	ר	ק	א	ל	ה	ו	י	י	מ	צ	ל	ל
ם	ו	ם	ס	מ	ה	ג	מ	ם	ו	ט	ו	ד	ו	ת	ו	ר

ולצעוק
מלחמה
חומוס
שלהם
מצלמה
בקר
תחושה
הרס
פיל
זהות
ואספקת
רגולציה
לוויה
פסיק
קרקע
עסוק
קלה
כתובת
כוס
בפינת

Puzzle 441

ה	מ	ב	ת	ה	מ	ת	י	ת	ה	י	נ	ת	י	ו	מ	א
מ	ו	ב	י	ו	ע	פ	ש	ג	ד	מ	פ	י	ל	ו	י	נ
י	ב	ג	י	מ	כ	פ	נ	י	י	י	פ	י	ע	מ	ו	צ
י	ס	ל	ר	ת	ב	ע	ה	ג	ר	ז	ל	מ	ו	ד	ן	י
מ	י	נ	ו	ם	ש	ב	י	ח	ח	ר	ב	ס	ו	ו	ד	י
י	ר	י	ן	ו	י	ה	◌	ד	י	ב	פ	ע	ל	ל	מ	ד
א	י	ר	ת	ה	ג	י	י	ה	ל	ד	מ	ד	כ	ו	ג	ל
פ	ר	פ	ר	ד	צ	י	י	ו	ד	ר	ג	ת	ד	ה	ש	א
מ	ף	ו	ש	א	ב	נ	א	נ	ו	ו	ב	ו	ר	ק	ם	י
ה	ח	י	ו	ו	מ	ה	ק	ו	ת	ם	ג	נ	ר	ו	מ	ו
ר	ת	ב	צ	צ	ר	ה	נ	ק	ד	נ	ס	מ	ו	ו	ד	י
א	כ	כ	ר	ל	ב	נ	ע	ל	ל	ת	י	ו	ו	ע	ד	צ
ש	ב	ס	א	ת	ו	ק	ד	ש	ו	ח	ם	י	א	ר	נ	ל
ו	ע	מ	ל	ן	י	ע	צ	מ	י	י	ם	מ	ע	כ	מ	ג
ן	ו	ם	ב	י	ג	י	מ	פ	א	ל	ד	א	נ	ש	י	ם

קרוב
מסעדת
לב
ילדות
נראים
שם
חברתי
דקות
נתח
ישנה
צרה
הגייה
כבשי
בדרום
אנשים
פרפר
הראשון
מיומנות
ללמד
עצמיים

Puzzle 442

אופי
קיר
אצבע
מלך
באזור
כפור
ולהזכיר
חלב
חופש
הכבידו
שוחי
לארגן
שלווה
כלפי
פיתוח
טווח
הרגישו
פלסטיק
צורת
שלנו

ב	י	ש	א	פ	ו	מ	ה	ל	ר	ו	פ	כ	נ	ע	ד	ד
ה	א	י	י	ל	ו	ג	ב	ר	י	ק	ל	ו	מ	ב	י	א
א	ך	ז	ש	ס	ו	ט	ב	צ	כ	ו	ס	ת	ם	י	ה	א
ח	ל	ב	ו	ל	ט	ב	י	ו	ז	ח	ט	ל	א	ר	ג	ן
א	מ	ב	ת	ר	ו	צ	ד	ו	ה	נ	י	פ	ל	כ	פ	ה
ק	ו	ל	ת	ד	נ	ו	ו	נ	ל	ש	ק	י	ו	ה	י	ד
ן	ת	ת	ש	ו	ח	י	ה	ם	ו	א	נ	א	א	ר	ת	ר
ז	י	ה	פ	ה	ב	ו	ן	כ	ת	ו	ו	ש	ה	ג	ו	ר
ר	א	ר	ד	ר	פ	כ	י	ת	ר	ט	ה	פ	ש	י	ח	י
פ	כ	ג	ל	ר	ל	ו	ן	מ	ו	ג	ע	ו	י	ש	ם	י
ל	נ	ת	ש	י	מ	ב	ה	מ	ע	א	ה	ח	ו	ו	ט	ע
ם	ף	ג	מ	מ	כ	א	פ	מ	ו	ר	י	ס	י	ר	ו	מ
ג	ת	ט	א	י	י	צ	י	א	נ	ן	א	י	ג	ן	ק	ד
ה	נ	ת	ו	מ	ר	ב	ו	ח	ו	ד	ה	ו	ן	ה	ב	ת
ו	ח	ו	ע	ה	ס	ע	פ	נ	ד	י	י	ר	ב	י	י	מ

Puzzle 443

ב פ ו ה נ ח ל ן ב ל ט מ צ א מ א ש

י ו מ ו ש ב ר ו נ נ ו ן כ מ א מ ו

מ מ ת ת ח ל פ ם י ו ו ן ש צ ת נ ב

ל ת ר ו א ג י צ מ מ ס ג ה מ מ ש נ

ע ש ר ג ו י ס מ ב א ח ר ח ר ל א ל

נ ק ה ה ד ד ה ת ר ס ק ו ת ל י פ ן

ר ת ש נ י ו ק י ח צ מ ר ב ח מ א צ

ו ח י ת ש ר ם ק פ מ ש ק ה ת ו נ ח

ר ת ד ה ן י ת נ י ו י נ כ ל ה י ח

ל ו ו ש ס ט פ ע א ו ת ש ו ב ה ה נ

ך ן ר ו א ם צ מ פ ו ד פ ת ן ס ר ס

פ ח ו ש ה ם י ע י פ ש מ ב ר כ ה י

מ נ מ נ י ט ס ך י ל ו ר ו ת ג ש ו

ד ל מ י ק ג נ ל ו ה ו ת ח ע ן ף ד

פ י נ י ב נ מ ע י ה ב ב ת ו כ ר מ

משפיעים
ענקי
מאושרת
עשר
כותב
חנות
שידור
התרסקות
לגידור
תשובה
תחתון
מצחיק
מחבר
אכן
התנהגות
מושב
לרחרח
לבחור
אודישן
סט

Puzzle 444

ב ו ש ד ש י ל ת נ ה מ ע ת ם כ נ ה

ק ש ו ר ש י ף ה ק פ א ה נ י מ ז ק

ש ב ל פ כ נ ה ח כ ז כ ו ח ס ת ט ו

א ת מ א ת י מ י ה ז ר ו ט ח ן ב א

ר ט י מ פ מ ו ה א מ נ ש ל י ע כ ס

י ד ג ב ל פ ו ה ו ל פ י א ס ן ל א

ת ר צ מ פ פ מ ק י פ ו ד ע פ ד כ ן

ח ן ל ו ב ן פ ו ב ט נ ע ד י ג מ ח

ו ת י נ ר ה א ר ת ה ק א ם י נ י מ

ת ד נ י ז י ו ו ו ל צ ה ה ו ו ק ז

י מ ו ת ח ת ב א י ב י ס ח ו ר פ ם

ב ג ט ע מ כ ד י ו ט ה ה ב י ח ש ע

ב י א י ב א ש נ א ש נ מ י ר ר מ ד

ל ו ב ש ז ם מ ר ד ש פ א ו מ ם ת ת

ל י י ו י ו מ ר נ ר מ א ח צ ו ע ת

האויב
הקפאה
זמינה
נשא
זכו
קטן
טחנת
פונקציה
ליישם
שארית
מינים
התראה
דוב
כפל
קיפוד
שווה
מונית
חיבה
יחסים
קשור

Puzzle 445

מ ל צ י ר ו ז ר י ך ר ש ר א ן ב ו
ש ב ו ש ב ו ו ב י ק ו ר ת ח י מ צ
ר י א י ש ד צ י ו ת ש ר מ י ב י נ
ע ן ה ע ב צ ה ת ע ל ו ת ב ו מ ו ל
ר ש ר י ב ו ח נ ב ר ו פ י ק ט ת ל
ו ח ר ג ח ה מ י ר מ א ס ר י ר מ ה
מ ו ש ה מ ן ש י י ל ה א ם ה י ש ט
ר ב ל נ ת ר ב ל מ ר ו י ח מ פ א ע
ע צ י צ ת ע א א ח י ט ק ר א ה ר ו
ע ע ו מ ו מ ן ק ו ב מ צ מ מ ו נ ת
ל ר ו ש ג ג א ס ב ר ת נ ש ק ד כ ם
ג ה נ י ה ו ל ר א ע א ו ו ב ו ָ ו
נ ב א כ ה י ר פ ס מ ת ע כ נ ס ן ק
מ ל א ו ח ד ה ו ב ע ו ה ם ל ש ו מ
ר ר ס י ע ר ל ר י ע א נ ו א ו ע ב

הגיע
ביקורת
מושלם
צנועה
בשמחה
אלימות
אשמתו
במקום
נוטים
הארקטי
מערבי
הצבעה
ספת
הכאב
צמיחת
צב
מבין
תולעת
להטעות
מספרי

Puzzle 446

ת ה ם י ן י ל ג ב א א ח א כ ה ד ש
ר ת ש י ר ד ם ו ת ש ו ק ו ל ד י ו
ך א ל ב ב ח ש ר ט ע ו ת ר ד ע י י
ל נ ת ח ת ע ָ ם ו י פ ר ו ד י ה ו
מ ם י ד ר ו י ת ו ח י כ ש מ ם ב י
ש י ו י ת ח ת ד ו ו ק ו ה ו ם י ה
א ה ל ה ת י ק ו ו ם פ מ מ א ח פ נ
ב ש ו י ו ת ו ו מ ד א ם ר ר י מ ו
א ש ם ח פ ב מ ה ט ה י י ו ו ג צ ע
ן מ א ו י ח מ ו ס ם ם ו פ ו א נ ה
ס ג ק ר ט ס ע א מ ב ת ך ר ו מ ו ו
ם י ק ה ל ז ס ל ז ח ל ה ב ק י ע ר
ן י ד ו ש ל ת ס ר ש ה י ו י ת ר צ
ל א מ ר פ ס ב ד ק ו נ ר ב ש ח כ ו
ה ר ו י ה ס ד ר ת א ף ה ד ת נ ר מ

מזרקת
להקים
יד
אור
הים
שלך
גורם
שוקולד
טעות
מוכרת
המאה
רפורמה
פחם
בספר
עז
דין
יורדים
צנוע
להבקיע
משאב

Puzzle 447

א מ ד ך ו ז ט ב ג ו ע י ל ן א ל ת
מ כ מ י מ ר ר ד י ת י נ ק מ ם ב א
י ק מ ר י י י ן ר ח צ ט ק י ו ר פ
ל י ו ע ר ק ק ד ב ל ו י ר ח פ ו ע
כ מ ם ה י ה י י ת ר ב ח א ו נ ק ד
ו מ צ ל ל ד פ ו ה ק א ר ו פ י י י
ב ו פ ה פ ו ג א ד ו מ א ל ת ה ב ו
ע ת ז ו נ ק ד מ מ ש ת י ד ר ו מ נ
ה פ מ ט י נ ה מ ה ב מ ל נ ד ף ד ו
ל י נ מ א ל ו י כ ו ד ד ת ס ו ן ו
ב ר י ד י ב ז ב י ן ר י פ ר ה ג ת
ז ה ם ה ס נ מ ס ו ע א ו ה ע א ס א
מ מ ק ו ר מ ל ה נ מ ר פ ו ס מ ר ג
פ ב ו ס מ ת נ ו ה ר ז ו ו פ פ ת ו
ו ת מ ו ל ב ר ל ב ו ע ר ע ר מ א מ

לנקודה
לבד
תפוחי
מנסה
בשוק
אחרים
זריקה
צהרי
סדרת
פני
מנהל
ביקור
להוט
להעריך
עיצוב
זמנים
מודאג
פרויקט
בקהילה
טריק

Puzzle 448

י ק ש ו ו ם ב א ל ה ל ן ל נ ו א ו
ס ל י ח ת ה ל ו ת פ ת י מ נ ר י צ
ג ר ב כ ה ל ב ה ה ס ו ש י נ ו י ח
ו ב ע פ ל מ ש ב ו ל ט ע כ א ב פ ב
י י ו פ א ה ס ו ר ר י ח ב ן י א נ
ג נ ס ל ש מ ם ת ת ו ו ע ו ר ד פ ן
ע ל ל מ ב ש ל ע ת ל מ ס פ א ר י ה
י א ת י ז ז ו פ ם ד ת ר ב ד מ ז פ
ם ו נ ן ר ג ו ב ת ב כ ן ל ח ר ר א
י מ ת ו ת א ש ד ו ל ו נ ע ל ל ג ר
ן י ח ד ה ן ס ה נ ב ו ה ת ר י ע ה
ו ק ו ש י ו ב ו פ ד נ ר מ ש ג ה י
י ת ו ז ח ל ו ש ל ו ר ת ר י מ פ ק
ע ע ש ה מ ו ע ג א א י י ה ת ר ן א
א י ו א ו ת נ ה ו ב י ג מ ו · ת ג

הסורר
בלבד
הלכה
שדון
דיבור
לחזות
כאב
לפנות
יגעים
חיוני
אוהב
בעמדת
שאלה
משטרת
רגל
העיר
בינלאומי
בכה
להתחיל
לזרוח

Puzzle 449

ת י י ל ל ב ק מ ל ח ח ת ר ח ל ה ד

פ ר ל ח ב ק ש ה א צ ב ע ה י א ג ק

ק פ מ ת ו נ ע כ ל פ י נ מ ת א נ א

י ן ר מ ם ל ה כ ת ו ם ק ש י ר י ם

ד ה ד ע י מ א מ ן ת י ח י ר ב ה מ

ד ה ח ב ד ה א ו ו ה מ א ת ב מ ס י

ל א ר ם ד ו ד ר ש ם י ב ו ר א ד ש

ר ל נ ל צ ו ת ו א ב ע ל ו א י ו ס

מ ם ר י י צ ל ש ר נ ט ק ד ח מ ו ו

ל ב ר א ה מ י ע ה ע ק ל ב ת י ק ן

י ר ה ר ו ש ג ה ג ם צ ה ט ל ו נ ן

י ר ו ו א ו ב ן ל א פ ו ו נ י ש ך

נ ו ד מ י א י י ו פ ד ד ח ב מ ס ג

י ו כ ה ו י נ נ ל נ ש ו ך י י ב ו

ל י ו ת נ י ת ה ק ר ט ת י ר ד ה ו

בטוח
תפקיד
רעיון
להודות
גבינת
העשור
לצייר
באותו
טעימים
מקבל
כתום
מאמן
דג
לנשוך
צדדים
להעליב
בקשה
הראשון
כלפי
אצבע

Puzzle 450

ף ת ן י ח י ר ו ד ש י נ מ ו ג ר א

כ ת ו י ו פ ו ב ו ש ו מ כ ס ע א ו

א ב ג ה מ מ ח ר ן י י ר ו א ח ו ל

כ ת ר ע ן א מ מ ר ה ל ה ר א ו ת פ

מ ה נ א ו צ ל ת ג ו ל ו ו ש ב ר ד

ה פ י ה ד ת ע ג ת ת ר ע ד ז נ ח ף

י כ ע ה א מ צ ב מ ל י פ כ ה ל ו י

ה ה ו ע י ר א ר פ ש ב צ ו ג ה א ר

נ ל א כ ו ל י מ י ו ו ף ח ס ב מ פ

י ח ד א ת ן ת ש ו ר פ מ ל פ ו ל ת

ך ו א ח ת ו ה ן ץ י מ צ ם ה צ י ל

ר א ש ה ו מ ב ב ו ק ר ד ש ר נ ף ו

ג ל ה ט י נ ה ת ר ל ו ו י ל ו ן פ

ב ח י ו ו ר ה ל ו ד י ן י צ ע ר א

י ט י ר פ ג ה נ מ ל נ א ל ו נ ו א

לדלקי
עיר
להכפיל
בבוקר
איות
לנבוח
לאכול
וילון
השישי
שלב
הפסגה
לצוף
מיץ
מאוחרת
פריט
להראות
מנהג
ולהרוויח
ליישם
צנוע

Puzzle 451

ן	ל	פ	ך	א	ר	ו	מ	ד	ו	י	ק	ת	ת	ר	ת	נ
פ	ה	ח	ש	נ	ם	ש	נ	ו	י	ב	ע	ל	ה	מ	ת	ר
ד	י	ו	ק	ת	כ	ה	ב	ן	ר	ש	ב	נ	נ	פ	א	מ
ש	ה	ה	ז	ד	מ	נ	ו	ת	י	ה	א	ע	צ	ב	מ	ו
מ	נ	ב	ן	ה	ש	ר	י	י	ח	א	ג	ש	ר	מ	ח	ו
ת	ו	מ	ו	י	ו	פ	ת	ל	ר	ת	י	ר	נ	כ	ת	ח
ן	ת	מ	א	נ	ש	ו	ד	מ	כ	·	פ	י	ר	ז	מ	מ
ר	ו	מ	ר	ג	ת	ר	י	י	ה	ת	ט	ב	א	מ	ע	ל
ק	ו	מ	ו	ל	ת	מ	ד	ס	ע	ע	י	ה	ר	ו	ה	ה
ל	ו	כ	ל	ש	ו	ה	מ	ק	ו	ו	ש	ע	מ	ת	י	ת
◌	ו	ב	ד	מ	ג	י	ג	מ	נ	ו	ו	ש	פ	ג	א	ל
ח	ב	ס	ו	ל	ג	ל	י	מ	צ	א	ו	א	פ	ר	ע	ה
כ	מ	ל	ו	ב	י	ר	פ	כ	ב	י	נ	י	א	ל	ת	א
ת	פ	י	צ	ו	ו	ד	ב	ה	ם	ר	ו	י	ח	מ	ו	ג
ן	ר	ל	מ	מ	ה	פ	ז	א	ב	ו	ו	ו	י	ב	כ	ב

מדידת
מקסימלית
לו
פטיש
מבצע
תעשיית
דיוק
הכרחי
נשיא
בכפר
הורה
פדרלי
חמלה
מדויקת
הזדמנות
בכלל
להיהנות
למשל
צנועה
רפורמה

Puzzle 452

י	כ	פ	מ	ה	ו	י	מ	א	ל	י	א	א	מ	ש	ר	י
ר	ו	ד	מ	מ	פ	ל	ח	ו	ח	ה	ק	נ	ו	ת	ש	ג
ט	נ	א	ל	א	ב	י	ב	ב	ם	ד	ר	ח	ו	ה	מ	א
א	א	צ	פ	ח	נ	ש	ר	ו	ח	י	ק	ס	ה	ה	י	י
מ	מ	ה	ש	ו	ו	ר	ת	ל	מ	ת	ג	ו	א	ו	כ	ש
א	נ	ו	ש	ם	ז	ת	ב	ו	ל	מ	ש	פ	י	ע	י	ם
א	נ	ב	ש	א	י	כ	ת	ה	פ	ו	ע	ל	ת	ט	ס	ב
א	ל	ת	ר	ר	א	א	ר	ל	ה	א	ו	ט	ו	ב	ו	ס
מ	כ	ר	ס	ם	ע	ש	י	ב	ס	י	ס	י	ת	ה	פ	ה
ב	ר	ו	ם	ב	ו	ת	ל	ר	ת	ו	מ	ת	י	ר	ת	ט
ל	כ	ב	ם	ת	ם	ש	ב	ד	י	מ	פ	ר	י	מ	ל	ל
ס	ו	פ	ת	י	י	ו	י	ה	ר	ח	ה	י	פ	ע	ד	ח
ך	ם	י	א	א	ד	ת	ר	ק	ש	ב	ה	ה	א	ח	ן	ה
ש	ס	ת	ו	ו	ו	ן	ל	נ	ה	ג	י	ל	ו	ל	ד	א
ע	י	ן	ב	פ	י	ת	נ	מ	ל	ו	ג	י	ח	ע	ד	ר

צהוב
אקדח
ספרייה
אביב
תות
רשמי
החלטה
כרכום
בסיסית
הסכם
להרשות
לתפוס
פועלת
נשר
בשקר
הסקי
אפיית
האוטובוס
מחבר
משפיעים

Puzzle 453

נ ה ה ל ע י מ ר ר ב ס י מ מ ו ד ת
י ה ן ו ל מ ב ל נ א ג ר ד כ ח ו ל
ן ש מ מ כ ו פ ה ל ו נ ף ר ם ר מ ב
כ ר נ מ י נ פ ל פ ל ו ה פ י ס ה ר
א א ב ש ו ת י ז ב ו ן ו ח ע ו נ י
פ ה ן ן ו ד ע י ע פ פ ב ד ב ח ו ו
ר ם ת ל ר פ ן ה ו י ת נ ה ר ש כ ף
ר ח ת ל ב ו נ ן נ ט ג ע י א ה נ ש
ד א י ו ק ס מ ו ל ן ו ס ר ל ע ה ח
ה מ ע ח ו ס ק ם ו ח ד מ ת כ ד מ א
ב ת ר ג ו ס ם ו ו א ם ג י ת ח ם א
ד ר מ ב מ ו ב ה ר י כ ב ס ק ל נ ם
ו ב י ה ר ק נ ר ו ו ר ה נ ת ר מ א
פ ו ר ל נ ס ו ע ו ע ר ו ר א מ ר מ
פ ת ו ה מ ה ד ב ן ו ח ד פ כ י י ע

רעוע
פלפלו
חוסר
דהירת
הנכונה
בכירה
ההשראה
דפוס
פינוק
כחול
תושב
טיפול
בחירות
מדף
מדחום
במלון
סגנון
ארבעים
דומה
לכונן

Puzzle 454

א ו ת ן ז ב ר ה י נ ה ש ע מ ל א מ
ו נ מ ק ו ל נ ו ע ד י ו צ ב ג ס ה
ב פ ד ז א פ י ד ש ר א ם ו ר פ ע ו
כ כ ו ת ר ת י מ י ש מ נ ו ר ך ב ל
ע ה ת ד י ע פ ו ו ו ס ף י נ ו ר ה
פ מ ן ו ש צ מ ן ו א ש ש מ ש י ו ר
ע כ ב פ ל ו ה ו ו מ מ נ מ ב מ י ז
א ת ק י ם מ ת ה ת ה ל ו ש ן י ט ק
מ ו צ ק י מ ו ב ק ל ת ו ה ם ח ת ו
ת מ ב ל נ ה פ ק פ ט י מ ס י ה ל י
כ ו ם ש ו ל פ ב ש י ד ק ה ל מ ר ו
ת מ ה ל ו ד ג ו ך ל י פ נ ק מ י י
י ל כ ב ב ח ה ק ה ח ל מ ה ו ס נ ל
י ה ו נ ת ס ג ו ל ה מ ן פ ש ז ו נ
נ א ת ב מ ה א י ד ל ר א מ ק י ז ד

כותרת
ממוצעת
גדול
אגרוף
הבקבוק
זברה
להקדיש
שמלת
קטין
קולנוע
להחליט
שוקלים
הנפרד
למעשה
קן
מתכוונים
לשיר
בקצב
קיפוד
מספרי

Puzzle 455

י ו ס מ ש ו מ נ נ ו ש ח ז ב מ צ ש
פ צ י א י נ ש ח ס פ ת כ ב ט ל ס ד
ל ר ה מ ד כ ת מ מ ע ו נ ן ח ט ב מ
ע ה מ א ר ו ס ד ל כ ו פ ת י פ י י
ו מ ש ה ר נ א ח י מ פ ג י · א נ ד
א ב ו ה י ב ל ת א ו מ ח ם ו ק מ ב
ו ה ל ו ה ה ש פ ג ו ר ו כ ש נ ד כ
ס ק ש ר פ ב ח ן ו י ל נ ו ב ו ת ת
א ד ו ד ל נ ו ה ת ע ו ר ר ו פ נ ל
נ ל ף מ ב א ת ל ע ן ד ד ו י ב ח ו
י ת ג ד נ ו ב י ס א ג י ח ה ש ש ל
ם ב נ נ ו נ ל ל ח ו ה י ב נ י ת כ
ו ר ת מ ת פ ד ה ר ש ק ח ו נ מ ת ב
ל ט ל פ ר א א כ ר י נ ד כ ס נ ק י
י ק ו ר ר נ י ו ה ל ז א ב מ ג א ש

זנקה
הלילה
רוחב
המשולש
הגדול
קנס
מעונן
לבנות
לכביש
הבמה
מבט
צלחת
גדר
זכוכית
נחמד
לשחות
התעורר
דוד
צרה
במקום

Puzzle 456

מאוחר
זבוב
גל
גיל
קרפדה
משקפי
אנושי
תג
זאב
מסיבת
ביולוגית
זמן
אות
שמח
פעילות
קיווי
להתייחס
אננס
הגלולה
לציית

ב י י ג ר מ פ ש י ת מ ן י ו ו י ק
נ ע ש ק ח ל ל ז ח ז א ת ס א ש ת ר
י ק ר פ ד ה ח ה מ ע ה ז ר ו ת מ ו
מ ס ר ע ג ל ה ן ש ש א נ נ ס ח ה פ
נ פ ו ל ל ו ן ל י ע צ א י פ ק ש מ
מ נ ו י ת י ב א ו י ה ר ו ו ו ת ל
מ ל ג ג ד ן י מ ז ב ו ב א ז ש ר ן
ה ה ר ו צ ס ו ג מ ו ב ר י ר ה ט ו
י נ ש מ ח נ ל ל ת ו ס ח י י ת ה ל
ו ר ח ו א מ ו ד מ פ ל ת ו ם ב ם י
א ו ב ר ו כ ג י ש ו ת ג ל ם י ה פ
נ ש ב מ ב ב י ס ת ו פ י ו ד ס ק ע
ח כ ו ח א ו ת נ ח ו ה ע פ ו מ ש מ
י ב י ז מ נ ת י י צ ל ת ו ל י ע פ
פ ל ג ו ר מ ל ג ו ח ע ב א ג י ס נ

Puzzle 457

מ כ ק ה כ מ נ ו מ ק פ מ ק פ ע ח ו

◌ ן ט ב ב ש ג ר ג ו ד ו ם כ ר מ ה

ו ח י י ג א ג ו מ ר ד ל ת מ ת ע ה

ר ל ל נ ז ב א ל א י נ צ ו ש ל פ ש

ה ו ש ע ל ל כ ל א ג ס פ ם ע פ י ה

מ ש מ ח מ י א ו ו ע י ו ו ת ר מ נ

כ ת ש ס ן ח ן ב ו ר כ ת מ פ ל צ ת

ח ר ק ב ו ת ד י ה ב ו ר מ פ ו ו ר

ד ג ת ו ו ה י ת ו ה י נ צ ו ו ר ו

ד מ ו ן ו ל א ע א ת ו ש ח ר ל ה ב

ו מ י י ל ר פ ה ש ו ו א י ל ו ק ד

א י מ ע ר ד ט ס ר ר ן י ק ג י · י

ל צ א ר ש ר ו י ב ו ן ר כ ץ י מ מ

ה ר י ב מ ג ד ב נ כ נ ב א מ א צ ו

פ נ פ ך כ ל א ו מ ח ן ד י ט ש ד ת

מפלצת
עניבה
מחמיא
בילה
רבה
סיכוי
שליט
דבורת
אגס
בקיץ
חכמה
שולחן
שיר
לצפות
רופפת
סבון
כאן
מצחיק
להתחיל
רגל

Puzzle 458

א ו ר ת ש ה ם י ב ב י י מ ך ו ט ה

ר ו ו ת ת ל ס ל פ פ ת כ י ל ה נ ב

ו ר א ו ה א ר ן ג ר ו ן נ ו כ ג נ

ך ל צ ה נ ע ו צ ה ט ה ק ו ה ו ו ן

ע א ן ז פ ח פ ב פ ל ס ט י ק ו ר א

ת ר ו ל י ט מ פ י מ ד ק ד ה ב נ פ

ו א פ נ ט ב ת ד י י ר מ ב ד ש י ו

י ד א ר ל · ר ו ק מ י ר ש ו ל צ י

ר ב ג נ ן ו י ו ר ו ו י ד מ מ י ע

ח מ ה ד ו ת נ ת נ ה ו ד מ א ל י ו

א ו ש ן ג ו ב ת פ ם ת כ א ה ן ה מ

י ת נ מ ס ש ו ס ך י ר ע ה ל נ י ק

א ו ת ב פ ו נ נ ם ו מ י י ה ש ק ה

ר ח ר ע נ ת י י ת ח כ ו ן מ ה ס א

ק ה צ ק ר ת נ ב ס י ל ג ו י ד ל ש

בפרט
מפורסם
תוצאת
בשפע
בדיוני
הליכת
או
ראה
הולך
אחריות
גס
לזהות
ארוך
פסנתר
קצה
מנת
סכנת
מי
פלסטיק
להעריך

Puzzle 459

ד	ר	ו	ל	ש	א	ו	י	ל	ל	ח	כ	ל	א	ס	ק	י
ח	מ	י	ח	א	ו	פ	ל	א	ה	נ	ו	ש	א	ת	ו	ק
נ	ה	ו	ל	ל	ג	נ	ו	ס	נ	נ	צ	פ	ר	י	מ	צ
ח	ג	ד	נ	י	צ	ל	ה	ו	ו	ל	ש	ה	ח	ו	ת	ה
י	כ	ק	ח	מ	מ	ד	ב	ר	נ	א	ה	ב	ה	א	ה	ג
מ	ו	ם	י	ל	ג	ו	ס	מ	ת	ל	כ	ל	ב	א	ל	ה
ה	מ	נ	י	ו	ת	פ	ת	ו	ח	פ	מ	ו	י	ד	י	ט
ל	פ	ס	ח	פ	ד	ג	מ	ח	ם	ד	ה	ו	ת	ו	ך	ל
ל	י	ח	ר	ה	י	ר	ר	ו	י	י	ה	ר	ה	ה	ו	ת
מ	ב	ר	פ	ח	ר	ד	ה	ו	ש	ע	ו	ל	כ	ר	ף	ת
ו	ן	י	ו	ו	ח	י	ע	ה	ב	ו	כ	נ	י	פ	ם	ח
א	י	ה	א	י	ב	ו	ש	מ	ע	נ	ת	מ	נ	ח	י	ג
ה	ו	ע	א	ו	ד	מ	ר	ט	ה	ת	ד	ל	ו	ע	י	ב
כ	נ	ו	ב	ה	צ	ו	א	כ	י	נ	ו	פ	ו	ל	ם	י
ח	ו	ר	ה	מ	נ	מ	ע	ך	ו	י	ש	ל	י	ב	י	ר

מסוגלים
הנושא
מעדיפים
פלא
שונה
חלל
סתיו
אהבה
לאסור
התיבה
שבעה
פרחי
מכה
המניות
תהליך
ידוע
עונת
פתוח
אומללה
שלווה

Puzzle 460

אדם
דם
שמר
שיטה
גבינה
האקלים
המושבעים
עצוב
להציג
אדמת
בכיתת
סלרי
לקנות
תחושת
קול
מפוארת
במסלול
רק
אשתו
בשמחה

ח	א	ו	ו	כ	ו	ש	ו	נ	ד	ד	י	א	ב	י	ו	ב
ו	ט	ן	ב	כ	מ	ל	י	ל	ה	צ	י	ג	ס	ר	ן	מ
מ	ו	א	ל	א	ל	י	ש	ט	ר	ן	ג	ד	ל	א	כ	נ
פ	ל	ת	א	ג	ט	ת	נ	ו	ה	ו	ת	ת	ר	מ	ש	ר
ד	ת	מ	ד	ו	ו	ס	ד	ד	ע	ו	ו	מ	י	ו	י	כ
ט	י	נ	ר	ב	ת	מ	ד	א	ק	מ	א	נ	ר	מ	מ	ו
צ	ר	מ	ל	ע	ח	ל	ת	א	ד	ם	י	ל	ק	א	ה	ו
פ	ב	ל	ג	ר	ו	ד	ת	ו	ו	י	ר	ת	ר	ם	ם	י
ב	ו	ו	י	ח	ש	א	י	ע	נ	י	י	ד	י	א	ה	ו
ב	ש	מ	ח	ה	ת	ר	כ	א	מ	ק	ה	ח	ר	ש	ד	ם
ס	ו	ל	ו	ל	ס	מ	ב	ו	י	ו	ל	ד	ו	צ	ט	ת
ע	צ	ו	ב	ד	ה	ו	ש	ו	ה	י	ב	ל	פ	[illegible]	ש	ו
ח	ר	ק	ת	ר	א	ו	פ	מ	מ	ו	ב	י	א	מ	ע	י
ם	י	ע	ב	ש	ו	מ	ה	נ	י	ב	ג	ו	ד	ו	ו	א
ו	י	ג	מ	ד	א	ד	ו	ו	י	י	ו	ה	י	ו	ר	צ

Puzzle 461

ו ל ו נ מ ו נ ש ו ד ע ש ף ו א ת ו
ת ן ש ב ש ב ה י ו ר מ ט ל נ ל ק נ
מ י ו ו ל נ ו ב ת ג א ד ו מ ה ד ע
ו נ ן ה ח ך ד י ת ד א ד ו נ ק ם ס
ע ז י ר ת ב ד ר צ נ ן ל ה ו ט ת ו
ד ר נ ט ן י ר י ר ת ם ת ל ד י י ק
ו ל ת מ ו ו ג ח ל י ר פ י מ ן ה ת
ן פ א ב י ג י ב י נ ט ש א נ ב ה מ
ו ם ס ס ס ג ל י ל ה ר ב ח ב ו ב ו
ד ט מ ר פ ר י י ך ד ד ן ה ה ד ו ח
ז ן ד ט ו ע א ל נ י נ ג ח ן ת י מ
ת ם ע ל ו ת ק ה ר כ ש ה ל ש ל מ י
צ ו א ץ ו נ י ל ת נ ל ת ח ל ן ו ל
ח ז ש מ י א מ צ ע ע ר ל ו ל צ מ נ
ר י ח ט ה ו ו י פ מ ת י נ י ל פ ק

היו
בסרט
זירת
ייעוץ
רגיל
עלות
פסיון
נדרש
להקטין
מועדון
דובדבן
עצמאי
לילך
משלחת
להשכרה
בחברה
מטרה
מודאגת
עסוק
להוט

Puzzle 462

ן פ ב מ ו ף ע ו ב ב מ פ ד ה פ ן י
ו ו ר ס כ ש מ ד ח י ע ו ו ש ת א ו
כ ה ן ת ע י נ ת ו ש י ו י נ ה ל א
ר ד ח ב ר כ י ב ת מ י כ ה פ ש כ מ
א ז ר ש ח י א ו י ש ט ש מ ש פ י ט
י ת י ד א ש ת ב ע ה ר כ ח מ מ ו ל
ג ו ר ו כ ב ג מ ו ש ק נ ל ב י ו ו
ב ו ו ת כ מ ר ר א ש ו מ מ ר ל י ו
י ק ר ד ר ע ת מ ק ה מ א ג ר ל ך ר
ה ק נ ג ו ר ו ש ו נ ד כ א י ד ל מ
ח כ נ פ ם ן ל ע ת ה ה ש ר י ע מ י
ל ה י א ר ו ן ק ת ו ן מ ר ר ק ס נ
פ מ ה ל ק ך ם ה ל ש ל נ ב ר ו ח י
ב ל כ ן ע נ י מ ע נ א ג ה פ ו פ צ
ס ת ב א ר י א ך ו ל א ר ע י ד ד ש

אשת
אמון
יער
שמש
רכיבת
אלה
צפופה
לערב
הקנגורו
תמיכה
טיפש
ירח
אתגר
מעשי
לשלהם
הדמוקרטי
בחדר
מכשפה
מלחמה
מלך

Puzzle 463

ה	ה	ק	ו	ח	ש	ל	ל	ד	י	י	א	ח	ר	ד	א	ת
צ	ו	י	כ	ג	ג	כ	ש	ב	כ	מ	י	פ	נ	ף	ע	י
ל	ס	ב	ם	ל	ה	ת	נ	ד	ו	ב	ה	ר	א	ו	ו	ש
ח	ע	א	א	ו	ב	ו	ת	ו	י	נ	מ	ח	ד	נ	ל	י
ת	ר	ש	א	מ	א	ב	כ	ע	ה	ע	נ	ה	ו	ם	ו	א
כ	מ	ט	ת	ו	פ	ט	מ	נ	מ	ח	י	ד	ו	י	ה	ל
ו	ו	א	מ	ו	ו	א	י	ג	נ	כ	ב	ל	ו	פ	כ	ת
ל	נ	ה	ת	פ	ר	ת	י	ח	פ	ת	ו	י	ד	ו	ס	י
ע	י	ח	ה	נ	ת	ש	מ	ש	י	ל	ת	י	ב	ק	ו	ש
ר	ן	ל	ר	י	ר	ם	ב	ם	א	ה	י	מ	ה	י	ח	י
מ	ק	ו	ע	ם	י	ל	ע	ב	ה	ן	ר	ו	ז	א	ב	נ
ת	י	א	י	מ	ה	נ	ד	ר	ח	ח	ו	ר	ו	י	ב	ר
י	ס	א	צ	ו	א	פ	ד	ר	ב	ב	ש	פ	ג	ם	ק	ת
מ	ל	ס	ו	ל	ה	ר	מ	מ	פ	ר	ק	ר	מ	כ	ר	כ
מ	ו	כ	ב	י	י	י	ד	י	מ	ת	ב	ש	ב	ש	ו	מ

הבעלים
חברת
יסודיות
לכתוב
תעודה
אישית
נוף
משתנה
גרב
חמניות
שחוק
כפול
ערמוני
פותחן
הצלחת
רופא
באזור
מושב
קשור
עיצוב

Puzzle 464

ז	מ	ש	ט	י	י	ה	י	ל	ק	מ	פ	נ	א	כ	ו	ט
ל	ר	ו	ת	ת	ל	מ	י	מ	ד	ך	ו	ת	ן	ו	ל	ה
י	ב	ו	מ	ג	ת	י	ת	ר	י	י	ו	מ	פ	פ	ם	ז
ב	ן	א	ל	א	י	י	ב	ו	ב	פ	מ	ו	ו	י	ת	ב
מ	א	ו	ד	ב	ה	ב	ה	ת	י	ו	ע	ן	ו	י	ל	ש
ה	ת	א	ו	ר	ו	ג	ג	פ	ו	ל	ב	ל	ע	ש	ג	צ
כ	צ	ת	ג	ב	י	נ	כ	ס	פ	ן	ת	ח	ת	ש	ח	פ
ע	ל	ו	מ	ח	י	ו	נ	ר	ק	י	נ	א	ב	א	ה	ק
נ	ו	ו	פ	ה	ו	ק	ל	ע	ו	ם	י	ם	ב	ט	ס	ר
י	ח	ת	ד	ב	ו	ע	ל	ה	ד	ח	ס	י	ג	ע	י	ם
ש	י	פ	ג	ל	מ	ל	מ	ת	ר	ע	ו	ק	ן	י	ב	מ
ר	כ	כ	ם	מ	ף	ר	ד	ז	א	ר	ף	ח	ס	ב	כ	י
מ	ו	ד	ו	ה	ב	י	ה	י	ס	ל	ש	ו	ו	ר	מ	ל
י	ה	ב	ח	ו	נ	ו	ח	פ	צ	י	א	צ	כ	י	מ	ח
מ	ל	ש	ע	ן	ד	י	ב	י	ה	מ	ו	ג	נ	ר	ג	ד

כביסה
פועל
טלפון
למרות
חדה
עובדת
שווא
רכי
מה
חולצת
שליון
אבא
לגלות
צוחקים
להוכיח
סוף
מאוד
ללמד
מבין
יגעים

Puzzle 465

ש	ק	ו	נ	ו	ר	ב	מ	ה	ב	ו	ה	פ	ל	מ	ת	ה
ק	ר	י	מ	כ	מ	י	ה	מ	י	ל	ש	פ	ז	ו	ב	ב
ק	ק	ד	ק	ת	ר	נ	ל	ו	י	מ	ס	ל	ר	כ	ל	י
א	ע	ן	ל	ל	א	ת	א	פ	ף	ו	ח	ז	ל	ם	צ	ת
ו	א	ו	ר	ז	ת	ת	ל	ה	כ	ו	מ	מ	מ	א	ח	ה
ל	נ	ר	ת	י	ת	ר	ו	ס	מ	ם	י	י	ר	ה	צ	ה
כ	ש	ח	ך	ע	ו	י	ל	צ	ב	ה	מ	נ		ו	פ	נ
ע	ק	א	ש	ר	ע	ת	ו	ו	ל	צ	י	ש	כ	ב	נ	ק
פ	מ	ע	ם	נ	ט	א	ת	מ	ר	י	י	י	מ	ל	ע	ו
ש	ל	נ	ב	ג	ה	מ	א	מ	ק	ר	ס	ה	ע	ש	א	ח
ן	ת	מ	צ	ה	ל	כ	ו	ו	ב	ח	ל	צ	י	פ	מ	מ
ב	ב	ג	נ	ו	ט	י	י	ו	י	ך	ב	י	ג	א	ת	ק
צ	ל	א	ר	י	נ	ח	ו	ר	ם	ל	ת	ת	נ	פ	נ	י
א	ו	ח	ה	א	א	ו	ת	ע	ו	א	ת	ע	ד	ו	ה	ב
ת	י	ר	ד	ו	ה	נ	ת	פ	ו	י	ר	ם	ו	כ	ל	פ

עשיית
אורזת
מזל
צל
נשק
במהלך
לתת
האם
כלי
הבצל
בהודעת
בנק
אחרון
הצהריים
מסורתית
שני
קקאו
הביתה
קרקע
להטעות

Puzzle 466

ל	ל	י	י	ס	ה	ל	א	י	ת	ר	ב	ע		ת	ג	ד
ב	ס	י	ס	ק	ר	ן	א	נ	פ	י	ט	י	ו	ו	א	ה
מ	ו	ו	ן	ו	ר	ש	ע	י	מ	ו	ק	מ	נ	ת	ט	ר
פ	ש	ר	ץ	י	י	ל	ש	ח	ב	ו	ס	ו	ו	י	פ	ב
ל	כ	ד	ק	ף	כ	י	ה	מ	ר	ל	ט	ב	י	י	ל	י
ב	ת	י	א	ה	ז	ו	ר	ל	ח	ב	ל	ך	א	ק	ד	י
פ	ן	ם	ו	ו	ה	ח	י	פ	פ	א	ו	ב	ו	ר	מ	י
ב	י	ל	ס	א	ל	נ	ש	י	ה	ס	ל	ס	ש	פ	ח	מ
ע	ד	א	ן	פ	ו	ש	ג	ב	ת	ם	א	ז	ן	ת	ט	ב
ע	ו	ע	ג	ו	ע	ד	ק	ד	פ	א	ק	ע	ו	ז	י	ל
ו	ו	ע	ש	ח	מ	פ	ק	ת	ד	ר	ם	א	ת	א	י	ו
ת	א	ט	ס	ן	ד	כ	ב	ו	ל	ו	ג	נ	ר	ת	ס	ב
ל	ב	מ	ר	א	ה	מ	ב	ר	ש	ז	נ	ע	נ	י	י	ב
מ	ק	ח	נ	ת	מ	י	ו	מ	פ	ו	ש	ז	ט	ו	כ	ה
כ	ו	ה	ד	ע	ס	מ	א	ח	י	ס	ח	א	ף	ו	ז	ם

אך
בטקסט
לרוץ
יניח
סקרן
מסעדה
תרנגול
לחפש
במראה
באסם
מחפש
עט
עמדה
בסיס
טייס
כוס
ולהזכיר
קיר
עשר
יורדים

Puzzle 467

ב	מ	ט	א	מ	כ	ג	ע	י	ח	נ	ר	נ	ר	נ	ח	ו
ו	צ	ה	א	ר	ס	נ	מ	מ	מ	א	ק	מ	ק	ל	ו	ע
ב	י	ב	א	ו	ת	ר	י	ם	י	ט	מ	ק	ט	י	ש	מ
א	ר	ו	פ	א	ו	מ	ו	ן	ש	מ	ס	ן	ו	ב	ד	ע
ס	ה	ו	א	ו	פ	ח	י	ל	ה	ב	י	ת	ת	ד	י	פ
ק	מ	פ	י	ת	צ	צ	א	ש	ע	ו	ה	ב	א	ק	ם	ן
א	ה	י	ח	ד	פ	ס	מ	כ	ו	ת	ה	מ	ש	ר	ה	י
ו	מ	נ	ת	ט	נ	א	כ	ק	י	ח	י	נ	י	ו	ח	ע
ד	ל	ת	ו	ח	כ	י	ר	ה	ח	נ	י	ט	ו	ב	מ	י
ר	ח	ח	ד	כ	ד	ל	ז	ר	ב	ב	ל	ת	י	ק	ו	ר
א	נ	ל	ז	א	ח	ד	ה	כ	ע	י	ס	י	ה	ל	ש	מ
ו	מ	ו	ח	מ	נ	י	ג	ת	ע	א	מ	ת	ג	א	ו	ה
י	ד	ק	ד	ו	ל	ק	י	ס	י	פ	ה	ש	ר	ד	ד	פ
ו	ו	ה	מ	מ	ל	ע	מ	ם	ע	ה	ה	ו	פ	י	ע	ה
ה	ש	ו	ס	צ	ת	ת	ו	י	ו	ו	ס	ל	מ	נ	י	ע

ברזל
פוליטית
נר
קמטים
נחל
ילד
הכעיס
הופיעה
הנוקשה
חמישה
רקטות
ראוי
שאת
חלוקה
דלת
סמכות
הנוכחיים
עדכון
הרי
קרוב

Puzzle 468

ת	נ	ת	י	א	ש	נ	י	ה	ל	ב	צ	ב	ע	י	ה	ח
ף	נ	ר	ק	ל	צ	א	א	ל	ח	ש	מ	ב	ם	ב	ו	ה
ק	מ	ד	ד	ל	ר	ד	ר	ו	ז	מ	ת	ל	י	ח	ו	ט
ה	פ	י	ב	מ	א	ת	מ	ה	ו	ת	י	ח	ת	ר	ק	י
ל	ת	א	ר	מ	א	ו	ו	ח	ת	ע	י	י	נ	ב	ז	מ
ו	ו	פ	ל	ר	מ	ג	ד	ב	ס	ת	נ	ו	פ	א	ה	פ
ש	נ	ו	ו	ב	מ	ו	פ	פ	ו	מ	ר	ת	ח	ת	ג	ז
א	ת	א	ב	ל	י	ה	ל	ג	מ	ר	ל	ס	ל	ן	א	ת
א	מ	ל	א	נ	ה	ת	ו	ת	מ	ל	ב	א	ל	ו	כ	ו
ע	ת	ו	ר	ח	א	ו	ב	ק	ם	ר	ו	ה	א	ד	ס	ה
ו	ה	ת	ה	ך	ס	כ	ג	ר	י	ג	ו	ו	ע	י	ף	ט
ה	ח	ב	ט	ה	פ	ד	י	ג	ב	ל	ע	י	ק	ר	י	ת
ש	ת	ו	ו	ר	א	ו	א	ד	נ	ג	כ	ב	ר	צ	ו	ק
ה	ן	פ	ר	ו	מ	ר	א	ו	ע	ל	ח	ט	ד	פ	ל	ו
ק	כ	ו	א	ע	א	ו	צ	ם	י	ב	ט	ל	ש	י	ל	ו

גלגל
עיקרית
כסף
מתנות
משב
גבול
לתאר
קרנף
תרד
הוקי
כדור
בדק
להינשא
ברחבי
ענבים
החבטה
רך
בצבעי
הראש
לחזות

Puzzle 469

ר נ ז ל ו ז ח ט ה ש א ו ע נ ג ח נ

י ו ל ן ט פ ו ש י ד ו י ס כ ו י ת

ב ו י ת כ ה ו ד ג נ ה ה ו ש ף א ע

ע ע ח ל א ו ו ה ר ע ב מ י כ א י ר

ר ע ע ו ו ר ש ה נ ר י ר ל ו ב נ ל

פ ל כ י מ ע י ך א מ ם ל מ ד ו ע ש

מ ר ר ח ם _ מ ו נ ב י נ נ י צ מ ד

ל י א כ ר ש צ ד מ ג כ ק ה ג י י ו

ו ז ב ו ת נ ד ו ו ד ל ר ש ע ד ע ד

כ ג ה נ א מ ל ו ו י ו ר ו נ ל ק י

ל ש ו ה י י ו ל נ ק ה א י ו א ס ד

ך פ ך י א ה ת נ ו י מ ת ג י ה נ מ

א ק ו מ א ח ש ד ת ו ר ת נ ן ד ח פ

ף מ ה ט נ מ נ מ ו ב ה ו ט י ר צ ו

א ס י נ ט מ ה ן מ ה מ ח נ ה ל ה י

- איך
- פחדן
- לשדוד
- לנקר
- אוהבים
- אנרגיה
- האי
- טניס
- זכות
- הנוכחי
- מלוכלך
- אפונת
- נהג
- ידנית
- מנהיג
- שופט
- בגדי
- גוף
- הולכים
- שידור

Puzzle 470

- להשיג
- כלנית
- בצפון
- נענע
- מחוץ
- חמנייה
- ואחותו
- להפסיק
- להישאר
- ראש
- קטלני
- פי
- חדש
- מנעול
- חוסם
- הוא
- לידת
- אודישן
- לבד
- לזרוח

י ר ת ◌ א ר ר ג ת ה פ ן א ף ה י ח

ל מ ו ו ח י מ ר ו ו ה א ת ן ד ו מ

ת ג א מ צ ל פ מ א ף א י ן ט ר ו מ

א ל צ ם ע ד ל ל ו ש ב ו ן ל ס ד ן

ע ר ל ה פ ס י ק י ן ו ו ב א ח ל מ

י ע ר ו ל ד ו ה ח י ר ו צ ם ס ו ח

ץ ו ח מ ת ן ש י ד ו א ק פ ר נ ק ל

ת ח ו ר ז ל פ י ל ת ש ג ו ב ט ה ה

ו ח ת י נ ל כ נ ג ו י נ ן א ח ד ש

ה ד נ ק ח א ס מ ל ח ה ה י ד נ י י

ל ח י נ ל ט ק ח ם א ל ט י ש א ר ג

נ א ל ט ו ד ב ל מ ו ס ו ג י ו ל ב

מ ת ל מ מ ש י מ ע ך ו ס א ב ה ת י

י י ו צ ב ת ו נ ו י א ו ל א ו י נ

ה ב ע נ ע נ מ פ ש ב ח ו ח ב ו ל מ

Puzzle 471

ד	י	ל	ה	ו	י	ר	מ	ת	ו	ח	כ	י	ל	פ	ב	ת
ע	י	ן	ו	ו	ב	ת	ש	ו	ז	ו	ב	י	ו	צ	מ	ן
ו	ג	כ	ו	ב	ש	ק	ו	ו	י	נ	ו	ר	ד	ש	ג	ע
ו	א	ו	ר	ח	ר	מ	ע	ל	י	י	מ	ב	ע	ה	ם	ה
ע	ת	ל	ה	ת	ט	א	כ	ל	ג	ס	ב	פ	נ	א	נ	ר
ח	ר	ע	ת	ש	ה	ס	י	כ	ו	ן	מ	ו	ש	ל	ע	ש
ד	ו	מ	ת	ת	ע	מ	א	ס	ק	פ	ו	ו	ק	ו	ל	ו
ך	ב	ג	ח	א	ב	ד	ו	ו	ן	ו	נ	ו	י	א	צ	ת
ב	ק	ק	ר	ח	ר	ב	ל	ב	ם	א	ל	ל	ק	ל	ח	ו
ה	י	ו	ג	מ	א	ם	י	פ	י	ל	ק	ו	ש	ו	ו	פ
ב	ת	מ	ו	ר	ת	מ	מ	פ	נ	פ	א	ב	ר	ג	ק	י
ו	ה	מ	ב	ו	ר	ג	ר	ח	ש	ף	ר	נ	ו	ל	ת	ב
ר	ה	פ	ס	ק	ת	ל	ה	ר	ח	י	ב	ו	פ	ו	ה	ה
ו	מ	כ	ו	ח	ו	ל	ן	א	ב	ש	ר	י	ת	ה	ב	ד
ה	י	ל	ר	ו	ו	ב	ל	ל	ד	ו	ח	ל	פ	ו	א	י

וחול
בתמורת
פרות
מילואי
מעל
בוגר
הסיכון
לצחוק
קו
להרחיב
אנפה
המבורגר
קליפים
רשות
שנים
הפסקת
קשר
לנפול
ארבעה
שומן

Puzzle 472

צופים
הוטל
חיוך
לדפוק
משהו
מוצלח
כיף
שדה
לשכוח
נגד
מלא
תלוי
בעובי
עת
מדיניות
תמונה
לנער
בסדר
טחנת
מנסה

ת	י	ן	ח	נ	ק	ו	ק	מ	ע	ת	נ	ד	ו	ת	ר	מ
ה	ד	ה	צ	פ	ו	ב	ג	ד	ד	א	ח	א	ת	ה	ו	ח
ם	ן	ר	י	ת	פ	י	ר	ד	ר	מ	ש	ש	ד	מ	א	ם
ס	מ	ל	ו	י	ד	א	ו	ר	ר	ל	ן	א	ו	ן	י	ו
ו	ר	ה	ו	ט	ל	י	ו	ש	י	י	ש	מ	ת	כ	מ	נ
ו	ל	ש	ב	ו	מ	מ	פ	נ	ה	ת	ר	ך	ו	י	ח	י
נ	י	ד	א	ס	ל	ש	כ	ו	ח	ו	ו	י	ף	י	ל	ד
נ	פ	ה	ן	י	ד	ם	ו	ו	ת	ה	ר	ע	נ	ל	צ	ל
ה	י	ס	ר	ק	א	ר	מ	נ	ג	ד	נ	ם	י	פ	ו	צ
ו	פ	נ	ש	ע	ל	מ	ר	מ	מ	פ	כ	ו	ד	ר	מ	ל
א	ת	מ	מ	י	ד	ף	י	ש	ב	ת	י	ה	מ	ב	ע	ז
ת	ג	ה	י	ו	י	ט	ם	י	ן	ר	י	ש	ע	ת	י	א
ל	ת	מ	ב	ה	ה	ב	ח	ה	מ	ן	מ	מ	ר	י	י	ה
ו	ם	י	ו	י	ד	ו	צ	נ	פ	ב	ר	י	ב	ח	ו	ג
י	ב	ו	ע	ב	מ	ל	א	ר	ת	י	ב	ד	מ	ע	ע	ו

Puzzle 473

ת ה ב ר ת ו ה ש ו ח מ מ פ א י י ת

כ ן מ א נ ת ל ו ה א ו ו ב מ ו ן ר

ו ח ם ד נ י ח ת ב ע ל ש ג ם ד פ ת

נ ה י ה פ מ ו ָ ו א ל נ י ו א מ י

ת ה ג ד פ ת מ ח ש ם ח ד י ק מ ק ל

כ ו ד ו ת ן ל ל ע ל י ז א נ ע י ה

ת ב ו ל י ש ב ר ח מ ה נ ה ש ק ז פ

א ג ג ז מ י ן ץ ר צ ר מ ה א י ע ק

ח ש פ ב ע ל ב ו ל ה י ט ת ח ל ק מ

ק ל ר פ ב מ ב ר ו ד ד ד י ט י י ל

ו צ ב ע ר ע י י י ג ס ק י ו ם ו ה

ר ו ח ש ה מ ו מ צ ד ג ת ו ט ר ס ו

ה ה ש ב ו ר י ב ג ו ט מ ו נ פ ח ס

ת נ ג י ו ע מ א א פ ר ד י ר ת ד י

ח כ י ב נ ו מ ל ה ת ו פ י צ ר ב ף

השחור
בשילוב
להוסיף
ספר
חמה
גבוהה
מרובע
ברציפות
דגים
מקלחת
חיה
מעבר
תכונת
נאמן
סדירה
להיט
במירוץ
עליז
זמין
התנהגות

Puzzle 474

עיניים
יתרון
יחד
מרק
לבן
ללוות
דאגה
ארון
לקוחות
דרישה
ממליץ
בעיתון
דודו
אהוב
קדימה
גבוה
בלון
סגולה
הפכה
דיבור

י י ן א ד ח ע ד ו ל ת ו ץ י ל מ מ

נ ר פ א א נ י ר כ ר י מ ל ו י ש ו

מ ח ג מ א א נ י מ ה ד ן ו ר ב ד נ

מ ה ת ו ר כ י ש ד ה ם ו ם י פ נ כ

י ק ג ע י נ י ה ף ל ו ו ל ד ד ל ר

א ס ו ב ו ם ם י ו ע מ צ ש נ ט ש ע

י ג ן ו ל ב מ ב מ ת ח ה מ י ד ק ה

כ ו ו ל ו ש ר ע י ו ו מ מ ת ת ר א

ד ל ר ח ה ו ק י ל ק ו ח ו ת א ו ר

י ה ת ב ו ה א ת ה ע י ה ו ב ג ה ו

ב ו י נ פ ת ל ו פ ש ד ו פ מ ש ה ן

ו כ ו ה ת ת ע ן כ ר ל י ת ה ד ת ד

ר ר ע י ד ן ל ן ה ל ש י ף מ ר ו ח

ת פ ר ב מ ד ב ו כ י י ו מ ו ד ח י

מ ב ו ת ה ל ן ד ר א ם ח ל ו ו פ ת

Puzzle 475

י י ן י י ד ע מ נ ע ד ו ש ך ל פ ס
ק ד ל ב ס ק ע מ י ע ◌ ד ו ל מ פ י
ר ע נ י ח י י ת כ ו ב ל ו כ ו ל ם
ע ן ש ב ל ר ו ו י ה א ע ן ו נ צ ה
ב ע ו ה א צ ל י נ ו י ח ו ט ד א י
ע ר ם ר ו ן ק כ ק י י ר כ כ פ ו י
ב ו ר א מ א ו ד פ ש ת ז נ ש ל י ח
ו מ ה ת ו מ ת ל ו ס פ א ר י ח ו ב
ק מ פ ה נ ח ו ר ו נ ח ו י ן ק ד ו
ח מ ז ל ר ה ב ו · נ ת י ו ת ק פ ג
פ מ ה ה ג ת ד ה מ ו א ה ו ח ו ר ד
ו נ ב פ ה ל י מ א ק ר ר א ב ך ל ח
א פ ל ג ש א ס ק ר ר א מ ב ג א ב ו
נ ו נ י י ש מ י נ ח ל א י ע ל ר מ
ר ש ל ן ק כ ש נ ה ש ו ן ב י ח ז ז

נכון
לנשום
האפשרות
פסולת
מוכנה
עדיין
צנון
האומה
ידע
ספל
מעיל
אזרח
להפגין
חייהם
זהב
הראתה
באוויר
רשלן
לב
חיוני

Puzzle 476

א י ה ל כ א ב ך ר פ א ה י ש ר ו ס
ר ר י ה ר ת ס כ ו י כ ד ת י ן ו י
נ ד ה ס ב ה נ פ צ נ צ י ס ב י א כ
ב ו ת ב ל מ י מ ה ו ס ד ג ו פ ס ו
ת ד ד י ך מ פ מ ף נ א ז ס ט ו ו ם
ל ש פ ר ר ב כ ר ל ר א ל ט ר י ו ש
ן ש ת י ת ו ו ג ת ב י ו צ ג י מ מ
ח י נ ה ל ג י ו ח ע ו ק ס ו ן ש ו
ה ו א ט י ר ד ת ג ש ח ת ו א ת ם ל
ע ו ת ל ל פ ה נ ו ס ע צ ב מ ב א ר
ג ו י ט מ י נ י ר א ר ב ו צ ת ו ה
ג ו ו ו ש נ מ מ ם ש מ ט ס ר ן צ ש
ן ב ת נ ח ר ל ו מ ה ת ד מ ע ב י ע
ם ל י מ ה ח ו מ ן א ת מ י פ ס ו ו
א ב ל כ א ח ר ק א ד א ל י פ ה נ מ

משם
ארנבת
ויטמיני
לאתר
להסביר
רוצה
במבצע
יצוא
אוגר
החשמלי
ספוג
רטוב
שעברנו
להניח
צוף
לרכב
גיליון
סיכום
גורם
בעמדת

Puzzle 477

ר מ ג ב ת מ ו נ ת ד ע ל ת י ו פ ל

ר ר ם א ב ח ת ב א ע ה א ן ב כ ע א

ו ה ס ח ה פ א ח ו ת ב ר מ י ר נ ז

א ו ו א ו ס י ד פ ו ו ס ם ו ו ו ו

ת א ע ן ג ל י ר ל ג ג י ו ת ו ר

ן ב ש ו ק ו ץ ו ר ג ת מ פ ל · ר ב

ם ה ל ר ה ד ו ב ע י ר מ ק ג י ה ם

ה י ש פ ם ו ר ב ה ד ם י נ ט ר ס ד

ר ד ר י ר א ב מ ס ו א ה מ ת ד ל פ

ד ב כ ע ן צ י ג כ ר ח ט ח ו י א י

ן י א ן ן ו ם ו ו ל ס א ר י ע צ ב

ד פ ו ו ל ש ד ם ם י כ נ ו ו פ י ה

ג מ י ד ל ט ב א ר ו ו נ ס א ש ע ו

ו ג ת ל ד א מ ל ה ד ד ש ש ן ל ו ב

ע ב ד י ח ו ר ן ה נ ו ק ה ש א נ ע

עבודה
מגבת
תאו
עיפרון
רבים
תמונת
סרטנים
כבד
תגובה
פלדת
בר
הסכום
להתפרץ
אחות
סגול
הבת
לאזור
תן
לגידור
בשוק

Puzzle 478

הפוך
העכבר
אפשריים
שקיעה
יבש
פנימי
קלט
מאשימים
וסבא
הליכה
שתיקה
מלוכה
שכן
ופלפל
חלק
חינוך
פוני
דקת
טרגי
בכה

ח פ י ל ם מ ת ס ט ל מ ב ו ה ש י

ח ן מ ם כ י ג ל א ג ל י ו ד ע ל כ

ד נ א י מ י נ פ ע ה ת ל ו ש כ ן ב

ו ת ש י ג ח ב מ ך ה פ מ י ר ב י ת

צ נ י ר ל ל ד ר ל פ י מ ה א ר ע ע

ח מ מ ש י ק ק פ צ ה ר א ס ת פ ם ד

ב ק י פ י מ ת ל פ ל פ ו ט ל כ ד נ

ף ח ם א מ ב י ת ל ה מ ר ל ב ב ד ן

ר ע פ ו נ י ב ש מ צ ג י ק ש ה מ ו

ח פ מ ע ◌ ע ח ת מ י ה ן ח ר י ס מ

ה ת מ ב ש ה ל י כ ה פ י ן ל ב נ ו

ד ת ד נ ק א ת ק כ כ נ מ ה א ג נ נ

ה ו י ן י ב כ ה פ ו ך ל מ כ מ ה ו

נ א ח ה ע א י ו ך ל ע י ד ס ע ה ל

ו ד י ד ה ד ו מ פ מ ו ו ל ב ן ד מ

Puzzle 479

ל ו ק נ ו כ ת י ח ר ח ו ת נ ל ו א
ו ד ו ל ר י ו ק כ ע ה ת י ר מ ר ת
י ר ו ק ט א י א ש ע ל ן צ ש נ פ ק
פ ו ר ח פ ר כ י מ פ ך ו נ פ י ה ק
מ ג ל י ת ב מ ז ח ל ת מ מ א ו מ כ
כ ל ת ם פ ת ו פ פ כ ב נ ל מ ד ו ב
י י ל ו י ת ג ו ן מ ח י ת י ל צ מ
ר ע ש כ ש ב ל ו ת ו מ ק ש ש מ ת ט
נ ו מ ה א י ח א א ו ב א ה פ ד ח ש
ם ת ו ת צ ל ו ם ר נ ס ת ל ד י צ י
ר נ ע ו ס כ ב י מ מ ה י ט ע ב מ ח
נ ל ד מ ל ד ה ר ח ל ע ת נ א ו ב מ
ב י ר פ ו מ ג ח כ מ פ מ י ב ת ב ה
ם ה פ ו ל ו פ א ם ל ש ו פ י מ ר ל
כ ב צ כ י כ ה ל י ס ה ז כ א ן י ב

בימּמה
לשמוע
רעש
השפעה
קינמון
לאחרים
מזחלת
לרצות
צפרדע
חובה
במחבת
חקירת
תצלום
נלקחים
להמחיש
הלך
שצבא
מאפשר
כפפות
חכם

Puzzle 480

דיוקן
בריא
מטבע
חרב
צעד
להביא
בשבוע
בד
כלכלת
מעקב
כן
עצמאות
עור
מרוצה
כאשר
פעמון
טוב
מחר
בקתה
אריה

ח ט ו ב ן ב צ ד מ ו נ ה ת י נ צ ד
ר י   ק י ו י י ו נ ם ח ס ב ק ע ה
ב ו ה ת פ ר ל ו י ר ו פ ע ו ה ד ס
ם מ ר ה מ ע ס ק נ ר ל ד ך ו ג ו פ
ל א פ ת מ כ ו ן י ש ו פ ר ל נ ף ז
ז ו ר ו ע ו ס ו ס ק ת ח ח ם נ ג י
ו ו ח א ה ת ש מ ל ש מ י מ ו ו ן ע
ע ש מ מ ו מ א ע פ ו ל ד א ב ה ה א
ה ם ו צ י א ד פ ן כ ל מ י א ו ש ו
ב ל ר ע ט ד ר ו נ ח מ נ י מ נ א מ
ב מ ק ו ו ו מ ת כ ע ד ר ט ד ב נ ו
ז ח ת מ ת י א ל א ו ו ב א י ב ה ל
ש ו ו ע ב י כ ע ו ב ע י ה צ ו ר מ
ו ב נ ק ד ל נ כ א ש ר ח א ה י ר א
ש ו פ ב ת א ר י א ב ג ו מ ר י נ ת

Puzzle 481

ב ס ן ו ט ל ש ה ר מ ל ג י ל ח ל י
ע ק ב ר ע מ ע צ ע ע ע א ה פ א ו ו
י י ו ל ש ו ו ר ק י ת ש ם י מ ח ב
ן ר ס ל ת ג ת י מ ת ו ה ק י ז ו מ
ן ה מ ס ש מ ת מ ם ו ר ל ת ע ר כ מ
פ א ן מ א י ר ח ת ו ר ע מ כ ב ת מ
מ ר ע ח ח ר ז מ ו כ א ג ן מ י ה ר
ן נ ר ו מ ס מ י ו ת ר ר ל ל ד צ ב
ח ת פ ד ד ל מ ש א ר מ י נ ו צ י ח
ה י ד ס מ ו ע ר ה צ ם ב ה א י י
ו ו ר ת י ח נ ר ל ד מ נ ק ק ח ה ר
ר י ע צ פ ס ע ה י ר י א ל ק ח ם י
ו צ ד ו ה ש ס ר ש ו ס י ת ד ג ד ת
י כ י י ר ן ע ל מ א ה ח ו ו ם ג א
כ י א ב ת ו ת נ ס ו ת י נ ג מ מ מ

חקלאי
מוזיקה
ירצה
לגיל
צעיר
מסוכן
חיצוני
השלטון
עומס
אגם
בעין
סקירה
יפה
כיור
רכוש
להשוות
בצד
מערת
מזרח
מחודדת

Puzzle 482

ס ע ג י א ת ב א א ר ס א א י ו ב פ
ו ר א א ת י מ פ נ ו י ן ו א ס ו פ
ו ד נ צ י ר ן ו ה ו י ס כ ר ה ן מ
נ ה ו ג ר נ ו ה ו ו ט ח מ ה ת ו ר
ל מ ת ל פ ח י ב ו צ ס ו י ו ה ח כ
ק ד ו ט א א ס ם ש ו ל ר ת י ו ר י
ן ח ח ר מ ל י י צ ר כ ה ו ב ו י ו
ז ו ה ר ת ו נ ק ת ו ד א א א ל פ א
ד ש ה פ ס ש ב ה ח מ ש ח ק ה נ ש י
נ ב ו ר ו ו ב ל ל מ כ ו ה א ת ו ח
ס ע י ף י ן ת ו י ל ק ב כ מ י ל ה
י י ה ב ל ש י ם ח י ן ת מ ח י פ ה
ו ג מ נ ג ב ס ק ד ם א ף ע מ ן ל י
ח מ מ נ צ ח ו ן א ל ר ו ט ו פ ב ר
ג ב פ ר ע ת ח ת ב א ו י ד י ל י ס

מגיע
בניסיון
כמעט
חמאה
ולא
זוהר
חושב
לשים
שמים
אמת
סעיף
לייצר
חמש
ינשוף
נצחון
כתף
לפלוש
לחקות
ישנה
להקים

Puzzle 483

ש ת ה ח ן ד נ ו ת ת ה ח ד א ו א ו
ת י ח מ י מ מ צ ן ם י ר ו ב י ד ל
ע א א כ ל כ ח נ ס ת ב ן נ ר י ו מ
ר ש ב ה ע נ א מ י ת ל ד ו ן א ע א
ו ה ח א מ ס ח מ י ל פ ש ט ח מ ב ט
ב ה ה ו ס י כ ל י ם י מ י צ ע א ר
ת פ ר ו ח ת י פ כ מ ע ש י מ צ ק א
ר ו ע ס ב א ח ת ל נ י ה מ פ ר ח מ
ו ע פ ת ר י ל ר ע ו ב ק כ ר ו ל ב
ג ל כ ו ו ר ת ע א ו ש י ו ד ל ו י
א ד נ ר ה ק כ י ח מ פ י ע צ ל ו ה
ת ח פ ו י ל י ר ו ר כ ת ס ל ג ל ד
ש י ו ח ו נ י י נ ל ך מ ר ק ר י ש
ת ז ס פ פ מ א י · ע י ת ה ט ה כ ה
ש ג ג ה פ א ו ה א מ נ א ו ו ת ח ת

שביעי
חור
נחש
אש
כועס
לדון
כפית
בעוד
לדיבורים
כולל
מעצר
הפועל
השמש
תערובת
מכנסי
אגורת
מישורי
מאה
לפשט
לקריאת

Puzzle 484

ר פ פ ד ע י ק ב ה ל א ל ל ה ר ג ו
י נ ר ת י ה ח ש י מ ר ו ז מ י ד ב
ן ת ו א צ י מ ש מ ו ג ב ו ח נ ס פ
פ פ ט פ ל ת ו ת ו ר ו ר ה ר כ מ א
ר ו ו י מ י ה ס מ כ ן ם י ב ו ר ק
כ פ ת פ ט ע י נ ה ב ת ד מ ת מ ר ו
ו ו ל י ר ד ה ל ו ג ל מ ר פ ל נ י
ת מ ר ק ת י נ מ י ר ן ב ר מ ה ע ב
ח נ ו נ ן נ ק ה ת א ע ו ש ו י פ ר
נ צ ג ר ל ה ו א א ה י ב ל ן ח ח ו
ל ד ח פ מ ה א ש י א ד ל ו נ ך ב ך
ך ו ל ל ח ר ו ס מ ר ח ך ה ק ח מ ה
ר ת ד ו ד ה ש ר ת ח ף ק י ז ח ה ל
ה ד ט מ ו ד ו ל ת ל ר מ ד ו ר ר י
ד ב י י ל א ו ה ד ה ח ו י ס ס מ י

להחזיק
מתמדת
המומיה
מול
דחף
מכרה
קרובים
מחק
מורכב
המחק
ארגון
יכרוך
העברת
אמרו
דודת
אוהל
מפחד
בטוחה
פרוטות
להבקיע

Puzzle 485

א י ח ת ת ב ה ט נ ו ה ר כ כ נ י מ
ל ל י ס ג נ צ ע ל ו ב ג ש נ ב ח מ
ש ד ט ג ר ם ם כ ה ר ד ר ת י ל י ט
ג מ ב ש ע ח צ ו ר כ ת ח ה ס ו מ ב
ל י א ם ו ד י ג א ע ע ג ה ת ת ל ח
א ב ד י ת ע ו ה ג ו ת ל ת ו ו ם
ע כ ש ד כ ס ר ר י ח ח ל ה צ ט ר ף
ג ל ו ב ו ס נ ב ג ם ב ל ב ו פ מ ל
ן ו ו ו צ ר פ ו ו ם ה ג י פ פ ד ה
ל ו נ ע ל ה נ מ ל ת ע י ע נ ע ח מ
ר ל י א ד ת א ו א ר י ש ח ר ת ה ל
ל ה ה ל ה ג ד י ר כ מ ה ל ל י ל פ
י ח ו ן ת ל ם ח ו ו ד ח ס מ א ס ד
ל ש ל ו ת ג ד ת ל מ מ י ו מ צ ו מ
ה ל ס י ג י ט ד א ש ה מ ת נ ח ר ש

וניהול
אבטיח
נפוצת
עובדים
מחל
חלש
גלובוס
נמלת
מטבח
חצאית
להתאים
המדמיעה
גשם
להביע
להתרחש
כניסת
להצטרף
להגדיר
הרס
מוכרת

Puzzle 486

ג מ י נ ס ו ד ה ע ח ן ב ן א ו ס פ
ר ר ו ק ח ר ד ה א נ ס מ ו ק ה כ ד
ח י ו נ י ו י ט מ מ ג מ ם כ ס ה ה
ת ו ה מ א צ י ה א נ ה פ י פ ק ו א
ו ת פ נ ל ן א ח נ נ ג ו ס ח ע ר ל
ח י פ ו ש מ כ ס ו ב פ י ח ע ב ע נ
ש ת ג ר ש א א ב ל ח ץ כ י ש ה נ ל
א ר י ת ל ד ב ב ח ו ר ר ס ר א מ ס
כ ג מ פ י ח ן ד ם פ ו ג ˌ י י א פ
ר י י צ ט ו ו נ ל ש נ י מ ם מ ר ו
ר ם ד י ש ש ד ס ח ה ח ל ד נ ח ק ג
ט ו י י ל ס מ י ו ן מ א ג ח ם א ר
ת ק י ג ט מ ה ו ו כ ב ה ד ו ר ו ר
ר ר ף פ י ת מ ו ן י כ ס ע י ט ר פ
ז ם מ ע י י מ ו א מ ט מ פ ם י ב ן

אמן
אלפים
ההסכם
ארית
בלחץ
ורודה
עשרים
לספוג
סכין
בחופשה
כרגיל
לנווט
אומה
פרטי
חיפוש
מנורת
בחור
רגולציה
יחסים
כאב

Puzzle 487

א ו מ ל ס ו ו ה צ י ו פ ב ר נ נ ד
כ מ ר ת ל א ו ת ם ה ד י ח י נ א ל
ר ל ד ע א ת ד י ר ל א מ מ ר ת ו ש
ש י ף ל מ מ ע י ו פ ר ס י ק י ד ק
ו ח ת ו ץ ו ט ש י ו ו ש ל ג ב נ ו
פ א ו מ ע ו ר ב כ ל י נ ר ר ח ג ל
ל ע ט ו ת ד ל ו ס ח ת ו מ ד ק ת ה
י ע ג ת פ כ פ ל ה ר י ח ד מ ע ו מ
מ כ ל ל ש ע ת ר ס ו ט ו ק י פ ד ה
ו ו ת מ ס מ ו ד ר מ ק ח ו ב פ ו א
ש ה ן ח ב מ ו ב י ה פ פ מ ח י ח ר
ו ו ח ל ר מ ל א ב נ מ ו ב ר י ף י
ה ָ ר נ · ו ◌ ש ת פ ו י צ ו ר ת ו
ך ת מ י ג ר ר ת כ י ק ו ד ו ח ה נ
ב א ו י ן ג ם ת ו צ ו ה מ ת ו ח ע

עורב
מועמד
לשקול
דרג
יחידה
שיחה
התקדמות
מוקד
נתיב
שׁוּנְרָה
לאמץ
אחיו
לתעלומות
פרס
קריר
מרדף
אותם
מסולסלת
התיישבו
קומפקטית

Puzzle 488

נ ד ה א ת ג ה י ת ם י כ ס ה ל ו מ
י פ מ ה ח נ י כ מ ר ק ב ו ל כ ע ה
ע כ י ו י ו ל ה י מ י ד י ע נ י ל
ר ד ט ר ס ג ו ה פ י י י ו י מ ר א
ל ב ה ג ש ש ו א כ ו מ ש י מ ה ר ו
ד ח ו ד ר ה ד נ מ ו ש ן א א ו י מ
מ מ ל ש נ י ת נ ו ב ב ש י מ מ כ צ
ד ו מ ד מ נ י ו ת ב ר י ר ל ע כ ל
ו ה ס ר ד ם מ א א ז ת י י י ת ג מ
י ש ס ה ן ן נ מ ת מ ר ש ס ת ה ר ה
ס י ל ג ש ש ת ת ל י ו ם ת נ י פ ס
ה מ כ ר י ס ו א י נ ד ל א ד ר ח ת
כ י ש ו ף ב ב ה ח ה פ מ מ ו ו נ ת
ז ט י ע ב ו פ מ ל ב מ ר י ל ן ד ן
ו נ ס ו ו ב ו ו ל ת פ כ י ד ו ב כ

כבוד
כמות
שנאת
משימה
ספינת
להסכים
משבר
המיטה
מעניין
מישהו
כלוב
דומדמניות
באמת
כישוף
איריס
שניתנו
הגרוע
לעכל
מצלמה
זמינה

Puzzle 489

ר נ ר מ ש צ ד ר ן ל ש מ ל ס ו ה ו

ר מ א ך מ ל ש ת י מ א מ ר א כ י ל

מ י ז ה א ת ם ו י ו ד ת י א ה ר א

ר ם ת ג ב ק ק ר ר נ ב ד ב ת ב ו נ

ו ר א מ ו י ה נ י ם ר ת ה ב א ב ר

פ ו מ ם ת ט ל ט ש ד י י מ ר ד י נ

ר ה ל צ א ו ע מ ע א ו ר א פ ד ד צ

ל ת ת ל ז ר ד ח ה ס מ ב מ ו ו ו ג

ר י ד ו ה ה ר ו נ ת ע ה י מ ר ד ח

פ ע ס י ר ב י א ע ס נ ל ן ד ח ע ב

ו א י כ ה ם ע ם י י ן ט ה כ ס א ו

א ר ר ש מ נ ה ע י ח ר א ת ו מ ה י

ה י ת ק נ מ ן ר ט ל י פ א צ פ מ ו

ב ה ק מ נ ו ד מ ד נ פ ב ע א י ו א

י י ה ח ו פ א ר ו ל י י ח ת צ י א

דתי

חייל

רפואה

ענן

הבא

העשירי

קמח

תנור

דיבורי

אזהרה

מס

דברי

סירת

קיטור

שמירה

באמצע

מאמין

אכיל

הכאב

העיר

Puzzle 490

ה ב ת י ד ב ש ע ס ה ה ח ו ל מ ט ס

א ר י ה מ נ ט מ ו ם א ל ב ה ג ח ל

ו י ש ר פ ל ע ש פ ק צ ו ר א כ ל ב

ז ח ו ע ף ד מ ס ש ן ו צ ר מ נ ו י

ן ת מ ל מ ר כ י ב נ ת פ י ב ר ן ת

מ ס ת פ ו ה ד ש ו ו ה ל ה ג ה ב ת

ע ח י כ כ י מ ל ע כ פ ה ע ר א ל פ

מ פ י ש ל ו ה י ג מ ג ל י ג ן ת ה

ס ד ר מ מ ב ת ח כ י ו ו נ י ם ש ם

י פ א ת י כ פ ת ת מ ש ו נ ת ה ע ר

ח ו ג מ ח ה ש ף מ ע ו ת ו ס ה נ מ

ה י ע נ ו ש ט ה פ מ ש י ך כ ן ו ם

ו ה מ מ נ ו ו ב ס ף ע ג ל א ש י ר

י ן ה ר ד ב ת ד ב ט י ר ל ד ב ב ר

מ ב ג ש נ ו ה י ל ו ס י מ ז ג י ד

עטלף

שמע

פגוש

התפשטות

תנין

רעל

שמפה

להלוות

האוזן

התוצאה

שבדית

מרצון

שליחת

מרכיב

רגע

משכפל

בריחת

כיוונים

סופשבוע

סט

Puzzle 491

ט	ה	ע	ו	מ	ת	ה	ם	צ	ו	ר	ך	ט	מ	ש	ת	ג
מ	י	ת	ו	ו	ו	מ	ג	ש	ל	י	ו	ב	נ	א	ר	פ
ג	צ	ס	ב	ל	ת	ע	ו	כ	פ	י	מ	נ	ע	ח	ב	ל
ת	ה	ת	ה	כ	ו	ב	פ	ד	מ	נ	נ	ו	ש	מ	ש	ק
כ	ח	ו	ל	מ	ב	א	פ	ס	י	י	ו	ל	ו	א	ו	מ
ו	א	י	ר	ם	א	ן	ב	ם	פ	ר	ו	ו	מ	ב	ר	פ
פ	ש	פ	א	ו	ח	ו	ד	ש	ע	נ	ת	ג	נ	ו	ת	י
ה	ט	ו	ע	ה	י	ה	ט	ב	ע	י	י	י	ט	ח	ו	ש
ל	ן	ק	ג	ו	ק	נ	א	ו	ד	ם	ה	ת	ו	ר	י	ל
ס	נ	ש	ג	ל	צ	ש	ק	י	ד	י	ד	ל	ת	נ	ו	י
ד	ר	ה	א	ם	מ	ל	מ	ר	ה	כ	י	ל	ו	ל	ו	ו
ב	נ	ת	ט	ת	נ	ו	ע	ש	כ	א	י	ת	י	ג	ב	א
ב	ג	ב	ג	ח	ח	ש	א	ד	ד	ת	פ	ת	ה	ם	ם	ו
ע	ל	ל	נ	י	ה	א	ח	ד	פ	א	ר	ח	פ	ה	ו	ב
ב	ר	י	ל	ל	י	א	ט	א	ל	ר	נ	ף	א	ת	ו	ב

חודש
הון
שאר
שקופיות
נמוך
נטו
נייר
אחד
טבעי
הכילו
צורך
טכנולוגית
לשנה
בגלל
מאבק
תכופה
לירות
טועה
התה
היותו

Puzzle 492

ק	י	פ	ס	כ	ה	ש	נ	ל	ה	ג	ן	י	ת	מ	נ	י
ם	ו	ח	ע	ָ	פ	ו	ה	מ	א	י	ו	ו	ת	ס	נ	ג
פ	ס	ד	נ	ש	א	א	נ	ח	ג	ר	א	י	ו	ו	ו	ד
ב	י	נ	מ	ָ	ו	ת	ו	ד	ל	ה	כ	מ	◌	ג	ב	ד
ב	כ	ק	ס	ת	ד	מ	א	מ	ב	צ	ו	ו	ו	ל	ל	ל
ש	ו	ת	י	ו	ו	ש	ו	ח	ה	פ	ה	ה	ָ	נ	מ	ם
י	ד	י	ב	מ	ד	י	ו	ו	מ	ו	ל	א	ה	ל	ע	י
ש	ח	ר	צ	נ	ק	ם	ו	ס	ו	ל	ת	ד	ע	כ	ב	ר
ס	י	א	ה	נ	ה	ט	י	מ	נ	פ	ת	ו	ח	ו	י	ח
ר	ה	ס	ל	ל	כ	ב	ו	ש	ה	כ	ו	ו	נ	ו	ב	א
ו	ו	ד	ב	ו	א	ח	כ	א	א	מ	ט	י	י	ב	ת	א
ח	ס	ר	ה	א	כ	ר	ת	ק	י	ע	כ	ב	ס	ו	ד	ב
י	ל	ף	ש	ל	ה	ל	צ	ו	י	ב	ו	ה	י	פ	י	א
א	ד	ו	ה	ר	ו	ל	ב	ס	ו	ף	צ	ר	ו	ן	פ	ת
י	מ	ע	נ	ד	ד	ר	מ	ה	ה	ש	א	א	ן	מ	נ	ב

לכול
להגן
חום
כיסוי
לכבוש
לדחות
הכספי
ניסיון
רחב
קודמת
ולבסוף
עכבר
יתוש
סל
צבי
המונה
מסוגל
כבשי
נשא
אחרים

Puzzle 493

ס י ו ו ת ח ת ב י ל ו ת ו י ב ו ח
ל ז ת י י ג פ ר מ ב ה ב ט ב ת ר כ
מ י ר ל ו ן י א ן ר ע מ ו ב ו ר ל
ד פ נ ת ל ן ד ו ר ו ג מ ק י ר ח ש
פ ת ג ב ן ו פ י פ ע ו ו ו נ ו ה ק
י ו ו ב ל ה א ש י ה ל ג ם ק ם ר ו
א כ ל ן י נ נ ב ו י ה ד י ג ח ר ף
י ן ת מ ס מ ו י ד י ל ס מ ח ת ו ל
ו ת ש ק ב פ ל ד ח ר ע ת ו ה ב ו ק
ת ט ר כ י ל י מ מ ה ח ב מ ר י י ב
ח א ר ב פ ו ר פ ל י ו ז ב ג ף א ל
ה כ מ ן ם א ע נ י ס פ א נ א ח ב י
ו ג ב ת ל ו ו י ר מ א מ ה ו פ ן פ
א מ ח ו פ ל מ ח כ ד ה כ ד ד ף י נ
ה ו ר ן ו ו נ ת ה מ ו כ ה ל י ת ד

מים
סנאי
שקוף
משטח
חתול
לקבל
החג
להעסיק
עפיפון
מאמרי
מבנה
תוכן
אף
ליד
העגולה
ורוד
יבשי
תרנגולת
בתורו
דיג

Puzzle 494

ל ה א י ה ר ר ו כ מ כ י י ד ב ו ר
ה מ ד ל ו ק ח י ם ן ם י ר ט מ י ח
ך י ק ן צ ל ו ת ו י ס ה א נ ק מ ש
ר י י ר א צ ק ח ב ו ר כ ו ב ג ו ע
ק ה י ל ת ן ה ד ב ר ב ג ו ת א ג ע
ח י צ ו י ל ה ש מ ן ח ן ה ן ו ו פ
נ מ ע ע ר ש ת ו א ש ר ר ח ו ל ס ל
ו ה ר ן ח ק ן ת פ ר י ו ת ל ס ו ב
י פ ה ו ס נ ל נ כ ו מ ש ל ה פ מ י
ד ת ד נ מ פ ו ד ו ר ו ת ק ו י ד ב
ל ן נ י ע כ ו ח ע ס י ש א א ע ב ר
ו ו ו ו ה נ ד מ ס ו מ י ל ש ו ו ת
נ ו א ב נ כ ג ו י ל ח ל ו י ח א ם
ד ל ק ן ו ג א ב ם ת כ ל ל ר א ת ס
י נ ח י מ ר ה ל ד י ת ו נ ב ו ס מ

ערפד
הוצאת
מסוכנות
רוח
וכרוב
לוקחים
לה
בדיוק
נולד
גומי
גבר
לסלוח
מסחרית
כועסים
ריקבון
רחוקה
חדשות
עצי
מטרים
קהילת

Puzzle 495

ך פ ב ל מ י ד ו פ ש ח ח י א ם ע ה
ה ג ל ב ו י ו ל ל ק ד מ ו ן י ק ת
ק ו א נ ו י ב ו ר י ז ה ו ק צ ס מ
ר מ ה ר ו ק ח ל ת ש ב י נ ה ח ר א
ז ע ף נ ה נ ק ח ו ל ש א ו נ ו פ ו
ת י ת ו ע מ ש מ ב י ע פ ד ר ע א ב
ד ו ת ו ת ל מ ו ז ד ר ט ן ה פ נ ק
ג י ש י ן ב ל ף כ נ ו נ ל מ נ ש ת
א י ה ה כ ג ב י ו נ ע ק ו ר ת ו ד
מ ז ל י ד ש א מ א י מ ו ו ה ו ו ק
ו ש ס ו ע ק י ו מ י י ג ש פ י ל ב
ף ם ו ת כ י ס א מ ו פ ר מ ס ל ט כ
ם ר מ ו ר ב ו ב ל ל פ ר י ל ג א ל
ר כ ח ג מ ג ט ס א א מ ת נ ת מ ה ב
נ צ ג ו י ס ז י א א מ ד ר ו ז י ו

זה
בכיס
וחצי
מאובקת
נקי
נואש
תקין
קדמון
לחקור
מאוכזבות
קנה
להשתתף
סיכת
לוח
משמעותית
מהר
המתנת
חמוס
אפרסק
אוהב

Puzzle 496

מורכבת
מקסים
מטלת
סביב
להתנגד
ערש
מפורשים
להכין
חי
ילקוט
צינור
במוזיאון
רשת
רקוב
סיבה
קצין
החריף
ובמיוחד
עצמך
מצב

כ ס ל ע ב מ ו ז י א ו ן נ ו ס ש נ
ש ק ת ע ב פ מ ר ל ש א י ו ק ב ר ם
מ צ ע צ ל ב ן מ ק ן ב כ פ ר י ה ת
ק י מ מ ת ע ט י ו מ י ה ה ק ב ו ם
ס ן ו ך ב ל ו מ ט פ ה ל י ו נ מ ע
י ר ת ע ת מ ו ד ג נ ת ה ל ב ש ר ע
ם כ פ ד ן ל א א ב ש י ד א ת ת י ו
ג ב ו ן ז ו ה ד ג ל ת א ה ע ת מ ל
נ ר ו ע ם ר ו ד פ ס ב ד ת י ה ח א
ד ג ע נ ה י צ פ י ג כ ש ש ף מ י ג
ק ע ל י נ ר ר ח י מ ר ו נ י צ ל י
ח ן ת ף י נ נ ס נ ל ו ל ס ר נ ג ו
י צ ר ש ת פ י י ו ב מ י ו ח ד פ ר
ב מ ש ו ב ה ו ב א ר א ע ב ה ב פ ת
מ ר ע מ ל ש ג ה כ ר ם י ש ר ו פ מ

Puzzle 497

י ם י ר ו מ ה ת ד מ י א ר ב מ ל ה

ו מ י א י צ ק פ פ מ ב ח ר ת ח ט מ

צ י ם ו פ י י ו ס ע י ך י כ ק א ו

כ ז י מ ן ב ק ת ר ת נ פ מ מ ר ו י

א ו ב ע מ ו ד ה י ט ק ר א ה ר ל י

י ן ס נ ו ר פ ד ח ל י ר מ ל ח י ב

נ ע ת ד נ י ד ו ג ח ר ב ו מ ם ר ל

ד ה ב ר ו ו ז ו ן ה מ ר ב נ ב ב ו

ו ס ת ע כ ל מ ש ח ב א ז י כ ר ת ו

ם ע ט ל ש מ מ ם ד ל   מ מ י ח ל מ

ל י ל ע ש ו ס ד מ ר ל נ נ ח ס א ג

ש ג נ ך מ ת ס נ ס א ת ה ב ס ח ו ו

ל ר ל ג מ ר ל ר ו ד מ ר י כ נ כ נ

נ ד ז ן ד ל פ ו צ ל י ח ר ד ח ת נ

ח ע ג ח מ ג ח ג ג א ת ש ח ע ל ל ג

תרכיז
בהחלט
לשלם
גזע
מכתב
מחקר
נמלה
ממשל
טעם
אמריקני
ציבורי
ללכוד
המורים
הברווזון
ברך
מלח
מבחר
בעמודה
נתח
הארקטי

Puzzle 498

ב מ פ ה ת מ ג ש מ ח ה ר ה ר פ ר ב

ב מ ט מ ק ש ב ת ו ל ס ע ת ג נ ש י

ב ג ר ש ר כ ת י ל י ת נ ח ס ו נ מ

ם ו י פ ה מ מ ו ד פ נ ח ר פ ו נ י

ד ר ו ח ו ז ן א ה ד נ ו ו ע נ ב ר

ל ת ת ה פ ר נ י מ ל ב ק ת י פ פ מ

ת ר ו צ ב ק ת ר ד ע נ ם ע ק ר ק ה

ן ו א ל ש ת ח נ ש ה ק ה ק ו ת ו א

ע ל ב ל ו ח צ ו ו י ל ג י מ נ ן י

ע י ב צ ו ש ג ו מ ו ע פ ח ו ו י ר

ו י נ ו ג ס ס ה ר ו ס מ ל א ך י ש

ר פ ח ה ק ע ו נ נ ו ו ר פ ס ו א ע

ן ן ח כ ר ו מ ל נ ן מ י ט מ ן מ ו

כ מ א מ ן י ת נ ש ה מ ע ר ב י ג ת

מ י א ה א ה מ ש י ה ת ט י מ ב מ ח

הססגוני
גשר
מלאך
השנתי
שמחה
מולד
התחרות
כבש
בין
פטריות
הקרקע
בננת
המשפחה
מיתת
לפטר
הפתעה
שעות
בצורת
מערבי
מזרקת

Puzzle 499

ד ב ג י י א ג ח א פ ע ו ל ה ן ש פ
ו מ ו ת ו ה ו ו מ ב ל מ ע ט ח ד ו
ש ד ח ו ד ע ר ח ו י נ י ח ה ן א מ
ת ב ו ב י ג מ ה מ ו צ י י ן ל פ מ
ו ר ל מ ר כ ז י ת מ ו ה ק י ת ע ה
מ י צ י פ י י צ ו ה כ ב ו י נ ש ע
ו ה ה מ ס ו ת ק י ה י מ ר צ ת ר ק
ר ו א ח מ ג ל נ מ ע ש מ ל ב נ ק ר
ת ם ר נ ס ד ס ו ת מ ע ר ז ל ו ש י
י ן י א ב צ ן פ ה נ ת ב י ש ב ב ס
נ א ח פ ע ם ת ח ח ה ו ב ל ש ה ע ת
א ל א י נ ט ר א ק צ י ה ן ת מ ח ד
ה י ף ב ו ב נ ח ו ר ד ת פ ת ל ו ח
ק ר ש י כ ו ת ח ת ו ל ק ב י ע ש ת
ז ט ג פ ו י א ק י נ ק ו ר צ ר ו ר

מרכזית
פעולה
תשע
צעיף
מספר
במדבר
חולצה
בשר
אינטראקציה
נתנו
העתיקה
קריסת
ציין
מגיב
למנות
בקלות
פעם
שש
למעט
פונקציה

Puzzle 500

י ק ו ר מ י ק ן ו ח י ו ן א י ו ג
ר א ג י פ ק מ י מ ל י ל ר ב ע י נ
י ל ה ח ר ת א ב מ ה ד ד ה מ ל ג ד
י ק ה מ ש מ ה ב א י ד א ן מ מ צ ה
נ מ ס ת פ ת ת מ ר י ס ט ע ז ן ת ו
פ ה י ד י ב ט ה י נ ו מ ס ר ע ח מ
ל ש פ ר ו ס א ב ש מ ל ה מ צ י א ק
י ע ר ה ו ת ד ד ע מ ו א א ב ג י ש
ו מ ם א פ ו ת מ נ ה י ת ו ג ה ף מ
ו י נ ג ר א ת ה פ ק ל ר מ ח ר ע ל
ד ת ן מ ו ה ר ק ו י ו ט נ ד ו ט ס
ר ל ת ל ז פ צ ח ס נ נ ר מ ק כ ל ד
ו ת ג י ז ו ר מ ע ס ו ת ש ח מ י א
ל ה מ ר ל י ו ח ת פ ת ו ח ע ע נ ש
י ת ר ב ח י נ ה ת א ח א פ ה ס ב ו

קשוח
להמציא
אתה
יוקרה
חיבור
לפני
אפס
לשפר
קפה
רגלי
דגל
מפרש
בחינה
מעשה
חגב
מחיר
וילונות
המקל
סטודנט
הגיע

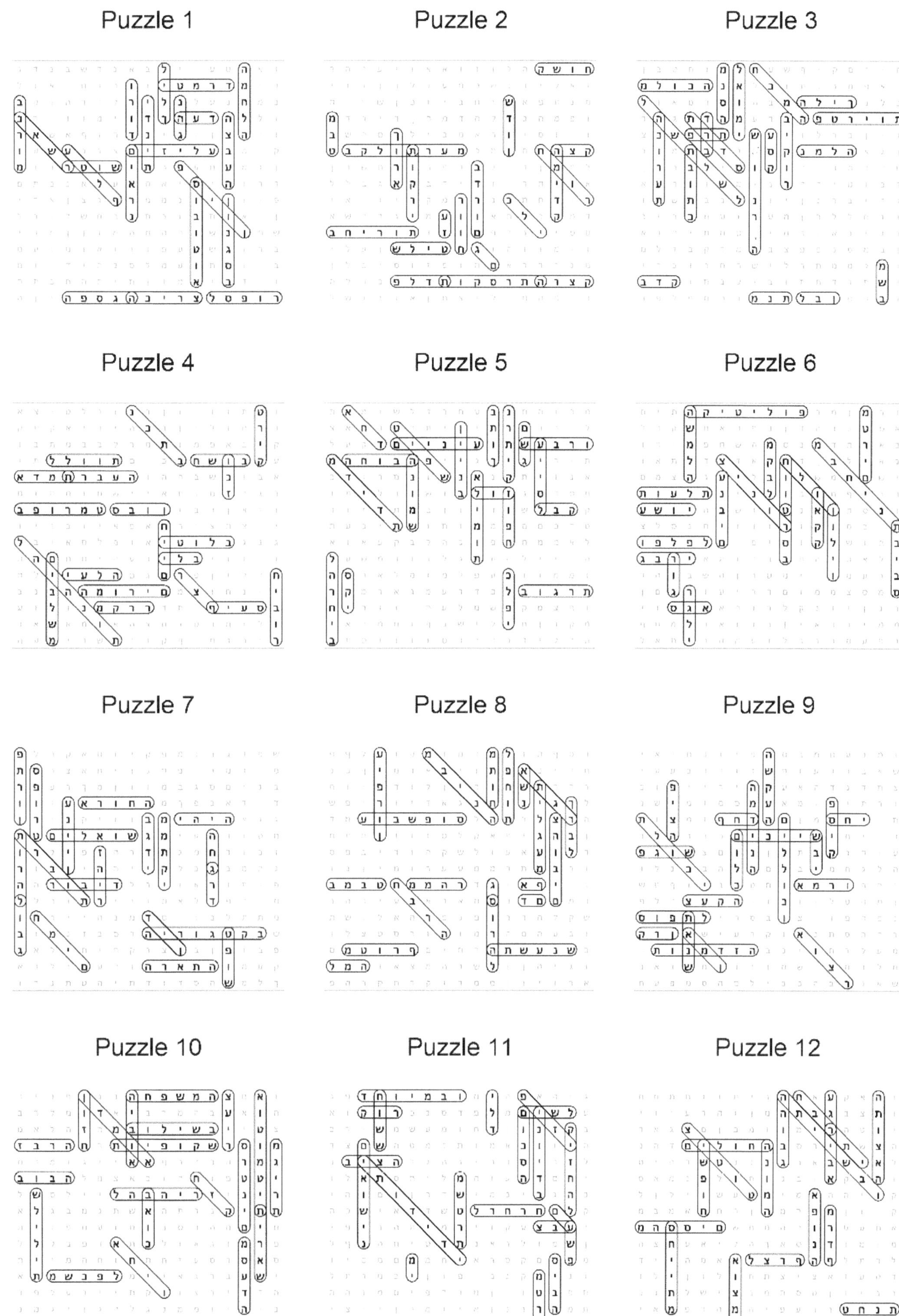
Puzzle 1
Puzzle 2
Puzzle 3
Puzzle 4
Puzzle 5
Puzzle 6
Puzzle 7
Puzzle 8
Puzzle 9
Puzzle 10
Puzzle 11
Puzzle 12

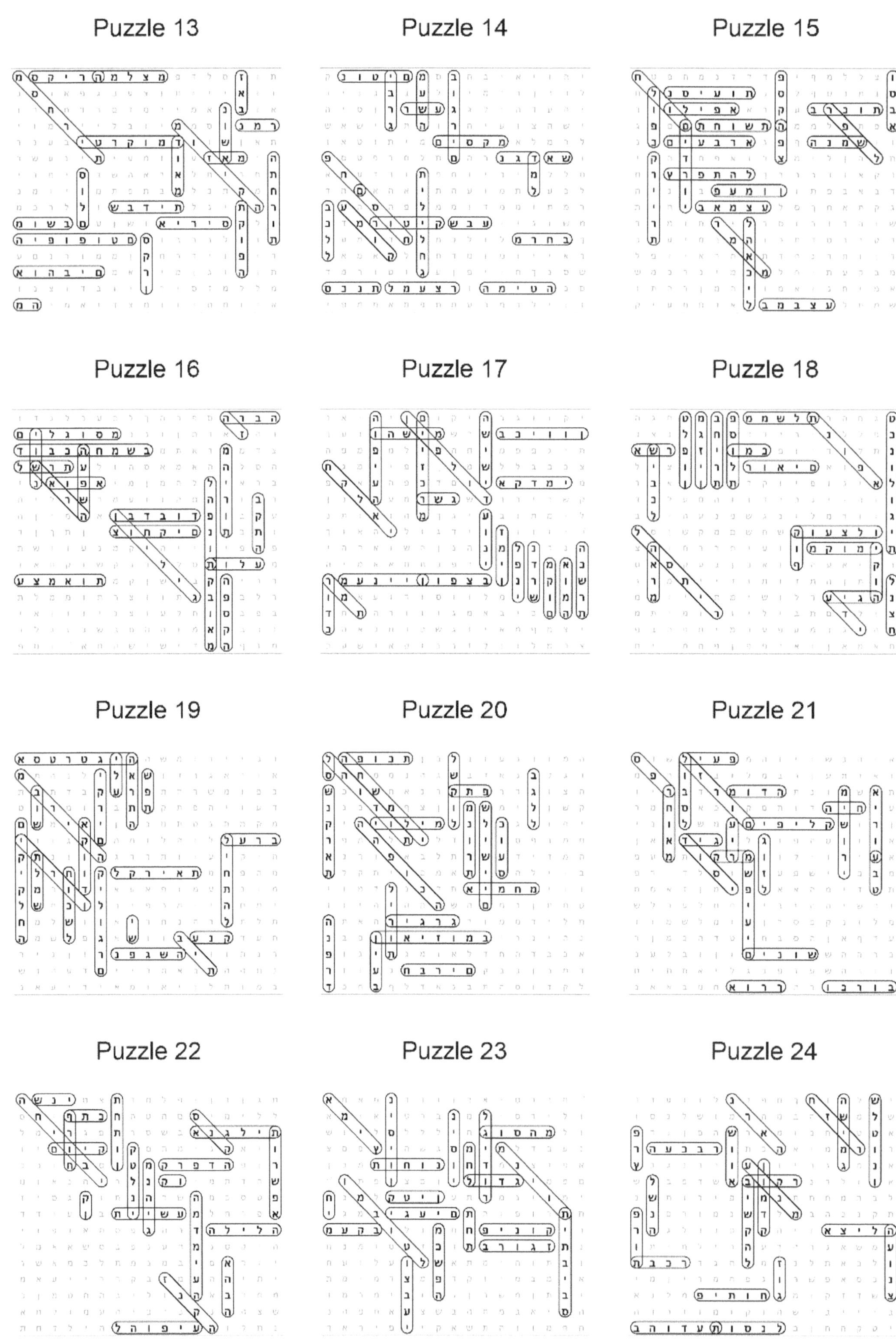

Puzzle 13
Puzzle 14
Puzzle 15
Puzzle 16
Puzzle 17
Puzzle 18
Puzzle 19
Puzzle 20
Puzzle 21
Puzzle 22
Puzzle 23
Puzzle 24

Puzzle 25 Puzzle 26 Puzzle 27

Puzzle 28 Puzzle 29 Puzzle 30

Puzzle 31 Puzzle 32 Puzzle 33

Puzzle 34 Puzzle 35 Puzzle 36

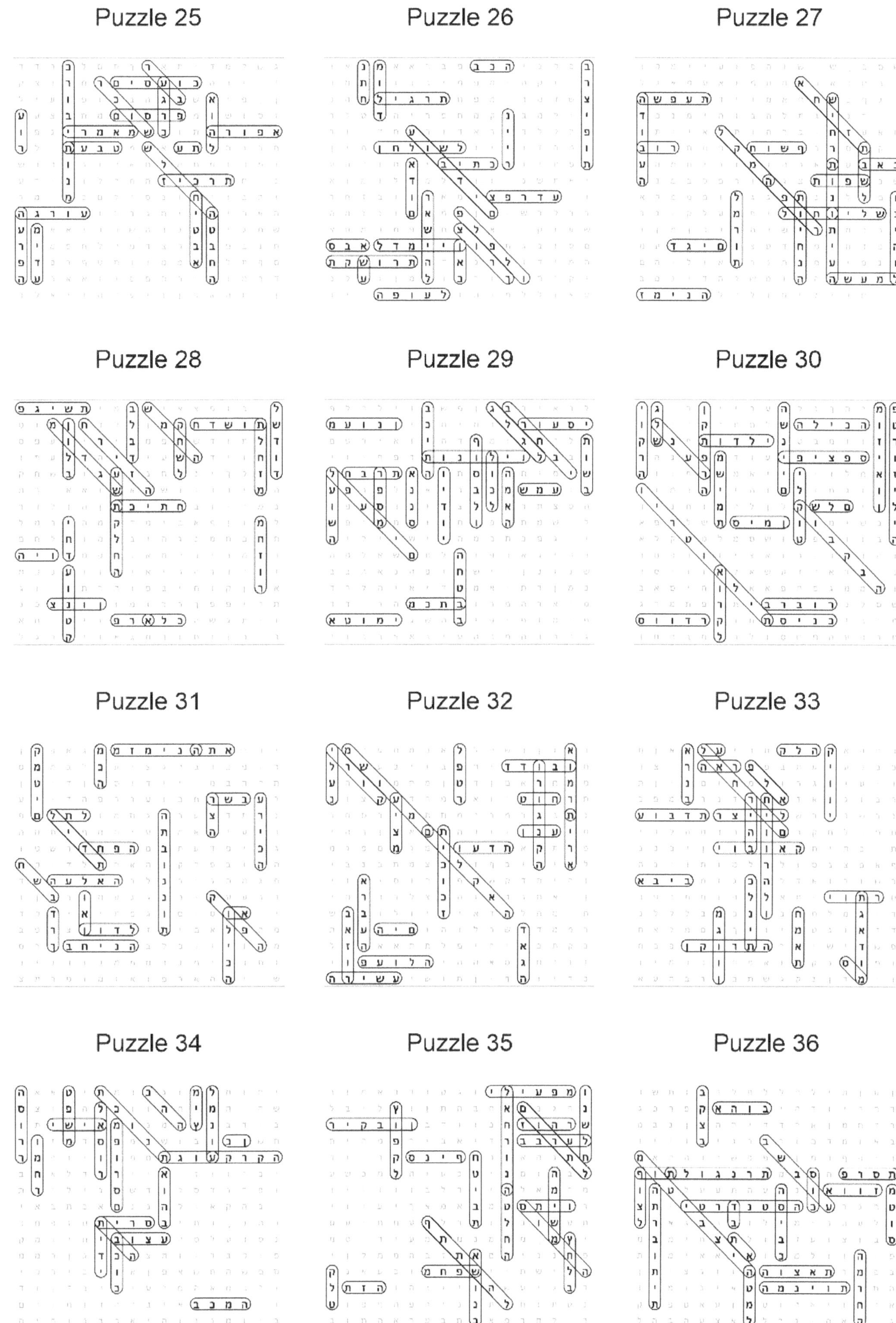

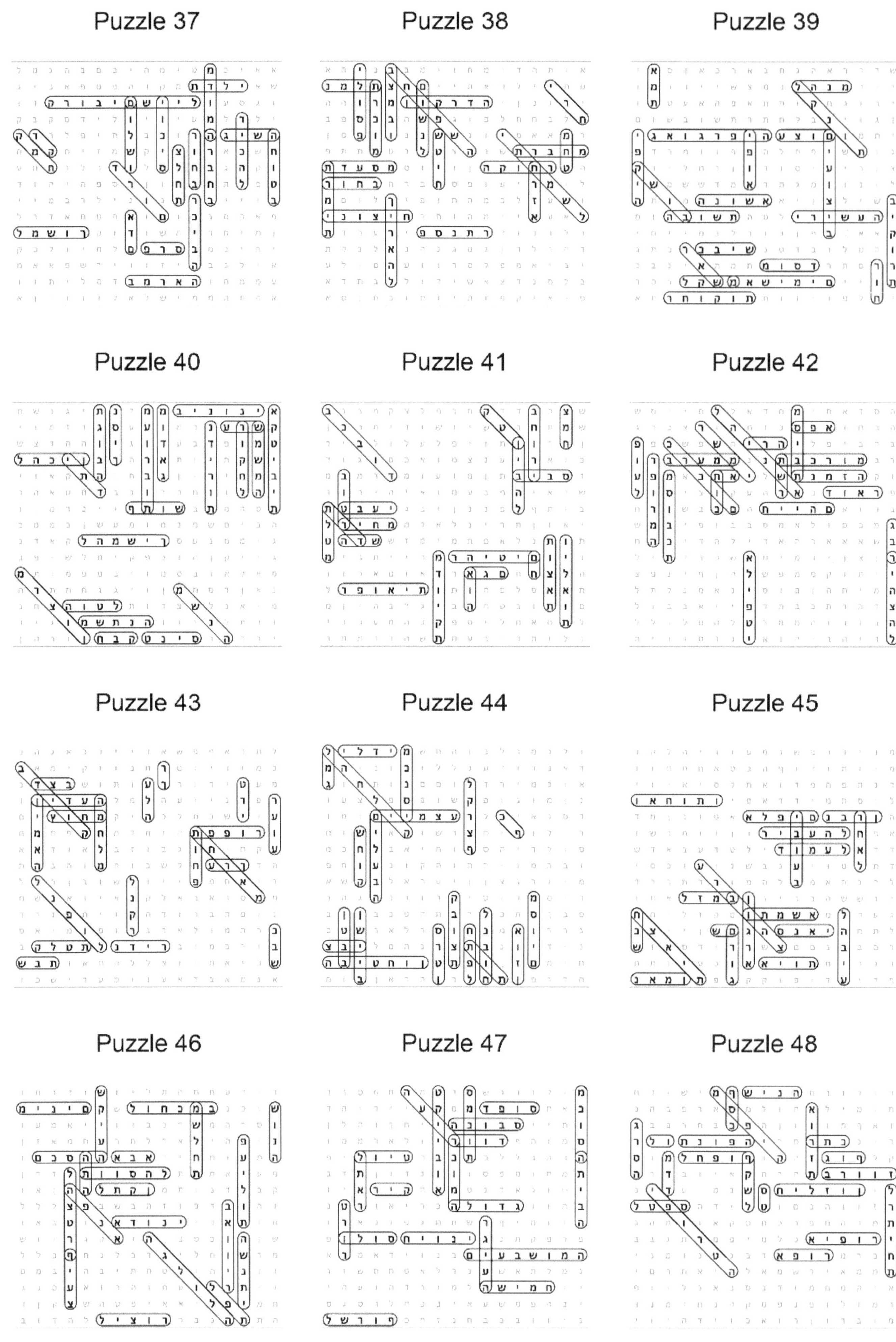
Puzzle 37
Puzzle 38
Puzzle 39
Puzzle 40
Puzzle 41
Puzzle 42
Puzzle 43
Puzzle 44
Puzzle 45
Puzzle 46
Puzzle 47
Puzzle 48

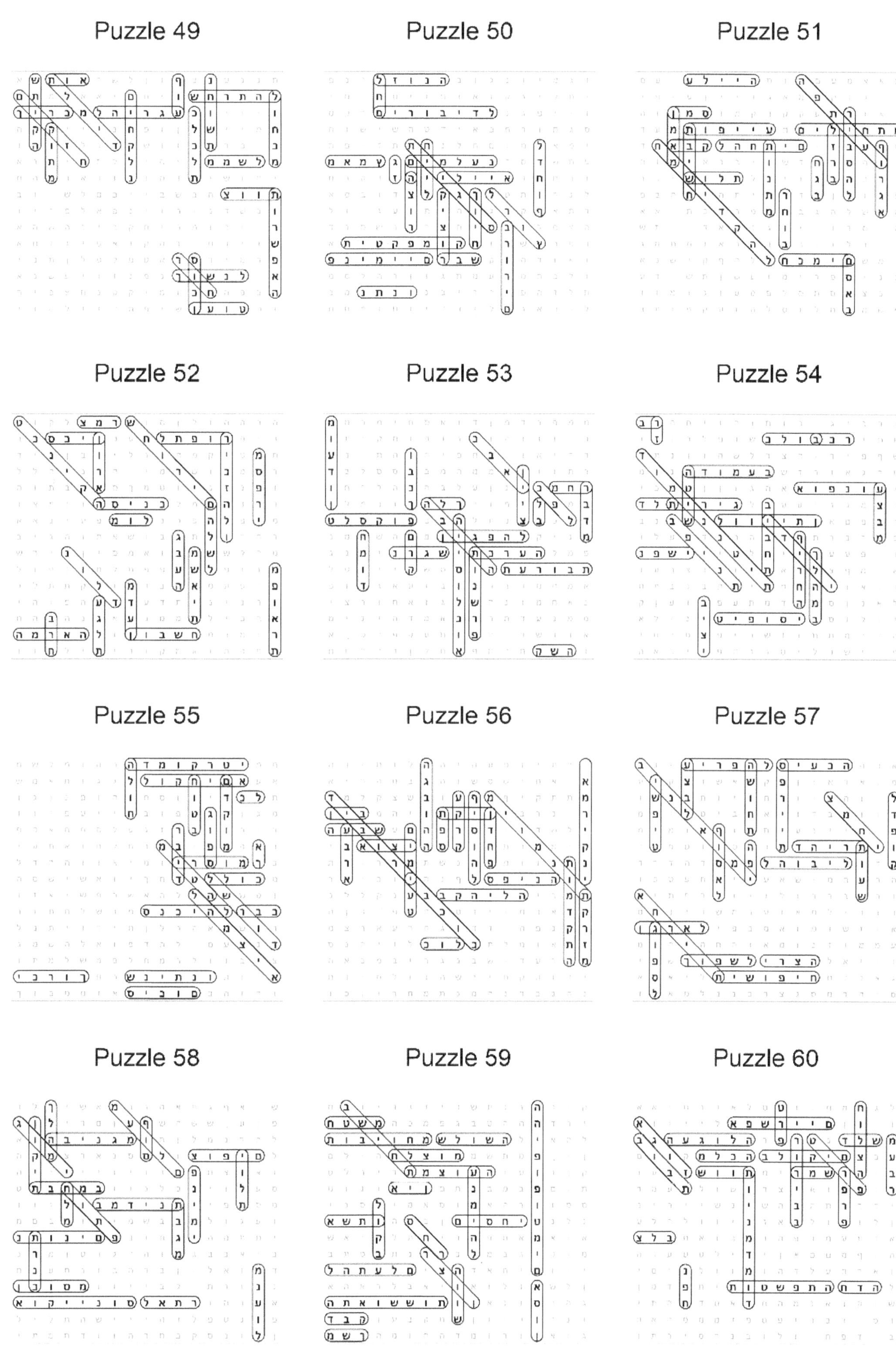
Puzzle 49
Puzzle 50
Puzzle 51
Puzzle 52
Puzzle 53
Puzzle 54
Puzzle 55
Puzzle 56
Puzzle 57
Puzzle 58
Puzzle 59
Puzzle 60

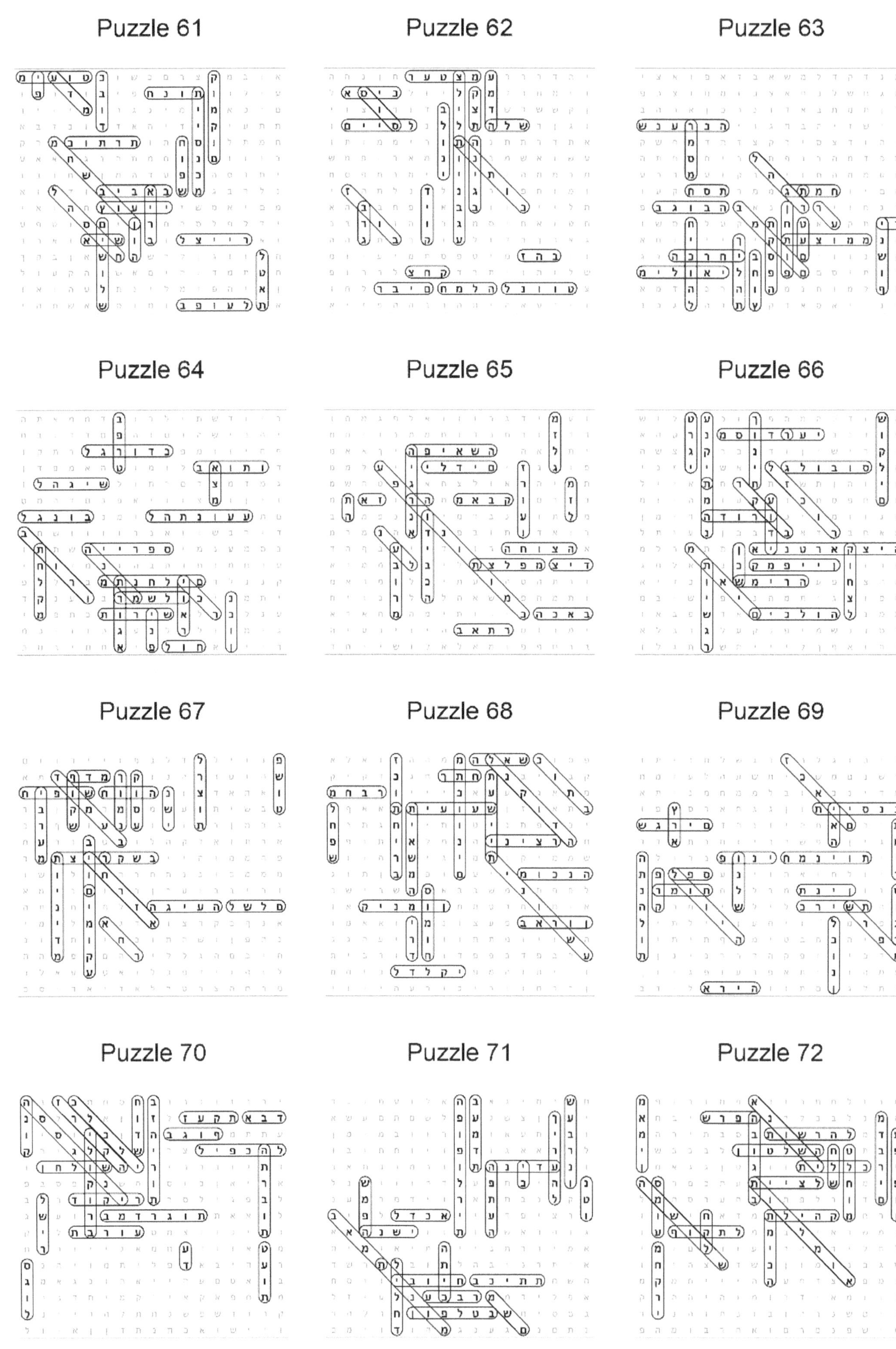
Puzzle 61
Puzzle 62
Puzzle 63
Puzzle 64
Puzzle 65
Puzzle 66
Puzzle 67
Puzzle 68
Puzzle 69
Puzzle 70
Puzzle 71
Puzzle 72

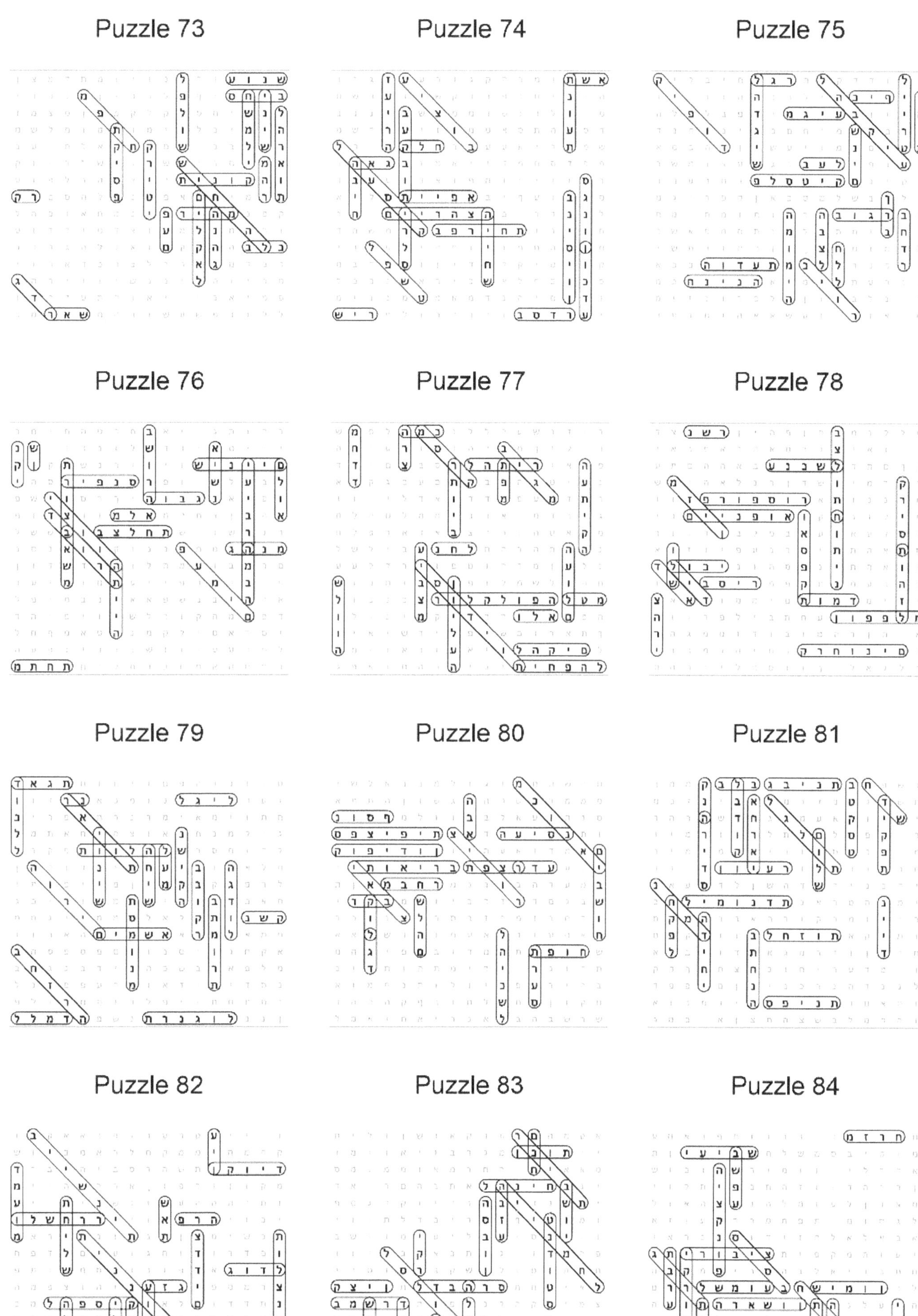
Puzzle 73
Puzzle 74
Puzzle 75
Puzzle 76
Puzzle 77
Puzzle 78
Puzzle 79
Puzzle 80
Puzzle 81
Puzzle 82
Puzzle 83
Puzzle 84

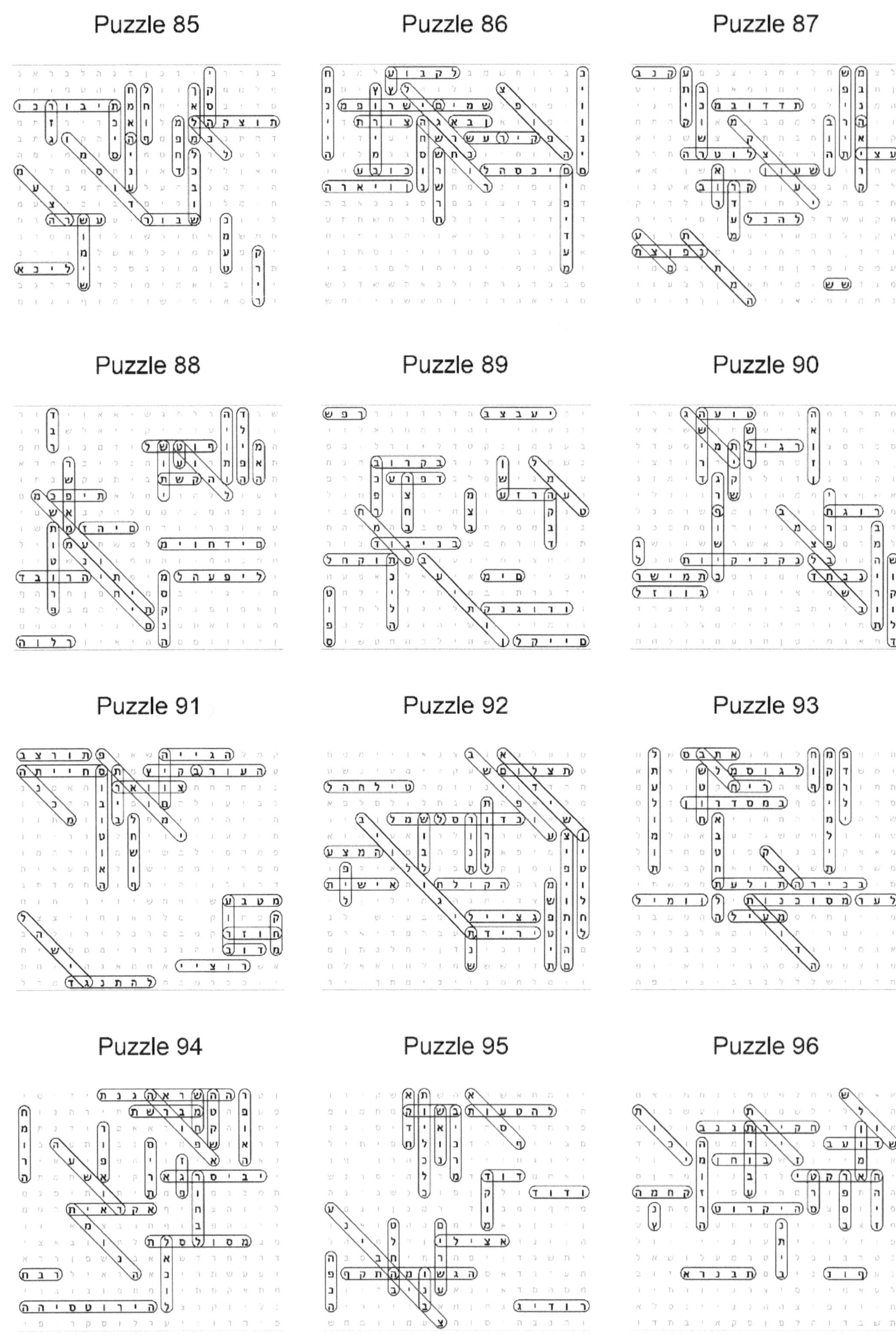
Puzzle 85
Puzzle 86
Puzzle 87
Puzzle 88
Puzzle 89
Puzzle 90
Puzzle 91
Puzzle 92
Puzzle 93
Puzzle 94
Puzzle 95
Puzzle 96

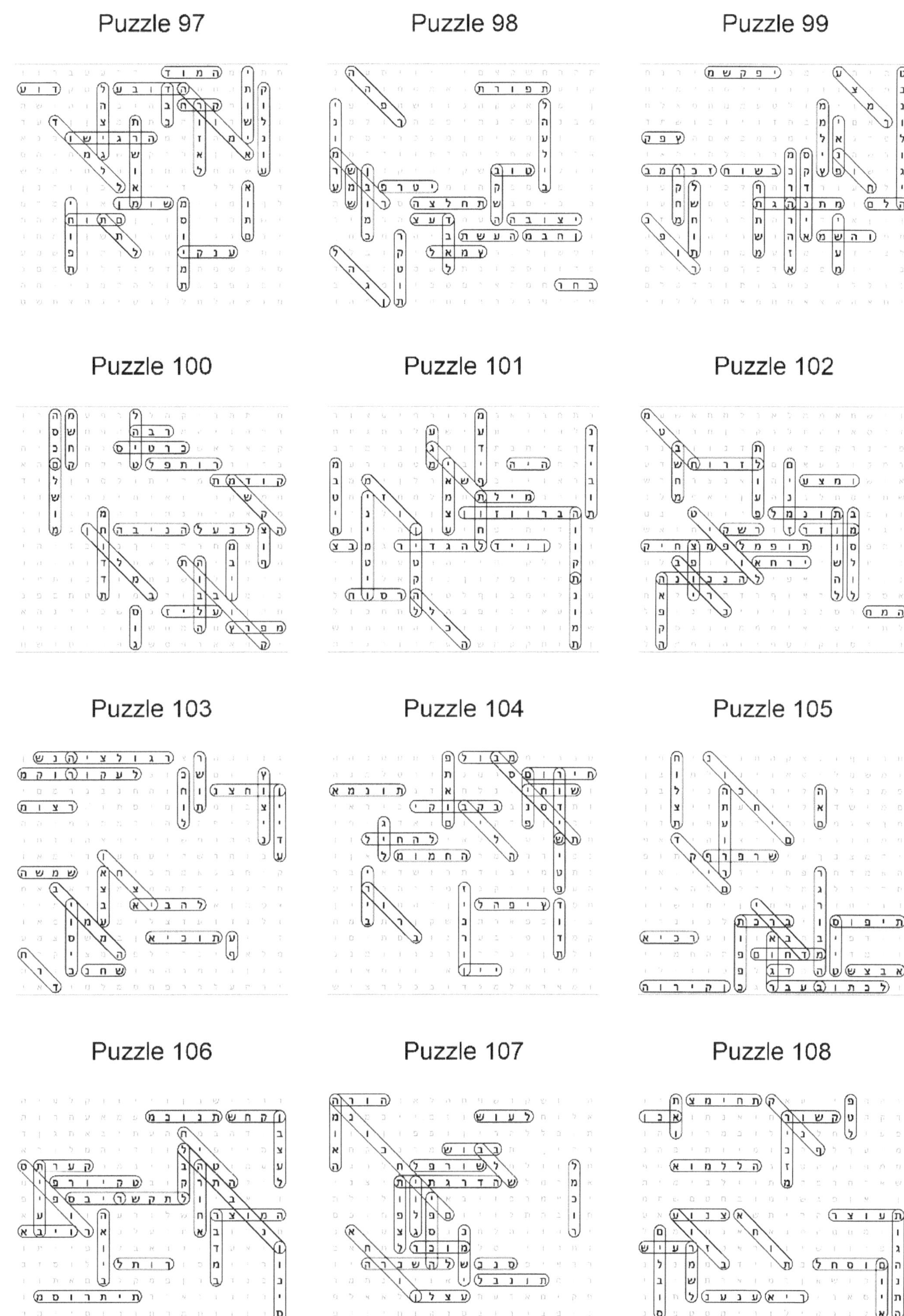
Puzzle 97
Puzzle 98
Puzzle 99
Puzzle 100
Puzzle 101
Puzzle 102
Puzzle 103
Puzzle 104
Puzzle 105
Puzzle 106
Puzzle 107
Puzzle 108

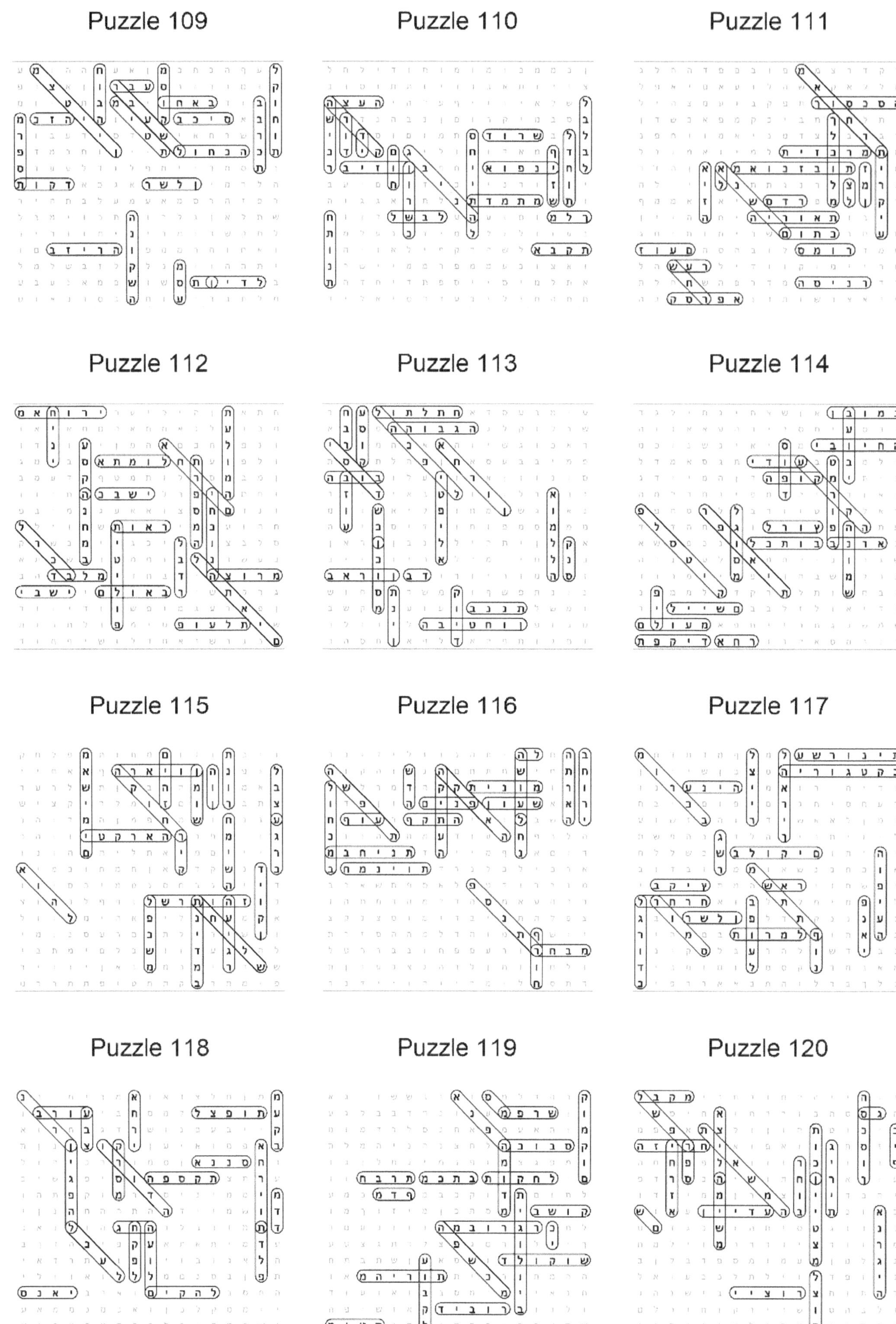

Puzzle 109
Puzzle 110
Puzzle 111
Puzzle 112
Puzzle 113
Puzzle 114
Puzzle 115
Puzzle 116
Puzzle 117
Puzzle 118
Puzzle 119
Puzzle 120

Puzzle 121

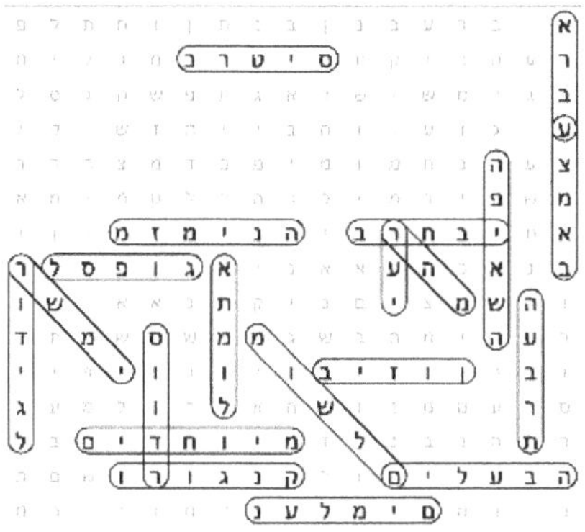

Puzzle 122

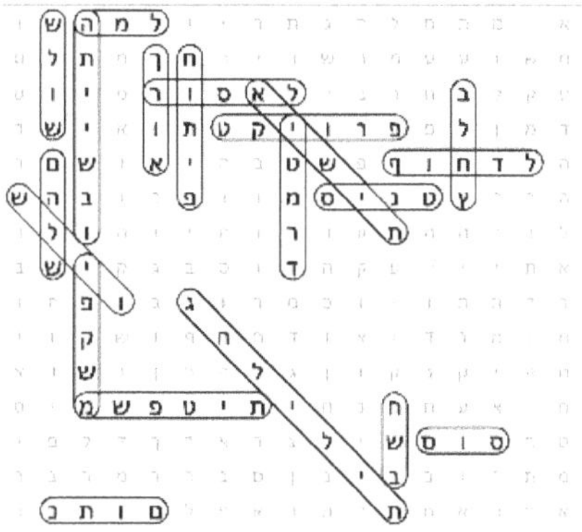

Puzzle 123

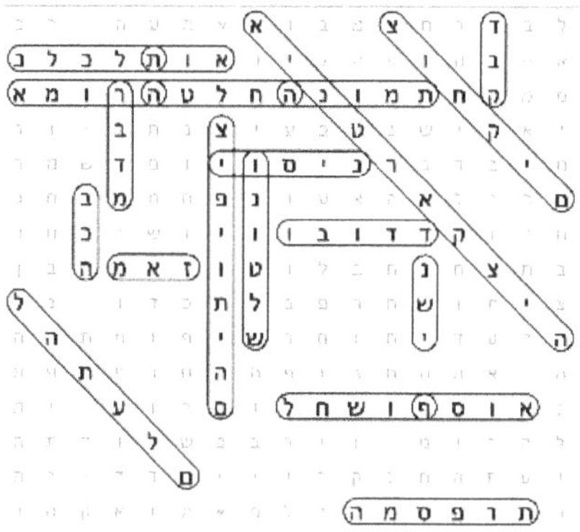

Puzzle 124

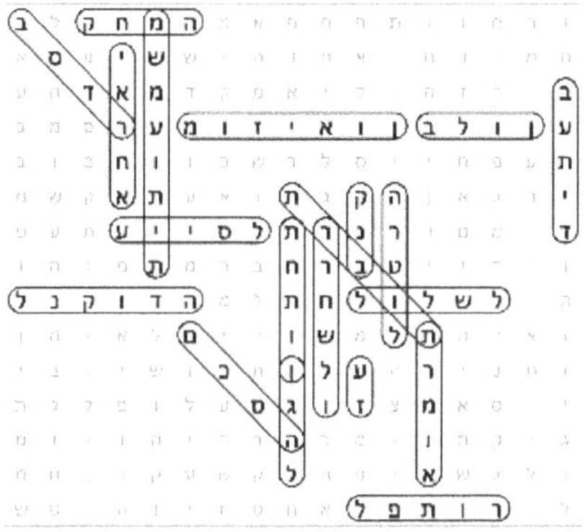

Puzzle 125

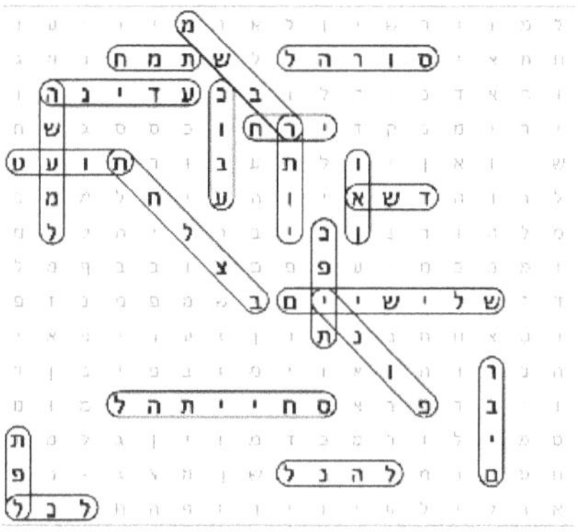

Puzzle 126

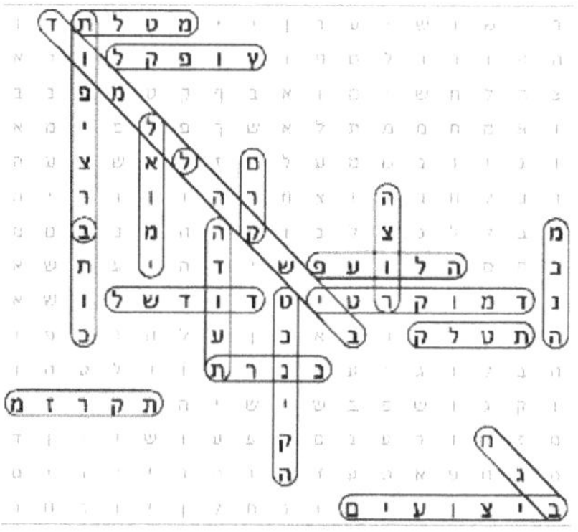

Puzzle 127

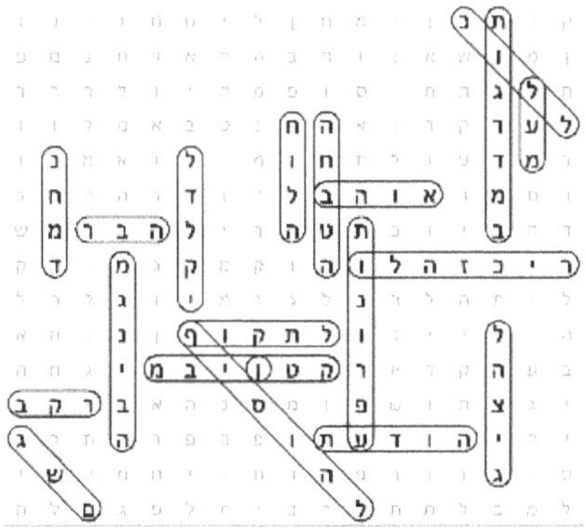

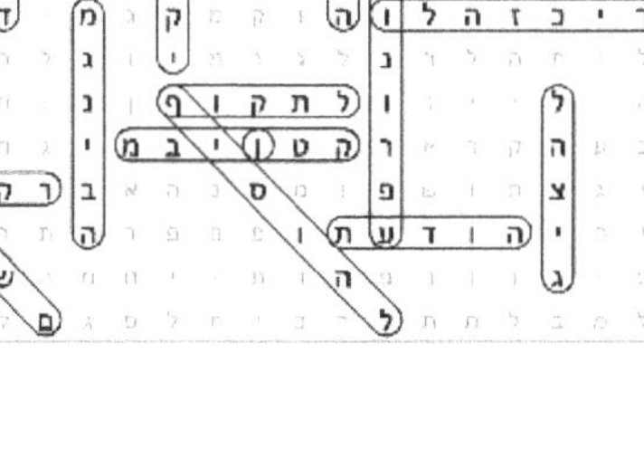

Puzzle 128

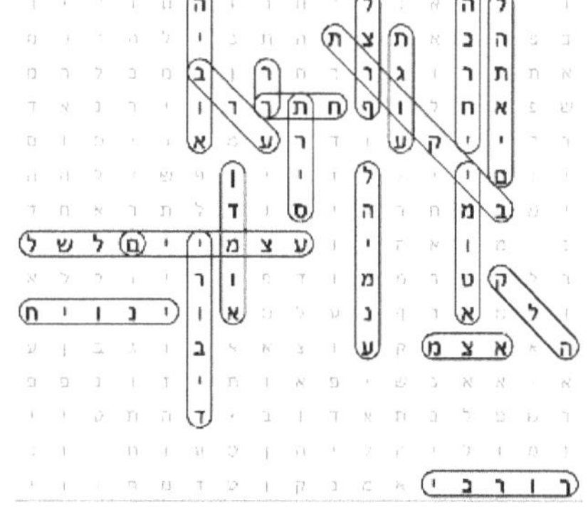

Puzzle 129

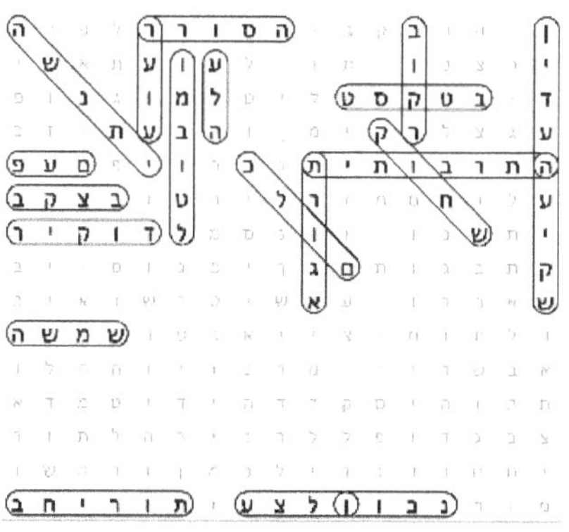

Puzzle 130

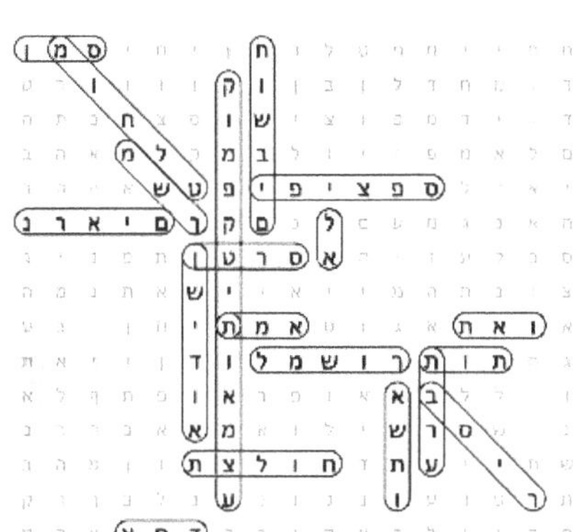

Puzzle 131

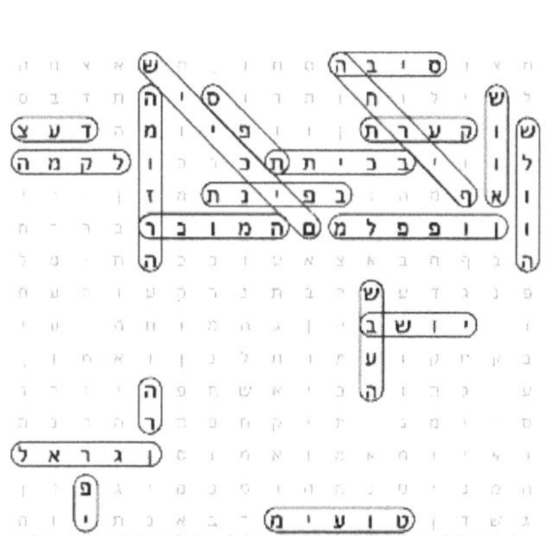

Puzzle 132

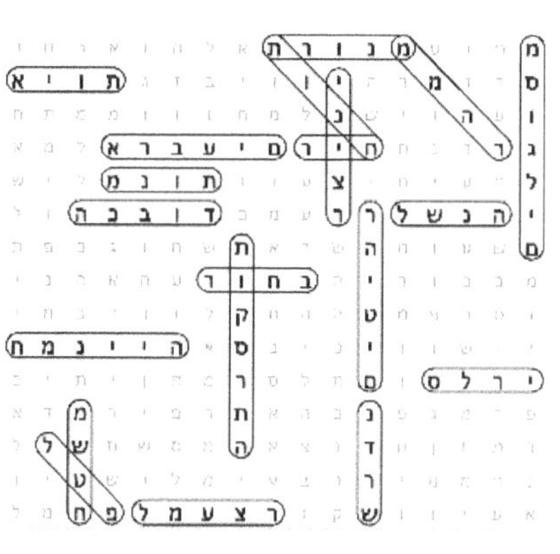

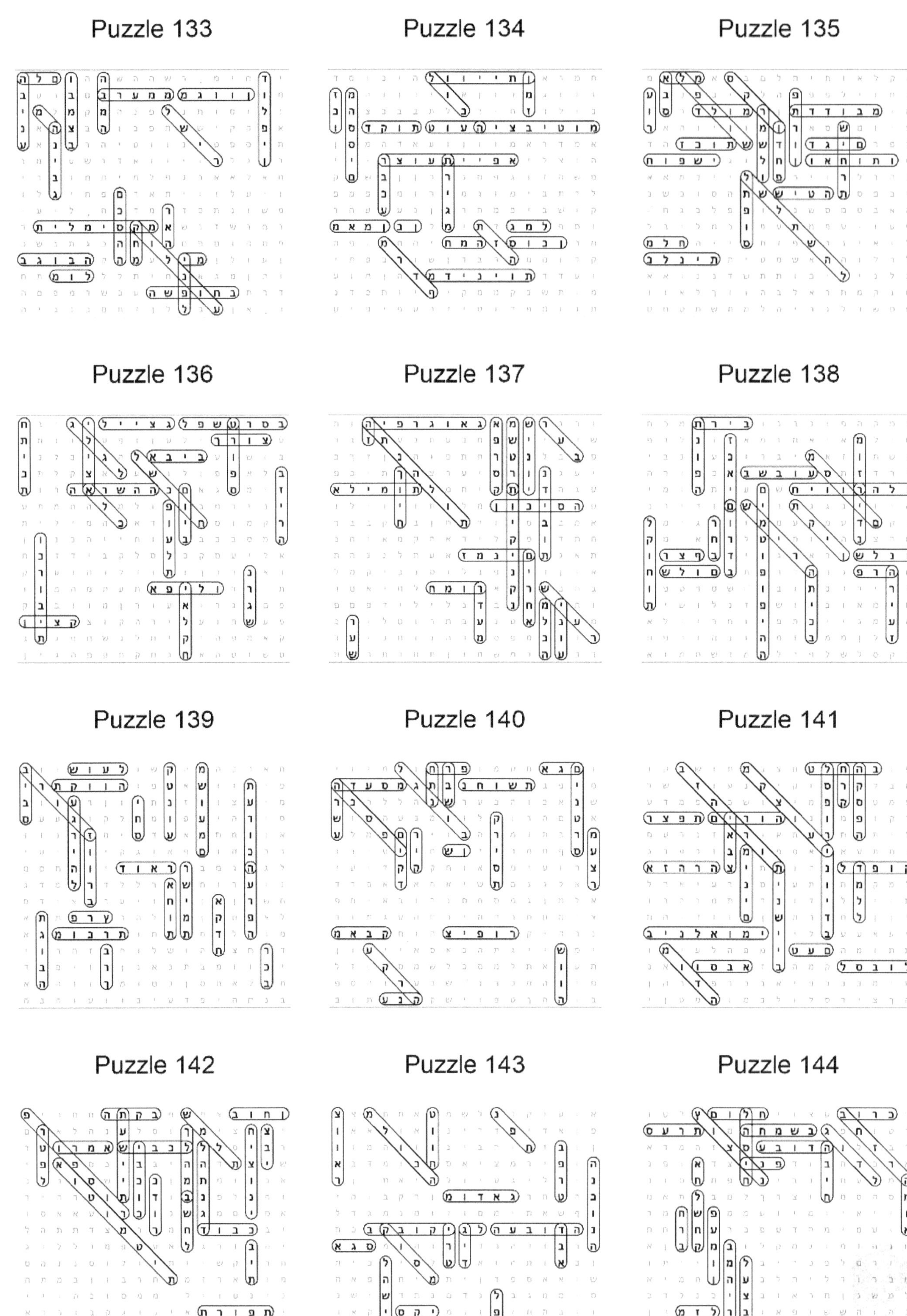
Puzzle 133
Puzzle 134
Puzzle 135
Puzzle 136
Puzzle 137
Puzzle 138
Puzzle 139
Puzzle 140
Puzzle 141
Puzzle 142
Puzzle 143
Puzzle 144

Puzzle 145

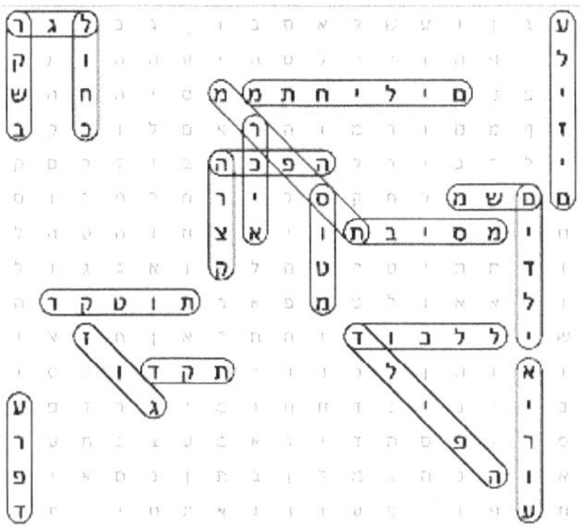

Puzzle 146

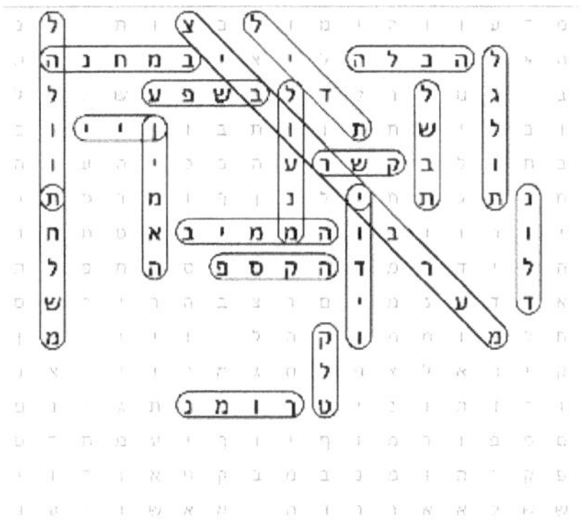

Puzzle 147

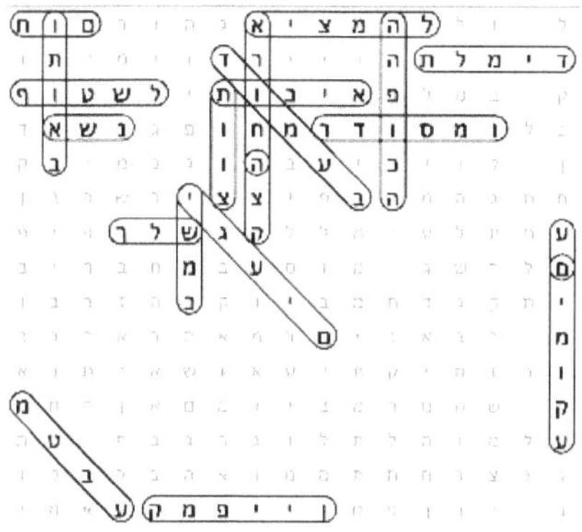

Puzzle 148

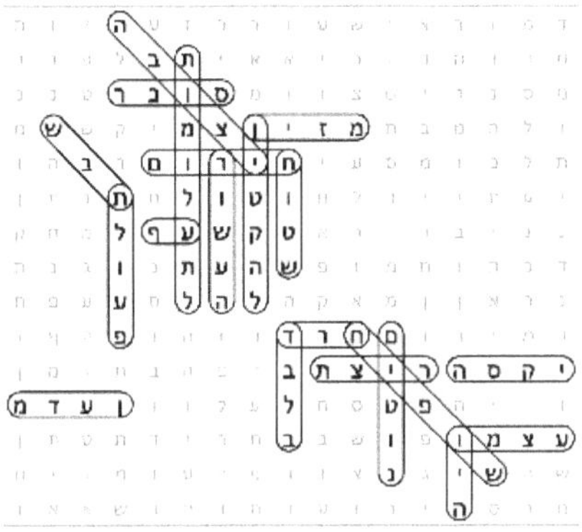

Puzzle 149

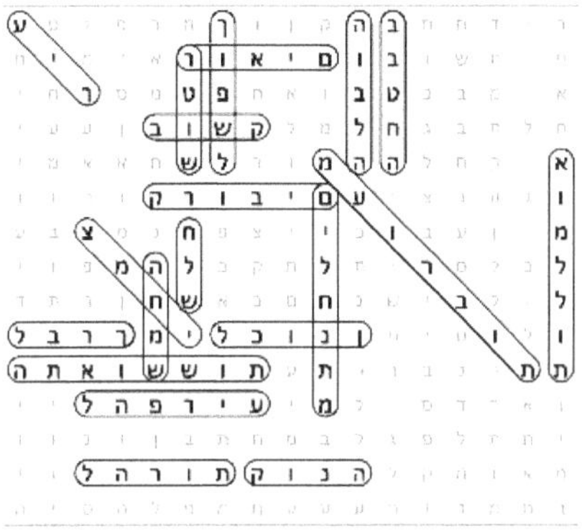

Puzzle 150

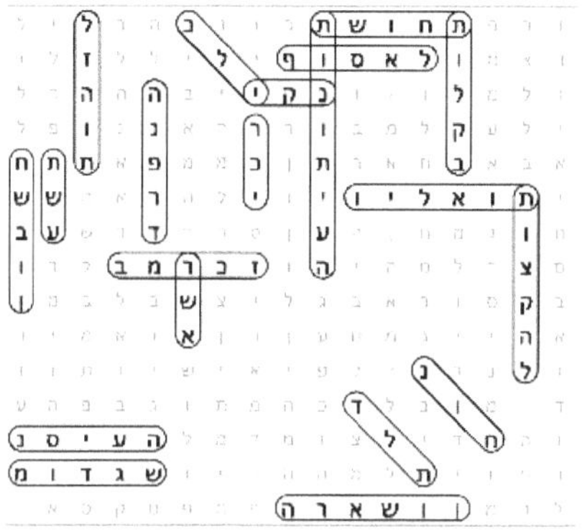

Puzzle 151

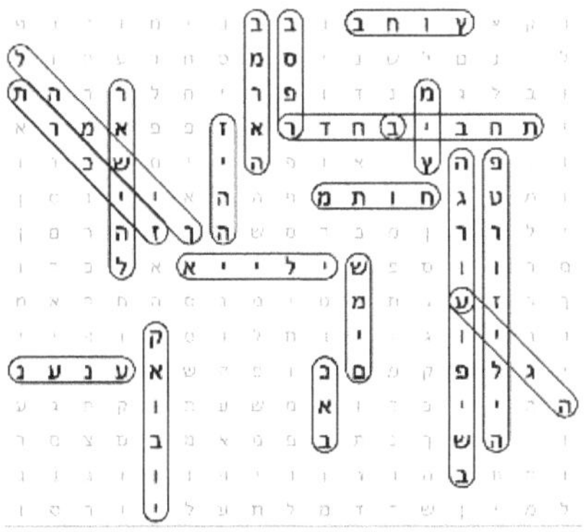

Puzzle 152

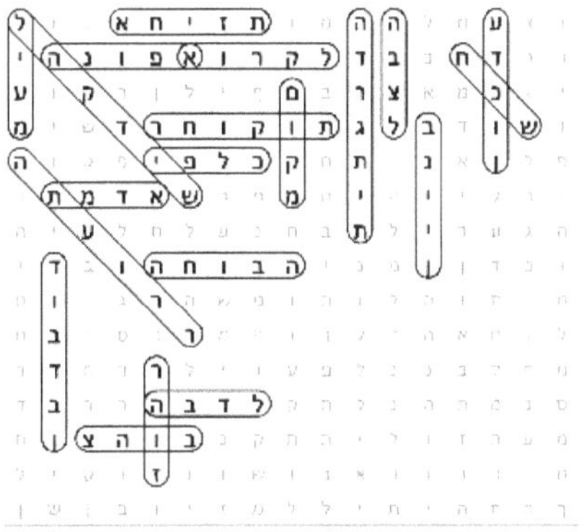

Puzzle 153

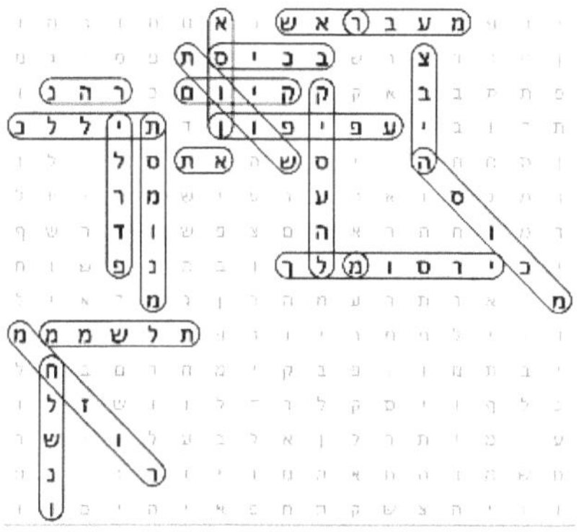

Puzzle 154

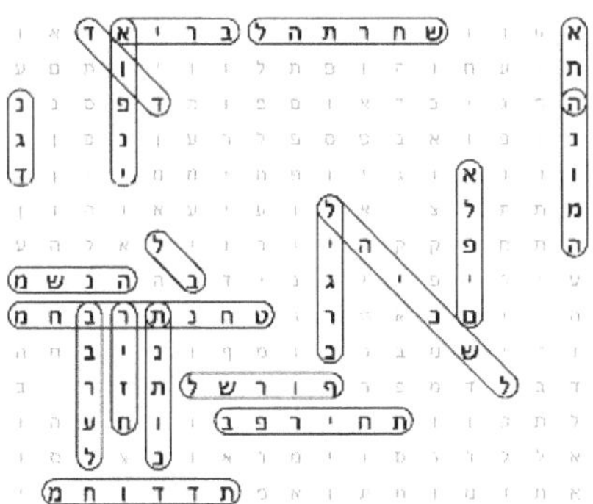

Puzzle 155

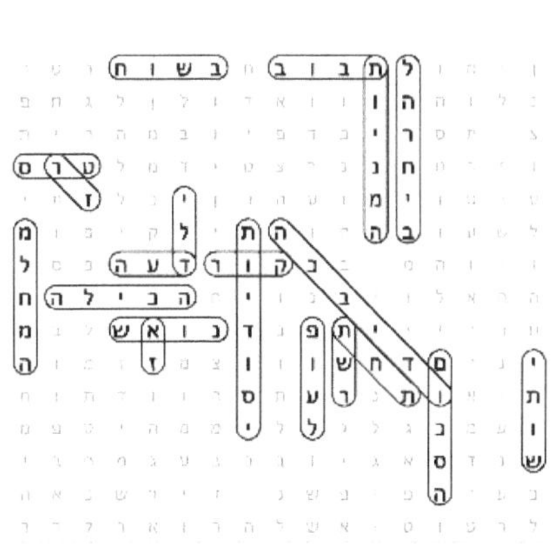

Puzzle 156

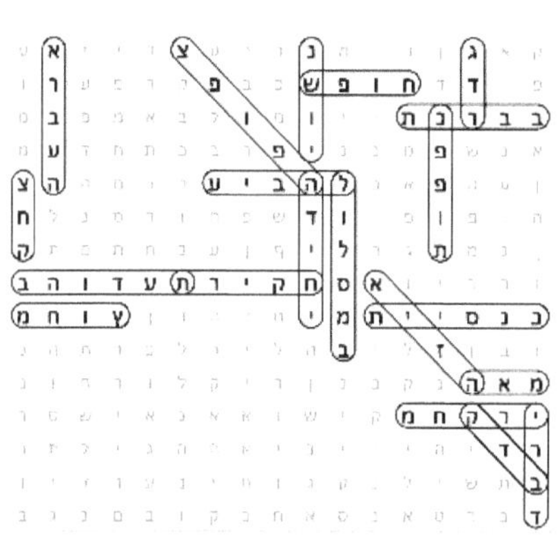

Puzzle 157

Puzzle 158

Puzzle 159

Puzzle 160

Puzzle 161

Puzzle 162

Puzzle 163

Puzzle 164

Puzzle 165

Puzzle 166

Puzzle 167

Puzzle 168

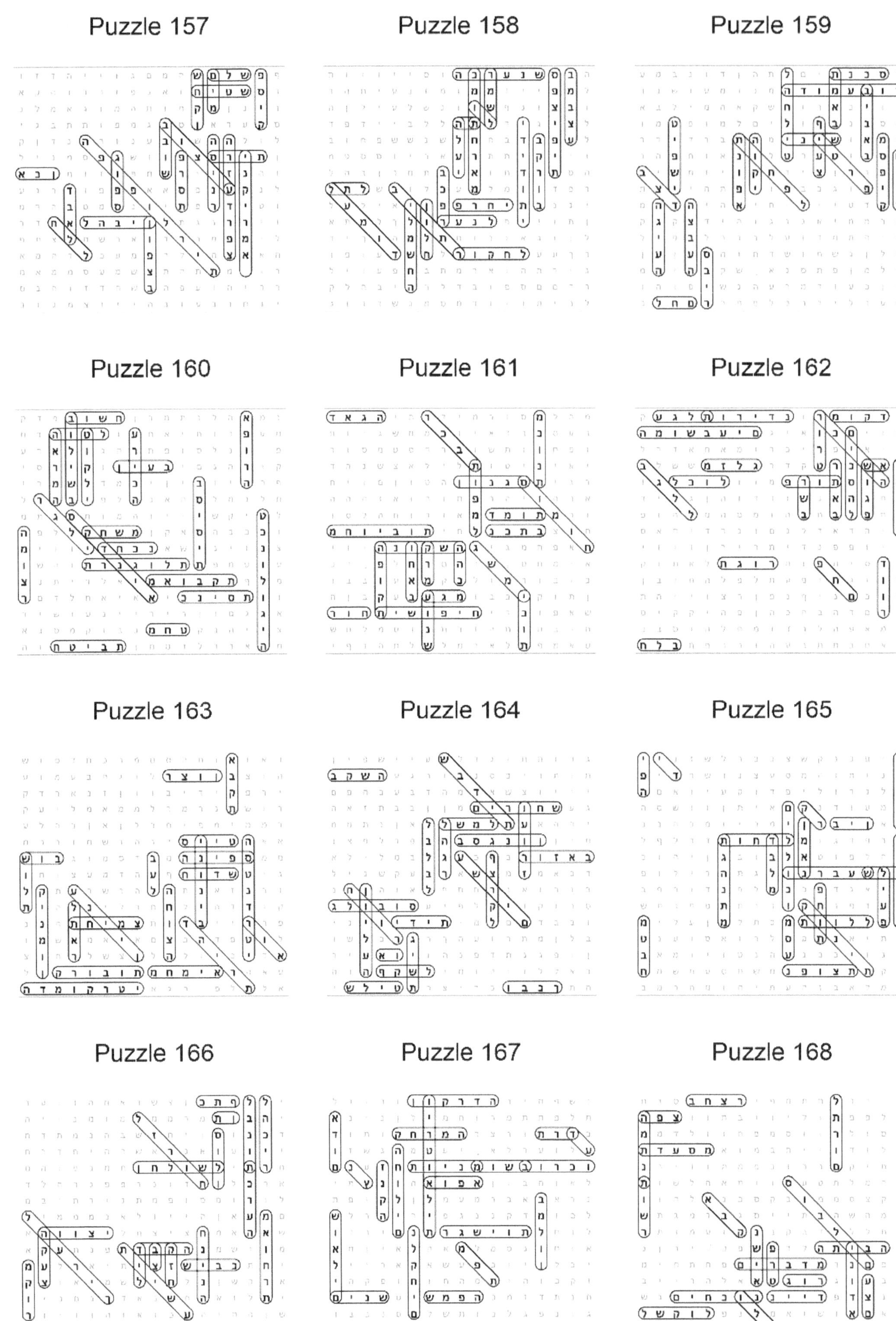

Puzzle 169

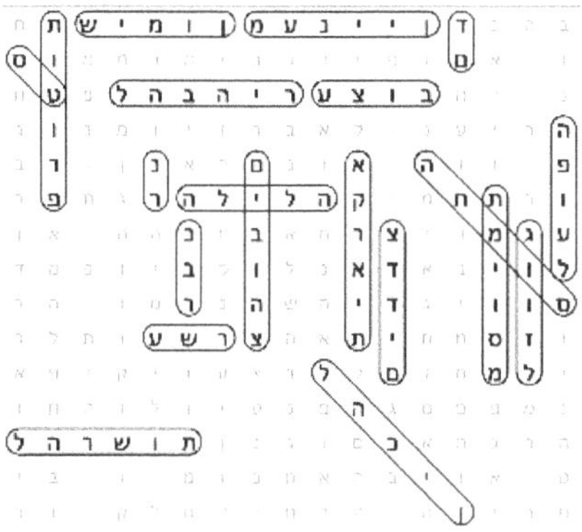

Puzzle 170

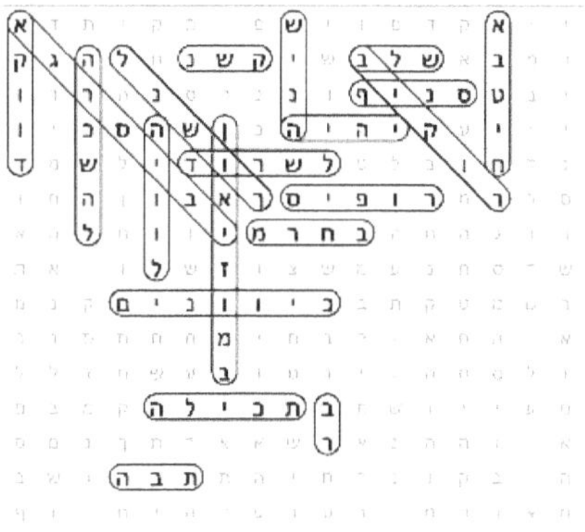

Puzzle 171

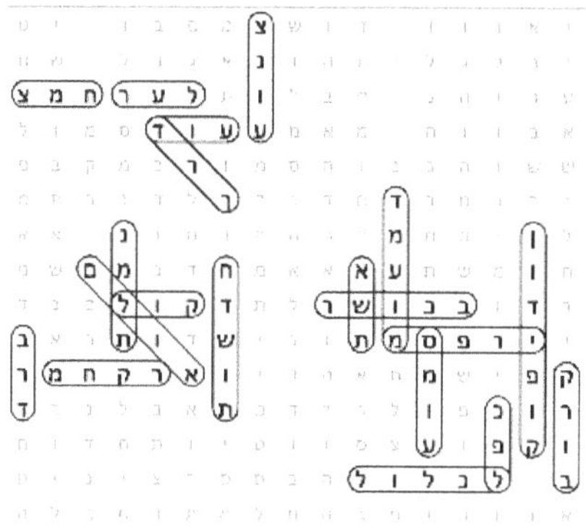

Puzzle 172

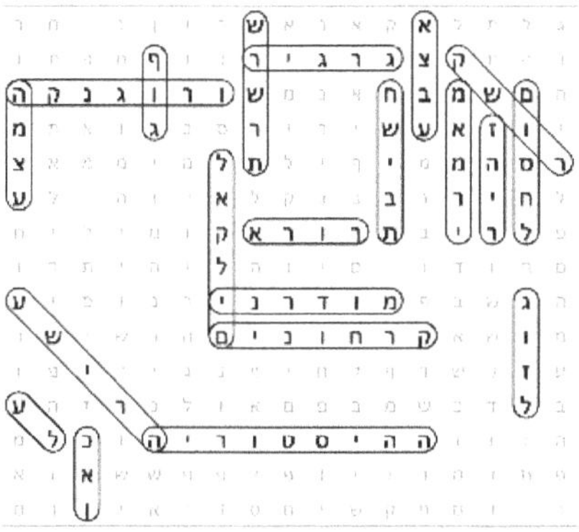

Puzzle 173

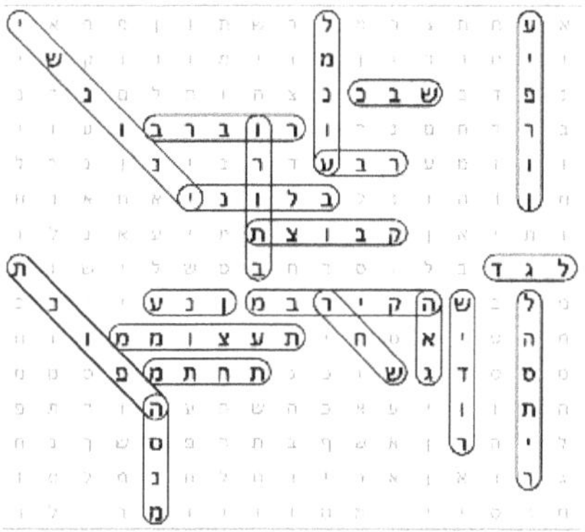

Puzzle 174

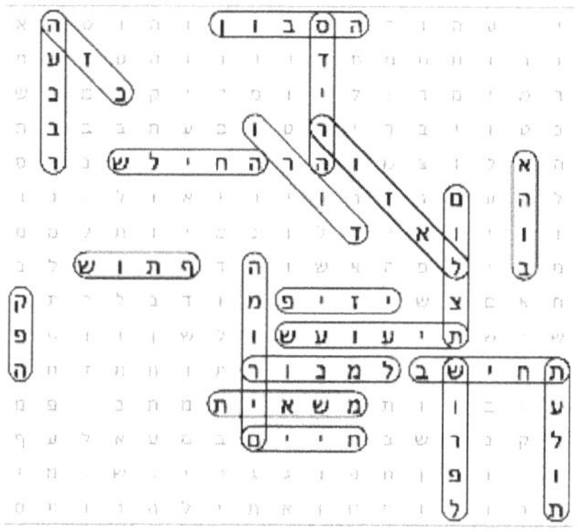

Puzzle 175

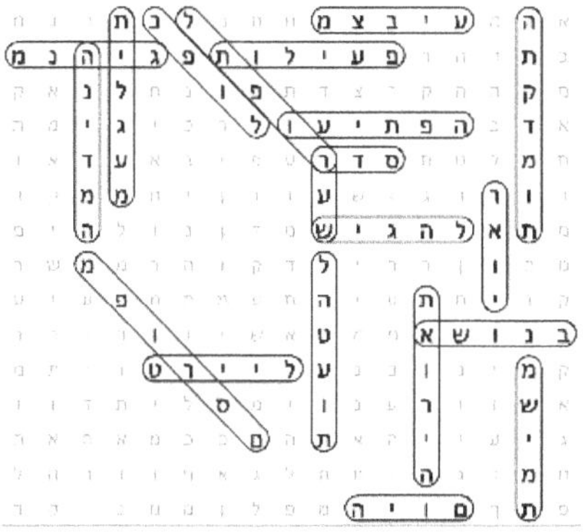

Puzzle 176

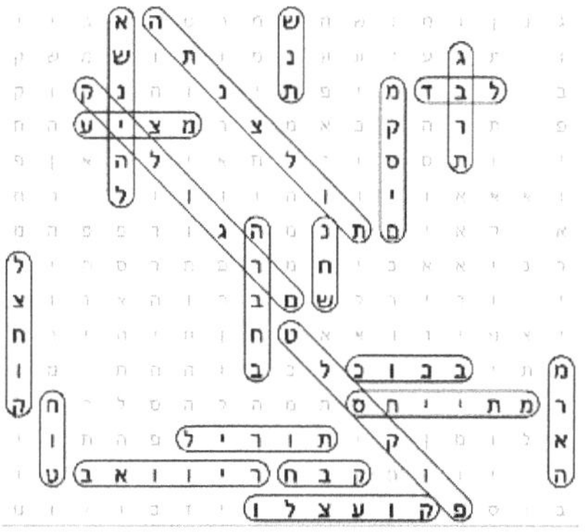

Puzzle 177

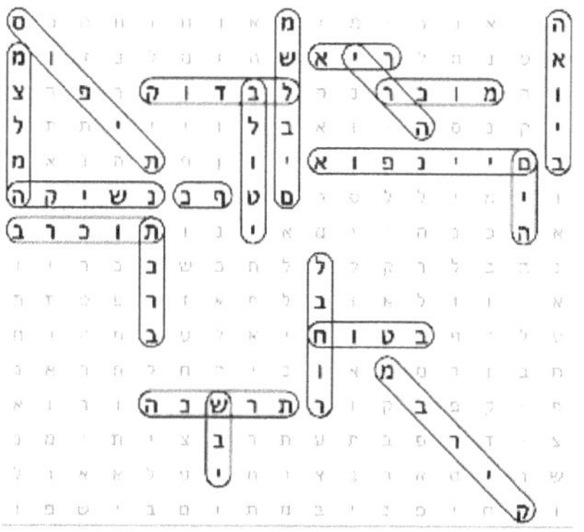

Puzzle 178

Puzzle 179

Puzzle 180

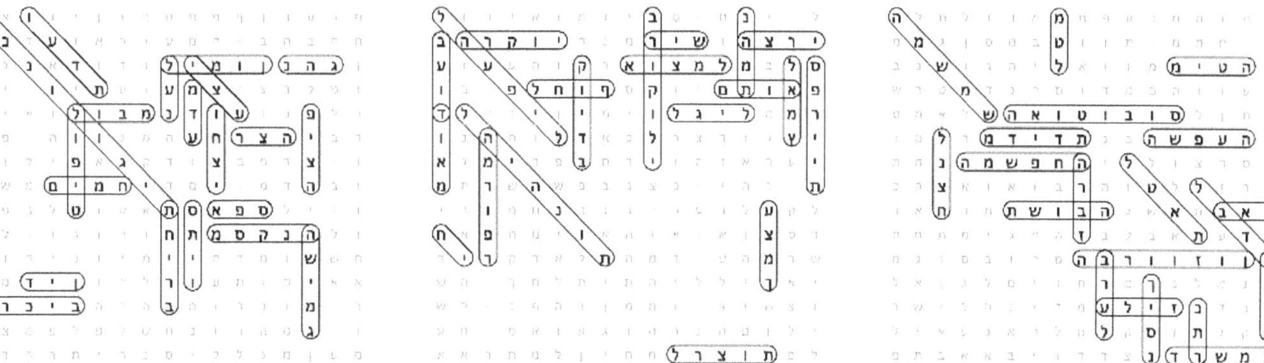

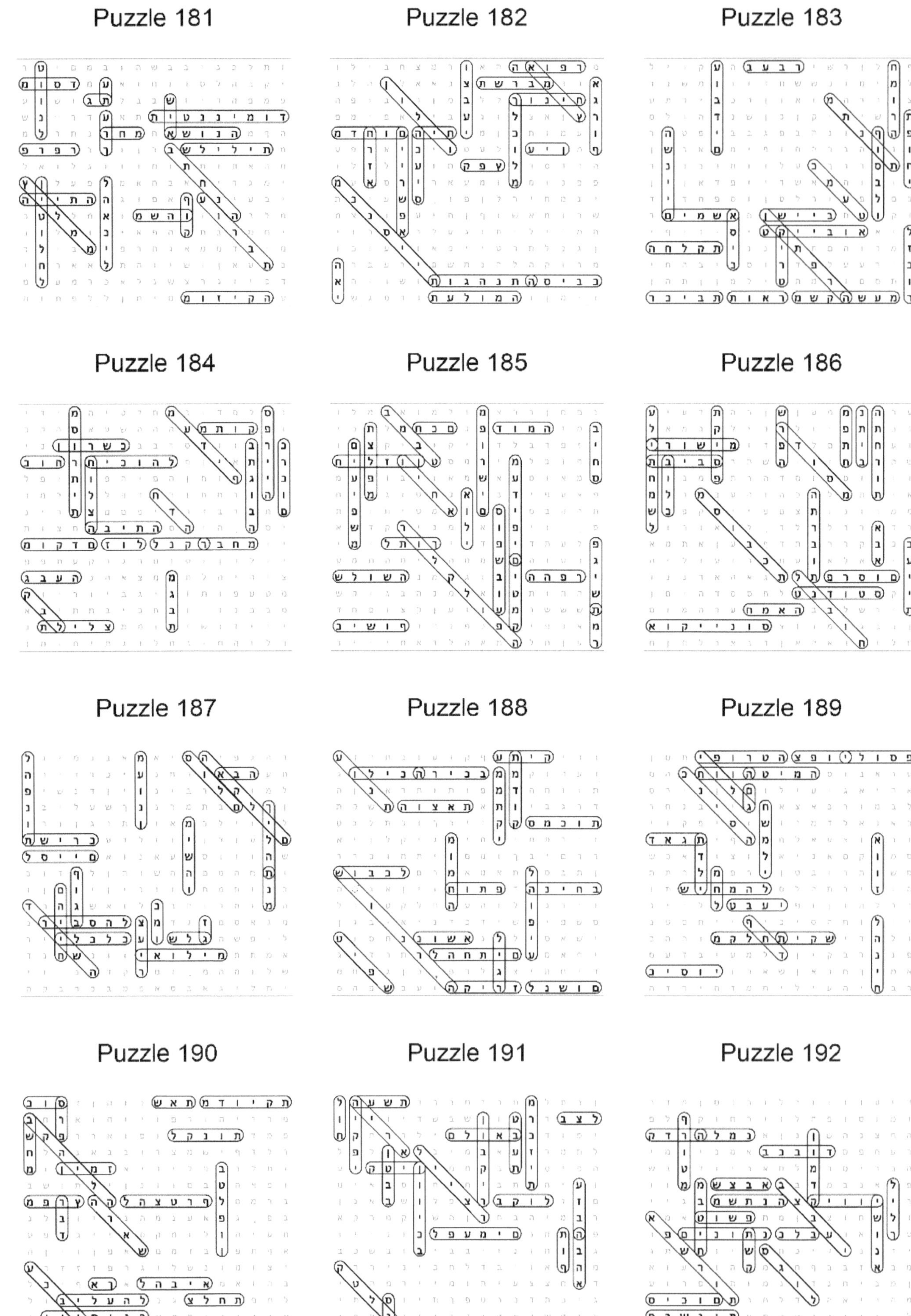
Puzzle 181
Puzzle 182
Puzzle 183
Puzzle 184
Puzzle 185
Puzzle 186
Puzzle 187
Puzzle 188
Puzzle 189
Puzzle 190
Puzzle 191
Puzzle 192

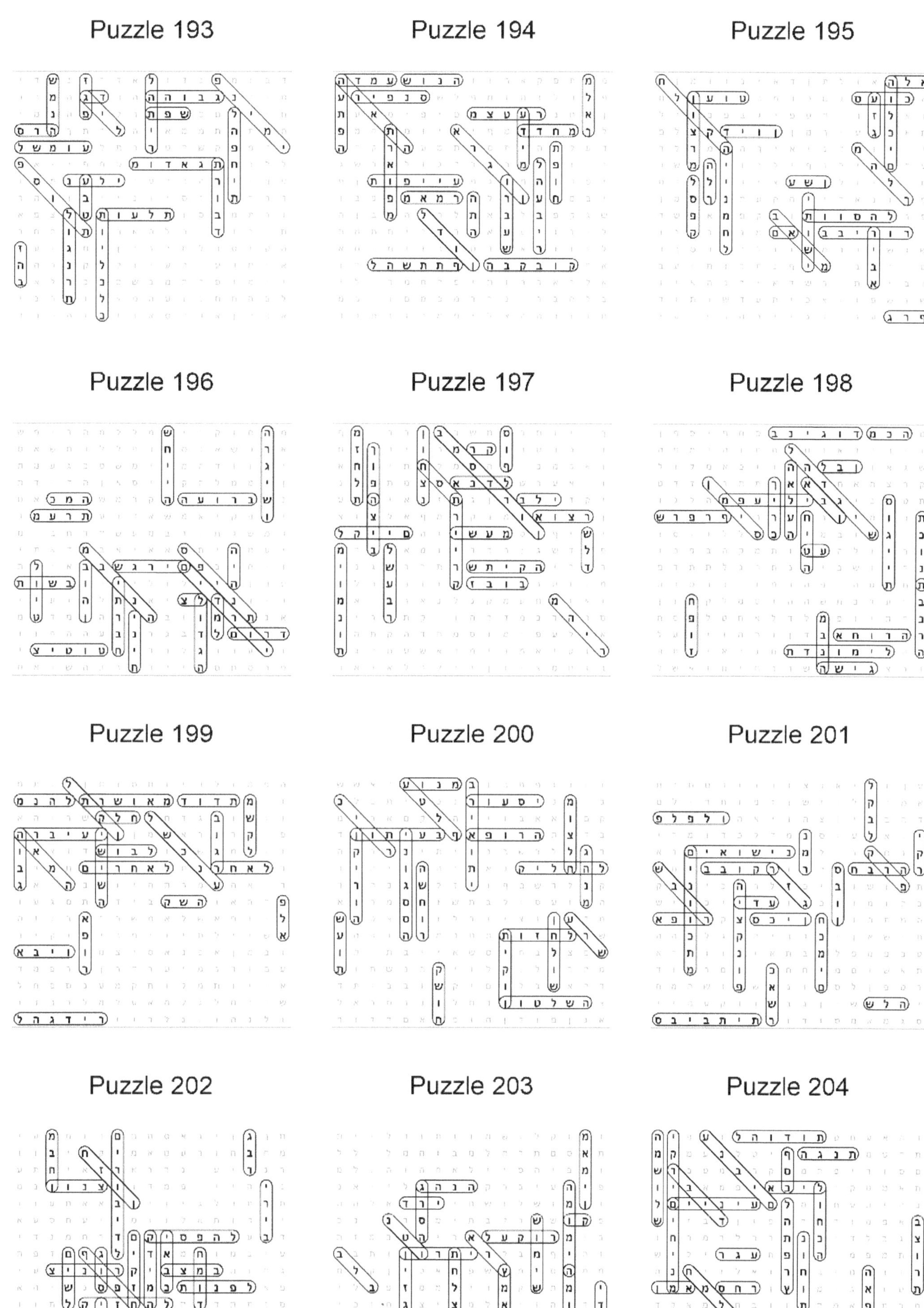
Puzzle 193
Puzzle 194
Puzzle 195
Puzzle 196
Puzzle 197
Puzzle 198
Puzzle 199
Puzzle 200
Puzzle 201
Puzzle 202
Puzzle 203
Puzzle 204

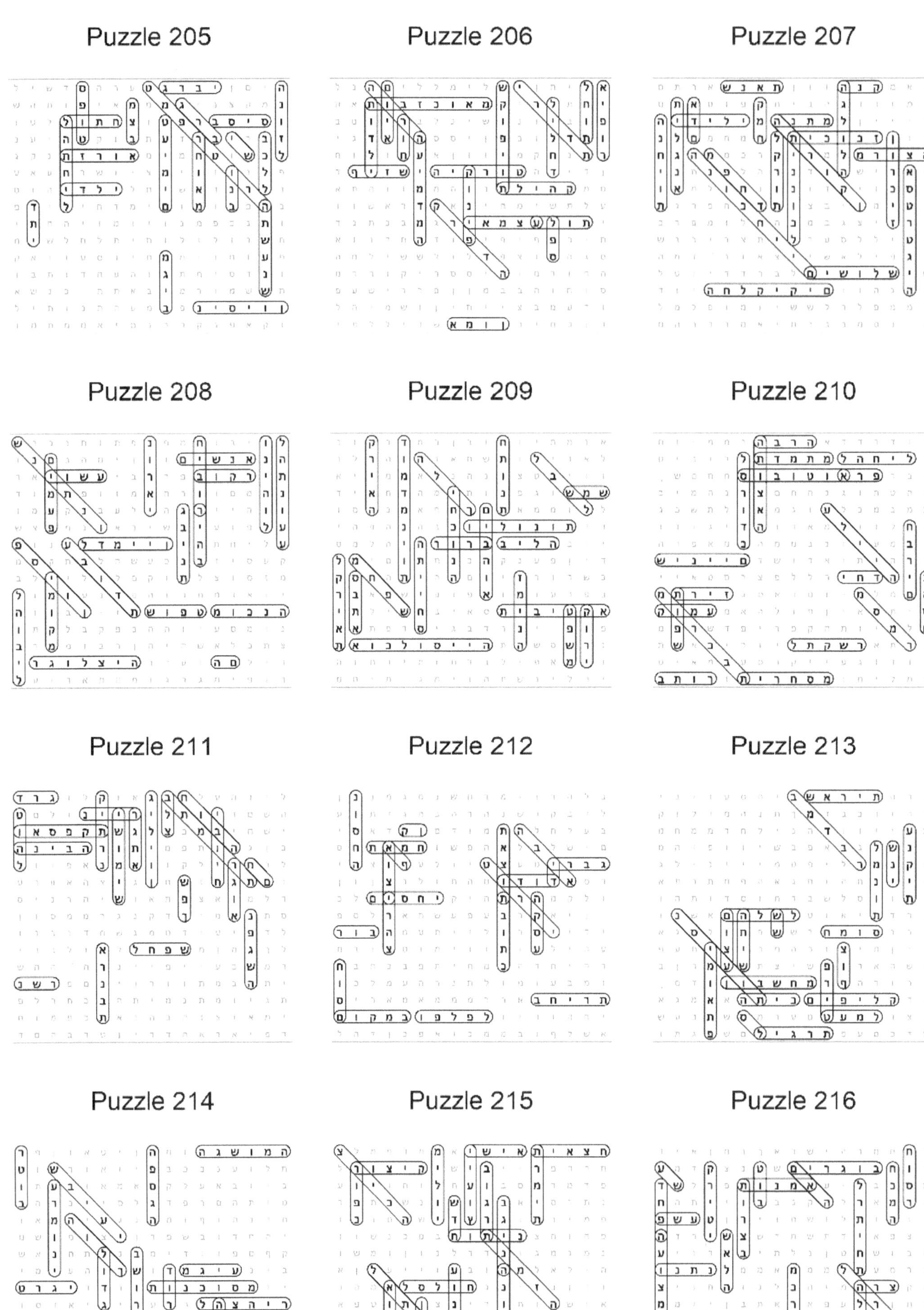
Puzzle 205
Puzzle 206
Puzzle 207
Puzzle 208
Puzzle 209
Puzzle 210
Puzzle 211
Puzzle 212
Puzzle 213
Puzzle 214
Puzzle 215
Puzzle 216

Puzzle 217 Puzzle 218 Puzzle 219

Puzzle 220 Puzzle 221 Puzzle 222

Puzzle 223 Puzzle 224 Puzzle 225

Puzzle 226 Puzzle 227 Puzzle 228

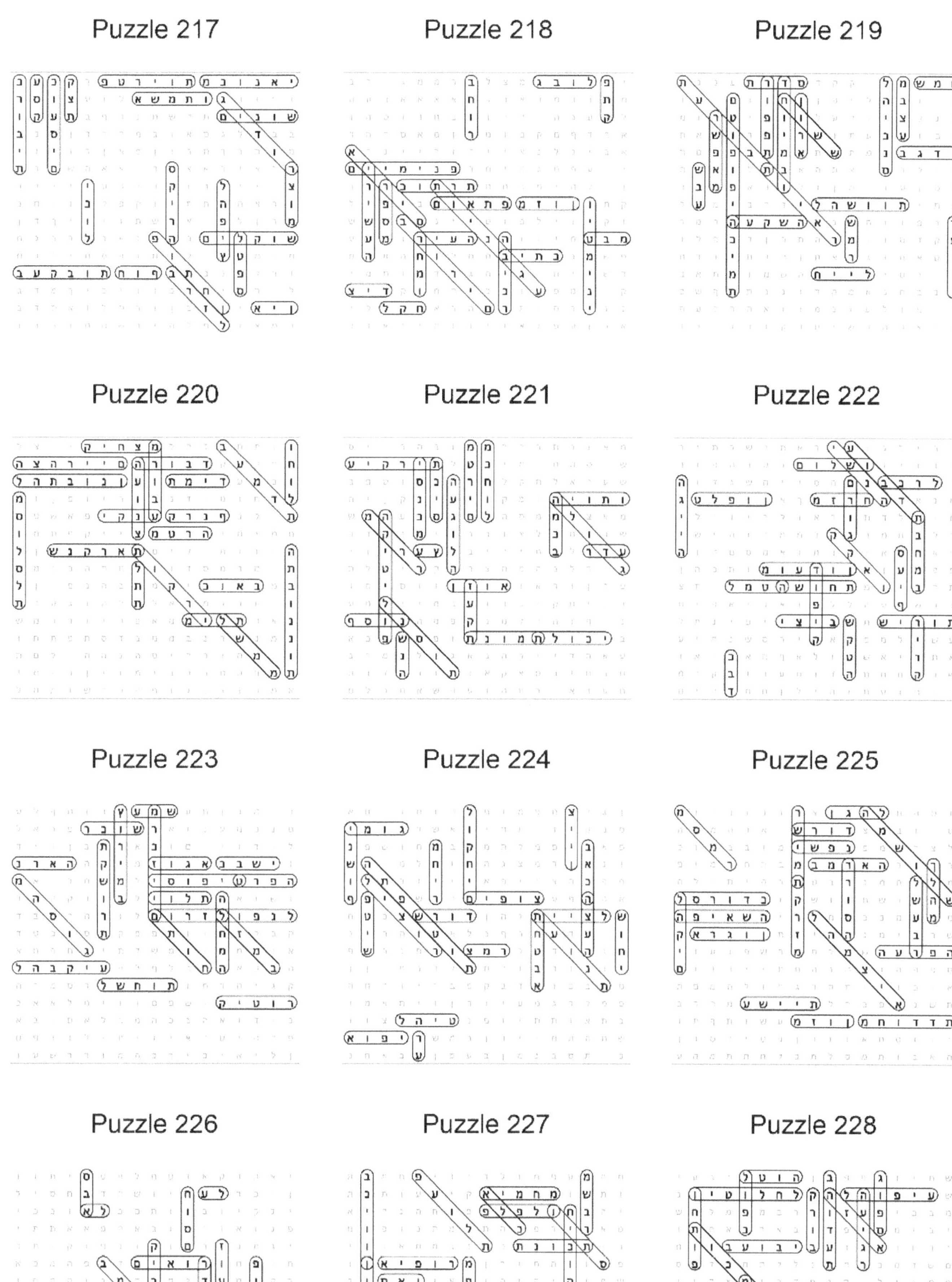

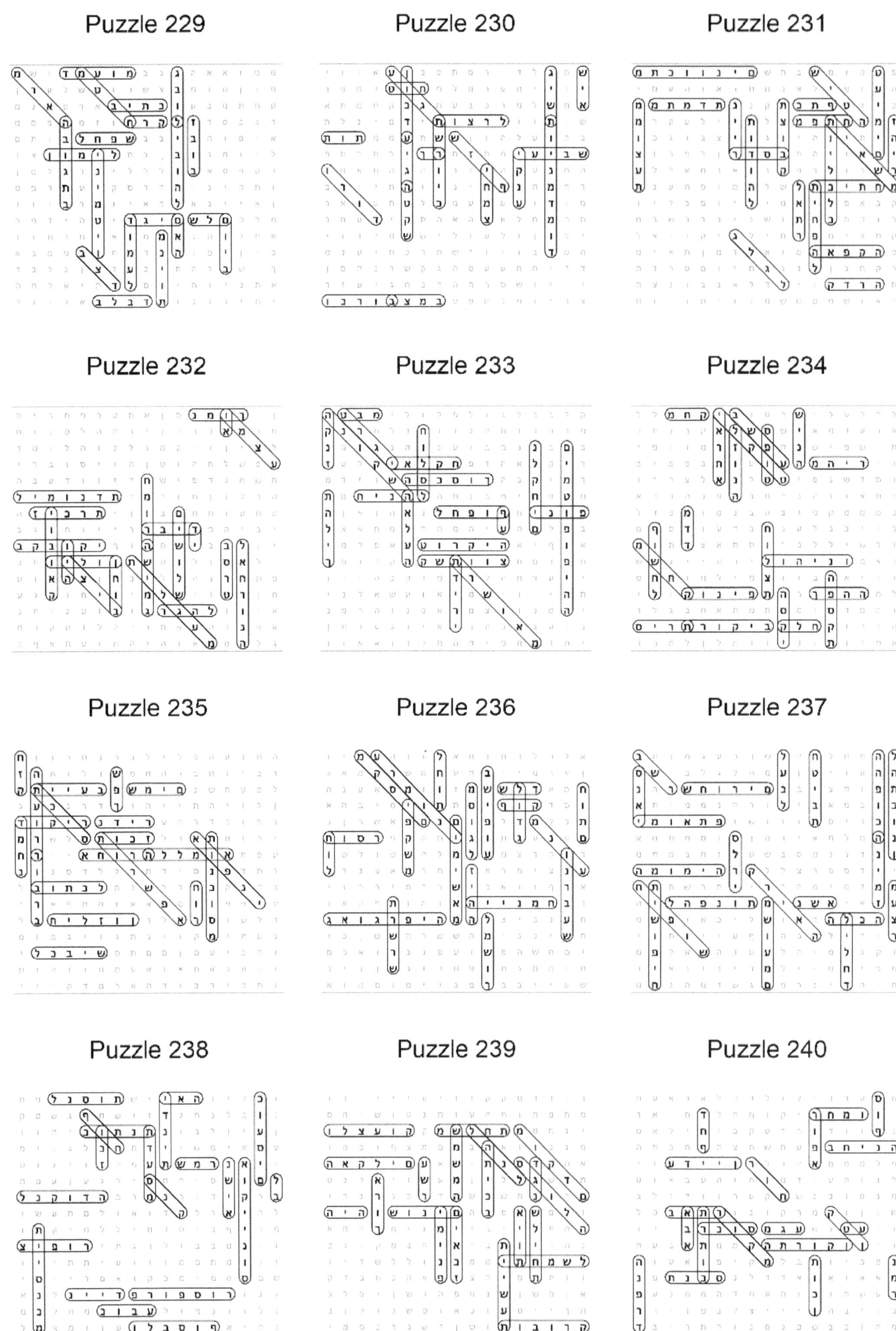
Puzzle 229
Puzzle 230
Puzzle 231
Puzzle 232
Puzzle 233
Puzzle 234
Puzzle 235
Puzzle 236
Puzzle 237
Puzzle 238
Puzzle 239
Puzzle 240

Puzzle 241 Puzzle 242 Puzzle 243

Puzzle 244 Puzzle 245 Puzzle 246

Puzzle 247 Puzzle 248 Puzzle 249

Puzzle 250 Puzzle 251 Puzzle 252

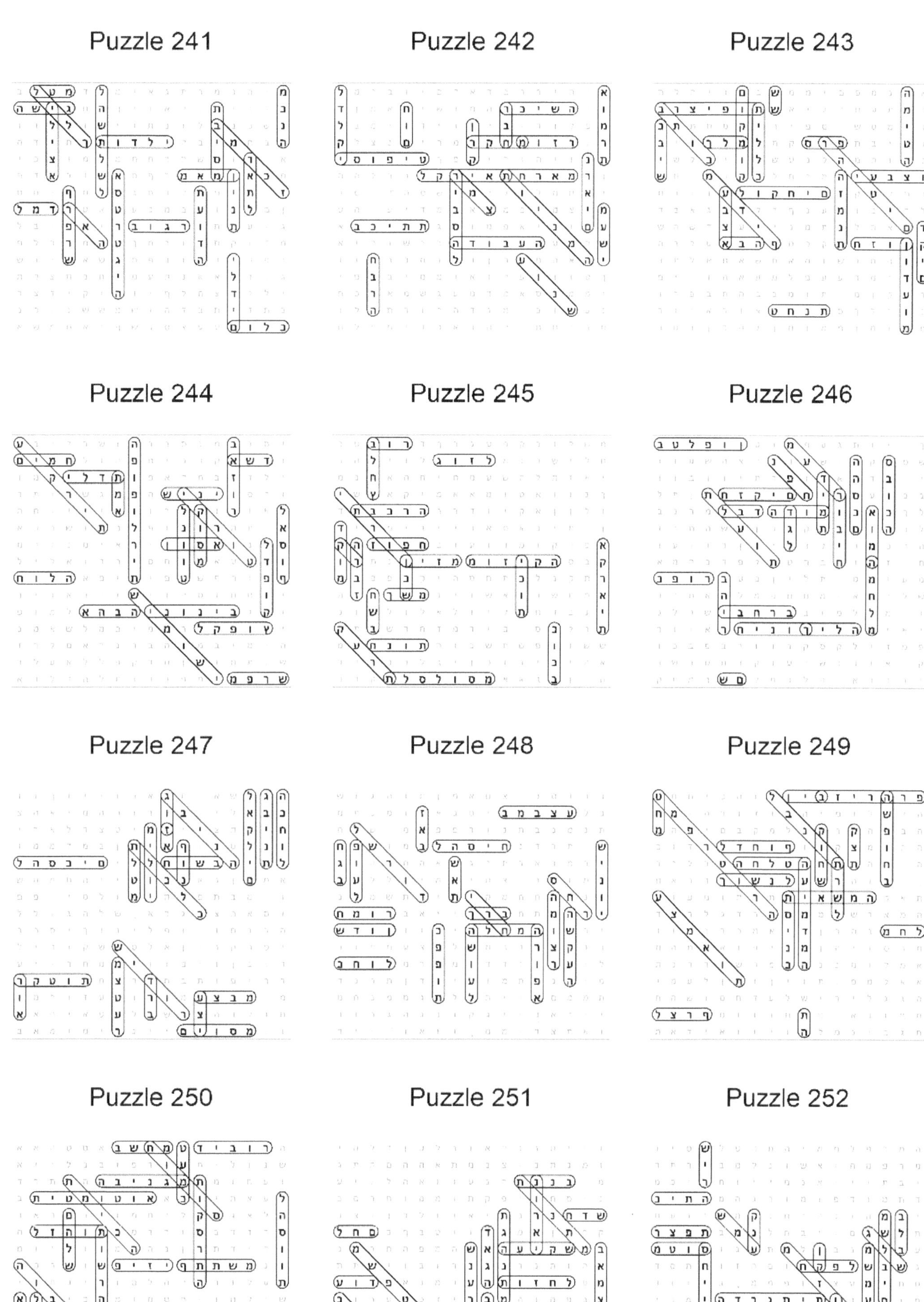

Puzzle 253

Puzzle 254

Puzzle 255

Puzzle 256

Puzzle 257

Puzzle 258

Puzzle 259

Puzzle 260

Puzzle 261

Puzzle 262

Puzzle 263

Puzzle 264

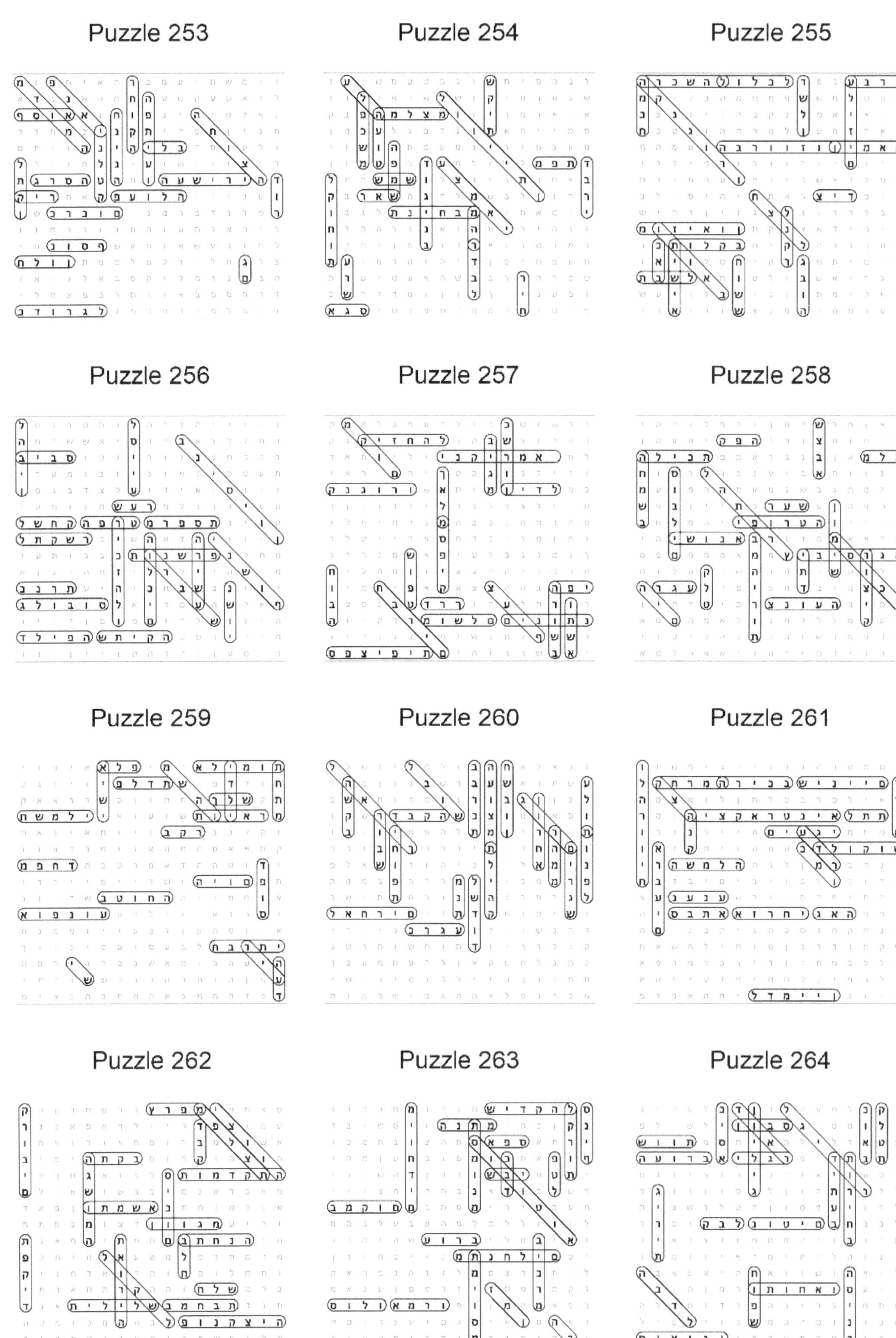

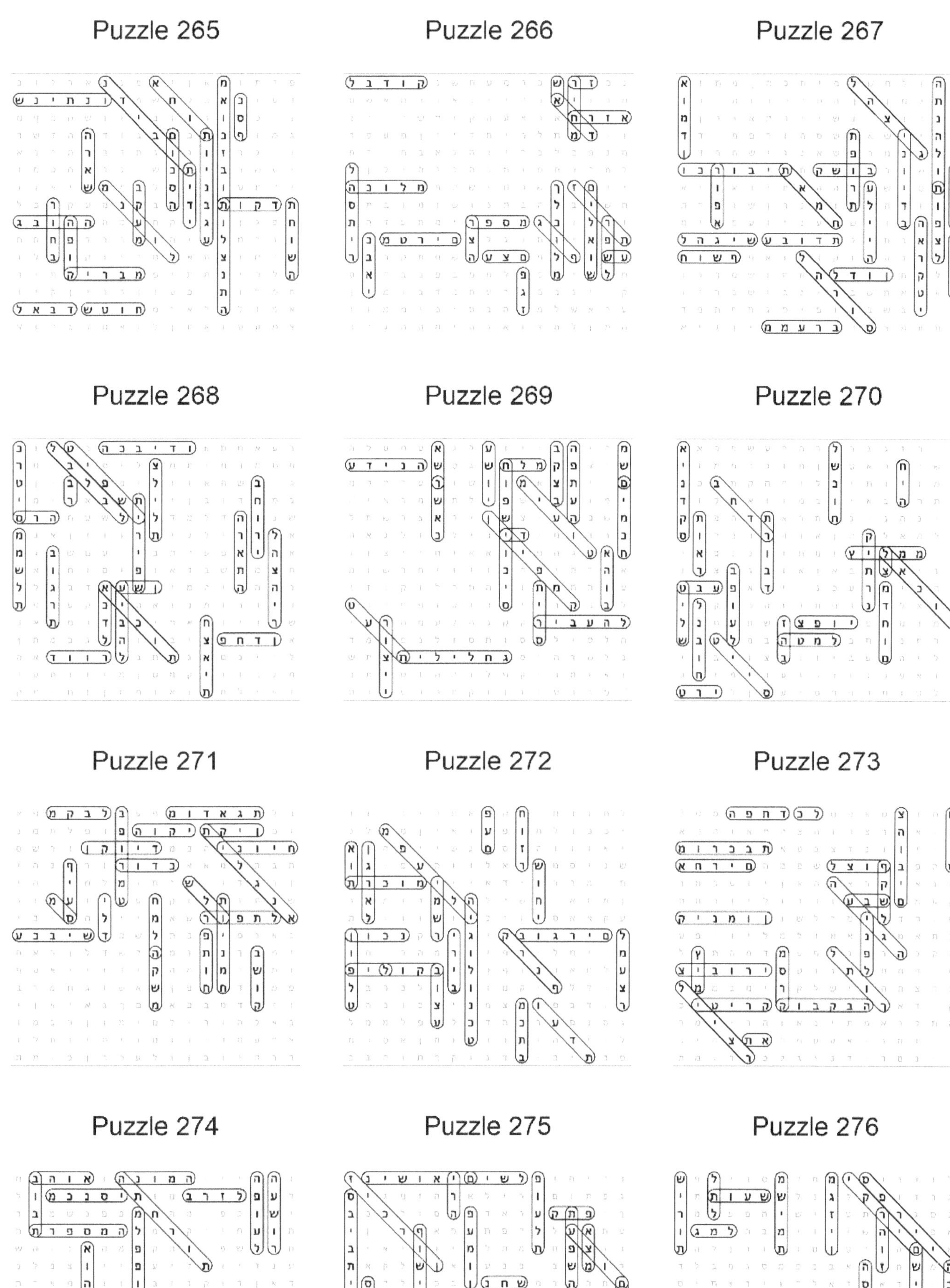

Puzzle 265
Puzzle 266
Puzzle 267
Puzzle 268
Puzzle 269
Puzzle 270
Puzzle 271
Puzzle 272
Puzzle 273
Puzzle 274
Puzzle 275
Puzzle 276

Puzzle 277

Puzzle 278

Puzzle 279

Puzzle 280

Puzzle 281

Puzzle 282

Puzzle 283

Puzzle 284

Puzzle 285

Puzzle 286

Puzzle 287

Puzzle 288

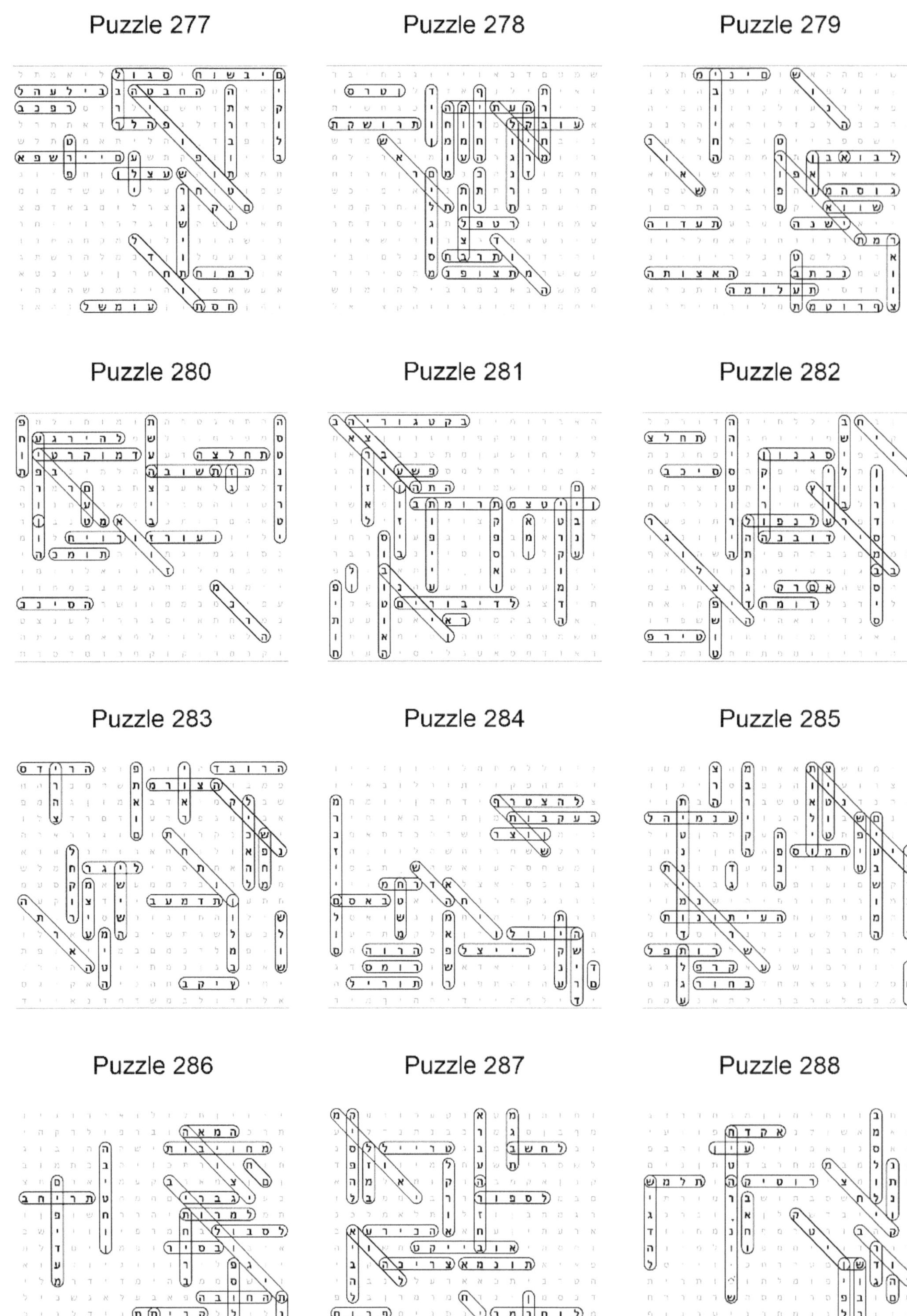

Puzzle 289

Puzzle 290

Puzzle 291

Puzzle 292

Puzzle 293

Puzzle 294

Puzzle 295

Puzzle 296

Puzzle 297

Puzzle 298

Puzzle 299

Puzzle 300

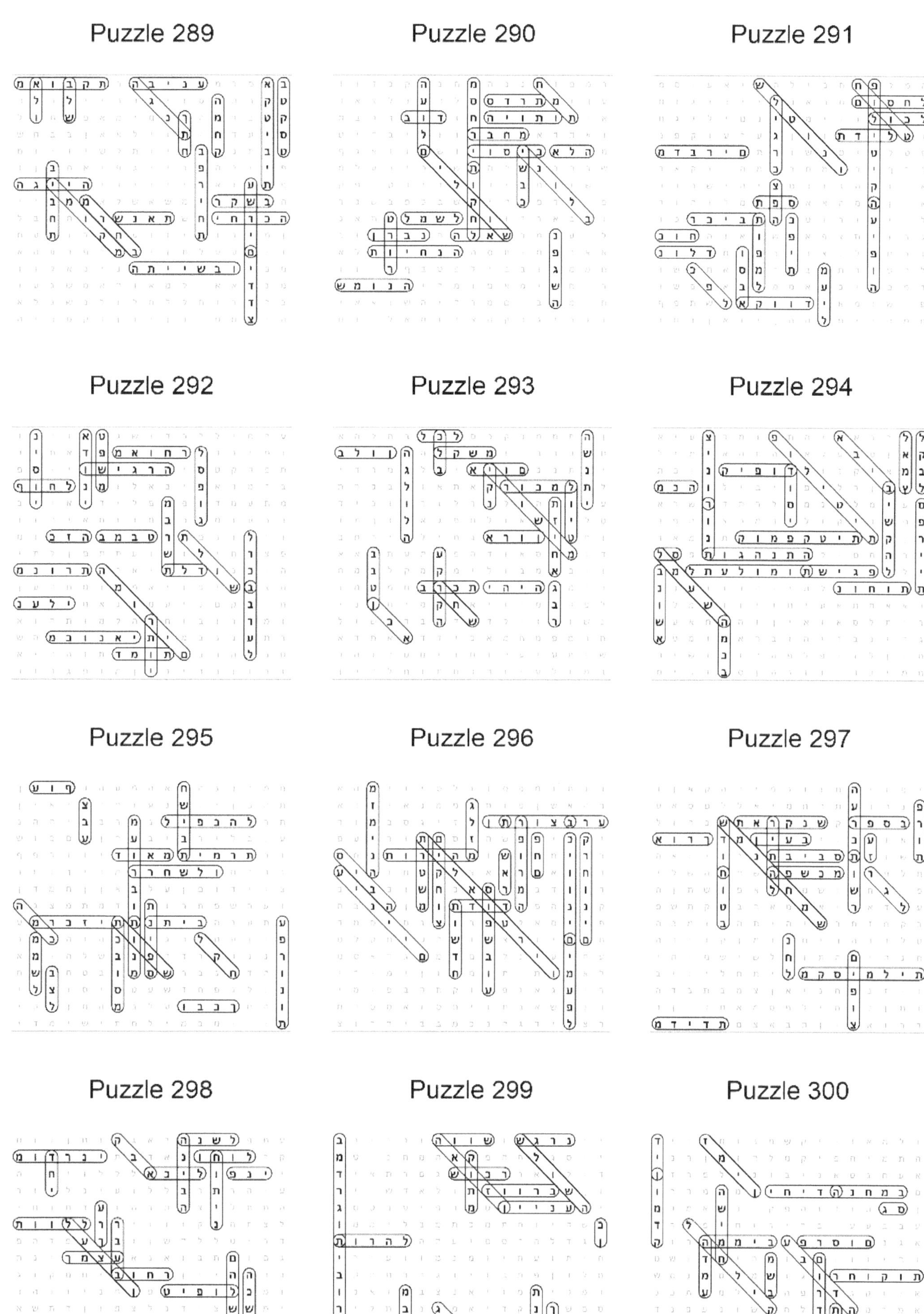

Puzzle 301

Puzzle 302

Puzzle 303

Puzzle 304

Puzzle 305

Puzzle 306

Puzzle 307

Puzzle 308

Puzzle 309

Puzzle 310

Puzzle 311

Puzzle 312

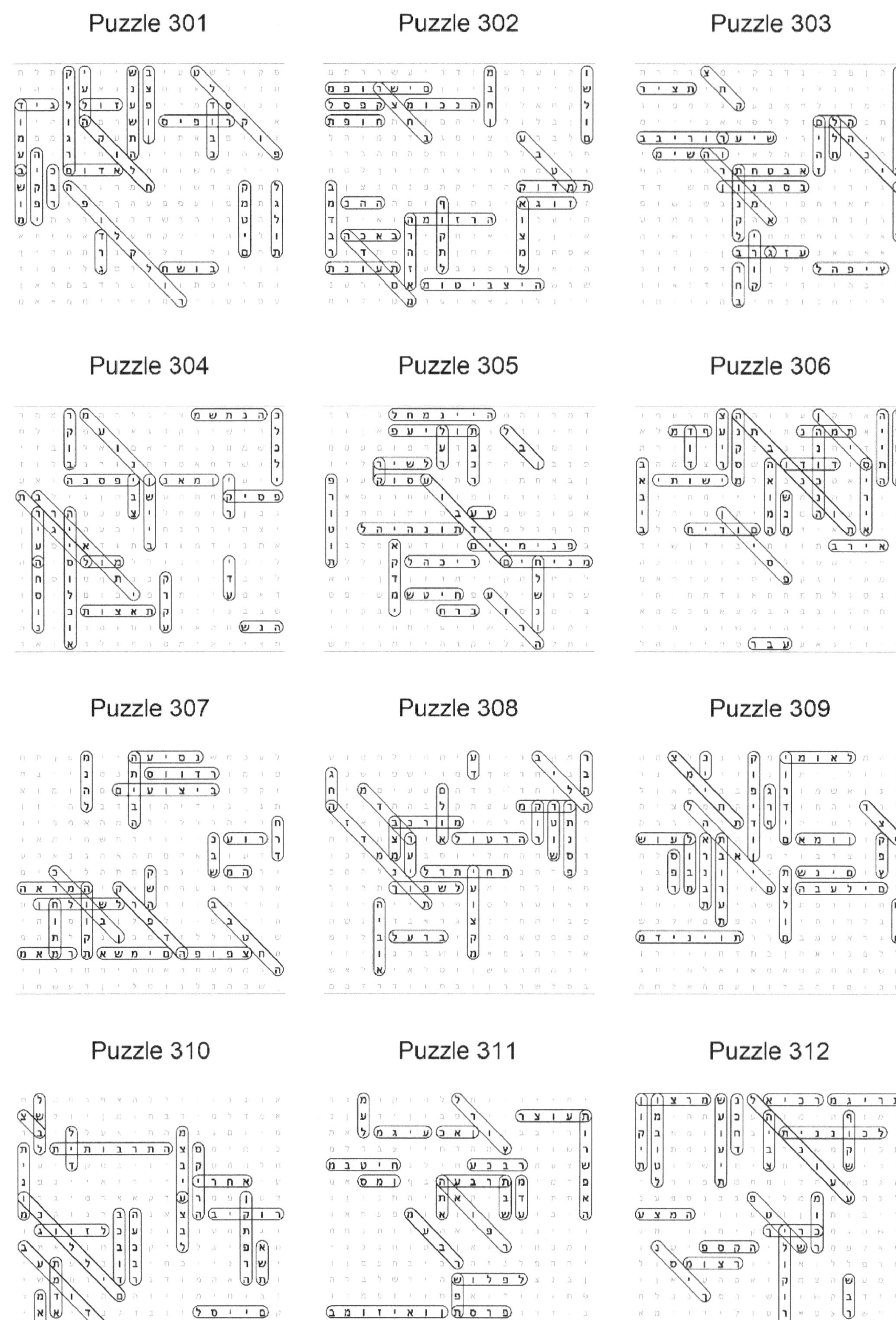

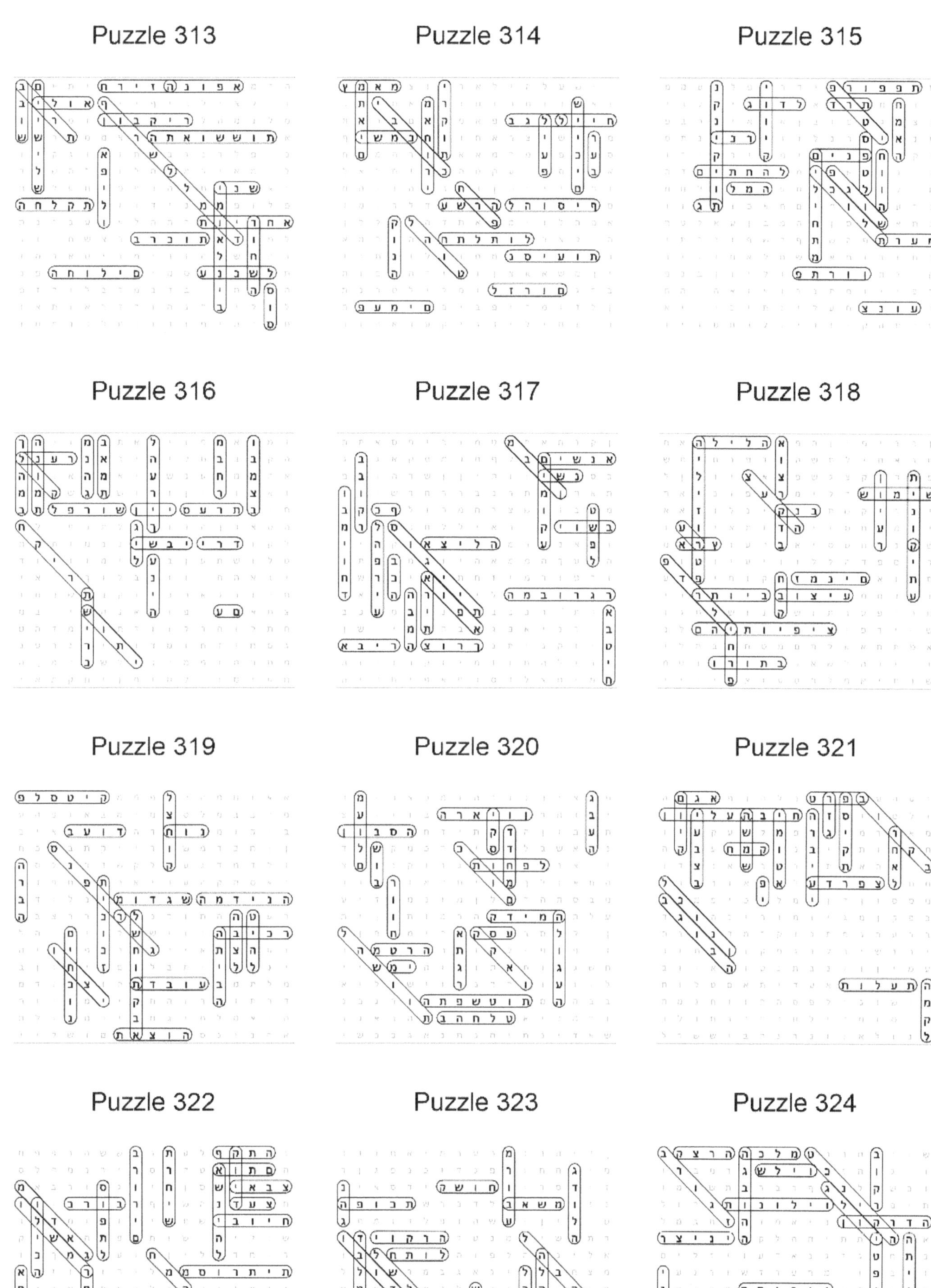
Puzzle 313
Puzzle 314
Puzzle 315
Puzzle 316
Puzzle 317
Puzzle 318
Puzzle 319
Puzzle 320
Puzzle 321
Puzzle 322
Puzzle 323
Puzzle 324

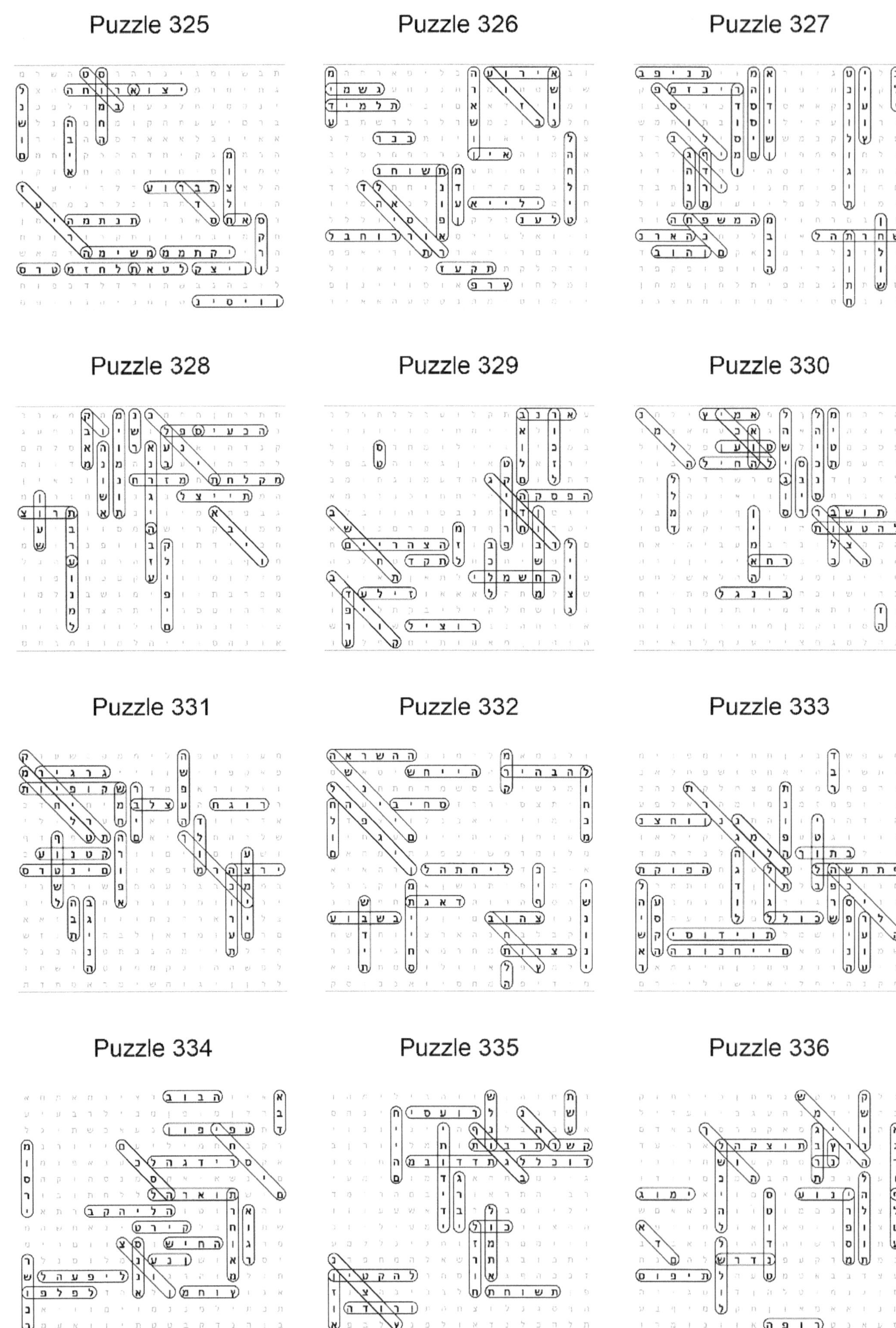

Puzzle 325
Puzzle 326
Puzzle 327
Puzzle 328
Puzzle 329
Puzzle 330
Puzzle 331
Puzzle 332
Puzzle 333
Puzzle 334
Puzzle 335
Puzzle 336

Puzzle 337 Puzzle 338 Puzzle 339

Puzzle 340 Puzzle 341 Puzzle 342

Puzzle 343 Puzzle 344 Puzzle 345

Puzzle 346 Puzzle 347 Puzzle 348

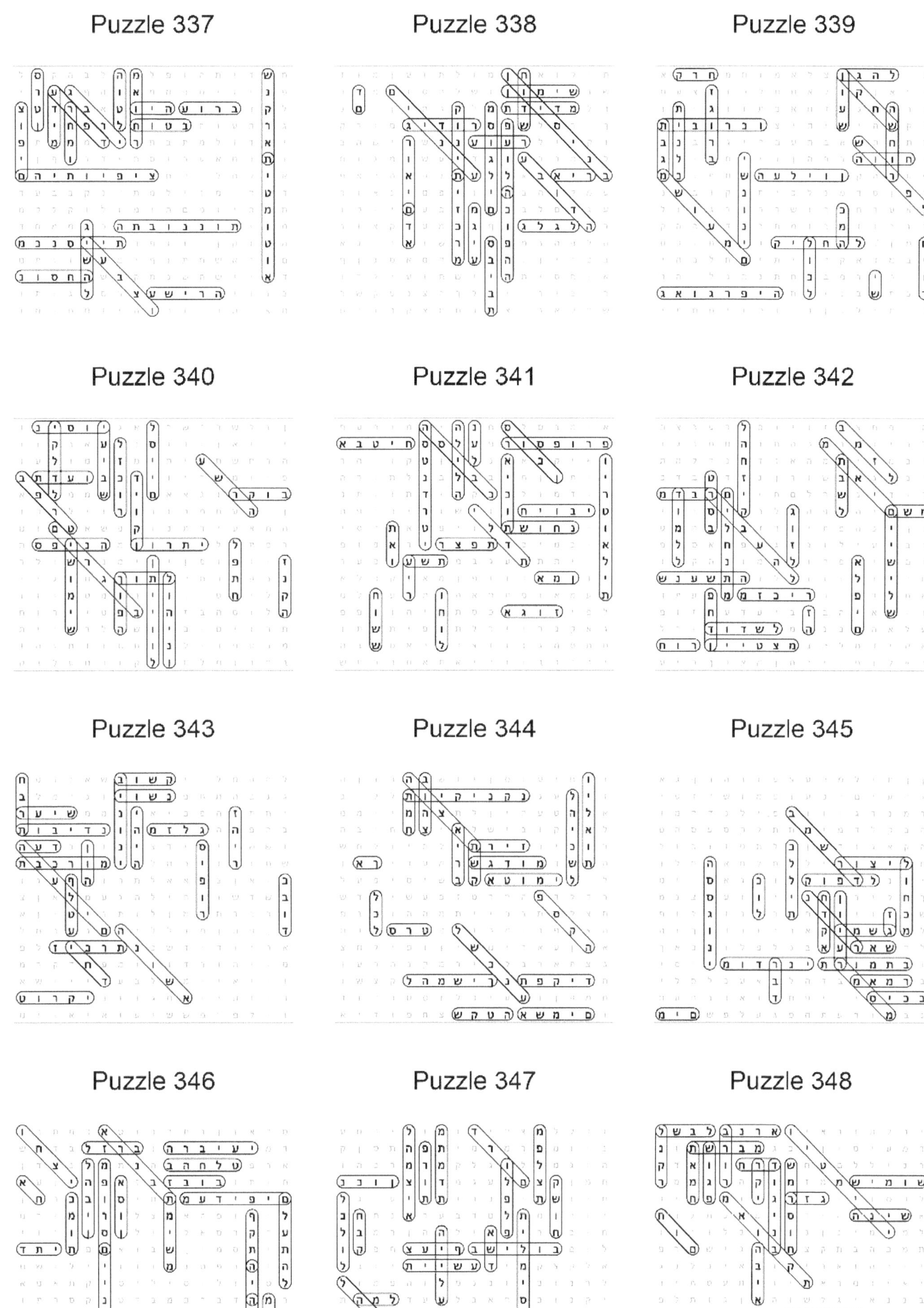

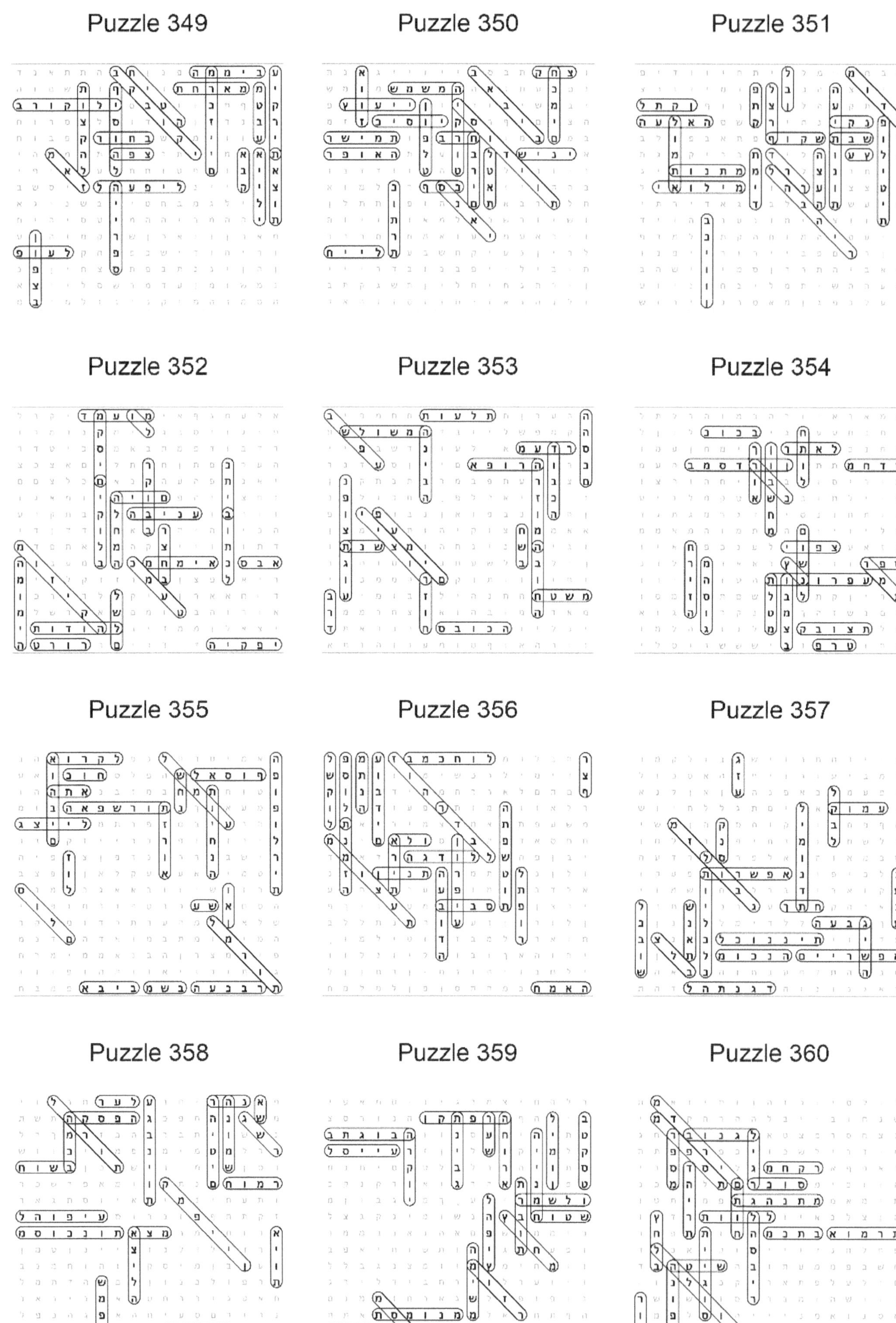

Puzzle 349
Puzzle 350
Puzzle 351
Puzzle 352
Puzzle 353
Puzzle 354
Puzzle 355
Puzzle 356
Puzzle 357
Puzzle 358
Puzzle 359
Puzzle 360

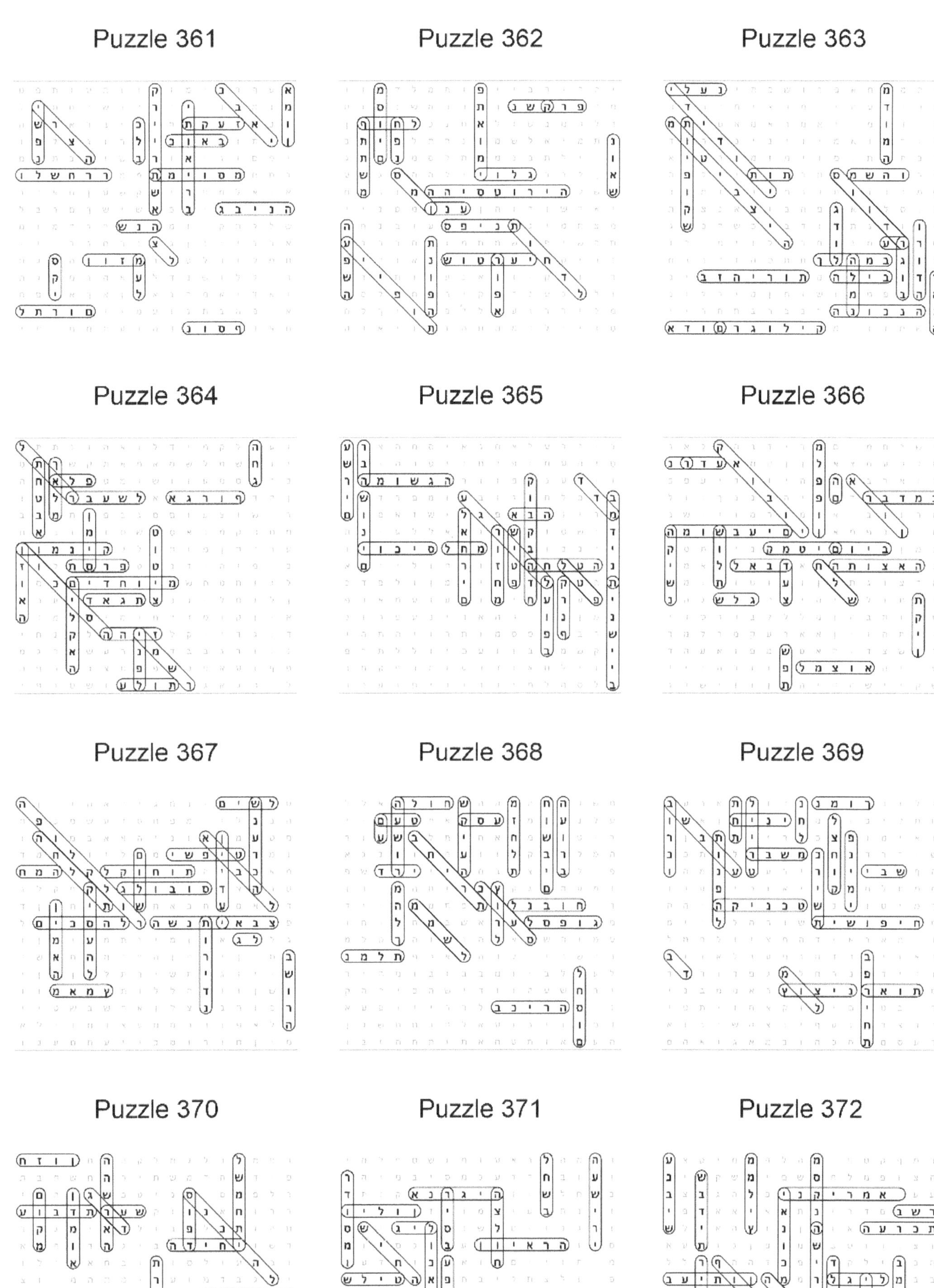
Puzzle 361
Puzzle 362
Puzzle 363
Puzzle 364
Puzzle 365
Puzzle 366
Puzzle 367
Puzzle 368
Puzzle 369
Puzzle 370
Puzzle 371
Puzzle 372

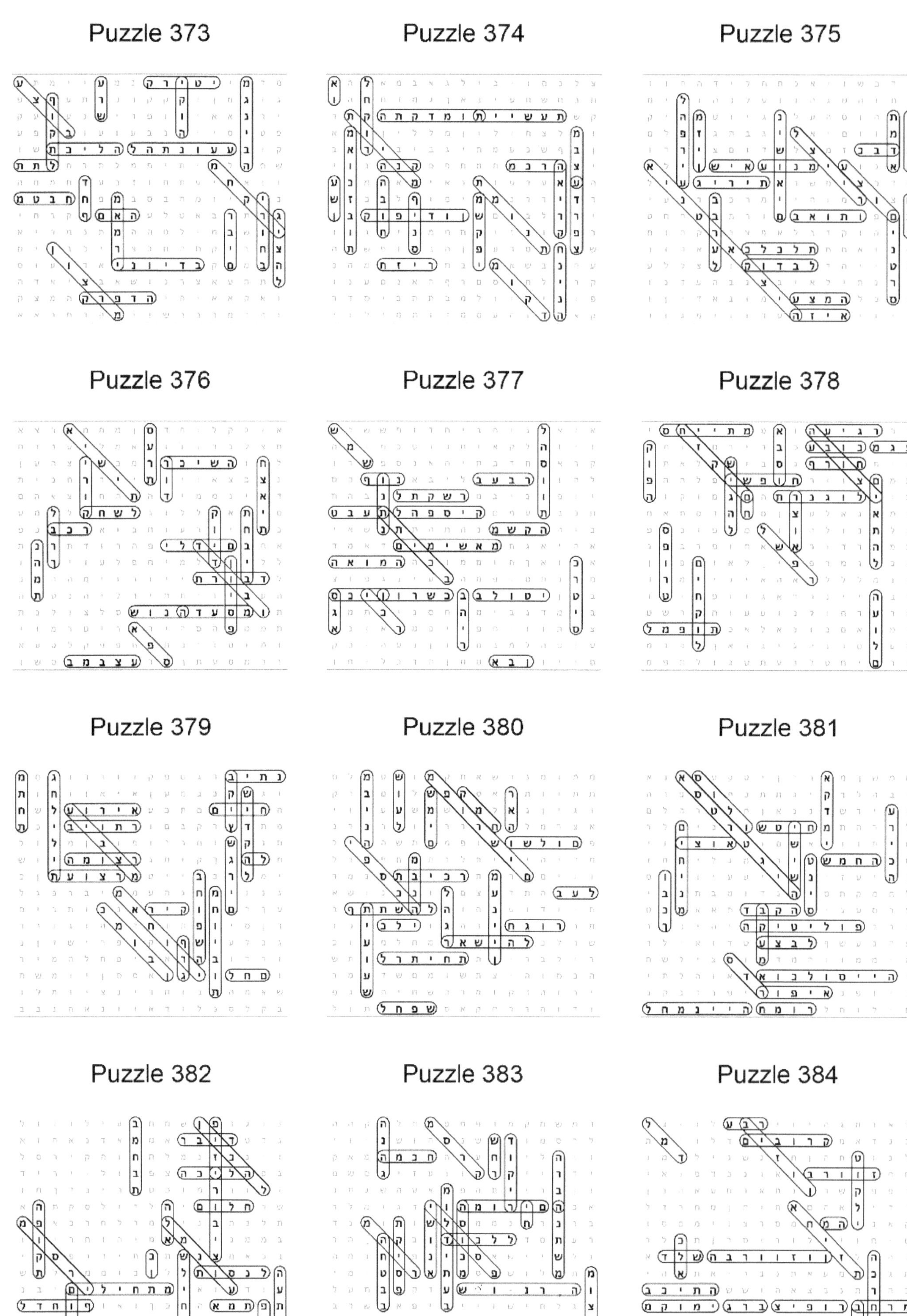
Puzzle 373
Puzzle 374
Puzzle 375
Puzzle 376
Puzzle 377
Puzzle 378
Puzzle 379
Puzzle 380
Puzzle 381
Puzzle 382
Puzzle 383
Puzzle 384

Puzzle 385

Puzzle 386

Puzzle 387

Puzzle 388

Puzzle 389

Puzzle 390

Puzzle 391

Puzzle 392

Puzzle 393

Puzzle 394

Puzzle 395

Puzzle 396

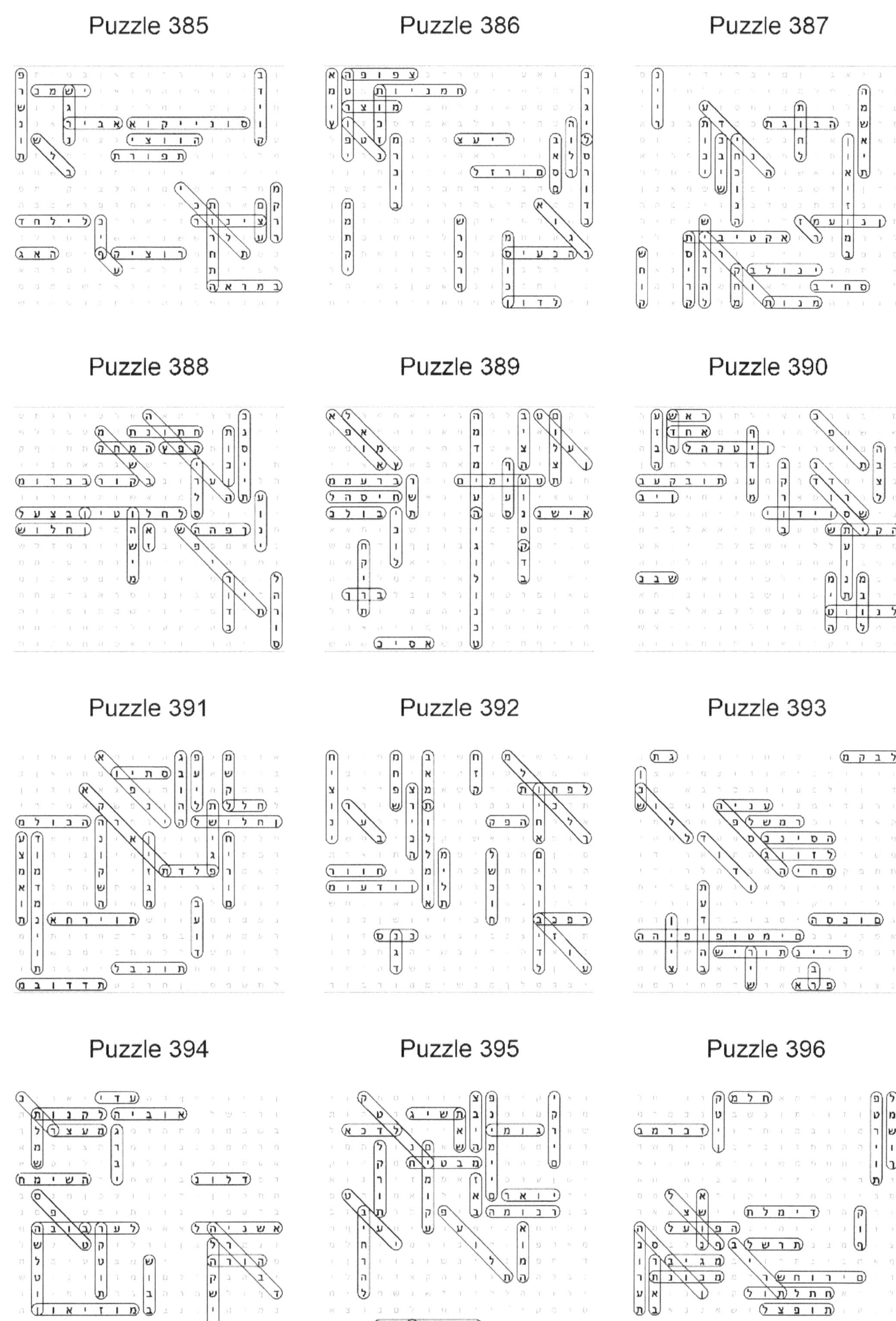

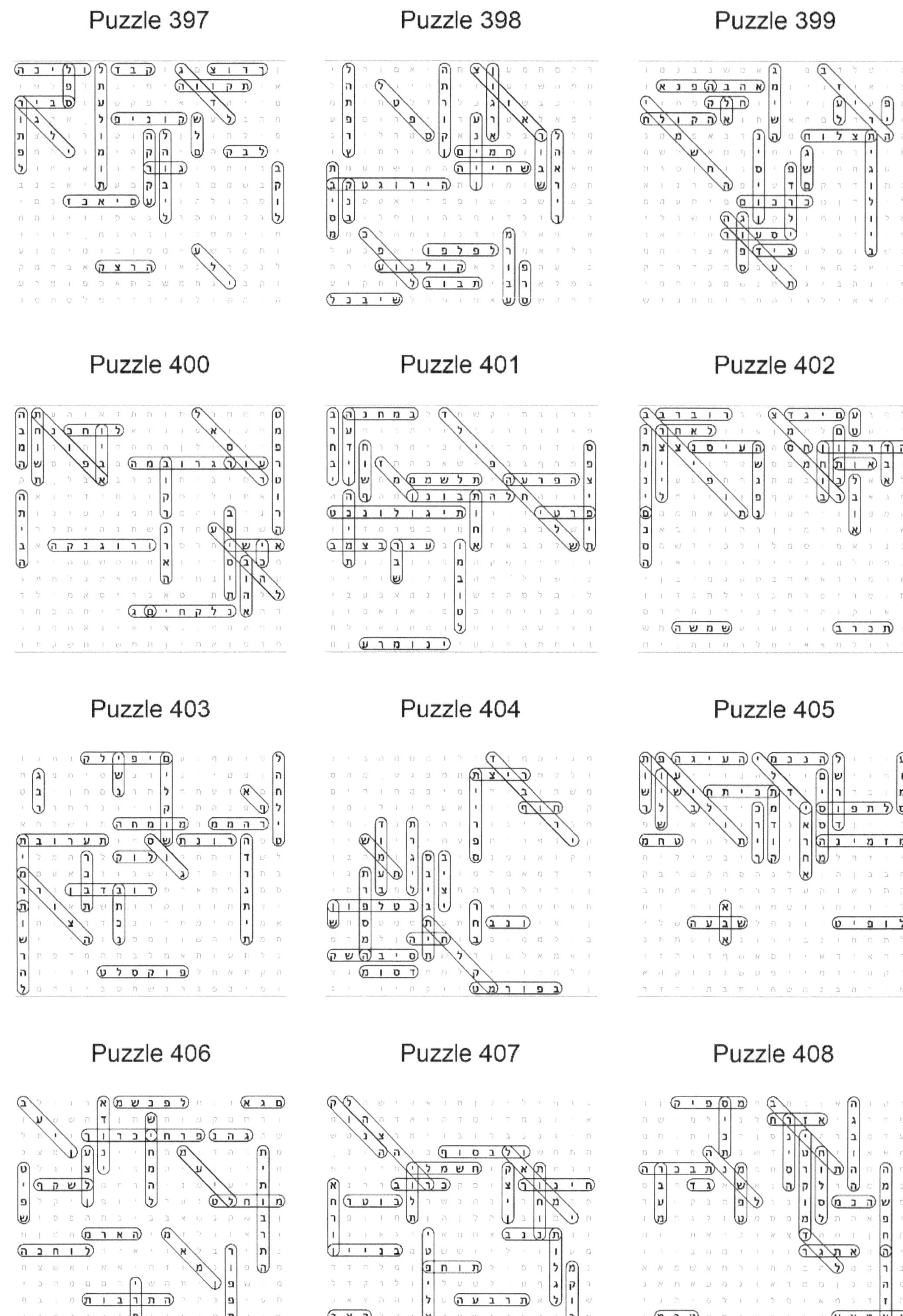
Puzzle 397
Puzzle 398
Puzzle 399
Puzzle 400
Puzzle 401
Puzzle 402
Puzzle 403
Puzzle 404
Puzzle 405
Puzzle 406
Puzzle 407
Puzzle 408

Puzzle 409

Puzzle 410

Puzzle 411

Puzzle 412

Puzzle 413

Puzzle 414

Puzzle 415

Puzzle 416

Puzzle 417

Puzzle 418

Puzzle 419

Puzzle 420

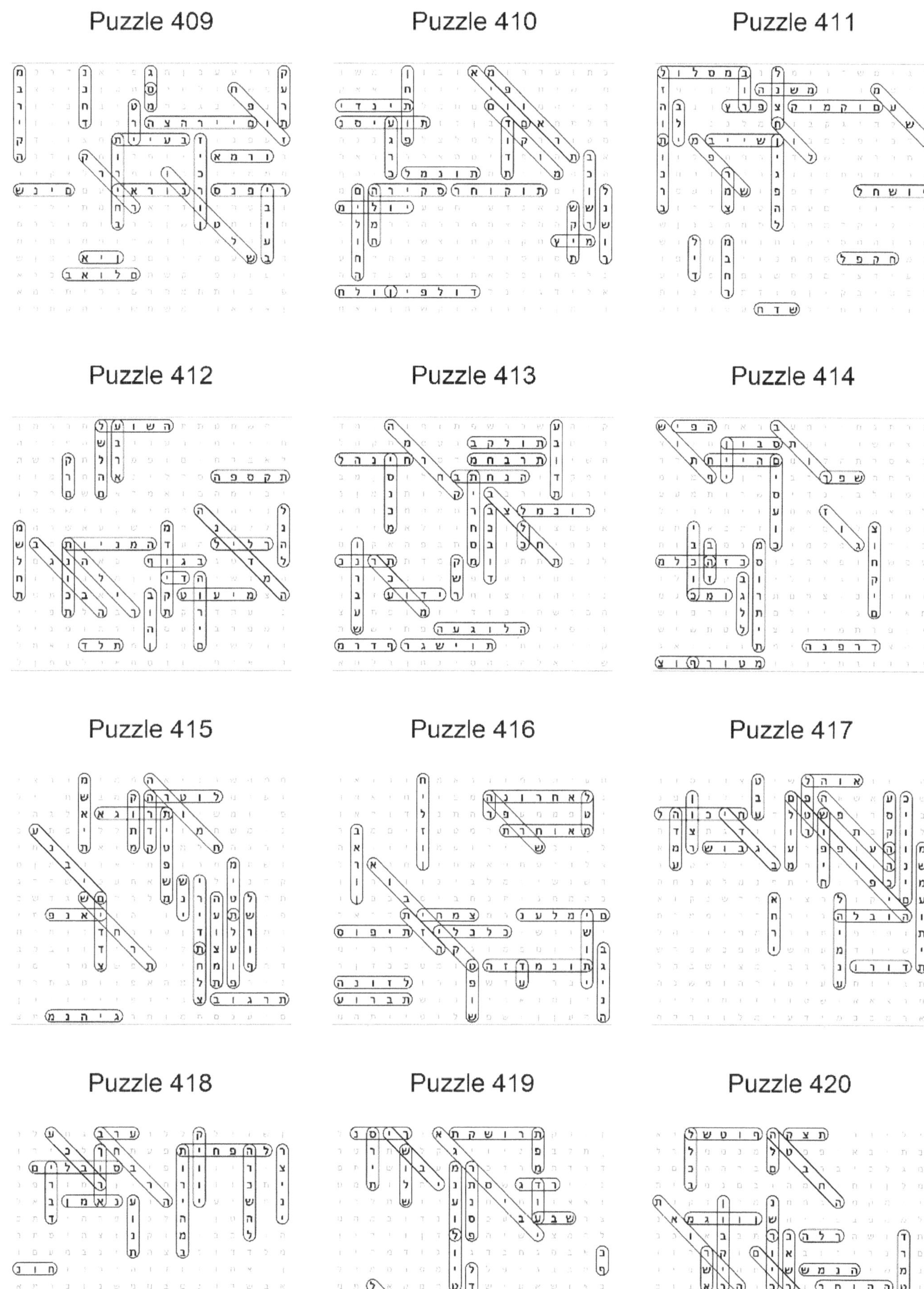

Puzzle 421 Puzzle 422 Puzzle 423

Puzzle 424 Puzzle 425 Puzzle 426

Puzzle 427 Puzzle 428 Puzzle 429

Puzzle 430 Puzzle 431 Puzzle 432

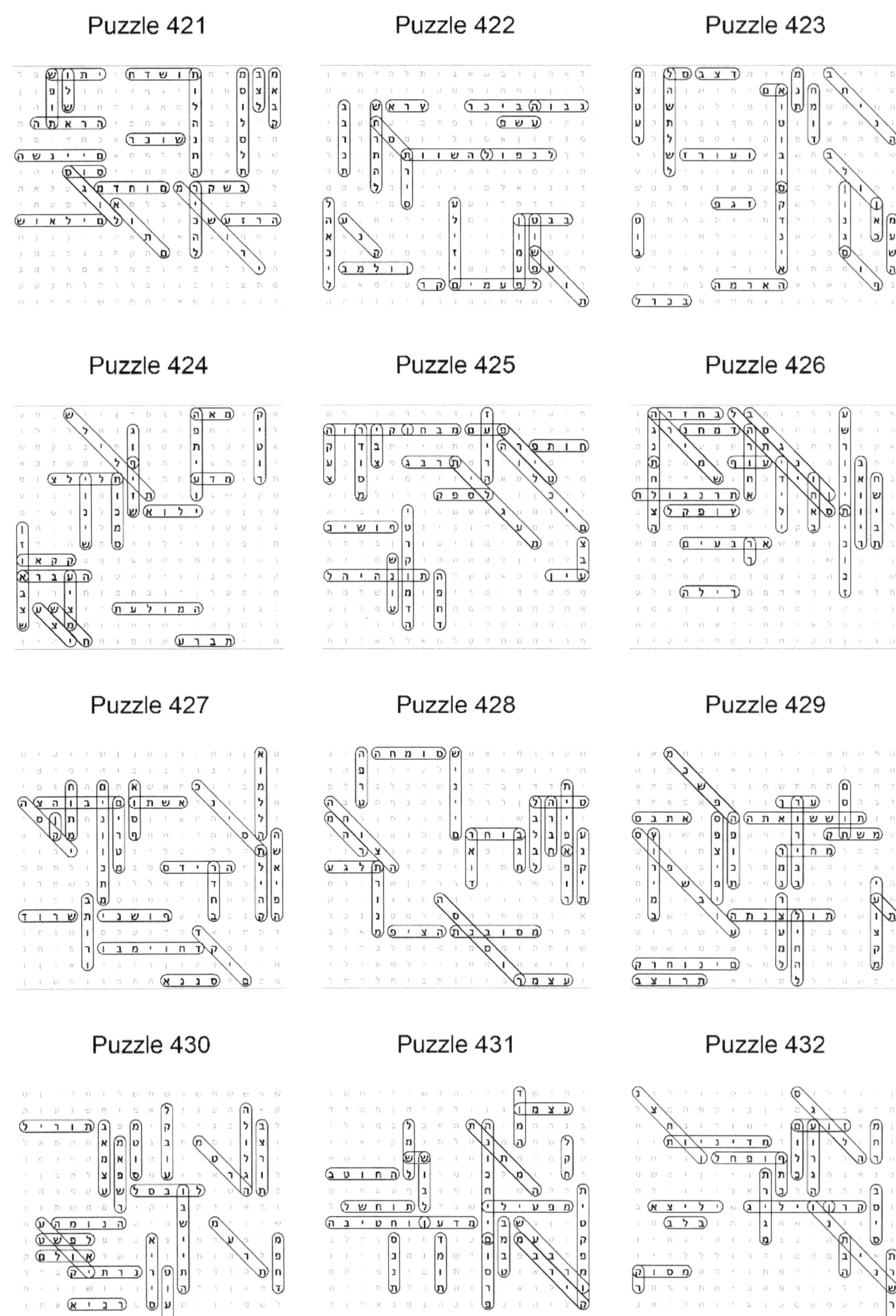

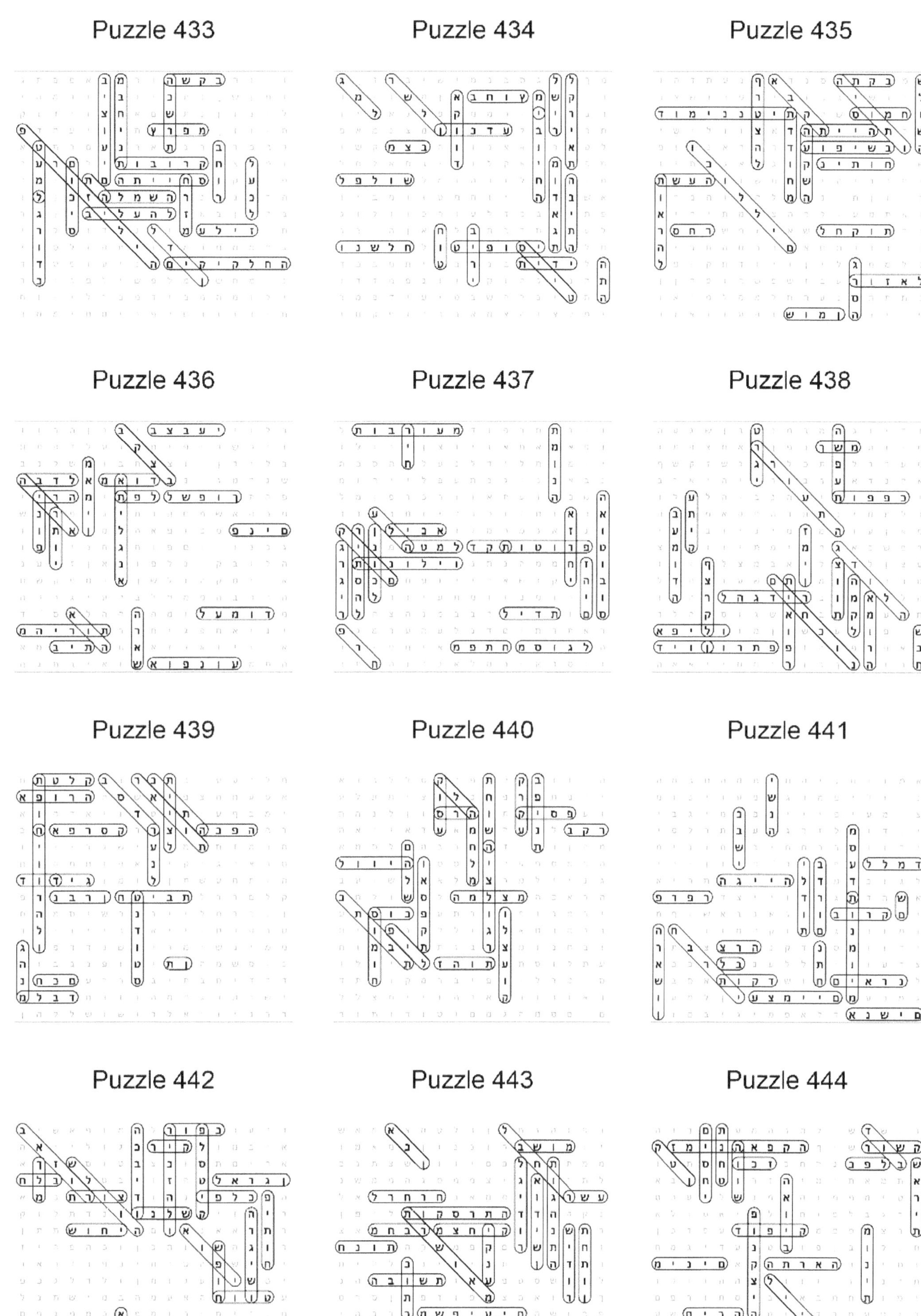

Puzzle 433
Puzzle 434
Puzzle 435
Puzzle 436
Puzzle 437
Puzzle 438
Puzzle 439
Puzzle 440
Puzzle 441
Puzzle 442
Puzzle 443
Puzzle 444

Puzzle 445

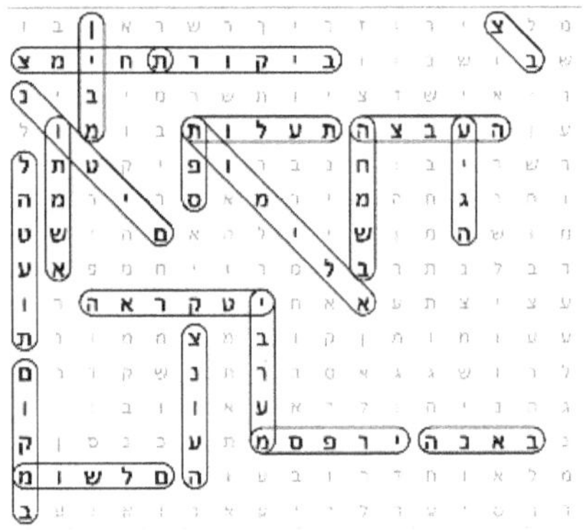

Puzzle 446

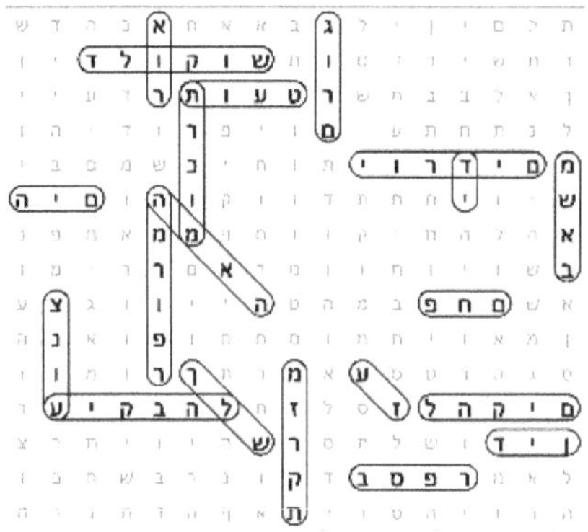

Puzzle 447

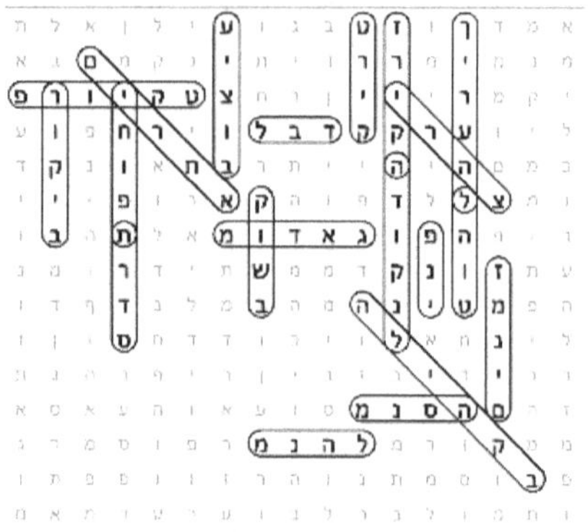

Puzzle 448

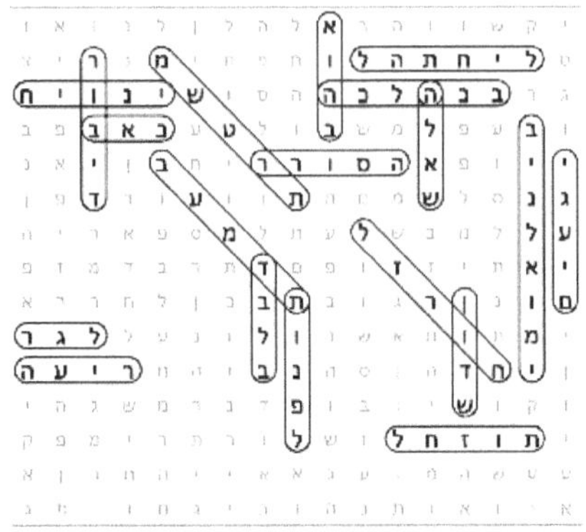

Puzzle 449

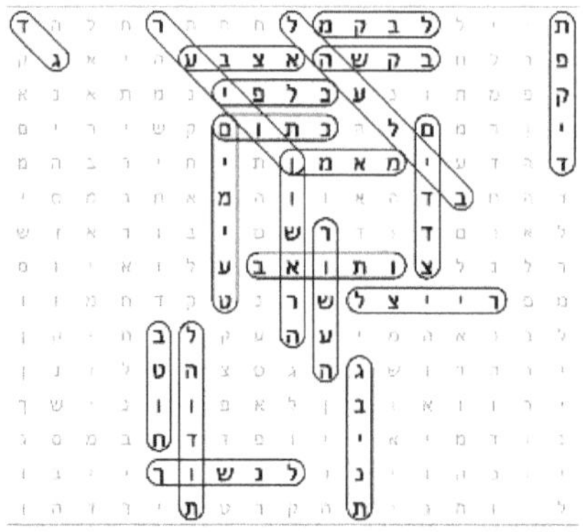

Puzzle 450

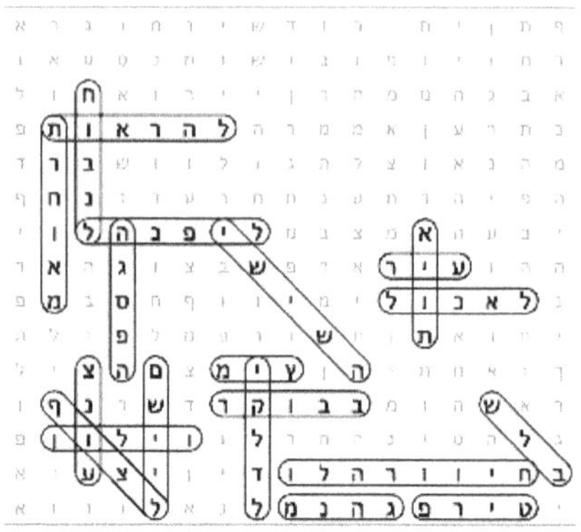

Puzzle 451

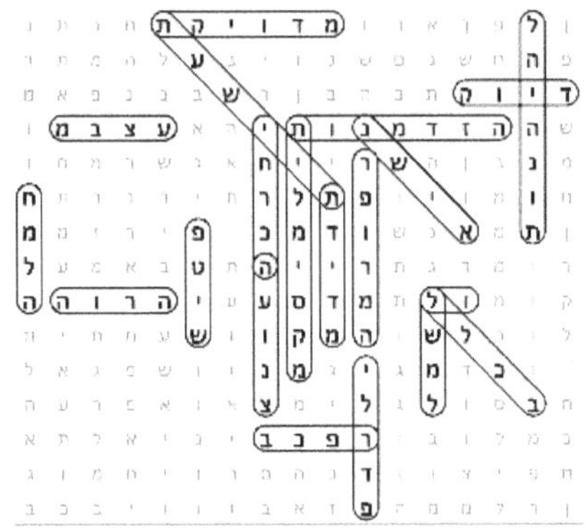

Puzzle 452

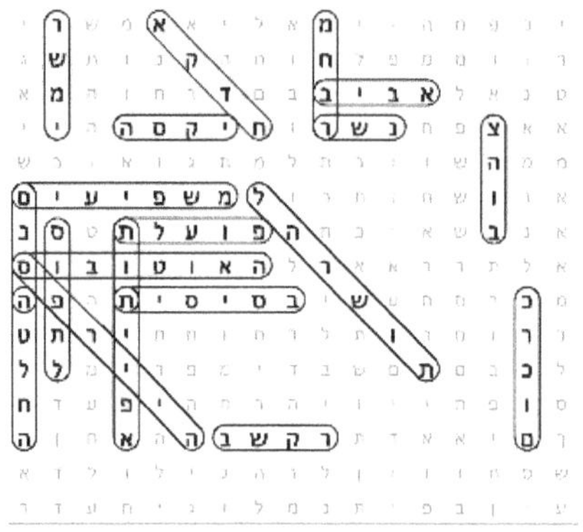

Puzzle 453

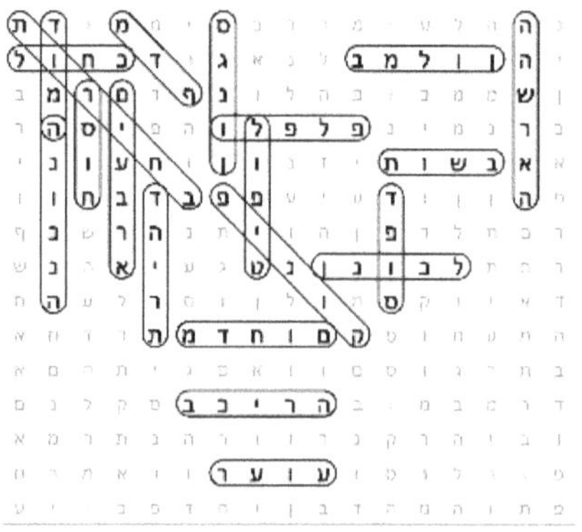

Puzzle 454

Puzzle 455

Puzzle 456

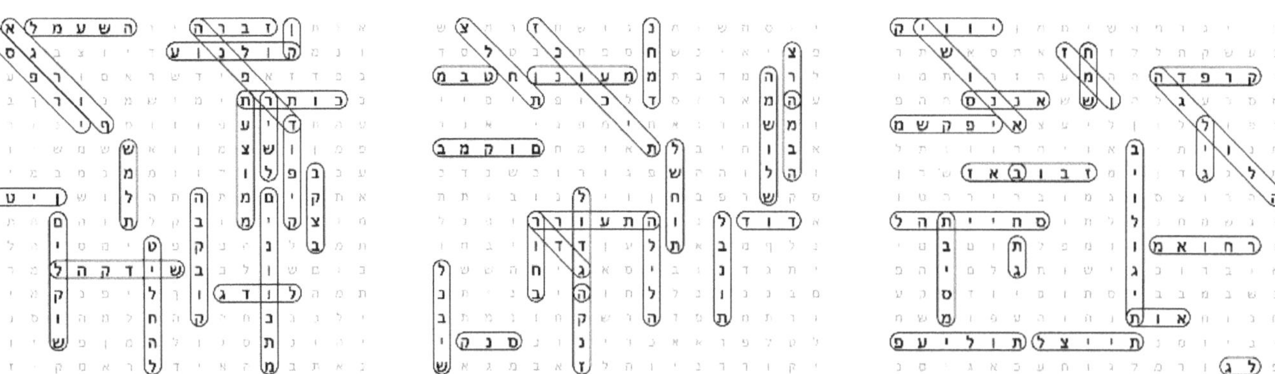

Puzzle 457 Puzzle 458 Puzzle 459

Puzzle 460 Puzzle 461 Puzzle 462

Puzzle 463 Puzzle 464 Puzzle 465

Puzzle 466 Puzzle 467 Puzzle 468

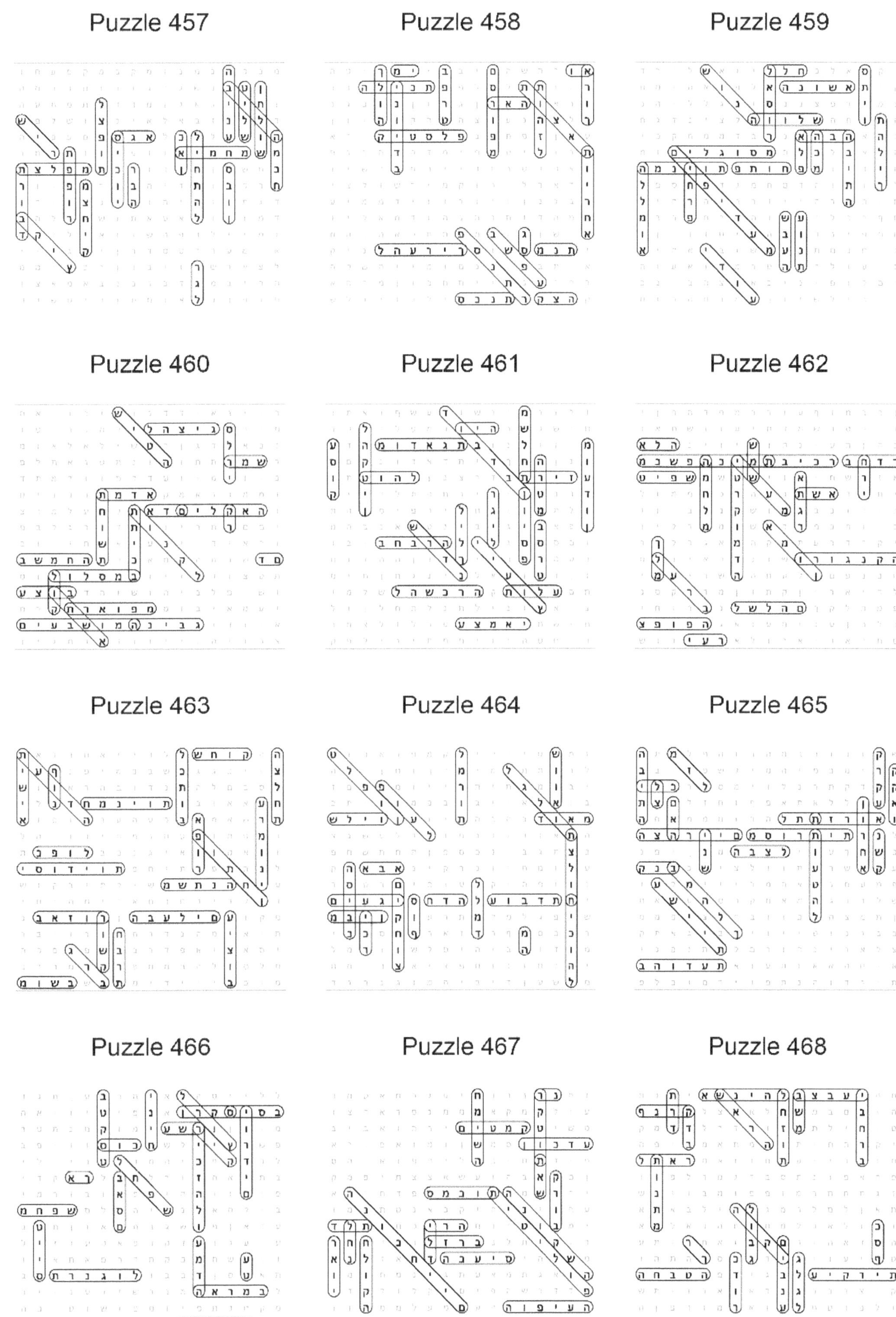

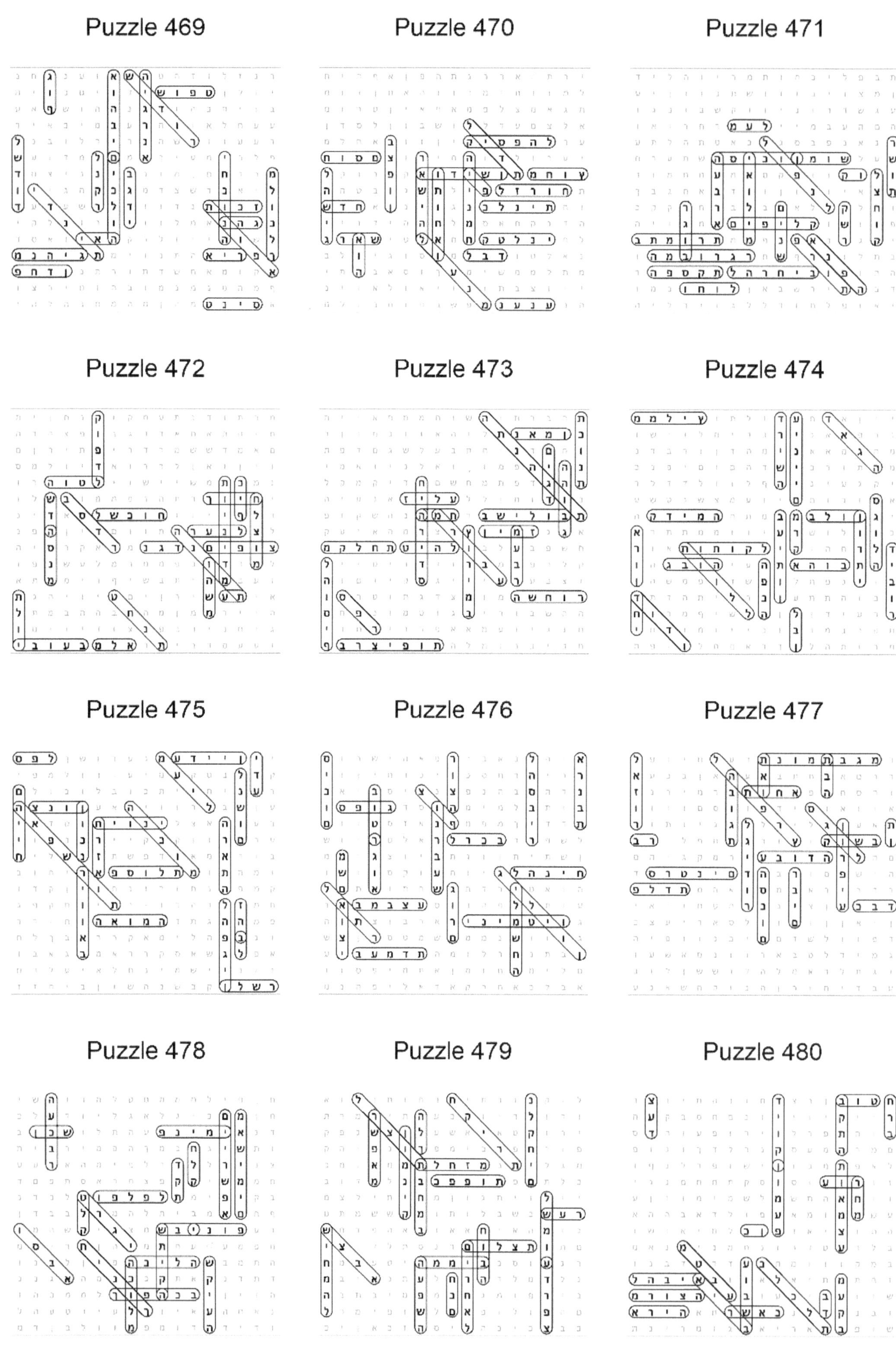

Puzzle 469
Puzzle 470
Puzzle 471
Puzzle 472
Puzzle 473
Puzzle 474
Puzzle 475
Puzzle 476
Puzzle 477
Puzzle 478
Puzzle 479
Puzzle 480

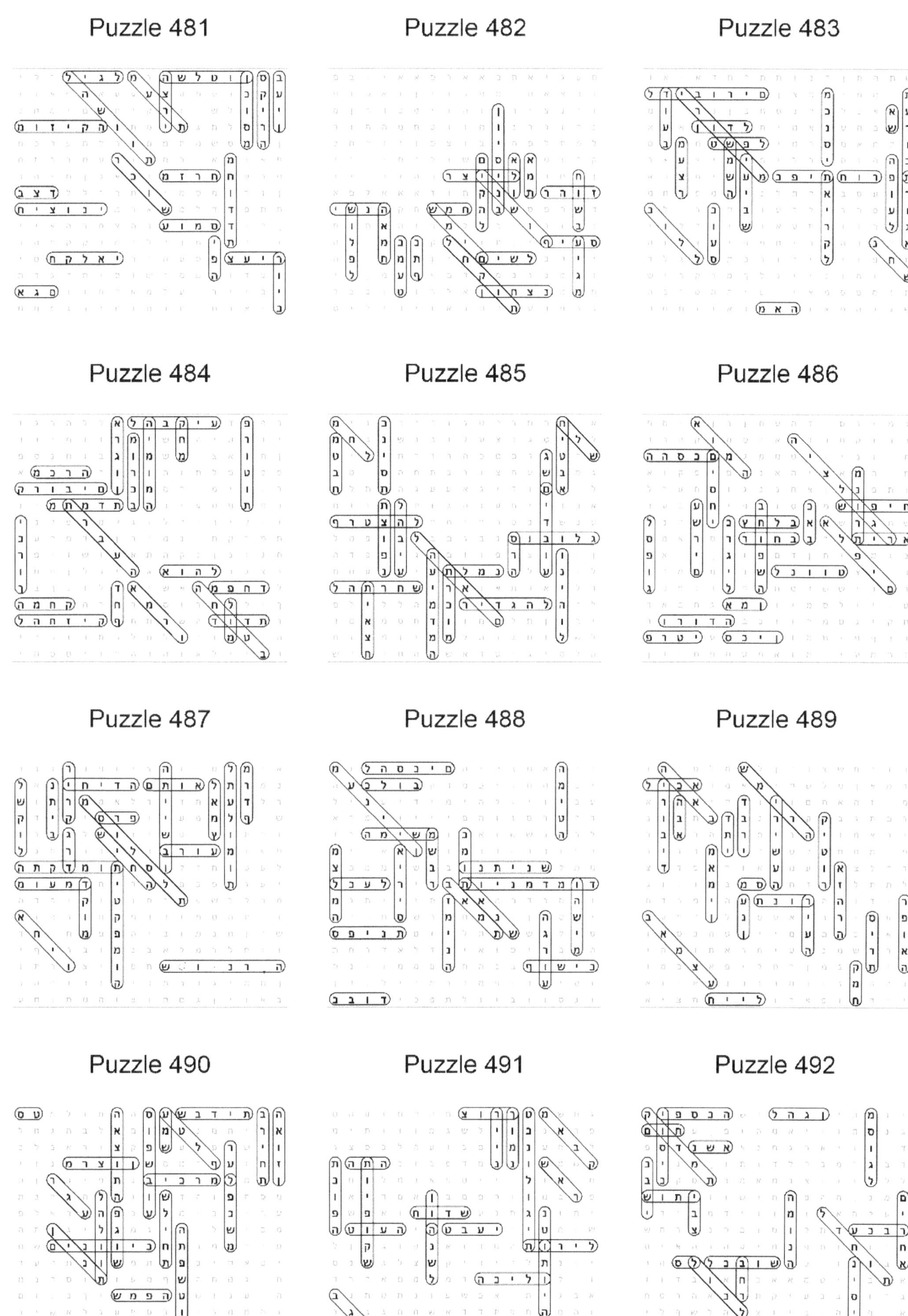
Puzzle 481
Puzzle 482
Puzzle 483
Puzzle 484
Puzzle 485
Puzzle 486
Puzzle 487
Puzzle 488
Puzzle 489
Puzzle 490
Puzzle 491
Puzzle 492

Puzzle 493 Puzzle 494 Puzzle 495

Puzzle 496 Puzzle 497 Puzzle 498

Puzzle 499 Puzzle 500

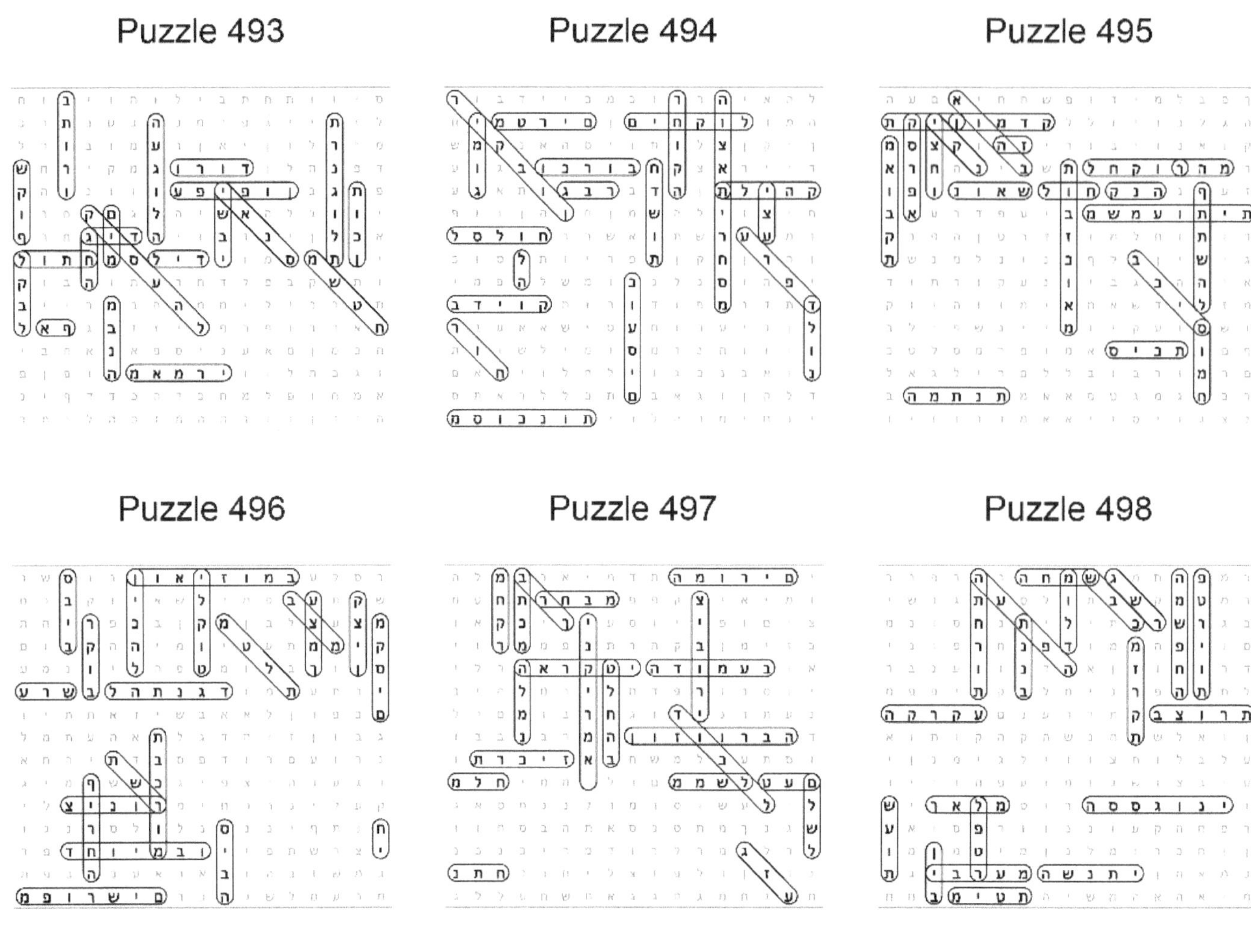

Félicitations

Vous avez réussi !

Nous espérons que vous avez apprécié ce livre autant que nous avons pris plaisir à le concevoir. Nous faisons de notre mieux pour créer des livres de la meilleure qualité possible. Ces jeux de mots mêlés sont conçus de facon intelligente pour stimuler le cerveau et le rendre plus vif et rapide ! Vous avez aimé ce livre ?

Une Simple Demande

Nos livres existent grâce aux avis que vous publiez sur Amazon.fr - Pourriez-vous nous aider en laissant un avis maintenant ?

Voici un lien rapide qui vous mènera à votre page d'évaluation de vos commandes Amazon.fr

BestBooksActivity.com/Avis50

CHALLENGE FINAL !

Défi n°1

Êtes-vous prêt pour votre jeu bonus ? Nous les utilisons tout le temps mais ils ne sont pas si faciles à trouver. Voici les Synonymes !

Notez 5 mots que vous avez trouvés dans les puzzles notés ci-dessous (n°21, n°36, n°76) et essayez de trouver 2 synonymes pour chaque mot.

*Notez 5 Mots du **Puzzle 21***

Mots	Synonyme 1	Synonyme 2

*Notez 5 Mots du **Puzzle 36***

Mots	Synonyme 1	Synonyme 2

*Notez 5 Mots du **Puzzle 76***

Mots	Synonyme 1	Synonyme 2

Défi n°2

Maintenant que vous vous êtes échauffé, notez 5 mots que vous avez découverts dans les Puzzles n° 9, n° 17, n° 25 et essayez de trouver 2 antonymes pour chaque mot. Combien pouvez-vous en trouver en 20 minutes ?

Notez 5 Mots du ***Puzzle 9***

Mots	Antonyme 1	Antonyme 2

Notez 5 Mots du ***Puzzle 17***

Mots	Antonyme 1	Antonyme 2

Notez 5 Mots du ***Puzzle 25***

Mots	Antonyme 1	Antonyme 2

Défi n°3

Formidable ! Ce défi monstre  n'est rien pour vous.

Prêt pour le dernier défi ? Choisissez 10 mots que vous avez découverts parmi les différents puzzles et notez-les ci-dessous.

1.	6.
2.	7.
3.	8.
4.	9.
5.	10.

Maintenant, composez un texte en pensant à une personne, un animal ou un lieu que vous aimez !

Astuce: Vous pouvez utiliser la dernière page de ce livre comme brouillon !

Votre Composition :

CARNET DE NOTES :

À TRÈS BIENTÔT !

Toute l'équipe

DECOUVREZ DES JEUX GRATUITS
GO

www.ingramcontent.com/pod-product-compliance
Lightning Source LLC
Chambersburg PA
CBHW082141120626
46553CB00010B/2735
9798896708889